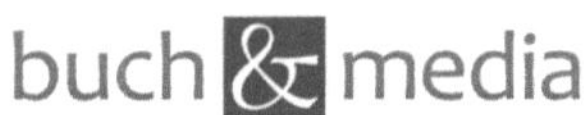

AF386207

GERHARD NIKODIM, geboren 1942, ist promovierter Historiker. Er unterrichtete am Wiener Akademischen Gymnasium die Fächer Geschichte und Latein. Als engagierter Umweltschützer gab er 1983 bis 1987 die »Blätter der Vereinten Grünen« sowie, zusammen mit Professor Alexander Tollmann, das Diskussionsorgan »Neue Argumente« heraus. Daneben verfasste er unter anderem zeitkritische Betrachtungen (»Man steht am Fenster«), ein Theaterstück (»Georg«) und eine »Fortsetzung« der legendären Figur des »Herrn Karl«, den »Neffen Karl«. Gerhard Nikodim ist begeisterter Anhänger klassischer Musik und lebt in der Nähe von Wien.

Gerhard Nikodim

Aus Mozarts Geist *geschöpft*

Eine Unbeziehung

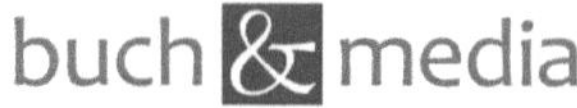

Weitere Informationen über den Verlag und sein Programm unter:
www.buchmedia.de

Juli 2011
© 2011 Buch&media GmbH, München
Umschlaggestaltung: Kay Fretwurst, Freienbrink
Herstellung: Books on Demand GmbH, Norderstedt
Printed in Germany · ISBN 978-3-86520-374-8

Inhalt

Vorwort

Das hier vorliegende Buch ist von einer solchen Brisanz, dass wohl kaum jemand, der es aufmerksam gelesen hat, davon unberührt bleiben wird. Es werden in diesem Opus Thesen vorgestellt, die für die Musikwissenschaft so unerhört, ja geradezu revolutionär sind, dass in einer ersten Reaktion der natürliche Reflex der Mehrzahl der Leser in einer Bandbreite von totaler Ablehnung bis zu einer von der Ratio bestimmten kritischen Distanz zu erwarten ist. Motto: Man soll nicht alles glauben, was man schwarz auf weiß gedruckt sieht. Für beide Reaktionen würde ich als Autor zunächst volles Verständnis haben. Denn ich gestehe es ehrlich ein, dass ich selbst, im Falle, dass ich mit einem derartigen Buch unvorbereitet konfrontiert würde, gewiss auch zur zweiten Gruppe, nämlich der der kritisch Distanzierten, zumindest fürs Erste, zählen würde.

Und ich habe etwa manche Mozartliteratur gelesen, die man wegen der darin geäußerten, durch keinerlei seriöses Quellenstudium abgestützten, abstrusen und jeder Logik entbehrenden »neuen Erkenntnisse« nur entschieden zurückweisen kann. Ich habe aber keinesfalls die Absicht, pro domo zu sprechen und mein Buch als Ausnahme von einer möglichen Regel anzupreisen. Nur so viel sei vorweggenommen: Hier wird der Versuch unternommen, mit unhaltbaren Klischees, die Wolfgang Amadeus Mozart, vor allem aber Joseph Haydn betreffen, aufzuräumen und es findet sich darin auch eine Reihe von Tabubrüchen. Ich erwähne nur unter anderem die unhaltbaren Klischees von der angeblich edelsten aller denkbaren Künstlerfreundschaften zwischen Mozart und Haydn, das womöglich noch unhaltbarere Klischee vom einzigen für Mozart in den letzten Jahren seines Lebens verbliebenen Gönner und Bruderfreund Johann Michael Puchberg und vor allem das schrecklich kitschige und unwahrhaftige Bild vom »Papa Haydn« und manche darin verwobene, auf den »wirklichen« Haydn gewiss nicht zutreffende, Wesensmerkmale, die mit der Realität wenig bis gar nichts zu tun haben.

Ich habe mich als promovierter Historiker bei der Erstellung des Textes vor allem auf Primärquellen gestützt – in Verbindung mit einer kreativen Auswertung derselben –, was den Wert eines historischen Werkes in der Regel über jene hinaushebt, die sich überwiegend mit der

Auswertung von Sekundärliteratur beschäftigen. Allerdings ist dies kein ausschließlicher Qualitätsmaßstab. Es gibt natürlich auch schlechte historische Dokumentationen, auch wenn sie überwiegend auf Primärquellen basieren, etwa wenn diese vom Autor mangelhaft oder gar falsch ausgewertet worden sind.

Ohne dass ich die Geschichtswissenschaft gegen die Musikwissenschaft ausspielen möchte: Nach meinen umfangreichen jahrelangen Mozart- und Haydnstudien bin ich zur persönlichen Überzeugung gelangt, dass es für die Musikwissenschaft von großem Nutzen sein könnte, wenn man – was die Erstellung möglichst einwandfreier biografischer Daten und historischer Fakten betrifft, aufgrund derer dann Charakter und Persönlichkeitsbild großer Komponisten nachgezeichnet werden können – dies mehr als bisher den Historikern überlassen würde. Auch würde ich meinen, dass der Historiker in der Regel um einiges vorurteilsfreier als der Musikwissenschafter – ich spreche hier überwiegend von dessen positiven Vorurteilen – an den Gegenstand seiner Forschung herangeht. Was natürlich überhaupt nicht bedeutet, dass der Historiker kein intimer Kenner und Musikliebhaber zu sein braucht! Im Gegenteil! Ich habe in der Haydnliteratur keinen Autor gefunden, der nicht mit großer, leider aber auch zumeist völlig unkritischer, Verehrung für Haydn an seine Arbeit gegangen wäre. Dies gilt natürlich auch für andere große Komponisten. Zu welchen Verzerrungen der historischen Wahrheit eine solche Haltung führen kann, dafür scheint es kein eindrucksvolleres Beispiel als eben Joseph Haydn zu geben. Und dieses Zerrbild, zumindest in den großen Konturen, aufzuzeigen, ist Aufgabe und Thema dieses Buches.

Eine allen wissenschaftlichen Anforderungen entsprechende Biografie über einen großen Komponisten zu schreiben, erscheint für einen einzigen Autor nahezu ein Ding der Unmöglichkeit zu sein. Denn diese umfasst naturgemäß zwei grundsätzliche Bereiche. Die Erforschung und Beurteilung biografischer, das heißt »historischer« Fakten«, sowie die musiktheoretische Analyse der Werke des Künstlers. Diese beiden Bereiche erfordern wissenschaftliche Voraussetzungen, die ein Einzelner nur schwer zur Gänze erfüllen kann. In der gesamten Mozart- und Haydnliteratur gibt es nach meinem subjektiven Dafürhalten keine Persönlichkeit, die diesen beiden Aufgaben jemals voll gerecht geworden wäre. Aber es handelt sich hier nicht um eine Biografie, sodass Werkanalysen weitgehend ausgeklammert werden konnten. Was aber keineswegs

8

bedeutet, dass auf Wertungen und Qualitätsbeurteilungen mancher Kompositionen, vor allem im Vergleich zu anderen, verzichtet wurde.

Ich hoffe, dass die aufmerksamen und kritischen Leser meines Buches mich und meine Theorie von der angeblich größeren Unvoreingenommenheit des Historikers nicht sofort kategorisch widerlegen werden, indem sie bei der Lektüre dieses Buches alsbald unschwer feststellen, dass ich, als Historiker, eine tiefe und auch sehr emotionelle Verehrung für Mozart hege. Eine Verehrung, die durch die Abfassung dieses Buches eher noch zugenommen hat. Zu meiner »Rechtfertigung« sei hier festgestellt, dass die Hauptfigur dieses Buches aber Joseph Haydn ist. Ansonsten habe ich diesem »Vorwurf« wenig entgegenzusetzen. Die Tatsache, dass von Subjektivität und von persönlicher Betroffenheit erfüllte Passagen in diesem Buch anzutreffen sind – ich verweise hier vor allem auf das Kapitel über die »Unbeziehung« zwischen Mozart und Wien, in dem sich auch mit voller Absicht ein Wandel in der sprachlichen Form manifestiert –, macht mir meine Argumentation nicht eben leichter. Trotzdem glaube ich, dass ich mit der hier grundsätzlich aufgezeigten Problemstellung richtig liege.

In die Kategorie Tabubrüche würde ich den hier geäußerten Verdacht einreihen, dass Haydn wiederholt den üblen Tatbestand des Plagiats gesetzt haben könnte und dass er Bearbeitungen durch seine zahlreichen Schüler und auch durch zeitgenössische Komponisten der zweiten Reihe vorgenommen haben könnte, welche in der Folgezeit allein unter seinem Namen liefen. Den von mir hier gewählten Konjunktiv kann man durchaus auch durch einen Indikativ ersetzen. Im Verlauf dieses Buches werden einige einschlägige Fälle detailliert dargestellt werden. Als einen für viele – nicht nur für Haydnverehrer – geradezu unerhörten Tabubruch würde ich auch die hier vorgebrachten ernsten Zweifel an gewissen intellektuellen Fähigkeiten Joseph Haydns aufgrund seiner schriftlichen Hinterlassenschaften wie Briefe und Tagebücher bezeichnen. Ich habe viele, diese meine Auffassung klar unterstreichenden Beispiele ohne jeden Anspruch auf Vollständigkeit angeführt.

Doch das bei Weitem Unerhörteste ist die von mir aufgestellte These, dass die beiden großen Oratorien »Schöpfung« und »Jahreszeiten« zumindest teilweise – wenn nicht im Extremfall sogar zur Gänze – von Wolfgang Amadeus Mozart geschaffen wurden! Was zunächst schier undenkbar, ja völlig absurd, erscheinen mag, könnte für den aufmerksamen und kritischen Leser durchaus in den Bereich des Möglichen und

Vorstellbaren gelangen, wenn mir, wie ich in diesem Buch ausführlich darzustellen versuchte, der überzeugende Nachweis gelungen sein sollte, dass die angeblich so ideale Freundschaft zwischen Mozart und Haydn doch nicht in der von der etablierten Musikwissenschaft tradierten Form bestanden haben mochte und dass Haydn weit vor der Entstehung der »Schöpfung« und der »Jahreszeiten« mehrmals eindeutiges Plagiat betrieben hat. Die von mir vor allem aus Primärquellen zusammengetragenen Beweise – es handelt sich dabei meist um absolutes Neuland in der Musikwissenschaft, obwohl ihr natürlich diese Primärquellen bekannt sind – würde ich als überaus überzeugend ansehen wollen. Die Deutung des Wortspiels im gewählten Titel des Buches überlasse ich dem aufmerksamen Leser. Mit dem Untertitel: Eine Unbeziehung, wird auf das bis in die Gegenwart reichende, schwer gestörte Verhältnis zwischen Mozart und Wien angespielt. Wer nach aufmerksamer Lektüre dabei auch an einen Reflex auf Haydns seltsame Freundschaft zu Mozart denken sollte, dem würde ich nicht unbedingt widersprechen wollen. Aber primär wird es dabei um Wien und Mozart gehen. Diese Unbeziehung beginnt mit der erschütternden Schilderung der diebischen Aneignung von Mozarts Kompositionen aller Art durch kriminelle Kopisten und »Musikverlage«, eine Seuche, die damals vor allem in der Musikstadt Wien auf dem Musikmarkt weit verbreitet war, und der ein argloses Musikgenie wie Mozart offensichtlich hilflos ausgeliefert war. Erst wenn man sich als Leser der Ungeheuerlichkeit dieses Sumpfes bewusst geworden ist, könnte man der Vorstellung näher treten, dass sogar Werke wie die »Schöpfung« oder die »Jahreszeiten« davon betroffen gewesen sein könnten. Die Darstellung dieses Musikmarktes, auf dem das Urheberrecht in vielen Fällen missachtet, ja nicht selten mit Füßen getreten wurde, gehört also absolut zum hier gestellten Thema. Und dieses mit jenem abstoßenden Phänomen beginnende Wiener Sittenbild wurde vom Autor am Fallbeispiel Mozart in einem sozusagen fließenden Übergang als Exkurs bis auf die jüngste Gegenwart ausgedehnt. Dieses Wienbild mag manchen überzeichnet und ungerecht erscheinen, auf Mozart fokussiert, halte ich es für absolut legitim und berechtigt. Doch selbst wenn man Mozart dabei ausblendet, dürfte es zumindest gewisse Züge von allgemeiner Gültigkeit behalten. Vielleicht eine leichte aberratio vom gestellten Thema, aber dies war mir ein echtes Anliegen, auch wenn ich in tieferen Schichten meines Inneren immer noch ein heimlicher Verehrer der vielfältigen Schönheit dieser Stadt bin, trotz des oft so rätselhaft erscheinenden Verhaltens mancher ihrer Bewohner in Gegenwart und Vergangenheit. Auch aus diesen Worten spricht der innerlich betroffene Autor, weniger der nüchterne »Historiker«!

Da es sich hier um einen akzentuierten Gegenstandpunkt zu nicht wenigen tradierten und tiefverwurzelten Positionen der Musikwissenschaft handelt, schien auch ein stärkeres Einbringen der Person des Autors in die Darstellung – in Abweichung von der Praxis des »objektiven« als Person normalerweise völlig in den Hintergrund tretenden – Historikers, geboten zu sein. Ich wollte mich keineswegs hinter einem Text, voll von unorthodoxen und für die etablierte Wissenschaft geradezu unerhörten Gegenpositionen, als Individuum verstecken. Mangelndes Quellenstudium, vor allem wenn man einen Vergleich zu manch anderen Autoren zieht, wird man mir schwerlich vorwerfen können. Und eine Widerlegung meiner Thesen werde ich nur auf Grund vorgelegter Quellen und deren sinnhafter Auswertung – unter dieser Voraussetzung sogar mit Freude und Anerkennung – akzeptieren. Doch gehen wir, nachdem ich die Grundzüge meiner Arbeit dargelegt habe, in medias res.

Gerhard Nikodim   *Breitenfurt, Mai 2011*

Mozart und Haydn –
eine hinterfragbare Künstlerfreundschaft

Das spießige und verlogene »Papa Haydn«-Bild müsste längst für immer in einem Abstellraum der Musikforschung deponiert sein, damit es nicht länger den Blick auf die wahre Persönlichkeit, die sich hinter diesem kitschigen Fantasiegebilde verbirgt, zu verstellen vermag. Auf die Problematik dieses von der etablierten Wissenschaft oktroyierten Haydnbildes näher einzugehen, war eines der wichtigen Anliegen dieses Buches.

Dieses »Papa Haydn«-Bild ist schon Wolfgang Hildesheimer in seiner Mozartbiografie ziemlich sauer aufgestoßen[1], wenngleich auch er sich von der tradierten These der angeblich besten aller Künstlerfreundschaften, in der dieses »Papa Haydn«-Bild bekanntlich eine große Rolle spielt, nicht loszulösen vermochte. Dass aber Mozart nach Meinung Hildesheimers an diesem »Papa Haydn«-Bild »schuld« sei – durch seine Widmung der sechs »Haydnquartette« im Jahre 1785 –, halte ich allerdings für absurd! Denn die »Papa Haydn«-Hysterie brach erst so richtig aus, nachdem Mozart längst das Zeitliche gesegnet hatte.

Diese ewige Leier von der selbstlosen und von höchster gegenseitiger Wertschätzung und Verehrung getragenen Künstlerfreundschaft zwischen Mozart und Haydn bedarf also der kritischen Analyse und Differenzierung aufgrund der Heranziehung aller! diesbezüglich erhaltener Quellen. Es kann nicht mehr länger hingenommen werden, dass die Quellen selektiert werden und nur jene herangezogen werden, die zur Erhärtung der eigenen Theorie als brauchbar angesehen werden. Eine solche Vorgangsweise ist im hohen Maße unwissenschaftlich und unredlich. Was diese Freundschaft – oft als eine Vater-Sohn-Beziehung bezeichnet – betrifft, soll diese keinesfalls als nicht einmal ursprünglich existent dargestellt werden. Ich denke dabei an die ersten Jahre Mozarts in Wien. Es soll aber hier versucht werden, einen neuen, von ausgetretenen Pfaden abweichenden Zugang zu finden.

Vielleicht hat es eine Entwicklung dieser Freundschaftsbeziehung im Sinne einer Vertiefung oder Abkühlung gegeben, wobei viel eher das Letz-

---

[1] Hildesheimer, Wolfgang: Mozart, Frankfurt am Main 1985

tere anzunehmen ist. Die These einer angeblich in jeder Hinsicht edlen, selbstlosen und von höchster gegenseitiger Achtung geprägten Freundschaft zwischen Mozart und Haydn, einmal »objektiv« und damit für alle Zeiten quasi ex cathedra als unveränderbares Dogma auf- und festgestellt, darf nicht länger unantastbarer Stand der Wissenschaft sein. Es handelt sich hier nicht um Naturwissenschaft und ihre fixen Gesetzmäßigkeiten, sodass man diese Beziehung in eine bestimmte Formel pressen könnte, die für alle Zeiten gültig zu sein hat. Kann von Freundschaft auch dann gesprochen werden, wenn ein Mensch eine solche echt und ehrlich für den anderen empfindet, der aber diese Freundschaft gar nicht verdient oder nicht mehr verdient? Denn es kann auch der Zeitpunkt kommen, wo aufgrund eines veränderten Verhaltens, etwa eines schweren Verstoßes des einen Partners, die Freundschaft »objektiv« betrachtet, de facto zu Ende ist, während sie vom anderen Teil mangels Einsicht in die traurige Realität noch subjektiv als solche empfunden wird. Alle Freundschaften, vor allem die »großen«, haben ihre eigene Geschichte, in denen es in der Regel nicht ohne Höhen und Tiefen abgehen mag. Es sollten hier nur ein paar Möglichkeiten genannt werden; der Spielraum an Variationen ist groß und Differenzierung erforderlich. Als wichtige Ingredienzien wahrer Freundschaft sind gewiss die Selbstlosigkeit und tiefe gegenseitige Wertschätzung zu nennen. Zumindest wird man an diesem Axiom festhalten dürfen als jemand, dessen ethische Grundauffassungen nicht unbedingt von der 68er-Bewegung geprägt wurden. Der Alter-Ego-Gedanke, wie er in Ciceros Dialog »de amicitia« so eindrucksvoll dargestellt wird, ist in der rauen Wirklichkeit ohnehin nur reine Theorie.

Der Leser der Mozartbiografie von Maynard Solomon[2], die trotz mancher Mängel zu den herausragenden Biografien zählt, wird im Regelfall überaus beeindruckt und berührt sein, wenn er dort die Stellen über diese Freundschaft liest. Denn er wird naturgemäß keine genaue Kenntnis der diesbezüglichen Quellenlage haben. Und er wird allein schon deshalb die Schilderung für bare Münze nehmen, weil die Qualität dieser Biografie von Solomon über die meisten anderen, die in mehr als zwei Jahrhunderten erschienen sind, zu stellen ist. Hier liegt der »Prototyp« einer ebenso statischen wie der Vollkommenheit des Ideals nahekommenden Freundschaft vor. Daher erscheint es angezeigt, sich mit dieser Darstellung etwas eingehender auseinanderzusetzen.

---

[2] Solomon, Maynard: Mozart. Ein Leben, Kassel 2005

Bei Solomon ist zu lesen: »Auf einer gleichsam höheren Ebene begegnete Mozart in Haydn einem Meister, der nicht nur sein Genie erkannte, sondern auch seiner Wertschätzung für die Größe des Jüngeren Ausdruck verlieh, und zwar umstandslos, ohne zu zögern und mit seltener Hochherzigkeit. Nach der Aufführung der letzten drei »Haydn-Streichquartette« in Mozarts Wohnung sagte er zu dessen Vater (der es wieder seiner Tochter berichtet). ›Ich sage ihnen vor Gott, als ein ehrlicher Mann, ihr Sohn ist der größte Componist, den ich von Person und den Nahmen nach kenne: er hat geschmack, und verfügt über die größte Compositionswissenschaft.‹«[3] Dieses berühmte Zitat[4] fehlt naturgemäß in keiner Schilderung dieser Künstlerbeziehung und es muss selbstverständlich auch hier an führender Stelle erwähnt werden, auch wenn meine conclusio letztendlich in eine ganz andere Richtung führt.

Und Solomon fährt fort: »Selbst wenn man den Anlass bedenkt, bei dem diese Aussage gemacht wurde, und die Tatsache berücksichtigt, dass sie nur in einem privaten Brief überliefert ist, handelt es sich um ein außergewöhnliches Urteil, das kaum seinesgleichen findet. Man entdeckt darin keine Spur einer Bestürzung, die etwa Hasse an den Tag legte, als er kommentierte, Mozarts Genie würde andere Komponisten der Vergessenheit überantworten.« Hier irrt Solomon, denn es handelt sich keineswegs um ein »außergewöhnliches Urteil, das kaum seinesgleichen findet«: Haydns Lobeshymnen auf die heute nahezu vergessenen Komponisten Joseph Kraus, Joseph Weigl und vor allem auf Johann Naumann fielen noch um einiges überschwänglicher aus, wie ich an anderer Stelle noch darstellen werde. Man darf also nicht jedes diesbezügliche Wort Haydns auf die Goldwaage legen. Es erfordert schon einen sehr aufmerksamen Leser, der alle Nuancen eines Textes aufnimmt und richtig zu deuten weiß, wenn ihm bei der Lektüre der Stelle über diese Freundschaft bei Solomon auffällt, dass es möglicherweise auch ein paar dunkle Schatten über diesem angeblichen Idealbild einer Freundschaft gegeben haben mag. Denn, so Solomon weiter: »Dabei soll nicht gesagt werden, dass beide frei gewesen wären von ambivalenten Gefühlen ge-

---

3   Solomon, Mozart, S. 311 f.

4   Brief Leopold Mozarts an seine Tochter Anna Maria vom 16. Februar 1785, in: Internationalen Stiftung Mozarteum, Salzburg (Hg.): Mozart. Briefe und Aufzeichnungen in 7 Bänden, Gesichtet und erläutert von Wilhelm A. Bauer und Otto Erich Deutsch. Auf Grund deren Vorarbeiten erläutert und durch ein Register erschlossen von Joseph Heinz Eibl, Kassel 1962–1975, Band III, Nr. 847

geneinander. Von Haydn wird erzählt, dass er sich von den drastischen Eröffnungstakten des ›Dissonanzenquartetts‹ distanziert hätte und in einem Brief vom 13. Oktober 1791 an seine Freundin Maria Anna von Genzinger äußerte er seine Verwirrung darüber, als er erfuhr, Mozart habe ihn ›herabgesetzt‹.« Nach dieser kurzen Retardierung, die der Durchschnittsleserin mangels näherer Ausführung kaum in nachhaltiger Erinnerung bleiben wird, setzt Solomon seine Lobeshymne mit vollen Akkorden fort: »Aber aus seinen letzten, vertraulichen Briefen an Frau Genzinger ersehen wir, wie tief ihn Mozarts Musik bewegte, wie sehr er wünschte, von ihr ›Mozarts Meisterstücke spillen zu hören, und für So Viel schöne Sachen die Hände zu küssen‹«[5]. Aber hier muss Solomon, ohne in irgendwelche Beckmessereien verfallen zu wollen, doch der Vorhalt gemacht werden, dass er einige Details nicht richtig vermittelt. So wird etwa der zeitliche Ablauf der Ereignisse falsch dargestellt, was bei diesem Autor an sich verwundert. Dem Leser wird, in äußerster Kürze, angedeutet, dass Mozart, was durchaus seine Richtigkeit hat, Freund Haydn (wie aus dessen Brief vom 13. Oktober 1791 zu erfahren ist) »herabgesetzt« habe. Solomon begeht mit diesem knappen Hinweis eine unstatthafte Verharmlosung. Denn der Vorfall war, wie man sehen wird, durchaus ernster Natur und Solomon beschränkt sich hier auf einen mehr als knappen Hinweis. Wenn ein wichtiges Zitat nur aus zwei Wörtern besteht, nämlich »sehr herabsetzt«, und man lässt das »sehr« einfach unter den Tisch fallen, würde ich dies für eine unzulässige Manipulation des Autors halten. Aber dies ist nur eine Facette. Eine detaillierte Schilderung des Inhalts dieses Briefes könnte jedoch möglicherweise seine Euphorie über diese Freundschaft und vor allem die des aufmerksamen Lesers zumindest ein wenig ins Wanken bringen. Auch muss man Solomon hier den Vorwurf machen, dass er den Eindruck zu erwecken versucht, dass Haydn *nach* diesem ominösen Brief vom 13. Oktober 1791 Frau von Genzinger seine tiefe Bewegung mitteilt, die er empfinde, wenn er sie »Mozarts Meisterstücke spillen höre«. Der Leser muss demnach aufgrund dieser unrichtig geschilderten zeitlichen Abfolge der beiden Briefe den falschen Eindruck gewinnen, dass es sich bei der tatsächlichen Herabsetzung Haydns durch Mozart nur um eine kurze Trübung des freundschaftlichen Verhältnisses gehandelt habe, wenn sich Haydn wenig später ebenfalls in einem Brief an die Baronin

---

[5] Solomon, Mozart, S. 11

Genzinger angeblich nichts Schöneres vorstellen konnte, als »Mozart Meisterstücke spillen zu hören«. Mit Verlaub gesagt: Der Brief, in welchem Haydn dies an die Baronin schreibt, stammt vom 30. Mai 1790[6] und wurde in Estoras geschrieben. Also mehr als 16 Monate *vor* diesem Brief vom 13. Oktober 1791[7]. Übrigens, dass es sich hierbei, wie Solomon schreibt, um einen der letzten Briefe Haydns an Frau von Genzinger gehandelt habe, ist schlicht und einfach eine Fehlinformation. Denn Haydn hat an diese Dame nach diesem Brief vom 30. Mai 1790 noch mindestens 17 weitere geschrieben. Und dabei handelt es sich nur um die der Nachwelt erhaltenen Briefe![8] Dieser Lapsus verdient wohl festgehalten zu werden, auch wenn er gewiss unabsichtlich erfolgt ist. Schließlich ist der angeblich tränenreiche Abschied vor der Abreise Haydns nach England (15. Dezember 1790) mit großer Vorsicht zu genießen.[9] »Wir werden uns wohl das letzte Lebewohl in diesem Leben sagen«, soll Mozart angeblich befürchtet haben. Auch soll er dem älteren Freund nicht nur wegen dessen mangelnden Sprachkenntnissen von dieser Reise abgeraten haben. Nichts scheint an dieser rührselig geschilderten, nach Legende geradezu riechenden, Abschiedsfeier, für die es keine Primärquelle gibt, wahr zu sein. Selbst Solomon schreibt von einem »vielleicht zweifelhaften Bericht«.[10] Und um endgültig die absolute Richtigkeit seines Urteils über diese Freundschaft abzusichern, führt Solomon Mozarts italienische Vorrede im Erstausdruck der sechs Haydn gewidmeten Streichquartette an: Aus dieser gehe klar sowohl das »Ausmaß von Mozarts Verehrung für Haydn« hervor, als auch »sein Wunsch, den Platz direkt neben ihm einzunehmen«, denn durch die Anrede »Al mio caro Amico Haydn« habe »sich Mozart auf eine Stufe mit dem bewunderten älteren Komponisten gestellt.« Hier die Übersetzung aus dem Italienischen nach Solomon:

---

6   Bartha, Dénes (Hg.): Joseph Haydn. Gesammelte Briefe und Aufzeichnungen, Nr. 145, Kassel 1965, S. 236
7   Bartha, Haydn. Gesammelte Briefe, Nr. 164, S. 263 f.
8   Siehe Bartha, Haydn. Gesammelte Briefe
9   Albert Christoph Dies, zitiert aus: Reich, Willi (Hg.): Joseph Haydn. Chronik seines Lebens in Selbstzeugnissen, Zürich 1962, S. 134 f.
10   Solomon, Mozart, S. 312

»Meinem theuren Freunde Haydn

Ein Vater, der bestimmt hatte, seine Kinder in die grosse Welt zu schicken, glaubte sie dem Schutze und der Leitung eines damals sehr berühmten Mannes vertrauen zu müssen, der glücklicherweise noch dazu sein bester Freund war. Sieh hier, berühmter Mann und theuerster Freund, meine sechs Kinder. Sie sind, es ist wahr, die Frucht einer langen und mühsamen Arbeit; doch die Hoffnung, diese Arbeit zum Theil wenigstens vergolten zu sehen, giebt mir Muth und schmeichelt mir, dass diese Kinder einst mir zu einigem Trost gereichen.«[11]

Man hätte diese gewundenen Sätze Mozarts, die eigentlich gar nicht zu seiner sonstigen Art, sich schriftlich auszudrücken, passen, gern im deutschen Originalton und vor allem in Mozarts Handschrift gelesen! Das italienische Original ist aber verschwunden.[12] Und im Überschwang versteigt sich Solomon bei der Interpretation dieser Vorrede sogar zu solchen Sätzen wie: »Vielmehr scheint in dieser Formulierung Mozarts sehr persönliche Sehnsucht nach einer Vater-Kind-Harmonie mitzuschwingen, das Verlangen nach einem tatkräftigen, schöpferischen und verständnisvollen musikalischen Vater. Denn nicht nur seine Kinder, sondern sich selbst vertraut er Haydns Schutz an.«[13] Ich empfinde diese indirekte Herabwürdigung von Mozarts leiblichem Vater, wie man sie auch bei anderen Autoren nicht selten vorfindet, die offensichtlich von der wahren Persönlichkeit Leopold Mozarts keine wirkliche Ahnung haben, nahezu ungeheuerlich. Meine Gegenthese mag auf den ersten Blick zumindest ebenso provokant erscheinen, nämlich dass Haydns Persönlichkeit und Intellekt keineswegs an jenen Leopold Mozarts heranreichten, wie an anderer Stelle dieses Buches noch vertieft werden wird. Selbst bei einem weniger klugen und umsichtigen Vater als Leopold Mozart für seinen Sohn war, wäre Haydn als »Vaterersatz« für Mozart denkbar ungeeignet gewesen. Nur verwunderlich, dass Solomon nicht auch die angeblichen Haydnzitate erwähnt, wonach ihm nahe dem Ende seines Lebens immer die Tränen bei der Erwähnung von Mozarts Namen gekommen seien. Dann wäre das Bild wohl absolut vollkommen. Solo-

[11] Solomon, Mozart, ebenda
[12] Mozartbriefe, Band III, Nr. 847, Band VI, Kommentar zu Nr. 874, S. 404
[13] Solomon, Mozart, S. 312

mon fasst es abschließend nochmals zusammen: Haydn sei für Mozart »der beste Freund, der gute Bruder und der sorgende Vater gewesen«[14]. Ich habe hier die relevanten oder relevant erscheinenden Argumente und Aspekte, die Solomon zur Stützung seiner These in seiner Biografie anführt, zur Kenntnis gebracht. Eines der wichtigsten »Dokumente«, welches den allerletzten Vorbehalt gegen die Richtigkeit der These von einer wahrhaft vorbildlichen und edlen Freundschaft zwischen den beiden Komponisten beseitigen könnte, habe ich bei der Aufzählung bewusst ausgelassen. Solomon kommt natürlich in seiner Argumentation auch auf diesen berühmten Brief von 1787 zu sprechen, in dem Haydn unter anderem seinem Unmut über die mangelnde Anerkennung Mozarts freien Lauf lässt und empört feststellt, dass dieser – noch dazu angesichts seiner finanziellen Schwierigkeiten – noch nicht »bey einem kaiserlichen oder königlichen Hof engagirt sei«.[15] Der Brief ist eine einzige Lobeshymne auf Mozart. Dieser angeblich aus dem Jahre 1787 stammende »Haydnbrief« ist mit großer Wahrscheinlichkeit eine Fälschung, wie auch Hildesheimer, freilich gegen seine innere Überzeugung, befürchtet. Ich werde mich mit der Problematik dieses Schreibens in meiner Gegenargumentation noch eingehend auseinander setzen.

Ich glaube hier die wesentlichen Fakten und Argumente für die vermeintliche Unantastbarkeit dieser Freundschaft zusammengefasst zu haben, sodass mir wohl niemand den Vorwurf der Unredlichkeit und Unterdrückung wichtiger Beweismittel machen kann. Diese These wenigstens einigermaßen erschüttern zu können, ich spreche hier vor allem von der Zeit knapp vor dem Hinscheiden Mozarts und der Folgezeit nach Mozarts Tod, scheint angesichts der Fülle und Gewichtigkeit der hier vorgetragenen Argumente auf den ersten Blick ein eher schwieriges Unterfangen zu sein. Ich erlaube mir, dies freilich differenzierter zu sehen. Vielleicht hat es eine kurze Phase am Anfang gegeben, wo sich diese Freundschaft sozusagen asymptotisch dem Ideal der wahren Freundschaft im Sinne von Ciceros »de amicitia« angenähert haben mag. Dies könnte für die ersten Jahre von Mozarts Aufenthalt in Wien, wenn auch nur mit einer eher geringen Wahrscheinlichkeit, zutreffen. Und ich würde auch keine Bedenken haben, was Mozart betrifft, diese Möglichkeit zumindest für vorstellbar zu halten. Denn Mozarts reine

---

[14] Solomon, ebenda
[15] Bartha, Haydn. Gesammelte Briefe, Nr. 102, S. 185

Seele, in der trotz mancher menschlicher Schwächen, die unter anderem gelegentlich bis zum unbändigen Schabernack zum Leidwesen des jeweiligen Opfers ausufern konnten, sich keinerlei echter dolus malus findet, ist über jeden Zweifel erhaben, dass sie dazu befähigt gewesen sein könnte. Was Haydn betrifft, kann ich mir ehrlich gesagt, keine Phase seines Lebens vorstellen, wo er zu einer solchen Freundschaft fähig gewesen wäre. Und zu einer echten und wahren Freundschaft gehören bekanntlich immer zwei menschliche Wesen. Dies mag zwar eine Binsenwahrheit sein, sie ist aber hier unbedingt anzubringen: Zu einer echten und wahren Freundschaft gehört wohl auch ein entsprechender mündlicher oder, bei räumlicher Trennung, schriftlicher Gedankenaustausch. Zumindest wenn es sich um Personen mit gehobenem Bildungs- und Wissensstand handelt oder wie hier um Persönlichkeiten von hohem künstlerischen Rang. Bis auf einige Wochen im Jahreskreis, wo sich Haydn im Gefolge Nikolaus I. Esterházy, seines jahrzehntelangen Dienstherren, in Wien – meist im Winter – aufhielt, waren die beiden Freunde getrennt. In der übrigen Jahreszeit wird es wohl gelegentliche Aufenthalte Haydns in Wien gegeben haben. Der eine oder andere ist auch quellenmäßig verbürgt.

Übrigens: Mozart hat offenbar niemals das Bedürfnis verspürt, Freund Haydn in Esterháza oder Eisenstadt aufzusuchen, die ja nur etwa eine Tagesreise von Wien entfernt waren. Es hätte für den Gedankenaustausch eigentlich eine umfangreiche Korrespondenz stattfinden müssen. Tatsache ist jedoch, dass eine solche nicht überliefert ist und keineswegs kann der Grund gewesen sein, dass diese Briefe alle verloren gegangen oder bewusst vernichtet worden sind. Es hat sie einfach nicht gegeben! Ich kann mir nicht vorstellen, was die beiden, zumindest auf längere Frist, einander zu sagen und zu schreiben gehabt haben könnten, wohl nicht einmal auf dem Gebiet des gemeinsamen Metiers, der Tonkunst. Natürlich hätte Mozart Vieles und höchst Bedeutsames über musikalische Fragen aller Art aber auch über andere Themen des Lebens, die ihn bewegten, zu schreiben vermocht, auch wenn das Briefeschreiben nicht unbedingt zu seinen Lieblingsbeschäftigungen zählte. Nicht zu vergessen seine charmanten, gelegentlich aber auch etwas grobwitzigen, Alltagständeleien, wie sie in manchen seiner Briefe vorzufinden sind. Ich spreche hier nur die Briefe Mozarts aus seiner Wiener Zeit an. Doch wäre er bei Haydn mangels dessen Artikulierungsmöglichkeiten wohl auf kein entsprechendes Echo gestoßen, sodass Mozart von diesem Vorhaben, sollte er es jemals ins Auge gefasst haben, schnell abgelassen hätte. Denn Haydn war Zeit seines Lebens außerstande, sich auch nur einigermaßen tiefsinnig und niveauvoll sowohl über sein eigenes kompositorisches Schaffen als auch über andere Themenbereiche zu artikulieren. Dieses Urteil mag hart, ja sogar unerhört respektlos klingen, es ist aber nach eingehender Beschäftigung mit den Primärquellen absolut angebracht und zutreffend. Auch seine übrigen brieflichen Schilderungen entbehren oft nicht der Peinlichkeit. Man denke beispielsweise nur an die simplen Briefe von seinen beiden Englandreisen und den Inhalt seiner Englandtagebücher! Und dann vergleiche man dazu die Briefe eines Leopold Mozart, beispielsweise seine ebenso niveauvoll formulierten wie informativ gehaltenen Briefe von der Englandreise der Familie im Jahre 1764 an die befreundete Salzburger Familie Hagenauer. Als besonders eindrucksvolles Beispiel sei hier Leopold Mozarts akribische Schilderung des damaligen London (27. November 1764) genannt.[16] Dieser Brief mit seiner ungeheuren Fülle an faszinierenden Details würde einen auch dann in seinen Bann ziehen, wenn der Verfasser nicht der Vater des wohl größten Musikgenies aller Zeiten wäre. Auch in den späteren Briefen stößt man bei Leopold Mozart nicht selten auf einen wachen und zu eigenem Denken fähigen Beobachter des Zeitgeschehens. Ein Vergleich mit Haydns Reisebeobachtungen im damaligen England fällt für diesen geradezu desaströs aus. Hier liegt im intellektuellen Bereich, ohne irgendeine Übertreibung zu begehen, nahezu eine Welt dazwischen! Bei Haydns Korrespondenz muss man diese in Leopold Mozarts Briefen anzutreffenden Vorzüge schmerzlich vermissen. Vom charmanten und interessant formulierenden Briefschreiber Wolfgang Amadeus Mozart einmal ganz abgesehen. Natürlich schreibt auch Mozart gelegentlich über eher banale Dinge des Alltags, etwa über seine Essensvorlieben. Warum auch nicht! Etwa wenn er lustvoll noch in seinem Todesjahr den ihn schier entzückenden Duft von Carbonaden schildert (»was sehe ich? – was rieche ich? – che gusto!«) oder »ein kostbares Stück Hausen« verzehrt und sich noch eine weitere Portion nachliefern läßt oder wenn er sich ein »halbes kapaunel herrlich schmecken läßt«. Köstlichkeiten, die ihm sein Diener Primus aus dem nahen Wirtshaus bringen muss.[17] Hier schreibt ein Sinnesmensch und niveauvoller Lebensgenießer. Und

---

[16] Mozartbriefe, Band I, Nr. 93, S. 170 ff.
[17] Mozartbriefe, Band IV, Nr. 1193 und Nr. 1195

wie banal ist hingegen beispielsweise Haydns Brief an Frau von Genzinger[18], wo er von den Absonderlichkeiten pannonischer Gerichte schreibt.

Anfang Februar 1790 ist Haydn nur mit größtem Widerwillen mit dem Fürsten Nikolaus I. von Wien, wo er alle Annehmlichkeiten, die die Stadt zu bieten hatte, im Kreise der Familie Genzinger genießen konnte, in die winterliche Einöde von Estoras zurückgekehrt. Dazu eine Kostprobe von Haydn: »Ich wurde in 3 tagen um 20 Pfund[!] mägerer, dan die guten wienner bisserl verlohren sich schon unterwegs, ja ja dacht ich bey mir selbst, als ich in mein Kost Hauß stat den kostbahren rindfleisch, ein stuck von einer 50 Jährigen Kuhe, stat den Ragou mit kleinen Knöderln, einen alten schöpsen mit gelben Murcken, stat den böhmischen Fason (sic!) ein ledernes Rostbrätl, stat den so guten und delicaten Pomeranzen, einen dschabl oder so genanten graß Sallat, stat der backerey, düre Äpflspältl und Haslnuß – und so weiter speisen muste.« Seine Aufzählung von im »Kost Hauß« servierten pannonischen Spezialitäten wie »stuck von einer 50 jährigen Kuhe, einem alten schöpsen (Lamm) mit gelben Murcken (wahrscheinlich gelbe Rüben) und ledernes Rostbrätl« finde ich eher peinlich. Wenn Haydn schreibt, dass er in drei Tagen 20 Pfund (!) abgenommen habe, könnte man dies sogar als ironische Übertreibung goutieren, auch wenn diese Bemerkung nicht unbedingt als solche aufzufassen ist.

Aber faktische Unmöglichkeiten und Absurditäten finden sich bei Haydns schriftlichen Hinterlassenschaften in peinlicher Weise immer wieder. Etwa wenn er seinem Tagebuch in England anvertraut, dass die chinesische Hauptstadt Peking von einer Mauer im Umfang von 2000 Meilen umgeben sei, wie er dem Bericht des englischen Gesandten in Peking zu entnehmen glaubt.[19] Man kann ihm zubilligen, ohne dass darin ein sinistrer Vorwurf versteckt wäre, dass er von der Existenz einer chinesischen Mauer vorher noch nie etwas gehört hat. Bedenklich muss aber sein räumliches Vorstellungsvermögen stimmen, wenn er es für möglich hält, dass es eine »Stadt« mit diesen Ausmaßen im fernen China geben könnte. Und hier ist wohl keinerlei Ironie im Spiel, sondern Haydn hat dies offensichtlich ernst gemeint. Oder wenn er vermeint gehört zu haben, dass die Quäker nur dadurch ihre Steuern an den Staat

---

18 Bartha, Haydn. Gesammelte Briefe, Nr. 142, 9. Februar 1790, Estoras, S. 228
19 »[...] die Mauer um Pekin ist 2000 Meil«, aus: Bartha, Haydn. Gesammelte Briefe, drittes Londoner Notizbuch, Fo. 18b, S. 544

abführten, dass sie sich vorher »freiwillig«[20] ausrauben ließen, weil ihnen das legale Zahlen von Steuern verboten sei. Höchst Seltsames will der Englandreisende Joseph Haydn auch über hiesige Hochzeitsusancen erfahren haben, wenn er seinem Tagebuch folgendes anvertraut: »Sobald sich zwey persohnen von beiderley geschlecht liben: Und die Erlaubnuß sich zu Ehlichen von der weltlich gericht haben;so muß Sie der Pop, wann Sie auch ohne willen der Eltern sich lieben, so bald Sie in der Kürche sind, zusamen vermählen, wo nicht, so hat der bräutigam und die braut das Recht, sobald der Pfafe aus der Kürche ist, ihm das Kleid vom leib zu reissen, und der Pop wird alsdan degraduirt, und auf immer unfähig.«[21] Woher mochte Haydn einen solchen Schwachsinn, den er offensichtlich für bare Münze nahm, bezogen haben?

Am skurrilsten erscheint mir jedoch Haydns kurze »Schilderung« des berühmten Guy Fawkes Day, der jeweils am 5. November im Gedenken an die Vereitelung eines Sprengstoffanschlags auf den englischen König Jakob I. mit Feuerwerk und allerlei Lustbarkeiten begangen wird. Guy Fawkes war wegen dieser »Pulververschwörung« später hingerichtet worden. Der Englandreisende Joseph Haydn vertraut dazu Folgendes seinem Tagebuch an: »[...] den 5tn 9bri [Nov.] Cellebrirt man durch die buben den tag, an welchem die Geiß [gemeint sind die Guys] die Stadt in brand steckten.«[22] Ein seltsames Missverständnis des Namens eines berühmten Verschwörers. Es geht hier nicht um Bildung und Wissen, sondern schlicht um persönliche Intelligenz. Diese Liste ließe sich fast beliebig fortsetzen. Ich kenne keinen großen Komponisten, bei dem Genialität (allerdings meist der späten Kompositionen) und Primitivität (des sprachlichen Ausdrucks) so nahe beieinander liegen. Und ich nehme für mich in Anspruch, als erster in der Haydnliteratur auf diesen eklatanten und unbezweifelbaren – weil auf zahlreichen Quellen gegründeten – Widerspruch konkret und ohne Umschweife aufmerksam gemacht zu haben. Dieser lässt sich einfach nicht wegdiskutieren.

Um auf die Freundschaft zu Mozart zurückzukommen: Ich bin also für den Erfolg meines Versuches, diese These Solomons von der beinahe edelsten aller denkmöglichen Freundschaften, die auch von vielen anderen vertreten wird, ein gutes Stück widerlegen zu können, durchaus

---

20 Bartha, Haydn. Gesammelte Briefe, zweites Londoner Notizbuch, Fo. 5a, S. 505
21 Bartha, Haydn. Gesammelte Briefe, zweites Londoner Notizbuch, Fo. 14b, S. 509
22 Bartha, Haydn. Gesammelte Briefe, erstes Londoner Notizbuch, Fo. 28b, S. 503

optimistisch. Ich möchte dabei im Voraus nur eine Bitte an den Leser herantragen: Lesen Sie bitte meine Gegenargumentation mit konzentrierter und auch kritischer Aufmerksamkeit, aber, wenn möglich, im Sinne des wohl größten Geschichtsschreibers der Antike, Publius Cornelius Tacitus, »sine ira et studio«. Auch ich nehme diese zeitlose Maxime, trotz vieler kritischer Bemerkungen, die ich in diesem Buch über Haydn treffe, inhaltlich für mich voll in Anspruch. Solange es um die Darstellung von – wenn auch unangenehmen und befremdlichen – Fakten und den daraus zu ziehenden Schlüssen geht, ist die Einhaltung des »sine-ira-Prinzips« voll gewährleistet, wie dies auch bei dem von mir bewunderten Tacitus in dessen Annalen der Fall war. Es geht hier nicht um persönliche Animositäten, für die es, was mich als Autor betrifft, übrigens keinerlei plausiblen Grund gäbe, sondern einzig und allein um Fakten und die daraus zu ziehenden – freilich nicht immer konventionellen und schon gar nicht immer erfreulichen – Schlussfolgerungen.

Der bereits erwähnte Brief Haydns vom 13. Oktober 1791, den Solomon, wie gesehen, nur streift, weil der Inhalt im extremen Widerspruch zu seiner These über diese Freundschaft steht, soll hier näher dargestellt werden:

> »Herr v. Keeß schreibt mir unter anderen, daß Er gerne meine umstände hier in London wissen möge, indem man verschiedenes in wienn von mir spricht, ich ware von jugend auf dem Neyde ausgesezt, wundere mich demnach nicht, wenn auch dermahlen mein weniges Talent ganz zu unterdrücken sucht, allein der Obere ist meine stütze, die meinige schrieb mir, allein ich kan es nicht glauben, daß Mozart mich sehr herabsetzen solte. ich verzeihe es Ihm; daß ich auch in London eine menge Neyder hab, ist ganz gewiß ... allein Sie könen mir nicht nahe komen, weil mein Credit bei den Volck schon vor viellen Jahren festgesezt war [...].«[23]

Kees, der in Wien als Konzertveranstalter auftrat – bei der Darstellung der »Affäre Gyrowetz« wird er noch näher kennenzulernen sein – und der in den Haydnbriefen während dessen Englandaufenthalts öfter vorkommt, hatte also Haydn offensichtlich brieflich informiert, dass man in Wien manche eher übel wollende Spekulation über dessen Erfolg oder Misserfolg in England anstelle. Haydn kommentiert dieses Gerede lar-

---

[23] Bartha, Haydn. Gesammelte Briefe, Nr. 164, S. 263

moyant, indem er darauf verweist, dass er schon von Jugend an »dem Neyde ausgesezt« gewesen sei und, was noch heftiger klingt, dass seine »Neyder« versucht hätten, sein »weniges Talent ganz zu unterdrücken«. Dass auch Mozart in diesen Negativchor – Zitat: »daß Mozart mich sehr herabsetzen solte« – einstimmte, befremdet ihn, doch er fügt sofort hinzu, dass er Mozart »verzeihe«. Man braucht ihm diese »Verzeihung« nicht unbedingt zu glauben. Denn dass er diese Sache damit keineswegs abgehakt hat, beweisen die Sätze einige Zeilen später: »[...] wegen der belohnung soll Mozart zum graf v. Fries um sich dessen zu Erkundigen gehen, bei welchem ich 500 Pfd., und bey meinem Fürsten 1000 Gulden – zusam beynahe 6000 fl. anlegte.«[24] Jetzt ist es endgültig klar, dass seine Frau ihm nicht ein vages Gerücht über Mozart mitgeteilt hatte, sondern dass an dessen Mäkeleien und Sticheleien tatsächlich etwas Wahres daran gewesen sein muss. Denn offensichtlich hatte Mozart Zweifel zumindest am finanziellen Erfolg von Haydns erster Englandreise geäußert. Dies wurmt offensichtlich Haydn ganz besonders und er lässt Mozart über Frau von Genzinger ausrichten, er möge doch gefälligst beim Bankhaus Fries Erkundigungen über seinen glänzenden Kontostand einholen. Man möchte über diese Naivität fast ein bisschen lächeln. Denn so etwas wie ein Bankgeheimnis wird es doch wohl auch im Hause Fries gegeben haben und Mozart hat damals weiß Gott andere Sorgen gehabt, als Haydns Kontoständen nachzuforschen. Er ist damals mit Arbeit überhäuft und wird in weniger als zwei Monaten tot sein. Und man mag auch als rational denkender Mensch nicht alles im Leben für Zufall halten: Dieser Brief sagt über das wahre Verhältnis zwischen Mozart und Haydn wahrscheinlich mehr aus als viele andere Dokumente, welche in die Gegenrichtung gehen. Kann man nicht einen echten Fingerzeig des Schicksals darin erblicken, dass dies Haydns letzte überlieferte Äußerung über sein Verhältnis zu Mozart zu dessen Lebzeiten gewesen ist? Denn alle seine künftigen Äußerungen über Mozart trifft er über einen Verstorbenen.

[24] Bartha, Haydn. Gesammelte Briefe, Nr. 164, S. 264

Haydns briefliche Reaktion auf die Nachricht vom Ableben Mozarts

In der Nacht vom 4. auf den 5. Dezember 1791 stirbt Mozart unter niemals vollständig geklärten Umständen im sogenannten kleinen Kaiserhaus 970 in der Wiener Rauhensteingasse. Es ist erstaunlich, in welch kurzer Zeit die traurige Nachricht Haydn in London erreicht haben muss. Denn in seinem Brief vom 20. Dezember an seine Seelenfreundin Frau von Genzinger[25] erwähnt Haydn bereits den Tod seines Freundes. Aus meiner dürren Formulierung, dass Haydn den Tod Mozarts »erwähnt«, könnte man vermuten, dass ich hier unmöglich den richtigen Ausdruck gefunden haben kann. Denn ein Brief Haydns aus London, den er unmittelbar nach Erhalt der Todesnachricht geschrieben haben muss, muss doch mehr als eine bloße »Erwähnung« dieses Ereignisses, das ihn doch, sollte man zumindest annehmen, tief erschüttern musste, beinhaltet haben. Dem ist aber leider nicht so. Man hat, horribile dictu, als unbefangener Leser des Briefes das Gefühl, dass die Nachricht vom Ableben Mozarts zwar keine »Nebensächlichkeit« für Haydn darstellt, dass sie ihn aber alles andere als seelisch erschüttert haben mag. Bedauern klingt allenfalls an, aber keinesfalls eine tiefe innere Erschütterung und Betroffenheit. Die Stelle liest sich wie folgt: »ich freue mich kindisch nach Hauß um meine gute Freunde zu umarmen, nur bedaure ich dieses an den grossen Mozart zu Entbehren, wan es anderst deme also, welches ich nicht wünsche, daß Er gestorben seyn solte. Die nachweld beckomt nicht in 100 Jahren wider ein solch Talent.«[26] Das einzig Positive, das man aufgrund dieser eher kargen Worte über Mozarts Tod für Haydn anführen kann, ist der Umstand, dass er in Mozart ein »Jahrhunderttalent« sieht. Mit der Bezeichnung Talent ist aber auch – zumindest nach unserem heutigen Sprachempfinden – ein Hauch von Abwertung verbunden. Wer würde einen großen anerkannten Künstler auf dem Höhepunkt seines Schaffens als »Talent« bezeichnen, mit oder ohne »Jahrhundert«? Aber diese lobende Anerkennung des »Talents« des verstorbenen Freun-

---

[25] Bartha, Haydn. Gesammelte Briefe, Nr. 167, S. 267 ff.
[26] Bartha, Haydn. Gesammelte Briefe, ebenda

des fällt geradezu kärglich aus, wenn man sie etwa mit seiner uns heute geradezu peinlich berührenden Lobeshymne für den nahezu vergessenen Komponisten Johann Gottlieb Naumann vergleicht. Haydn schreibt 1801 an Naumanns Witwe: »Gewiß, meine verehrungswürdige Frau, empfind' ich tief in der Seele den Verlust, den Sie und die lieblichste aller Künste in Ihrem Herrn Gemahle erlitten, und unersetzbar dürfte der Platz seyn, den dieser würdige Priester mit allgemeinem Beifalle bei dieser schönen Gottheit verwaltete. Ganz Europa hatte nur eine Stimme, und dieß war Lob und Beifall den man dem entscheidenden Verdienste Ihres seligen Herrn Gemahles wiederfahren ließ. Es wäre Vermessenheit von mir zu wähnen, daß meine Stimme noch zum Ruhme des Seligen etwas beizutragen vermochte, es wäre nichts als das Echo von allen den Kennern und Meistern, die bereits ihr Urtheil über die unsterblichen Werke Naumanns gefällt, und dadurch jene gerechte Reputation gegründet haben, in welcher der Selige immer fortleben wird. Die allgemeine Stimme ist die Stimme Gottes, und gilt mehr als jene des Einzelnen, besonders wenn dieser mit der allgemeinen Stimme einverstanden ist. Der Biographe hat des Stoffes genug, ohne mein Urtheil nöthig zu haben, um dem Verstorbenen ein würdiges Monument zu errichten, welches auf Wahrheit und Übereinstimmung aller Sachkundigen ruhen wird.«[27] Im Vergleich zum »Talent« Mozart müsste es sich bei Naumann aufgrund von Haydns schwulstiger Lobeshymne, die er sich offensichtlich von einem anderen aufsetzen ließ, geradezu um einen Titanen der Tonkunst gehandelt haben.

Auch Haydns Urteil über einen weiteren, heute fast vergessenen, Komponisten wie Joseph Kraus fällt überschwänglich aus. Der schwedische Diplomat und enge Haydnvertraute Fredrik Samuel Silverstolpe zitiert in einem Brief an Kraus' Schwester, Marianne Lämmerhirt, vom Dezember 1801 Haydns Urteil: »Kraus war der erste Mann von Genie, den ich gekannt habe. Warum musste er sterben?! Er ist ein unersetzlicher Verlust für unsere Kunst. Die Sinfonie aus c-Moll, die er hier in Wien besonders für mich schrieb, ist ein Werk, welches in allen Jahrhunderten als ein Meisterwerk gelten wird, und glauben Sie mir: es gibt wenige, die ein ähnliches Werk schreiben können.«[28]

[27] Bartha, Haydn. Gesammelte Briefe, Nr. 316, S. 412
[28] Schreiber, Karl Friedrich: Biographie über den Odenwälder Komponisten Joseph Martin Kraus, Buchen 1928, S. 69

Wenn man schon nicht so weit gehen mag, diese und ähnliche Aussprüche Haydns als nahezu unwiderlegbare Argumente gegen diese angeblich unvergleichliche Freundschaft und Wertschätzung Mozarts heranzuziehen, so wird doch niemand ernsthaft widersprechen wollen, dass es sich dabei um ziemliche Fehlurteile Haydns gehandelt hat. Zum Ableben Mozarts fällt ihm im Vergleich dazu recht wenig ein. Es sei denn, man hält es für ein Zeichen von besonderer Trauer, wenn er zum Ausdruck bringt, dass er eigentlich nicht »wünsche«, dass der Freund gestorben ist. Man sollte eigentlich annehmen, dass dies eine Selbstverständlichkeit sei, die auch für jeden anderen – im Leben halbwegs anständig gewesenen – Verstorbenen gilt, auch wenn er nicht in der edelsten aller nur denkbaren Freundschaften mit dem Briefschreiber verbunden gewesen sein mag. Keine Spur also von einer tiefen Trauer und Seelenfreundschaft! Und es handelt sich nicht um einen schnell hingeschriebenen Brief, mit dem er sogleich auf Mozarts Tod reagieren will. Ganz im Gegenteil! Der Brief ist überaus umfangreich gehalten und er ist einer der längsten, die er je an die Baronin Genzinger gerichtet hat, seine verehrte Seelenfreundin, der er in seinen Briefen viele intime Dinge anvertraut, die ihn innerlich bewegten. Die Adressatin des Briefes ist also keine Haydn fern stehende Person, vor der er eventuell verbergen wollte, was in seinem Inneren wirklich vorging, als er im fernen London vom unerwarteten Hinscheiden des um eine Generation jüngeren Freundes erfuhr! Haydn hätte also seiner Seelenfreundin sein Herz ausschütten können, ja müssen, über den plötzlichen Tod seines angeblich besten Freundes. Und gerade hier liegt die nicht geringe Peinlichkeit für Haydn. In diesem Schreiben wird Haydns zweifelhafter Charakter schonungslos decouvriert. Und er decouvriert sich selbst, ohne sich dessen im Mindesten bewusst zu sein. Ob diese meine Bewertung des Briefes gerechtfertigt ist, möge jeder für sich entscheiden. Daher sei dieser bemerkenswerte Brief in voller Länge wiedergegeben:

»Hoch, und wohle gebohrne Gnädige Frau!
Mich wundert es sehr, daß Sie mit denen 2 Sinfonien nicht auch zugleich den Brif erhalten haben, indem ich selbst beedes der hiesigen Post übergeben, und bestens anEmpfohlen habe. allein der fehler war stets von mir, daß ich den Brif nicht in das Paquet eingeschlossen habe, So geht es, gnädige Frau, gemeiniglich jenen So zuviel Kopfarbeith haben. nun aber hofe ich, daß Sie das schreiben wer-

den etwas spätter erhalten haben, wo nicht, so muß ich mich hier erklären, daß beede Sinfonien für H. v. Keeß bestimt waren, jedoch mit diesen vorbedacht daß, wan solche durch ordre des H. v. Keeß werden abgeschrieben seyn, die Partitur davon Euer gnaden solte überreicht werden, damit Euer gnaden einen Clavierauszug von denenselben nach wohlgefallen machen könen; jene Sinfonie aber, so für Euer gnaden bestimmt, werd ich längstens anfangs Februari übermachen. es ist mir nur leyd, daß ich gezwungen ware diss grosse Paquet an Euer gnaden zu Addressiren indem mir die wohnung des H. v. Keeß unbewust. allein H. v. Keeß wird Euer gnaden die Postunkösten bezahlen, und wie ich hofe a parte 7 Ducaten überreichen. nun bitte ich Euer gnaden ganz gehorsamst mir von diesen geld die schon So oft anverlangte Sinfonie Ex E mol, wovon ich lezthin das Thema beyschückte auf klein Post Papier geschrieben so bald möglich per Postam zu überschücken, weil vielleicht in einem halben Jahr erst ein Curier von wienn abgehen kan, ich aber die Sinfonie höchst Nöthig bedarf, nachhero aber unterfange ich mich neuerdings Euer gnaden zu quällen, mir ebenfals eine gewisse, und zwar die lezte Clavier Sonate Ex As, das ist mit 4b mol, mit ein Violin, und Violoncello begleitet, und noch ein anders stück la Fantasia Ex C ohne begleitung bey H. Artaria zu kaufen, und alsdan ebenfals auf klein Post Papier Copirter per postam zu überschücken, weil solche in london noch nicht gestochen seyn, allein Ihro gnaden müssen die gewogenheit haben, H. Artaria nichts davon zu melden, sonst komt Er mir mit den Verkauf zuvor. Die ausgaben davon nehmen Ihro gnaden von die 7 Ducaten: um wider auf die obige 2 Sinfonien zu komen, so mus ich Euer gnaden sagen, daß ich das Andante von jener Ex C minor in Clavier auszug durch H. Diettenhofer übermachte, da aber wie man glaubt H. Diettenhoffer unterwegs gestorben oder sonst ein unglück mus gehabt haben, so könen Sie nun selbst nach wohlgefallen beede Stücke übersehen: der gröste theil von den Inhalt des Brifes, so ich H. Diettenhofer übergab, ware von der aufnahm der Doctorswürde zu Oxford, und von all denen Ehren, so ich allda Empfangen habe. bey dieser gelegenheit mus ich Euer gnaden melden, daß ich vor 3 wochen durch Printzen v. Wallis zu seinem bruder dem Herzog v. yorck auf sein lustschloß geladen wurde, der Printz führte mich bey der Herzogin, die Tochter des Königs von Preussen auf, welcher mich sehr gnädig mit vielen schmeichlhaften worten Empfing, Sie ist die liebenswürdigste Dame von der Weld, besizt sehr viel Verstand, spielt das Clavier und singt sehr artig, ich muste 2 Tag da bleiben weil Sie den ersten Tag wegen einer kleinen unbässlichkeit zur Music nicht komen konte. Sie bliebe aber an 2tn Tag von 10 uhr abends, allwo die Music anfienge bis 2 uhr nach Mitternacht beständig neben mir, es wurde nichts als Haydnische Music gespielt ich Dirigirte die Sinfonien am Clavier. Die liebe kleine saß neben meiner an der lincken Hand, und humste alle stücke auswändig mit, weil Sie solche so oft in Berlin hörte, der Printz v. Wallis saß an meiner rechten Seite, und spielte das Violoncello so zimlich gut mit. ich muste auch Singen; der Printz v. Wallis läst mich nun abmahlen, und das Portrait wird in seinem Cabinet aufgemacht. Printz v. Wallis ist das schönste Mannsbild auf gottes Erd boden, liebt die Music ausserordentlich, hat sehr viel gefühl, ABER WENIG GELD: NB UNTER UNS. Mich vergnügt aber mehr seine güte als das Interesse. Der Herzog v. yorck liesse mich am dritten Tag, da ich keine Post Pferde haben konte, durch seinen Zug 2 Posten weit führen. Nun gnädige Frau möchte ich mich gerne ein wenig zancken mit Sie, da Sie glauben, daß ich die stadt London wienn vorziehe, und mir der hiesige aufenthalt angenehmer seyn solte, als jener in meinem Vatterland. ich hasse London nicht, aber alle meine Täge da zuzubringen wäre ich nicht im stande, wenn ich Millionen zu verdienen wuste, die ursachen davon werde ich Euer gnaden mündlich sagen. ich freue mich kindisch nach Hauß um meine gute Freunde zu umarmen. nur bedaure ich dieses an den grossen Mozart zu Entbehren, wan es anderst deme also, welches ich nicht wünsche, daß Er gestorben seyn solte. die nachweld beckomt nicht in 100 Jahren wider ein solch Talent.

Ich bin herzlich erfreuet, daß Sich Euer gnaden samt denen angehörigen in gutem wohlstand befinden, ich war gott lob bishero immer gesund, hab aber vor 8 Tagen einen Englischen Rheomatisme überkomen, der so starck, daß ich bisweilen hell laut schreyen muß. Doch hofe ich denselben bald zu verliehren, weil ich mich, wie hier der gebrauch ist ganz von unten bis oben mit Franell eingewicklet habe. Heute bitte ich Sie in der that um vergebung, daß meine handschrift so schlecht ist. in hofnung bald wieder mit ein schreiben getröst zu werden bin ich mit all ersinnlicher Hochschäzung

nebst mein gehors. Empfehlung an H. gemahl der besten freyle Pepi
und all übrige Euer gnaden ganz gerhorsamster diener
Joseph Haydn mppria« [29]

Unter den vielen unsäglichen Haydnbriefen ist dieser wohl einer der
unsäglichsten und es kostet einige Mühe den Text »fehlerlos«, das
heißt, mit all seinen Fehlern und Stilbrüchen, wiederzugeben. Man
muss sich die Situation vor Augen halten: Dieser Brief trägt das Datum
20. Dezember 1791. 15 Tage zuvor ist Mozart in Wien verschieden.
Eine Transportdauer des den Tod Mozarts anzeigenden Briefes von 15
Tagen im Winter (inklusive Kanalquerung) ist wohl die am kürzesten
anzunehmende Zeit für den Postweg. Man ist versucht fast von einem
»Postexpress« zu sprechen. Dabei muss man noch die Zeit abziehen,
die verstrich, um in Wien einen Brief nach London zu adressieren, der
die Todesnachricht enthielt, sowie die Zeit, die Haydn für diesen langen Brief an die Baronin Genzinger benötigte. Man braucht also keine
übermäßige Kombinationsgabe, um die Feststellung zu treffen, dass
zwischen dem Erhalt des Briefes mit der Todesnachricht aus Wien und
dem Verfassen dieses Briefes nur Stunden, keineswegs Tage, gelegen
sein können. Normalerweise wären solche Überlegungen ziemlich unwichtig. Hier sind sie es nicht. Denn die Ungeheuerlichkeit, einen derartigen Brief zu schreiben, wenn man eben erfahren hat, dass der angeblich beste und verehrenswerteste aller Freunde gestorben ist, ist ein
überaus schmerzlicher Beweis für den traurigen Geisteszustand, in
dem sich Haydn zu diesem Zeitpunkt befunden haben muss. Der Großteil des Briefes beschäftigt sich mit völligen Nebensächlichkeiten, zumindest für jemanden, der eben eine so niederschmetternde Nachricht
erhalten hat. Da lässt sich etwa Haydn des Langen und Breiten über
seine Vergesslichkeit aus, dass er nicht gemeinsam in das Paket, mit
welchem er zwei Symphonien an Frau von Genzinger geschickt hatte,
seinen an sie gerichteten Brief beigeschlossen habe. Er entschuldigt
seine Zerstreutheit mit seiner »Kopfarbeit«, wobei er offensichtlich die
geistigen Anstrengungen, die ihm das Komponieren bereitet, meint.
Durch diese Vergesslichkeit Haydns weiß die Baronin auch nicht, dass
die erwähnten Symphonien für Herrn von Kees bestimmt sind und
dass nach der Copiatur derselben, welche Kees zu veranlassen habe,

[29] Bartha, Haydn. Gesammelte Briefe, Nr. 167, 20. Dezember 1791, S. 267 ff.

die Partituren an Frau von Genzinger gehen sollten, damit diese, wenn
es ihr gefalle, einen Klavierauszug davon machen könne. Haydn klärt
die Baronin auch darüber auf, warum er die beiden Symphonien nicht
direkt an Herrn von Kees geschickt habe, weil ihm nämlich die Adresse
dieses Herrn entfallen sei. («Indem mir die die wohnung des H. v. Keeß
unbewust.») Dabei verkehrte Haydn in den 80er-Jahren im Hause des
Herrn von Kees. Die dort veranstalteten Konzerte (zweimal pro Woche) stellten einen beliebten Treffpunkt für Komponisten, Virtuosen
und sonstige Künstler dar, zu denen neben Mozart auch gelegentlich
Haydn zählte.[30] Eines der unzähligen Beispiele für seine chronische
Vergesslichkeit und Zerstreutheit. Haydn lässt sich sodann unter anderem weitschweifig über die Zusendung weiterer Kompositionen durch
die Baronin aus: Sie solle ihm eine dringend benötigte »Sinfonie EX E
mol« schicken, sowie eine »Clavier Sonate Ex As« und eine »Fantasia
Ex C ohne begleitung bey H. Artaria« kaufen. Sodann erwähnt er einen Komponisten namens Diettenhofer, der das Andante »jener Ex C
minor in Clavier auszug« nach Wien überbringen sollte, wobei er diesem auch einen Brief mitgegeben hatte, in welchem er seine Auszeichnung mit der Doktorwürde in Oxford ausführlich schilderte. Haydn
vermutete schon das Schlimmste für Diettenhofer, nämlich, dass ihm
auf der langen Reise etwas zugestoßen sein könnte und dass er bereits
tot sei, was sich später glücklicherweise nicht bewahrheiten sollte. Man
konstatiert schon einigermaßen befremdet, dass noch immer keine
Spur von Mozarts Tod zu finden ist! Aber dieser Brief erfährt ein weiteres Crescendo von Peinlichkeit. Es ist Haydn offensichtlich noch immer kein Bedürfnis, auf Mozarts Tod zu sprechen zu kommen, denn
nun folgt eine von Eitelkeit und Selbstgefälligkeit triefende Schilderung
seiner Einladung beim Herzog von Yorck, die ihm durch dessen Bruder, den »Printzen von Wallis«, gemeint ist natürlich der Prince of
Wales, drei Wochen zuvor zuteil wurde. Der Prince of Wales »führte«
Haydn bei der Herzogin, der Tochter des Königs von Preußen »auf«.
Für sie ist er voll des Lobes: Schmeichelhafter Empfang für ihn, die
liebenswürdigste Dame der Welt, von hohem Verstand, spielt am Klavier und sie singt sehr »artig«, ein eher problematisches Kompliment
für die Darbietung einer Sängerin. Schließlich erfreut sich der Leser an
einer weiteren epochalen Information, nämlich dass die Herzogin zu-

---

[30] Gyrowetz, Adalbert: Biographie, Wien 1848

nächst wegen »unbäßlichkeit« nicht zur abendlichen musikalischen Darbietung kommen konnte, was Haydns Aufenthalt im Lustschloss des Herzogs von York um einen Tag verlängerte. Doch Gott sei Dank verbesserte sich das herzogliche Befinden, sodass sie den darauffolgenden Tag dem Konzert von 10 Uhr abends bis 2 Uhr nach Mitternacht folgen konnte. Man braucht es gar nicht eigens zu betonen, es wurde nichts als »Haydnische Musik« gespielt. Der nächste Satz verdient es, noch einmal original wiedergegeben zu werden: »[...] die liebe kleine saß neben meiner an der lincken Hand, und humste(?) alle stücke auswändig mit, weil Sie solche so oft in Berlin hörte [...].« Die »liebe kleine« ist immerhin die Herzogin von Yorck. Very shocking. Nebstbei ist sie auch noch die Tochter des preußischen Königs Friedrich Wilhelm II. Ob es einer subtil forschenden Wissenschaft jemals gelingen wird, hinter die präzise Bedeutung des Verbums »humsen« zu kommen, wage ich fast zu bezweifeln. Haydn musste bei dieser seltsamen Veranstaltung nicht nur vom Klavier aus dirigieren, sondern er musste auch Proben seiner Sangeskunst geben. Haydn total sozusagen. Dann kommt er auf den von ihm so geschätzten Prinz von »Wallis« zurück und ernennt ihn taxfrei »zum schönsten Mannsbild auf gottes Erd«. Dabei gefällt ihm sehr, dass der Prince of Wales ein außerordentlicher Musikliebhaber ist, um dann etwas maliziös und gar nicht very british hinzuzufügen, dass er »wenig Geld« habe. Ob Haydn diese individuelle Beurteilung von dessen finanzieller Lage auch seiner Umgebung mitteilte, ist nicht überliefert. Die eindrucksvolle Schilderung endet mit der atemberaubenden Mitteilung, dass der Herzog von Yorck seine Pferde für »2 Posten« zur Verfügung gestellt hatte, da offenbar keine normalen Postpferde zu bekommen waren. Und Haydn hat sich, obwohl der Brief schon seinem Ende zugeht und man selbst über Mängel des englischen Postwesens bereits bestens informiert wurde, noch immer kein Wort über das Ableben seines Freundes Mozart abgerungen. Es ist unmöglich, trotz des traurigen Anlasses, nicht in Satire zu verfallen, um ein berühmtes Wort von Horaz zu zitieren. Es folgen einige Rechtfertigungsversuche, dass er London Wien keineswegs vorziehe und dass er sich nicht vorstellen könne, auf Dauer in London zu leben, selbst wenn er dabei »Millionen« verdienen könnte. Die Baronin wird ihm diesbezügliche Vorwürfe gemacht haben. Und als sich nach dieser kurzen patriotischen Anwandlung dieses ausufernde Schreiben endlich seinem verdienten Ende zuneigt, kommt Haydn doch noch auf den tragischen

Tod Mozarts zu sprechen. Ganze 35 Worte ist ihm die Erwähnung wert. Oder drei Zeilen von insgesamt 77, die der Brief bei Bartha umfasst. Dass er dabei nicht einmal für einige Augenblicke in echter Trauer um Mozart innehält und dass seine Stimmung selbst beim Schreiben dieser Zeilen keineswegs eingetrübt ist, beweisen in schmerzlicher Weise die anschließenden Sentenzen über seine Gesundheit und die der Familie Genzinger. Ohne jeden Übergang ist hier zu lesen: »Ich bin herzlich erfreuet[!], daß Sich Euer gnaden samt denen angehörigen in gutem wohlstand! befinden, ich war gott lob bishero immer gesund.« Mag der angeblich beste und edelste aller Freunde auch tot sein, ihm und der Baronin Genzinger geht es gut, und dies ist das Einzige, was für Haydn in dieser Stunde zu zählen scheint. Der Leser möchte erleichtert aufatmen ob solcher Frohbotschaft. Doch dann fällt ihm sozusagen im letzten Augenblick ein, dass ihm zu seinem völligen »wohlstand«, will heißen, Wohlbefinden, doch noch eines fehlt: Ach ja, »der Englische Rheomatisme« macht ihm seit acht Tagen zu schaffen. Doch gibt er sich zuversichtlich, diesen mit der in England gebräuchlichen »Methode«, indem man sich »von unten bis oben mit Franell [gemeint ist wohl Flanell] einwickelt« kurieren zu können. Von besonderer Originalität war diese simple und angeblich »englische« Heilmethode wohl nicht gekennzeichnet. Man sollte bei der Lektüre eines solchen Briefes eigentlich in Melancholie verfallen …

Zu diesem Brief passt Haydns Eintragung über Mozarts Tod in seinem Londoner Tagebuch: »Mozard starb den 5tn 1obri 1791.«[31] An der tiefen Erschütterung über Mozarts Ableben wird es wohl nicht gelegen haben, dass er nicht einmal dessen Namen richtig zu schreiben vermag! Haydn tat sich auch bei der richtigen Schreibung des Namens seiner Seelenfreundin, der Baronin Genzinger, schwer. Es scheinen in seinen Briefen eigenwillige Namenskreationen wie »Frau von Gennsinger«[32] oder »Gennziger«[33] auf. Meistens finden sich abwechselnd die Bezeichnungen Gennziger oder Genzinger.

Aber auch bei den Namen anderer enger Freunde und Geschäftspartner hat Haydn oft seine liebe Not. Aus dem jahrelangen Geschäftspartner in Leipzig Christoph Härtel wird bei ihm nicht selten ein »Hartl«,

---

31 Bartha, Haydn. Gesammelte Briefe, zweites Londoner Notizbuch, Fo. 17b, S. 510
32 Bartha, Haydn. Gesammelte Briefe, S. 208
33 Bartha, Haydn. Gesammelte Briefe, S. 216

ein gravierender phonetischer Unterschied, der ihm eigentlich hätte auffallen müssen. Seinen eigenen Namen hat er immer richtig geschrieben,
zumindest was die Briefe mit eigener Handschrift betrifft. Den seltsamen
Briefwechsel mit Michael Puchberg, unmittelbar nach Mozarts Tod,
werde ich im Kapitel zu »Michael Puchberg« noch ausführlich darlegen[34]

Dass Haydns darin geäußerte Absicht, Mozarts Werk in England zu
propagieren zu wollen, keineswegs ernst gemeint war, ist leicht nachzuweisen. So stand schon bei den zwölf »Salomon Konzerten«, die er 1791
leitete, nur ein einziges Werk von Mozart, nämlich die Symphonie in D-
Dur, KV. 297, auf dem Programm.[35] Und dies bei rund 100 aufgeführten
Musikstücken. Auch standen beispielsweise wesentlich mehr Werke von
Rosetti (5), Koželuh (5), Pleyel (5), Gyrowetz (3) und sogar von Hoffmeister (3) als von Mozart auf den von Haydn zweifellos mit ausgewählten
Programmen.[36] Verschollene »Musikgrößen« wie Giovanni Battista Vi-
otti, George Bridgetower, Alex Gottlieb Baumgarten und Graef brachten es auf ebenso viele Aufführungen wie Mozart, nämlich eine einzige.
Auch bei den zahlreichen Konzerten, die Haydn in den folgenden Jahren
in England dirigieren sollte, findet sich mit großer Wahrscheinlichkeit
kein Werk seines angeblich so hochgeschätzten verstorbenen Freundes.
Das ist die Realität. Echte Förderung des Werkes eines Freundes sieht
wohl anders aus.

Dass offensichtlich auch nie eine Mozartoper in Esterháza (trotz 1200
Opernaufführungen[37], die Haydn in den Jahrzehnten seines Dienstes für
Esterházy leitete), zur Aufführung gelangte, ist ebenfalls ein klares Indiz
für meine These. Dazu eine bezeichnende Facette: 1778 wurde in Esterháza die Oper »Il geloso in cimento« von Pasquale Anfossi aufgeführt.[38]
Bei der üblichen Bearbeitung und Veränderung, die Haydn auch an diesem »Dramma giocoso per musica« vornahm, wurde auch die von Mozart in Anfossis Werk eingefügte Ariette hinausgestrichen.[39] Auch wenn
die Freundschaft zwischen Mozart und Haydn wohl erst einige Jahre

---

[34] Bartha, Haydn. Gesammelte Briefe, Nr. 168, S. 270
[35] Irmen, Hans-Josef: Joseph Haydn, Leben und Werk, Köln/Weimar/Wien 2007,
S. 307 f.
[36] Irmen, Haydn, ebenda
[37] Irmen, Haydn, S. 289
[38] Irmen, Haydn, S. 305
[39] Angermüller, Rudolph (Hg.): Wolfgang Amadeus Mozart. Leben und Werk, DVD-
ROM, Berlin 2006

später begann, scheint dies doch irgendwie ein symbolischer Fingerzeig für die tatsächliche Beziehung der beiden Komponisten zu sein, ohne dabei allzu viel hineininterpretieren zu wollen. Haydn wird – obgleich eher unwahrscheinlich – vielleicht nicht einmal gewusst haben, dass er eine Ariette von Mozart aus Anfossis Oper eliminiert hatte. Aber immerhin gab es Proben zu einer Aufführung von Mozarts »Figaro« im Schloss Esterháza, die allerdings durch das plötzliche Ableben von Nikolaus I. Esterházy (28. September 1790) abgebrochen werden mussten.[40] Die Oper kam übrigens nie zur Aufführung, sowie es denn in dem prächtigen Schloss Esterháza am Südufer des Neusiedlersees in der Folgezeit keine Opernaufführungen mehr gab.

[40] Bartha, Haydn. Gesammelte Briefe, S. 230

Haydns seltsames Verhalten nach dem Tod von Nikolaus I.

Das prächtige Schloss, eine Art von kleinem Versailles am Rande des Schilfgürtels am Südufer des Neusiedler Sees, das, von Nikolaus I. in den 60er-Jahren in die pannonische Einöde gebaut, bei seiner Errichtung ungeheure Summen verschlungen hatte, wurde vom Nachfolger Paul II. Anton, als Residenz geradezu überstürzt aufgegeben. Es diente den Majoratsherren in der Folgezeit bloß als Jagdschloss, dem wohl teuersten in der Geschichte des europäischen Hochadels. Haydn hatte Estoras unmittelbar nach dem Tod des Fürsten offensichtlich Hals über Kopf in Richtung Wien verlassen und er befand sich zweieinhalb Monate später bereits auf der Reise nach England.[41] Griesinger berichtet in seinen biografischen Notizen über Joseph Haydn, dass der Konzertveranstalter Peter Salomon Haydn öfters brieflich nach England eingeladen habe. Dieser habe das immer mit dem Hinweis abgelehnt, »dass, solange der Fürst lebe, er ihn nicht verlassen könne«.[42] Sein Verhalten beim Tode des Fürsten spricht allerdings eine völlig andere Sprache. Eine Quelle, welche die Begräbnisfeier für Nikolaus I. schildert, habe ich nicht gefunden. Man hat das Gefühl, dass unmittelbar nach dem Tod von Nikolaus I. Esterházy, mit dem eine die Geschichte des Hauses prägende Persönlichkeit abgegangen war, alles oder zumindest vieles, was an den Verstorbenen erinnerte, beseitigt oder aufgegeben werden sollte. So wurde unmittelbar nach seinem Tod die Auflösung der über den pannonischen Raum hinaus bekannten und angesehenen Hofkapelle verkündet.[43] Eine Entscheidung Paul II. Anton, des Nachfolgers im Majorat, die wohl kaum aus Einsparungsgründen nach dem verschwenderischen Regime seines Vaters erfolgte, sondern vor allem mit der unverständlichen Tatsache im Zusammenhang stehen mochte, dass der langjährige Leiter der Hofkapelle, Joseph Haydn, geradezu fluchtartig das Weite in Richtung Wien gesucht hatte. Im Übrigen ist von einem Sparkurs der auf Niko-

[41] Irmen, Haydn, S. 227
[42] Griesinger, Georg August: Biographische Notizen über Joseph Haydn, Reprint der Ausgabe Leipzig 1810, Leipzig 1984, S. 34
[43] Irmen, Haydn, S. 228

laus I. folgenden Fürsten Paul II. Anton und Nikolaus II. in der Folgezeit
sehr wenig zu spüren. Namentlich der erstere hatte noch zu Lebzeiten
des Vaters, der auch »Il Magnifico« genannt worden war, gigantische
Schulden angehäuft, für die sein Vater als regierender Fürst hatte aufkommen müssen. Nikolaus II., der Nachfolger von Paul II. Anton, rief
bereits im Jahre 1794 die Hofkapelle wieder ins Leben. Albert Christoph
Dies berichtet, dass der Fürst Haydn in London im Juni oder Juli dieses
Jahres mitteilen ließ, dass er die Hofkapelle unter dessen Leitung zu
reaktivieren gedenke.[44] Die vorübergehende Auflösung des Hoforche-
sters wird also andere Gründe als Sparmaßnahmen, wie in der Literatur
oft zu lesen ist, gehabt haben und diese Gründe scheinen vor allem bei
Haydn gelegen zu sein. Sein unehrerbietiges Verhalten gegenüber seinem
verstorbenen Fürsten erscheint sehr befremdlich, auch wenn der alternde
Herr in seinen letzten Lebensjahren immer schwieriger geworden sein
mochte, wie mancher verzweifelte Brief Haydns aus dem Jahr 1790 an
die Baronin Genzinger hinlänglich unterstreicht. Seine Wiedereinset-
zung in die frühere Position als Hofkapellmeister beweist, dass der Enkel
von Nikolaus I. Haydns übereilte Absetzung aus Estoras nach dem Tode
seines Großvaters im September 1790 nicht auf Dauer übelgenommen
hatte. Dies gilt auch für seinen kurz regierenden Vater. Dies mag psychologisch zwar nicht leicht nachvollziehbar sein, doch ist es als Tatsache
zur Kenntnis zu nehmen.

Von der völlig absurden Auflassung des Schlosses Esterháza als Som-
merresidenz nach dem Tod von Nikolaus I. war eben die Rede. Man
denkt hier unwillkürlich an die »damnatio memoriae« im alten Rom,
durch die die Erinnerung an verhasste und verbrecherische Kaiser für
alle Zeiten ausgetilgt werden sollte. Aber auf dieselbe Stufe wird man
Nikolaus I. bei all seinen Herrschaftsallüren und manchen charakter-
lichen Mängeln gewiss nicht stellen dürfen. Man wird aber das Gefühl
nicht los, dass man über das Hinscheiden des Fürsten in Esterháza und
Eisenstadt nicht übermäßig unglücklich war. Haydns Absenz bei den
Exequien für Nikolaus I. und die Gründe für dieses seltsame Verhalten
hätten die Haydnforschung eigentlich höchst interessieren müssen. Ich
habe in der Haydnliteratur (von Irmen, dem dies zumindest aufgefallen ist, abgesehen[45]) keinen Hinweis darauf gefunden. Dass Haydn seit

[44] Finscher, Ludwig: Joseph Haydn und seine Zeit, Bühl 2002, S. 62
[45] Irmen, Haydn, S. 227 f.

seiner Flucht und man kann seinen plötzlichen Aufbruch von Esterháza
nach Wien kaum anders bezeichnen, unmittelbar nach dem Tod Nikolaus I. Ende September 1790 nicht mehr nach Esterháza und Eisenstadt
zurückgekehrt sein konnte, beweist sein Brief an seine Geliebte Luigia
Polzelli vom 22. Mai 1792 aus London. Er müsse, so heißt es hier, nach
seiner Rückkehr aus England in Esterháza nach dem Rechten sehen, weil
er dort all seine Habe zurückgelassen hatte: »Gli Inglesi vorriano che io
restassi qua', ma per adesso e impossibile, bisogna assolutamente, che io
vadi a casa, per mettere le mie cose in ordine, io ho lasciato tutta la mia
roba a Esterházy.«[46] Ein eindeutiger Beweis, dass Haydn am Begräbnis
des Fürsten nicht teilgenommen und somit auch keinerlei musikalische
Trauerfeier unter seiner Leitung abgehalten worden sein konnte. Wo
blieb hier die Loyalität Haydns gegenüber einem Fürsten, dem er fast 30
Jahre als Kapellmeister und damit als einer der führenden »Offiziere«
des Hauses Esterházy gedient hatte und der ihm eine Pension auf Le-
benszeit von immerhin 1000 Gulden ausgesetzt hatte?[47] Eine moderne
Forschung wird solche und ähnliche Dinge, die vielleicht nicht ganz ins
lieblich und altbacken gemalte Persönlichkeitsbild Haydns passen, nicht
länger ignorieren können.

46 Bartha, Haydn. Gesammelte Briefe, Nr. 187, S. 287
47 Irmen, Haydn, S. 227

Haydns Desinteresse an Mozarts Grab und ein zweifelhaftes Briefdokument

Doch zurück zu Haydns Beziehung zu Mozart. Im Licht der bereits geschilderten Tatsachen wird man den erheblichen Zweifel, dass Haydn noch viele Jahre später schon bei der Erwähnung des Namens Mozart in Tränen ausgebrochen sei, nicht als mala voluntas gegen einen großen Komponisten zurückweisen dürfen. Man kann ob der Verbreitung solch dreister Lügen für die Nachwelt nur Ärger empfinden. Vor allem aber: Warum hat »Papa Haydn«, der Freund Mozart angeblich so schätzte und liebte, niemals den Weg auf den St. Marxer Friedhof in Wien gefunden, um nach dessen Grab zu forschen? Und wenn er sich dazu aus irgendeinem Grunde außerstande gesehen hätte, dann hätte er doch Personen aus seiner zahlreichen Verehrergemeinde ersuchen können, dies zu veranlassen. Und er hätte viele Jahre Zeit gehabt, sich dazu aufzuraffen, vor allem zu den Zeiten, da ihn angeblich die Tränen bei der Erinnerung an den teuren Freund übermannten! Wer mag eine andere Erklärung dafür finden als die, dass ihm dies offensichtlich kein wie immer geartetes Anliegen war? Dabei hielt sich Haydn im Gegensatz zu den Jahrzehnten vor 1790, wo er außer gelegentlichen Besuchen während des Jahres meist nur die Monate um die Jahreswende in Wien mit dem fürstlichen Hofstaat von Nikolaus I. Esterházy verweilt hatte, nach seiner Rückkehr von der zweiten Englandreise wohl mehr als die Hälfte der Jahreszeit in Wien und ab 1797 in seinem 1793[48] erworbenen und von ihm danach umgebauten Haus im Wiener Vorort Gumpendorf auf! Er hätte also genügend Zeit gehabt, sich nach Mozarts letzter Ruhestätte zu erkundigen. Die Quellen vermelden darüber nicht das Geringste! Wer könnte da angesichts solcher betrüblicher Tatsachen immer noch von einer idealen Künstlerfreundschaft daherreden? Es geht hier, dies kann nicht oft genug betont werden, keineswegs um die Verleumdung eines berühmten Tondichters sondern um Tatsachenfeststellungen …

[48] Wien Museum (Hg.): Haydns letzte Jahre, Führer durch das Haydnhaus Wien 2009, S. 7

Abschließend möchte ich mich etwas ausführlicher mit dem Fragment jenes Haydnbriefes auseinandersetzen, das auch heute noch in der wissenschaftlichen Lehre als letzter sozusagen unumstößlicher Beweis für diese angeblich so edle und uneigennützige Künstlerfreundschaft herangezogen wird. Es ist das Fragment eines undatierten Briefes angeblich aus dem Jahre 1787, das an einen Oberpflegsverwalter Franz Rott in Prag gerichtet ist. Hier ist zu lesen:

> »Sie verlangen eine Opera buffa von mir, recht herzlich gern, wenn Sie Lust haben, von meiner Singkomposition etwas für sich allein zu besitzen. Aber um sie auf dem Theater in Prag aufzuführen, kann ich Ihnen, dießfalls nicht dienen, weil alle meine Opern zu viel auf unser Personale (zu Esterház in Ungarn) gebunden sind, und außerdem nie die Wirkung hervorbringen würden, die ich nach der Lokalität berechnet habe. Ganz was anders wäre es, wenn ich das unschätzbare Glück hätte, ein ganz neues Buch für das dasige Theater zu componiren. Aber auch da hätte ich noch viel zu wagen, indem der große Mozart schwerlich jemanden andern zur Seite haben kann. Denn könn't ich jedem Musikfreunde, besonders aber den Großen, die unnachahmlichen Arbeiten Mozarts, so tief und mit einem solchen musikalischen Verstande, mit einer so großen Empfindung in die Seele prägen, als ich sie begreife und empfinde; so würden die Nationen wetteifern, ein solches Kleinod in ihren Ringmauern zu besitzen. Prag soll den theuern Mann fest halten – aber auch belohnen; denn ohne dieses ist die Geschichte großer Genien traurig, und giebt der Nachwelt wenig Aufmunterung zum fernern Bestreben; weßwegen leider so viel hoffnungsvolle Geister darnieder liegen. Mich zürnet es, dass dieser einzige Mozart noch nicht bey einem kaiserlichen oder königlichen Hofe engagirt ist.
>
> Verzeihen Sie, wenn ich aus dem Geleise komme – ich habe den Mann zu lieb. Ich bin etc
>
> Joseph Hayden
> S. an das Prager Orchester und die dasige Virtuosen mein ergebenstes Kompliment«[49]

---

[49] Bartha, Haydn. Gesammelte Briefe, Nr. 102, S. 185

Wäre dieser Brief authentisch, würde ich sogleich ein Fragezeichen hinter meine eigene These setzen. Nur: Es kann kein Zweifel daran bestehen, dass Haydn diesen Brief, der nur als undatierte Abschrift fragmentarisch (!) erhalten ist, nicht geschrieben haben kann! Unter den etwa 300 von Bartha veröffentlichten Haydnbriefen gibt es keinen einzigen Brief – ich spreche von den eigenhändig geschriebenen –, der sich auch nur annähernd auf dem Niveau dieses Schreibens befindet. Dies gilt sowohl für die Orthografie als auch für den Stil und den durchgehend sinnhaften Gedankengang dieses Briefes, der von fremder Hand geschrieben ist. In alledem unterscheidet er sich in wohltuender Weise vom üblichen Duktus von Haydns Briefen. Es erübrigt sich daher, auf eine weitere Begründung im Detail einzugehen. Es handelt sich hier offensichtlich um eine klare Fälschung! Wobei sich sofort die naheliegende Frage nach dem cui bono stellt. Wer sich dennoch vergewissern möchte, ob diese Beurteilung richtig ist, möge die gesammelten Haydnbriefe bei Bartha nachlesen und einen diesbezüglichen Vergleich selbst anstellen.

Resümee: Es gibt also nicht wenige, aufgrund historischer Fakten zu erhebende Einwände, die gegen diese angeblich in jeder Hinsicht ideale Künstlerfreundschaft zwischen Mozart und Haydn sprechen. Ich bin mir bewusst, dass ich auch hier wissenschaftliches Neuland betrete. Eine modifizierte Betrachtung aller Aspekte dieser Beziehung unter Einbeziehung aller Fakten, die sich aufgrund der Quellenlage ergeben, wäre wohl ein dringendes Erfordernis für die Zukunft.

Haydn ein Plagiator?

Dieses Thema ist zweifellos das heikelste für alle Haydnforscher, die in der Regel, dazu bedarf es keiner näheren Begründung, aus echter Liebe und Verehrung für Haydn und sein Werk sich diesem Metier verschrieben haben und sich immer noch verschreiben. Dieser Zugang liegt in der Natur der Sache und erscheint bis zu einem gewissen Grade absolut legitim zu sein. Dies gilt wohl auch für die wissenschaftliche Erforschung von Leben und Werk vieler anderer großer Künstler. Denn in der »Bedeutung« großer Künstler und ihrer Werke liegt naturgemäß schon die positive Anerkennung dessen, was sie geschaffen haben. Der Historiker sollte weder mit übertrieben positiven noch mit negativen Vorurteilen an seine Arbeit gehen. Bekanntlich hat es ja in der Menschheitsgeschichte viele »bedeutende« Persönlichkeiten, allerdings manchmal schrecklicher verbrecherischer Art, gegeben, deren – allerdings überwiegend negative – »Bedeutung« gelegentlich sogar von apokalyptischer Monstrosität gekennzeichnet ist. Dies ist eine traurige Tatsache. Dass solche Persönlichkeiten keineswegs Gegenstand von Bewunderung und Verehrung durch den Historiker sein können, aber dass er sich andererseits als – hoffentlich – ethisch orientiertes menschliches Lebewesen gegen seinen natürlichen Abscheu trotzdem bemühen muss, auch den Biografien gewisser menschlicher Ungeheuer wissenschaftliche Objektivität und »Gerechtigkeit« widerfahren zu lassen, bedarf wohl keiner eingehenden Erläuterung. Man hat es dabei mit der umgekehrten Problematik zum vorher Geschilderten, nämlich der Beurteilung großer Künstlerpersönlichkeiten in der Literatur, wieder mit dem »Sine-ira-et-studio«-Prinzip des Publius Cornelius Tacitus zu tun.

Doch um nach diesen grundsätzlichen Gedanken wieder zu unserem Thema Joseph Haydn zurückzukehren: Irgendwann müsste auch dem engagiertesten Haydnforscher und Verehrer der Verdacht dämmern, dass es gewisse beunruhigende Schatten über dessen Leben und Schaffen gibt, die man nicht einfach aus Pietät ständig beiseiteschieben und verdrängen darf. Bei Haydn ist dieser Punkt, diese Peripetie, längst erreicht, wo dem Streben nach wissenschaftlicher Wahrheit und Erkenntnis eindeutig der Vorrang vor kritikloser Adoration eingeräumt werden muss.

Karl Geiringer ist zuzustimmen, wenn er schreibt, dass »die Erfassung des Quellenmaterials bei Haydn weit größere Schwierigkeiten bietet als bei anderen Großmeistern des 18. und 19. Jahrhunderts«[50]. Aber leider macht sich Geiringer, wie es den Anschein hat, keinerlei Gedanken, warum dies so ist. Und selbst diese Feststellung Geiringers erscheint angesichts der ungeheuren Probleme, vor denen die Haydnforschung auf diesem Gebiet steht, fast noch eine Untertreibung zu sein.

So ist es auch kein Zufall, dass eine systematische Ausgabe des Gesamtwerkes bisher noch immer nicht gelungen ist und dass zwei Versuche bisher klar gescheitert sind. Den Anfang machte Eusebius Mandyczewski im Jahr 1908.[51] Seine Ausgabe umfasste nur einen Bruchteil des Gesamtœuvres. Einen weiteren Gipfelsturm an schwierigster Musikforschung unternahm eine Gruppe von Haydnforschern ab 1950 in Boston, Massachusetts, welche unter der Leitung von Howard Chandler Robbins Landon und Jens Peter Larsen stand. Doch wurde auch dieses Unternehmen einer »Haydn-Society« vorzeitig beendet.[52] Das Kölner Joseph Haydn-Institut, das auch eine Zeitschrift (»Haydn-Studien«) herausgibt, hat diese Sisyphusarbeit fortgesetzt, ohne bisher an ein Ende gekommen zu sein.[53]

Nach dieser grundsätzlichen Einleitung müssen einige dringende Verdachtsmomente dafür angeführt werden, dass Haydn sich manchmal fremder musikalischer Eingebung bedient oder, um es klar zu sagen, Plagiat betrieben hat. Wie oft er sich auf solch unschöne Handlungen einließ, kann hier keineswegs erschöpfend beantwortet werden. Es sollen hier auch nur einige besonders ins Auge stechende Fälle näher beleuchtet werden, ohne jeden Anspruch auf Vollständigkeit. Fest steht, dass eine große Anzahl von Kompositionen unter dem Markennamen »Haydn« im Umlauf waren, die nicht aus seiner Feder stammten. Man denke nur an die Vielzahl von Messen und Symphonien in jeweils dreistelliger Zahl. Nun, man wird nicht automatisch jeden bekannten Fall von Etikettenschwindel sofort gegen Joseph Haydn in Anschlag bringen dürfen. Dies wäre unredlich und ethisch verwerflich. Konzedieren wir ihm, dass

<hr>

[50] Geiringer, Karl: Joseph Haydn. Der schöpferische Werdegang eines Meisters der Klassik. Eine Biographie, Mainz 2009, S. 268
[51] Geiringer, Haydn, ebenda
[52] Geiringer, Haydn, ebenda
[53] Siehe www.haydn-institut.de (geöffnet am 7. April 2011)

er von vielen Fällen keine Ahnung hatte, ergo keinen finanziellen Vorteil daraus gezogen hat und er somit von jeder Schuld freizusprechen ist! Doch gibt es Beispiele, wo Haydn offensichtlich im vollen Wissen, dass Kompositionen nicht von ihm stammten, diese sowohl unter seinem Namen aufführen als auch drucken ließ.

Ich möchte mich zunächst mit einem besonders ins Auge fallenden Beispiel beschäftigen, dem »Fall Gyrowetz«. Adalbert Gyrowetz (1763–1850) ist einer jener vielen talentierten Komponisten, die Zeit ihres Lebens immer im Schatten der ganz Großen ihrer Zeit standen. Fest steht ohne jeden Zweifel, dass er in der unmittelbar dahinter befindlichen »zweiten« Reihe von zeitgenössischen Komponisten ganz vorne zu stehen hat. Im Jahre 1785 hielt sich der junge Künstler in Wien auf[54] und fand dabei auch Zutritt zu dem Künstlerkreis, der sich, angeführt von Mozart und Haydn (gelegentlich anwesend), im Hause des »Ritters von Kees«, eines bekannten Wiener Musikenthusiasten und Konzertveranstalters, ein Stelldichein gab. Ich habe dies bereits angedeutet. Zweimal pro Woche fanden bei Kees Konzertveranstaltungen statt, wobei auch eine von den sechs Jugendsymphonien von Adalbert Gyrowetz zur Aufführung gelangte.

Dass Mozart vom Können des jungen Mannes angetan war, ist allein schon ein überzeugender Beweis für die Qualität der Werke dieses Komponisten, wenn man weiß, dass Mozart keineswegs für alle komponierenden Zeitgenossen lobende Worte fand. Und dies hat nichts mit Überheblichkeit zu tun, sondern einfach mit der Tatsache, dass er sich seiner eigenen überragenden Größe bewusst war und daher auch entsprechend hochgeschraubte Anforderungen an seine Berufskollegen stellen durfte. Auch hier unterscheidet sich Mozart wesentlich von Haydn, der manchen mediokren und heute völlig vergessenen Komponisten seiner Zeit mit übertriebenem und wenig glaubwürdigem Lob überhäufte (auf diesen Umstand wurde bereits hingewiesen) und auch immer wieder von seinem »eigenen geringen Talent« schrieb und redete. Ob dabei stets echte und ernst gemeinte persönliche Bescheidenheit im Spiel war, möge jeder für sich entscheiden. Einem Mozart oder Beethoven wäre derlei niemals eingefallen, ohne dass man sie deshalb als unbescheiden oder gar überheblich bezeichnen könnte. Auf mich wirkt die häufige Selbst-

<hr>

[54] Gyrowetz, Biographie

beurteilung, dass man geringes Talent besitze, angesichts der Tatsache, dass man eine »Schöpfung«, die »Jahreszeiten« und eine Reihe sonstiger herrlicher (Spät-)Werke komponiert hatte, eher peinlich denn als ein Zeichen von bewundernswerter Bescheidenheit. Dabei halte ich echte Bescheidenheit für eine Tugend, weniger eine manierierte oder vorgespielte. Ähnliches scheint auch für Haydns bemüht und aufgesetzt wirkende katholische Frömmigkeit zu gelten, die man dem gleichzeitigen Freimaurer Haydn nicht immer abnehmen möchte.

Doch zurück zu Gyrowetz: Auch Haydn dürfte zu einem ähnlich positiven Urteil wie Mozart über Gyrowetz gekommen sein, wie das Folgende zu beweisen scheint. Die wesentlichen Elemente sind einem Artikel von Sonja Gerlach über Johann Tost und der Selbstbiografie von Adalbert Gyrowetz entnommen.[55]

Adalbert Gyrowetz war in jungen Jahren im Herbst 1789, dem Jahr des Ausbruchs der Französischen Revolution, in Paris eingetroffen. Offensichtlich war der Zweck seiner Reise die Aufnahme von Verhandlungen mit bekannten Pariser Musikverlegern, namentlich wurde er von dem Verleger Imbault betreut.[56] Dieser hatte Orchestermusiker zu einer Probe eingeladen. Zwei von Gyrowetz vorgelegte Symphonien fanden ausgezeichnete Aufnahme. Als Gyrowetz allerdings eine dritte Symphonie zur Probe auflegte, schien die gute Stimmung unter den Anwesenden verflogen zu sein. Man musterte den jungen Mann mit forschen Blicken und fragte ihn, ob diese Symphonie tatsächlich sein Werk sei. »Als er nun das bejahte, verlangte man die Partitur zu sehen, und da man die Partitur Takt für Takt [...] gleichlautend und richtig befunden hatte, fingen alle an Gyrowetz zu gratuliren, und erzählten ihm zugleich, dass diese Sinfonie [...] als eine Favorite-Piece [...], allein unter Joseph Haydns Namen gestochen sei [...] und dass Herr Schlesinger davon Verleger gewesen. Gyrowetz verfügte sich alsogleich zu dem Musik-Verleger Herrn Schlesinger [...] und hörte von demselben: daß ein deutscher Virtuos auf der Violine, Namens Tost, von Wien nach Paris gekommen sei, und 3 Sinfonien mitbrachte, welche er ihm für Haydn'sche Sinfonien verkauft habe, und so kam es, dass diese 3 Sinfonien auch mit Haydns

---

[55] Gerlach, Sonja: Johann Tost. Geiger und Großhandlungsgremialist, Haydnstudien, Band VII, Heft 3–4, Köln 1998, S. 349 ff. und Gyrowetz, Biographie
[56] Gyrowetz, Biographie, S. 47 f.

Namen gestochen wurden. Tost war Musik-Direktor bei der Kapelle Sr. Durchlaucht des Fürsten Esterházy, und nachdem der Fürst die Sinfonien von Gyrowetz an sich gebracht, ließ sich Herr Tost dieselben abschreiben, und brachte sie nach Paris, wo sie mit ausgezeichnetem Beifall aufgenommen [...] wurden.«[57] Gerlach fährt fort: »Larsen und Landon beanspruchen – vermutlich zu Recht – das bei Sieber als Sinfonie No. 20 gestochene Werk Hob. G3 als diese unter Haydns Namen gedruckte Gyrowetz-Sinfonie.«[58]

Dass Gyrowetz in seiner mehr als ein halbes Jahrhundert später erscheinenden Selbstbiografie sich bezüglich des Verlegers irrt (Schlesinger kommt erst später nach Paris), und in Wirklichkeit Sieber für den Druck verantwortlich war, tut der Wahrscheinlichkeit dieser Geschichte keinen nennenswerten Abbruch. Noch weniger beeinträchtigt den Wahrheitsgehalt der Umstand, dass hier von einem »Musikdirektor Tost« die Rede ist.[59] Denn der Violinist im Esterházy-Orchester von Estoras, Johann Tost, wechselt im Jahre 1788 als »Musikdirektor« nach Pressburg. Hier bin ich der – von Gerlach abweichenden – Ansicht, dass der Violinist Tost von Estoras identisch mit dem Musikdirektor Tost in Pressburg ist. Den Beweis würde ich über seine im Dezember 1790 geheiratete Braut Nanette Gerlischek führen[60], welche mit der »Nanette« von Pressburg identisch zu sein scheint, welche Haydn als glänzende Pianistin in einem seiner Briefe an Frau von Genzinger bezeichnet.[61]

Doch dies würde hier zu weit führen, zumal es von einer eher geringen Relevanz für die Beweisführung ist, dass Haydn sich diese G-Dur-Symphonie von Gyrowetz »angeeignet« hatte. Und als Musikdirektor hat Gyrowetz diesen Johann Tost in Pressburg kennengelernt. Larsen erwähnt, dass es von dieser Gyrowetzsymphonie eine aus Kuttenberg (heute Kutna Hora) stammende Abschrift gibt (in Prag befindlich)[62], was wohl eindeutig beweist, dass der wahre Urheber nur Gyrowetz heißen kann.

[57] Zitat aus Gyrowetz, Biographie; siehe auch Gerlach, Haydn, S. 351
[58] Larsen, Haydn-Überlieferung, S. 115; Landon: The symphonies of Joseph Haydn, App. II, Nr. 109, London 1955
[59] Gyrowetz, Biographie
[60] Gerlach, Tost, S. 353
[61] Bartha, Haydn. Gesammelte Briefe, Nr. 69, S. 144 f.
[62] Gerlach, Tost, S. 352 und Repertoire International des Sources Musicales, Serie A/II, Manuscrits musicaux après 1600 Catalogue Thématique, CD-ROM, München 1997

Johann Tost machte es sich offensichtlich zur Aufgabe, in seiner Kopiatur in Eisenstadt allerlei Kompositionen zeitgenössischer Komponisten zu kopieren[63] und diese zumindest gelegentlich als angebliche Haydnwerke in der Musikwelt – etwa in Paris, aber wohl auch an manchen deutschen Fürstenhöfen – zu verscherbeln. Dabei könnten die beiden durchaus Geschäftspartner gewesen sein. Diese gewiss naheliegende Variante wird von der Haydnliteratur natürlich völlig ausgeschlossen, ja sie wird nicht einmal angedacht, denn diese würde den verehrten Meister in einem sehr fragwürdigen Licht erscheinen lassen.

Ich präferiere diese Möglichkeit klar, zumal sie von nicht unwichtigen Argumenten aus den Quellen gestützt wird. Auf welche Weise sollte der Violinist Johann Tost diese drei erwähnten Gyrowetzsymphonien, nachdem sie von Nikolaus I. Esterházy angekauft worden waren, an sich gebracht haben und darauf die Kopiatur derselben vorgenommen haben? Die Verwaltung der Esterházy'schen Musiksammlungen zählte zu den Aufgaben des Hofkapellmeisters Joseph Haydn. Ohne dass er die in Frage stehenden Gyrowetz Symphonien seinem Violinisten Tost ausgehändigt hätte, wäre dieser wohl kaum in die Lage versetzt worden, davon Kopien anfertigen zu können, die er später um teures Geld als »Haydnsymphonien« in Paris verkaufte. Diese logische Überlegung wird man hier wohl anstellen dürfen.

Überaus interessant ist in diesem Zusammenhang ein Schreiben Tosts an einen Agenten des kurtrierischen Hofes vom 1. Mai 1787, der als Autograf im Landeshauptarchiv Koblenz erhalten ist:

»Man lege es mir wohl für übel aus, daß ich Hochdieselben unbekännter Weise mit diesem Schreiben belästige [...] ich bin an einen Posten, wo sich der Zusammenfluß deren besten, ausgesuchtesten Musikstücken befindet, nun da ich eine Schreibstube bloß zur Verfertigung neuer Musicalien errichtet, auch anbey viele, und große Höfe zu bedienen habe, so erkühn ich mich Hochdieselben zuersuchen, mich bey dem dortigen Hofe zuanempfehlen, mein Verlaag bestehen meistens in opern, Sinfonien, Concerten, Arien, und das zwar um einen billigen Preiß [...] zu anerbiett ich meine Dienste in allen möglichen Fällen nebst einer kleinen Belohnung [...].«[64] Von wem stammten diese »besten« und »ausgesuchtesten« Musikstücke, welche Tost in seiner »Schreibstube« durchaus

<hr>

[63] Gerlach, Tost, S. 346
[64] Gerlach, Tost, S. 345

professionell und profitabel, wie es scheint, kopieren ließ und weshalb flossen diese gerade bei dem zweiten Violinisten von Haydns Hoforchester in Esterháza und Eisenstadt zusammen? Und wie konnten bei dieser Abschreibtätigkeit »neue Musicalien« entstehen? Vielleicht dadurch, dass diese eine »Überarbeitung« erfuhren? Und wer wäre wohl für diese Überarbeitungen in erster Linie in Frage gekommen?

Im Jahre 1789 kam es zu einem peinlich berührenden Streit zwischen Tost und Haydn, weil jener offenbar »vergessen« hatte, den Erlös beziehungsweise Teilerlös für vier Symphonien und sechs Quartette in Höhe von 300 Gulden an Haydn abzuliefern. Die diesbezüglichen Briefe Haydns an Artaria[65] und an Sieber in Paris sind einigermaßen verworren und widersprüchlich formuliert und es scheint noch keinem Haydnforscher gelungen zu sein, die Sache völlig zu klären.

Feststeht, dass Tost vier Symphonien und sechs Quartette von Haydn in Paris verkaufte, obwohl er nur zwei Symphonien im Gepäck hatte. (Es handelt sich um Hob. 88 und Hob. 89) Haydn beeilte sich darauf in einem Brief an Sieber zu versprechen, die beiden nicht gelieferten und vom Verleger wahrscheinlich bereits bezahlten Symphonien nachträglich zu komponieren. Dazu ist es freilich allem Anschein nach nicht gekommen. Im Übrigen riet Haydn dem Pariser Verleger, sich in Wien an Tost rechtlich schadlos zu halten.[66] Man sollte in diesem Zusammenhang nicht vergessen, dass Tost bei einem früheren Parisaufenthalt zumindest eine von drei von ihm angebotenen Symphonien als »Haydnsymphonie« verkauft hatte, welche nachweislich von Gyrowetz komponiert worden war. Dabei stammten auch die beiden übrigen wohl von Gyrowetz.

Nahezu ebenso peinlich wie diese Betrugsgeschichte rund um die drei offensichtlich von Gyrowetz verfassten »Haydnsymphonien« ist für mich die causa des »Abschiedslieds«, welches Haydn unter »wehmütigen Empfindungen« seiner Seelenfreundin, der Baronin Genzinger, kurz vor seiner Abreise nach London, im Dezember 1790, widmete: »Denke meiner, wenn uns trennen Meer und Land.«[67] Die wehmütigen Empfindungen Haydns und die tiefe Rührung der Baronin wurden allerdings über das »Medium«

[65] Bartha, Haydn. Gesammelte Briefe, Nr. 120, S. 204 f., Nr. 124, S. 209 f., Nr. 126, S. 211 f., S. 212., Nr. 127, S. 212

[66] Bartha, Haydn. Gesammelte Briefe, Nr. 120, S. 204

[67] Geiringer, Haydn, S. 139

Adalbert Gyrowetz hervorgerufen. Denn Haydn hat dieses Abschiedslied offenbar von Gyrowetz »bestellt« und sich von diesem in seinen Empfindungen für die Baronin »inspirieren« lassen. Das Lied war in einem Heft Gyrowetz'scher Kompositionen aufgelistet, das bei Tranquillo Collo & Co. in Wien erschienen war. Dieses wertvolle Forschungsergebnis ist Alexander Weinmann zu verdanken.[68] Der Haydnverehrer Geiringer schien an dieser Vorgangsweise Haydns nichts Abstruses zu finden …

Es ist also durchaus vorstellbar, dass Johann Tost auf einer weiteren Geschäftsreise nach Paris im Jahre 1789 nicht nur tatsächliche Kompositionen von Joseph Haydn sondern auch solche, die nur den Namen Haydn trugen, anzubieten hatte. Ich erlaube mir in diesem Zusammenhang die Einschätzung, dass diese beiden ominösen Symphonien, die Tost damals in Paris an Sieber verkaufte, Hob. 88 und 89[69], wohl die schönsten sind, die Haydn bis zu diesem Zeitpunkt komponiert hatte, und er näherte sich damals bereits einer dreistelligen Zahl von bisher geschaffenen Symphonien.

Äußerst interessant ist in diesem Zusammenhang ein Zitat aus dem Brief Konstanze Mozarts vom 26. November 1800 an André in Offenbach: »Hier ist ein Hr. v. Tost, wohnhaft in der Singerstaße, der behauptet, er habe Originalpartituren von Mozart. wahr ist es, Mozart hat für ihn gearbeitet.«[70]

Mozart sollte für den Violinisten Johann Tost in der Esterházy'schen Hofkapelle gearbeitet haben, ohne dass man sogleich auch den Leiter dieser Hofmusik, Joseph Haydn, mit ins Spiel bringen müsste? Dies halte ich für kaum denkbar.

Diese leidige Auseinandersetzung um zu wenige von Tost an den Pariser Verleger gelieferte Symphonien (zwei statt vier) und um eine strittige Abrechnung über 300 Gulden dürfte aber zu keinem dauerhaften Zerwürfnis zwischen Haydn und Tost geführt haben, was ja der Fall hätte sein müssen, wenn man davon ausgeht, dass Haydn Tosts Malversationen zumindest aus dem Jahre 1789 bekannt waren. So erwähnt Pohl in sei-

---

68 Weinmann, Alexander: Verlagsverzeichnis Tranquillo Mollo, Universal Edition, Wien 1964 und Geiringer, Haydn, S. 139 f.
69 Bartha, Haydn. Gesammelte Briefe, S. 205
70 Mozartbriefe, Band IV, Nr. 1322, S. 388

ner Haydnbiografie im Kapitel »Leben«[71], dass unter den engsten Freunden Haydns, die ihn bei seiner Rückkehr von seiner ersten Englandreise in Wien im Jahre 1792 erwarteten, sich auch der Betrüger – dieses Epitheton stammt von mir als Autor – Johann Tost befand. Auch sonst gibt es zwischen den beiden – abgesehen von Tosts Tätigkeit als Violinist in der Eisenstädter Hofkapelle – manche personelle Verflechtungen. Man kann also mit großer Sicherheit davon ausgehen, dass Haydn von manchen Umtrieben und Malversationen Tosts zumindest Kenntnis hatte. Ja, er könnte mit diesem bei manchen zweifelhaften Geschäften durchaus unter einer Decke gesteckt sein.

Auch in die »Affäre Breunig«, die sich bereits 1782 ereignete, hat die Wissenschaft noch kaum Licht ins Dunkel gebracht, wenn man von der untauglichen Erklärung bei Bartha[72] absieht. Es geht dabei um die sechs Quartette op. 33, die von Artaria in Verlag genommen worden waren. Der daraus entstehende Konflikt mit dem Mainzer Komponisten Conrad Breunig muss geradezu dramatische Züge angenommen haben, wie man aus Haydns Brief vom 15. Februar 1782 an Artaria unschwer ablesen kann:

> »Herr Breunig (mit welchen ich in einer unangenehmen Correspondenz stehe, und welchen ich lauth Ihres lezten schreibens in betref derer von Ihme Ihnen angetragenen quartetten meiner Composition,die nembliche worte Ihres briefes überschriebe), schückte mir gegenwärtiges abscheuliches blat mit impertinentigster drohung, daß ich dieses blat zu seiner Satisfaction Ihnen alsogleich einhändigen solle, wo nicht, so glaube Herr Breunig, daß ich ein lügner seye: Sie werden also so wohl mich, als sich selbst dissfals deffendiren: wie weiter aber Sie mich von Herrn Breunig entfernen, desto angenehmere dienste werden Sie mir leisten.«[73]

Nach Bartha lag die Ursache für diese Auseinandersetzung darin, dass Conrad Breunig auf Subskription ein handschriftlich vertriebenes Exemplar dieser Quartette gekauft habe. Breunigs Zorn resultierte, laut Bartha, aus der Tatsache, dass er, wie üblich, für ein durch Subskription erworbenes Werk einen höheren Preis bezahlte als er für ein bei Artaria

---

71 Pohl, Carl Ferdinand: Joseph Haydn, Band 1, Leipzig 1875, Band 2, Leipzig 1882; Band 3, vollendet von H. Botstiber, Leipzig 1927
72 Bartha, Haydn. Gesammelte Briefe, S. 112 f.
73 Bartha, Haydn. Gesammelte Briefe, Nr. 43, S. 112

bereits gedrucktes Exemplar zu zahlen gehabt hätte. Als erschwerender Umstand sei dazugekommen, dass sich Artaria entgegen der Vereinbarung mit Haydn zu einem früheren Erscheinungstermin dieser Quartette entschlossen hätte. Dies alles kann die geradezu furiose Erregung Breunigs über Haydn und wohl auch über Artaria keineswegs hinlänglich erklären. Haydn wird von ihm praktisch als Lügner bezeichnet. Er scheint fast um seine körperliche Sicherheit zu fürchten («wie weiter aber Sie mich von Herrn Breunig entfernen, desto angenehmere dienste werden Sie mir leisten»)!

Haydn selbst schreibt, dass Breunig diese Quartette dem Wiener Verlag, bei dem er bereits im Jahre 1776 Violinduette herausgegeben hatte, anbot: »von Ihme Ihnen angetragenen quartetten meiner Composition«. Wenn Breunig auf Subskription ein Exemplar dieser Quartette erworben hatte, hatte er natürlich keinerlei Anrecht, diese Artaria anzubieten! Und wofür hätte Breunig »Satisfaction« vom Wiener Musikalienverlag erhalten sollen? Etwa dafür, dass er in offensichtlicher Betrugsabsicht mit untauglichen Mitteln versuchte hatte, ein fremdes Werk, das er auf Subskription erworben hatte, zu veräußern? Dies ergibt doch keinerlei Sinn! Die Forderung nach Satisfaktion, die er von Artaria verlangte, konnte natürlich nur daraus resultieren, dass der Wiener Verlag Breunig der Unredlichkeit und des Betruges geziehen haben mochte, da er aus seiner Sicht ein Werk Haydns als sein eigenes angeboten hatte. In diesem Falle wäre von Artaria eine solche Satisfaktion natürlich in keiner Weise zu erwarten gewesen, solange Haydn nicht den wahren Sachverhalt rund um diese Quartette offen legte. Daher die ultimative Aufforderung dieses aus der Sicht Haydns »abscheuliche blat«, das ihm von Breunig übermittelt worden war, umgehend zur endgültigen Klärung des wahren Sachverhaltes an Artaria zu übermitteln. Das schlüssige Ergebnis dieser Überlegungen wäre freilich, dass Haydn diese Quartette nicht geschrieben hat, sondern dass diese von Conrad Breunig stammen.

Aber an dieser Stelle ist ein gravierender Einwand zu machen: Diese Russischen Quartette, opus 33, bilden einen Höhepunkt in der klassischen Ausformung dieser Gattung. Finscher spricht nicht zu Unrecht von einem »exemplum classicum«. Nur die berühmten »Haydnquartette« Mozarts, die er diesem im Jahre 1785 widmete, können wohl einen Anspruch auf Ebenbürtigkeit erheben. Könnte es sein, dass Breunig hier in Vertretung Mozarts bei Artaria vorstellig wurde? Dafür spräche

die absolute Vollkommenheit dieser in sich ruhenden Quartettreihen,
eher dagegen die von mir davor versuchte Interpretation dieses Haydn-
briefs.

Der zweite Schöpfer eines »Haydnoratoriums«

Dubios sind auch die Vorgänge rund um die vokale Umarbeitung der
»Sieben Worte unseres Erlösers am Kreuz« durch den Passauer Domkapellmeister Joseph Friberth im Jahre 1795. Wenn auch die ursprüngliche
Orchesterfassung dieses Werks von Joseph Haydn stammte – es handelte
sich um ein Auftragswerk eines spanischen Domherren in Cadix von
1785[74] –, steht zweifellos fest, dass die Oratorienfassung – man könnte
auch von einer Kantate sprechen – Joseph Friberth zum Urheber hat.
Haydn mag dabei manches verändert und wahrscheinlich auch verbessert haben, doch zeugt es von einer nicht geringen Unseriosität, wenn
er sich drei Jahre später partout nicht mehr an die nicht unbedeutende
Mitwirkung Friberths an diesem Werk – und zwar an der Komposition
und nicht am Text (!) – erinnern will.

Hatte Haydn im Jahre 1796 bezüglich der »Sieben Worte« noch he-
rablassend erklärt, dass er gewisse Noten besser als Friberth gesetzt
hätte,[75] so schreibt er nunmehr an den Musikdirektor Cornelius Knoblich am 10. August 1799 etwas völlig anderes: »Die Sieben Wort Christi
haben Euer Hochwürden bishero nur halb genossen, indem ich schon
vor 3 Jahren eine neue 4 stimmige Vocal Music durchgehends (ohne das
Instrumentale zu verändern) dazu unterlegte. den Text dazue verfertigte
ein sehr geübter Musicalischer Domherr aus Passau, und unser grosse
Baron v. Swieten verbesserte denselben; der Effect dieses wercks ist über
alle erwartung.«[76]

Man ist hier nachweislich mit einem der möglicherweise gar nicht so
seltenen Fälle konfrontiert, wo Haydn nicht nur als Schöpfer, sondern
auch als Bearbeiter eines Werks tätig war. In diesem Fall von der Vokalfassung der »Sieben Worte« durch Joseph Friberth. Die hier geschilderten Umstände rund um die Entstehung der »Sieben Worte« sind auch
insofern von einer besonderen Bedeutung, als man es bei diesem Ora-

---

74 Bartha, Haydn. Gesammelte Briefe, Nr. 260; Vorbericht Haydns zu seinem Werk
   »Die sieben Worte des Erlösers am Kreuze« S. 359
75 Dies erzählt Sigismund Neukomm, bei A. Ch. Dies: Chronik seines Lebens in
   Selbstzeugnissen, S. 100
76 Bartha, Haydn. Gesammelte Briefe, Nr. 230, S. 330 f.

torium mit dem ersten dieser großen Oratorientrias, die zwischen 1795 und 1801 entstand – die beiden anderen sind bekanntlich »Die Schöpfung« und »Die Jahreszeiten«– zu tun hat.

Da Joseph Friberth im Jahr der Abfassung dieses Haydnbriefes (August 1799) starb, bestand für Haydn nicht einmal mehr eine theoretische Gefahr, dass dieser eine für ihn unangenehme Klarstellung der wahren Genesis dieses Oratoriums vornehmen könnte. Übrigens begegnet uns der Name Friberth auch in Eisenstadt und in Esterháza. Hier war ein Karl Friberth als Bariton der Hofkapelle tätig, der mit einer Sängerin verheiratet war, die ebenfalls dem Esterházy'schen Sängerensemble angehörte. Das Verzeichnis der Künstler findet sich unter anderem bei Pohl. Dieser Karl Friberth war seinem Vorgesetzten Joseph Haydn zu besonderem Dank verpflichtet, weil er ihn im Jahre 1765 nach seinem Konflikt mit dem allmächtigen Gutsverwalter Rahier vor schweren dienstrechtlichen Konsequenzen seitens des Fürsten bewahrt hatte.[77]

Karl Friberth betätigte sich auch als Komponist. So befand sich eine 1780 in Wien herausgekommene Liedersammlung Karl Friberths »fürs Klavier« im Besitz Mozarts.[78] Auch bearbeitete er für Haydn manche Opernlibretti wie etwa »Lo speziale«[79], »Le pescatrici«[80] und »l' incontro improviso«[81]. Friberth scheint nach Irmen[82] bei der letztgenannten Oper auch Regie geführt zu haben. Dies ist insofern erstaunlich, als er als langjähriger Startenor hauptberuflich im Musikbereich bei Esterházy tätig gewesen war. Aber ob er für Haydn außer Textbearbeitungen auch kompositorische Beiträge zu den drei genannten Opern leistete, darüber gibt es, wie es scheint, keinerlei Hinweise in den Primärquellen. Möglich erschiene dies allemal. Und es würde sich dabei um eine erstaunliche Parallele zu seinem Namensvetter Joseph Friberth handeln.

Da der Name Friberth nicht allzu häufig vorkommt (man findet auch die Version Frieberth), könnte es sich bei Joseph Friberth sogar um einen Verwandten – möglicherweise um einen Bruder von Karl Friberth – gehandelt haben. Dafür spricht auch die Tatsache, dass die beiden aus dem

---

77 Bartha, Haydn. Gesammelte Briefe, Nr. 3, S. 46 ff. und Nr. 4, S. 48 f.
78 Mozartbriefe, Band VI, Kommentare zu Nr. 1243, S. 471
79 Finscher, Haydn, S. 214
80 Finscher, Haydn, S. 219
81 Finscher, Haydn, S. 228
82 Irmen, Haydn, S. 139

Weinviertel stammten. Dass maßgebliche Haydnforscher, etwa Irmen in seiner Haydnbiografie[83], die näheren Umstände der Entstehung der »Sieben Worte« – ganz im Sinne der beiden erwähnten widersprüchlichen Haydnzitate – so diffus beschreiben, dass man selbst als sehr aufmerksamer Leser der diesbezüglichen Passagen nicht endgültig klären kann, ob Joseph Friberth hier als Textbearbeiter oder als Komponist anzusehen ist, halte ich für einigermaßen befremdlich.

Die Musikwissenschaft geht heute aber überwiegend davon aus, dass Joseph Friberth die Umsetzung der »Sieben Worte« in ein Oratorium vornahm. Dafür spricht auch klar, dass sich im Haydnnachlass die Friberthpartitur der »Sieben Worte« befand.[84] Diese Erkenntnis kann bedauerlicherweise auch heute nicht verhindern, dass bei den Aufführungen dieses Oratoriums auf die Anführung des Namens Joseph Friberth als Mitschöpfer meist immer noch »vergessen« wird, wie es leider auch im Haydnjahr 2009 geschehen ist.

Dass dieses fragwürdige Verhalten Haydns rund um die wahre Entstehung der »Sieben Worte« von keinem Haydnforscher kritisch vermerkt wurde, halte ich allerdings für ärgerlich und befremdlich. Doch dass man sich dabei sogar zu einem Lob für Haydn versteigen kann, wie es Geiringer in seiner Haydnbiografie unternimmt, halte ich für geradezu skandalös. Hier ist zu lesen: »[…] so muß andererseits Haydns Vorurteilslosigkeit und Sicherheit des Instinktes hervorgehoben werden, da er nicht zögerte, selbst als gefeierter Künstler noch von einem weit kleineren Geiste fruchtbare Anregungen zu empfangen.«[85] Dabei räumt Geiringer durchaus ein, »dass sich Haydn namentlich in der 1. Hälfte seines Werkes stark an den ersten Bearbeiter anlehnte«. Plagiat als »Gnadenakt« …

[83] Irmen, Haydn, S. 217
[84] Unverricht, Hubert, Joseh Haydn Werke (JHW), Haydn-Institut Köln
[85] Geiringer, Haydn, S. 474 f.

Weitere konkrete Verdachtsmomente auf Plagiat

Die Liste weiterer hier anzuführender Fälle ist beunruhigend groß. Die zwei Klaviertrios Hob. XV, 3, 4, stammen vom Haydnschüler Ignaz Pleyel, wobei 3 und 4 deutlich von Haydns Kompositionspraxis abweichen. Anthony van Hoboken erwähnt in diesem Zusammenhang eine Bemerkung von Nicolas-Étienne De Framery, der diese Trios Pleyel zuschreibt. Auch wurden diese Werke vom Verlag Le Duc unter Pleyels Namen im Jahre 1797 herausgebracht.[86] 1785 waren sie erstmals unter Haydns Namen gedruckt worden. Dass der tatsächliche Schöpfer Pleyel war, darüber wird man wohl keine weiteren Überlegungen anstellen müssen.

Wieder findet man bei Geiringer, der immerhin zu den namhaftesten Haydnbiografen zählt, eine völlig unstatthafte Verharmlosung von Haydns Vorgangsweise: »Schließlich übermittelte er an Forster [einer von Haydns Verlegern in London] irrtümlich zwei Trios seines früheren Schülers I. Pleyel, wobei er sogar auf der Titelseite eigenhändig vermerkte: ›Di me Giuseppe Haydn‹.[87] Und völlig unbekümmert fährt Geiringer fort: »Der Verleger sah keinen Grund, an der Authentizität des Werkes zu zweifeln, und druckte es, zusammen mit einem echten Haydntrio (Hob. XV: 5), im Jahre 1785. Später rächte [sic!] sich der Schüler an seinem Lehrer. Im Jahre 1797 wurden die zwei Trios von Pleyel zusammen mit dem einen von Haydn in Paris gedruckt, wobei Pleyel als Komponist aller drei Werke genannt war.«[88]

Ich würde die Hand nicht unbedingt für Haydn ins Feuer legen wollen, dass dieses dritte Trio tatsächlich von ihm geschaffen wurde. Aber Pleyel wird hier indirekt von Geiringer des Plagiats bezichtigt, wobei es sich um einen seiner Ansicht nach verständlichen – aus meiner Sicht freilich äußerst seltsamen – »Racheakt des Schülers« gehandelt hätte. Bei Meister Haydn, der eigenhändig auf dem Titelblatt der Druckausgabe dieser drei Trios vermerkt hatte: »di me Giuseppe Haydn«, habe es sich

---

86 De Framery, Nicolas-Étienne: Notices sur Joseph Haydn, Paris 1810
87 Geiringer, Haydn, S. 391
88 Geiringer, ebenda

jedoch lediglich um einen »Irrtum« gehandelt! Das einzige, was Geiringer in diesem Zusammenhang zu interessieren scheint, ist nicht die Klärung eines offensichtlichen Plagiats, begangen von Joseph Haydn, sondern es geht ihm vielmehr darum, diesen von dem – ohnehin niemals erhobenen – Vorwurf einer möglichen »Geringschätzung der Gattung Klaviertrio« freizusprechen. Diesen »Verdacht« konstruiert Geiringer aus der »Tatsache«, dass sich Haydn bezüglich der Autorschaft dieser besagten Klaviertrios »geirrt« habe. Aber es ist Geiringer beizupflichten, wenn er schreibt, dass Forster diese Klaviertrios anstandslos druckte, weil er an der Authentizität dieser Werke keinerlei Zweifel hegte.

Ich werde mich mit diesem eminent wichtigen Problem der Frage nach der Gutgläubigkeit von mit Haydn in geschäftlicher Beziehung befindlichen Verlagen beziehungsweise deren etwaiger betrügerischer Profitgier beim Abdruck apokrypher Haydnkompositionen im weiteren Verlauf meines Buches noch auseinandersetzen. Beim bereits geschilderten »Problem Gyrowetz« war offensichtlich das erstere, nämlich die Gutgläubigkeit des Pariser Verlegers beim Druck dieser »Haydnsymphonie in G-Dur«, die freilich ein Produkt von Gyrowetz war, aber keinerlei Profitgier zu registrieren.

Auf die Haltung des Leipziger Musikalienverlages Breitkopf (später Breitkopf & Härtel) der in den ersten Jahrzehnten von Haydns Kompositionstätigkeit fast ein Monopol auf Haydns Werke gehabt zu haben scheint, was ich in der Haydnliteratur nirgends – zumindest nicht expressis verbis – festgestellt fand, werde ich im weiteren Verlauf dieses Buches noch zurückkommen.

Die bekannten »Brahmsvariationen zu einem Thema von Joseph Haydn«, gehen nicht auf ein Thema von Haydn, sondern mit großer Wahrscheinlichkeit ebenfalls auf Pleyel zurück. Ich beziehe mich hier auf die 2008 erschienene Biografie von Anton Mayer über Joseph Haydn.[89]

Ein weiteres spektakuläres Beispiel ist die ursprünglich falsche Zuordnung der sechs Streichquartette op. 3, Hob. III 13-18. Die Wissenschaft ist heute nahezu einhellig der Auffassung, dass diese Streichquartette inklusive des Ohrwurms der berühmten Serenade aus Nr. 5 in Wahrheit von dem Benediktiner Pater Romanus Hofstetter stammen. Geiringer attestierte im Jahre 1932, als die Autorschaft Haydns noch unbestritten

---

[89] Mayer, Anton: Joseph Haydn. Das Genie und seine Zeit, Wien 2008, S. 271

war, dieser Serenade »eine wunderbare Einheit, Reinheit und Inbrunst des Tones«, um nach bekanntwerden des wahren Ursprungs durch Hofstetter dieses Werk kühl und diametral entgegengesetzt im Jahre 1959, wie folgt, zu beurteilen: Die »monotone Einfachheit« der Begleitung dieser Serenade habe »mit dem Stil des einfallsreichen Haydn kaum etwas gemein«.[90] Wie sich doch der feine »Geschmack« mutato nomine radikal auch bei einem gelehrten Musikwissenschafter verändern kann …

Die Haydnbiografin Rosemarie Hughes schreibt dazu: »Now it has convincingly argued that their composer was not Haydn at all but a Benedictine monk from Amorbach in the Odenwald Father Romanus Hofstetter.«[91] Ignaz Pleyel hatte diese Quartette in die thematische Liste seiner Ausgabe der Haydnwerke von 1802 aufgenommen, nachdem Haydn diese genehmigt hatte. 1805 waren sie auch in den Haydn-Elßler-Katalog aufgenommen worden. 1777 waren sie bei Bailleux erschienen, sechs Jahre nach ihrer angeblichen Komposition durch Haydn.[92]

Ein ähnliches Phänomen der zeitlichen Verzögerung des Drucks gibt es übrigens auch bei anderen Werken, etwa manchen in Paris gedruckten Symphonien. Der schwache Rechtfertigungsversuch, Haydn habe aufgrund seines damaligen schlechten Gedächtniszustandes irrtümlich der Aufnahme dieser Quartette in Pleyels Haydnquartettverzeichnis von 1802 zugestimmt, geht wohl ins Leere. Schließlich hatte er erst ein Jahr zuvor sein glanzvolles Oratorium »Die Jahreszeiten« abgeschlossen, da wird man ihm wohl auch zutrauen dürfen, dass er ein konkretes Erinnerungsvermögen an diese fraglichen sechs Quartette, die in Wahrheit von Romanus Hofstetter stammten, haben musste. Immerhin hat er in besagtem Jahr 1802 noch die umfangreiche »Harmoniemesse«, die letzte seiner großen Messen, komponieren können. Sein geistiger Habitus – und damit wohl auch sein Erinnerungsvermögen – müssen also zu dieser Zeit noch einigermaßen intakt gewesen sein.

Es ist auch in diesem Zusammenhang zu erwähnen, welch seltsames Schicksal gewisse Kompositionen von dem hierzulande fast unbekannten Joseph Kraus erfahren haben (1756–1792). Dieser gelegentlich als »schwedischer Mozart« bezeichnete Komponist im Dienste des schwedischen Königs Gustav III., war von diesem auf eine fünf Jahre

90 Vorwort von Armin Raab zur erweiterten Ausgabe der Haydnbiografie von: Geiringer, Haydn, S. 9
91 Hughes, Rosemarie: Haydn, Oxford 1989, S. 154
92 Geiringer, Haydn, S. 281

dauernde Europareise geschickt worden, damit er sich in der Musikszene der wichtigsten Metropolen umsehen könne.[93] Dabei kam Kraus 1783 auch nach Wien, wo er, wie seinen Tagebüchern zu entnehmen ist, auch viele bedeutende Komponisten wie Christoph Willibald Gluck, Antonio Salieri, Johann Georg Albrechtsberger, Padre Martini und vor allem auch Joseph Haydn kennenlernte. Von Mozart ist zwar nicht die Rede, doch lassen einige spätere seinem Tagebuch anvertraute Sätze über die in Entstehung begriffene Oper »Le nozze di Figaro« darauf schließen, dass er mit Mozart Kontakt hatte.[94]

Für Haydn schrieb Kraus eine Symphonie in D-Dur (VB 143), welche in Anwesenheit des Komponisten in Esterháza aufgeführt wurde und welche zunächst unter Haydns Namen veröffentlicht wurde.[95] Das Autograf von Joseph Kraus existierte laut Boer in Stockholm bis zum Jahre 1825. In diesem Jahr wurde es durch den Großbrand des Königlichen Dramatischen Theaters zerstört.

Ähnliches ist festzustellen bezüglich des von Kraus komponierten Scherzos mit Variationen in C-Dur (VB 193). Wahrscheinlich wurde dieses Werk während des Aufenthalts von Kraus in London 1785 geschrieben. Es war das Jahr der Jahrhundertfeier von Georg Friedrich Händels Geburtstag. Dieses Werk erschien in London, mit einer fragwürdigen Violinbegleitung versehen, unter dem Namen von Haydn und Pleyel.

Über Kraus und besonders dessen Symphonie in c-Moll – Kraus hatte sie in Wien für Haydn komponiert – äußerte sich Haydn gegenüber Fredrik Samuel Silverstolpe nahezu enthusiastisch: »Ich besitze von ihm eine Sinfonie [c-Moll], die ich zur Erinnerung an eines der größten Genies, die ich je gekannt habe, aufbewahre. Ich besitze von ihm nur dieses Werk, aber ich weiß, dass er manches und Vortreffliches gesetzt hat.«[96] Haydn hat hier nicht die volle Wahrheit gesagt. Denn er »besaß« auch die D-Dur Symphonie von Kraus, die sogar unter seinem Namen gedruckt worden war. In das Bild dieser Wertschätzung passt sehr gut, dass auch manch andere Kompositionen von Kraus unter Haydns Namen gelaufen

---

[93] Riedel, Friedrich Wilhelm: … das Himmlische lebt in seinen Tönen: Joseph Martin Kraus, ein Meister der Klassik, Mannheim 1992, S. 43 ff

[94] Das Reisetagebuch von Joseph Kraus befindet sich im Manuskript in der Universitätsbibliothek von Uppsala, Folio X, S. 270 f.

[95] Riedel, … das Himmlische, S. 75

[96] Mörner, Carl-Gustav Stellan: Haydniana aus Schweden um 1800, Haydn-Studien Band II, Heft 1, Köln 1969, S. 25

sein mochten. Darauf deutet auch Silverstolpes weitere Schilderung hin: »Ich versprach Haydn, einige Arbeiten von Kraus zu zeigen, die ich mitgeführt hatte. Er schien recht erfreut von dieser Zusage und bat mich, ihn bald zu besuchen.«[97]

Man muss in diesem Zusammenhang auch auf den merkwürdigen Besuch des engen Haydnvertrauten Samuel Silverstolpe im Jahre 1800 bei den Verwandten des 1792 verstorbenen Joseph Kraus zu sprechen kommen. Dieser lebte ursprünglich, welch seltsamer Zufall, in demselben Ort im Odenwald wie der von uns bereits erwähnte Benediktinermönch Romanus Hofstetter. Dieser Ort heißt Amorbach. Und die beiden Komponisten standen im engen persönlichen Kontakt.[98] Die beiden verbindet sozusagen der Umstand, dass wesentliche von ihnen verfasste Werke unter dem Namen Joseph Haydn erschienen sowie die Tatsache, dass sie mit dem Haydnvertrauten und schwedischen Legationsrat Silverstolpe Kontakt hatten.

Dieser hatte sich alle Noten und Briefe angeeignet, die er im Familienbereich des 1792 verstorbenen Komponisten Joseph Kraus vorfand, unter dem Vorwand, an einer Biografie über Joseph Kraus zu schreiben. Weiters schärfte Silverstolpe den Eltern und Geschwistern von Kraus ein, dass sie über seinen Besuch kein Wort verlieren sollten und dass sie vor allem vor den Gelehrten striktes Stillschweigen bewahren müssten. Man darf Vermutungen darüber anstellen, was die Gründe für ein derart seltsames Verhalten eines hohen schwedischen Diplomaten im hintersten Odenwald waren.[99] Diese Biografie erschien allerdings nicht wie vorgesehen unmittelbar danach, sondern erst im Jahre 1833 auf Schwedisch. Und angeblich anonym.[100] Es ist davon auszugehen, dass die Musikwissenschaft von diesem Werk Silverstolpes kaum Notiz genommen haben wird, selbst wenn es gewisse Details über die Beziehungen von Kraus zu Haydn enthalten haben sollte. Es darf gerätselt werden, was der wahre Grund des Besuches von Silverstolpe im Odenwald im Jahre 1800 war, nachdem es die Abfassung einer Biografie über Joseph Kraus offensichtlich nicht war. Sollten hier etwa für Haydn unliebsame Beweismittel, die der enge Haydnvertraute Samuel Silverstolpe aus dem familiären Bereich des 1792 verstorbenen Joseph Kraus an sich gebracht hatte, beseitigt

---

[97] Mörner, ebenda
[98] Mörner, Haydniana, S. 29
[99] Dreher, Sabine: Bote vom Unteren Main, 2006, Nr. 149
[100] Mörner, Haydniana, S. 29

werden? Es gibt in Buchen eine Joseph-Martin-Kraus-Gesellschaft, in deren Umfeld viele interessante Details von regionalen Forschern aus dem Leben dieses Komponisten gesammelt wurden.

Silverstolpes mysteriöses Auftauchen bei Konstanze Mozart im Jahre 1800 im Zusammenhang mit der rechtlichen Regelung der Fragen rund um das Mozartrequiem mit dem Grafen Walsegg sowie sein Interesse an den im Besitz der Mozartwitwe befindlichen Fragmenten sind hier ebenfalls zu erwähnen.[101]

Auch Haydns angebliche Bearbeitung hunderter schottischer und irischer Volkslieder, die in Wirklichkeit wohl zum Großteil einer der treuesten Haydnschüler namens Sigismund Neukomm vornahm[102], ist nicht gerade als ein besonderes Ruhmesblatt in Haydns Leben anzusehen. Immerhin handelte es sich dabei um eine bestens dotierte Einnahmequelle für Haydn, die nur deshalb so reichlich sprudelte, weil man diese Adaptionen in England für »echte« Haydnbearbeitungen hielt. Hier von einem betrügerischen Vorgehen zu sprechen, würde ich nicht für völlig unangebracht halten. In diesem Zusammenhang muss auch das merkwürdige Schreiben von Haydn an Joseph Eybler vom 27. März 1789 erwähnt werden, in welchem dieser gebeten wird, für Haydn drei Tanzmenuette zu komponieren: »[...] nun bester freund, bitte ich, für mich 3 neue tanz Menuetten, aber jedweden mit ein Trio begleitet, zu Componiren, d. ursach meiner bitte werd ich Ihnen bey gelegenheit selbst entdecken, sag unterdessen nur so viel, daß diese 3 Menuet für einen meiner besten freund bestimmt sind, sie müssen aber niemanden andern weder gegeben, viel weniger producirt werden.«[103]

Es stellt sich hier eine Reihe interessanter Fragen. Wer mag dieser »beste Freund« sein und warum bestellt dieser Unbekannte nicht direkt die gewünschten Kompositionen bei Eybler unter eventueller Berufung auf seinen Freund Haydn? Und warum dürfen diese von Eybler zu komponierenden Menuette nicht weitergegeben werden und schon gar nicht aufgeführt oder gedruckt werden? War dieser Freund ein Geschäftemacher, der daraus irgendeinen Profit schlagen wollte oder gar diese Werke unter seinem Namen veröffentlichen wollte? Beide Motive sind angesichts

[101] Mozartbriefe, Band IV, Nr. 1276, S. 308
[102] Finscher, Haydn, S. 526
[103] Bartha, Haydn. Gesammelte Briefe, Nr. 117, S. 200

der – zumindest zum damaligen Zeitpunkt mangelnden – Berühmtheit
Eyblers ziemlich unwahrscheinlich. Oder sollten diese Menuette Eyblers
etwa irgendwann unter Haydns Namen herausgegeben werden? Dies erschiene mir ungleich einleuchtender als die beiden ersten Hypothesen.
Ist hier in diesem kurzen und unscheinbaren Schreiben an Eybler ein
mögliches Strickmuster für das dahinterstehende System sichtbar?

Ein ähnliches Schreiben wie an Eybler ist bei Bartha an seinen allzeit
getreuen Schüler Sigismund Neukomm vom 3. April 1803 zu finden:
»Liebster Freund, ihr diener, Jos. Haydn bittet dringend, beyliegende
zwey Lieder sobald als möglich zu machen, und meinem Bedienten zu sagen, an welchen Tag er sie abholen kan ich hoffe vielleicht
übermorgen.«[104] Es scheint sich hier um einen Routinevorgang zu handeln, der von Haydn nicht näher begründet zu werden braucht. Haydn
»lässt« offensichtlich gelegentlich komponieren, bearbeiten et cetera, um
dann sozusagen als großer Meister letzte Hand an diese Vorarbeiten zu
legen. Aber handelt er dabei auch nur einigermaßen redlich, wenn Vieles
davon sodann ausschließlich unter »Haydn« erscheint?

Die reizend originelle »Kindersymphonie«, die zu den Lieblingswerken
meiner Kindheit zählte und welche lange Zeit unter Haydns Namen
lief, ist – wie heute nachgewiesen – ebenfalls keine Komposition aus der
Feder Joseph Haydns. Mit sehr großer Wahrscheinlichkeit stammt die
Urfassung dieser Symphonie von einem Benediktinerpater des Klosters
Fiecht im Tiroler Unterinntal namens Edmund Angerer.[105] Aufgefunden
wurde diese Urfassung in der Musikaliensammlung des Tiroler Stiftes
Stams. Über den Umweg Leopold Mozart, von dem möglicherweise eine
siebenteilige Version stammt, fand sie den Weg zu Haydn – oder besser
gesagt unter Haydns Namen – in einer dreisätzigen Version! Die dabei
verwendeten Kinderinstrumente Trompeterl, Kuckuck, Eule, Ratsche
et cetera stammen übrigens aus der Berchtesgadener Gegend, ja man
spricht sogar von einem eigenen Berchtesgadener Musikkreis.

Es gibt einen interessanten Brief von Leopold Mozart aus Bologna
vom 6. Oktober 1770 an seine Frau mit einer Nachschrift Wolfgangs
an Mutter und Schwester. Hier schreibt er: »Ich wünsche, daß ich bald

---

[104] Bartha, Haydn. Gesammelte Briefe, Nr. 325, S. 421
[105] Siehe die entsprechende Website: www.museum1.at/index.php?id=2#c22 (geöffnet am 8. April 2011)

könte die Pertelzkammersinfonien hören, und etwa ein trommpetterl oder pfeifferl darzu blasen.«[106] Außerdem findet sich eine Anspielung im Englandtagebuch Joseph Haydns, wo er das Treiben eines Londoner Viehmarktes mit den in Berchtesgaden abgehaltenen bunten Märkten vergleicht. Diese Notiz verdient es auch wegen ihrer skurrilen Formulierung festgehalten zu werden. »Bartholomews Marck in London ist hauptselig [unleserliches Wort] an den Plaz des Vieh Markts in der City, dauert mit 3 teg. es ist allda Bertholtsgadn waar, allerhand stük, kleine Comedien, gaukeleyen, Seiltanzerey, Carlatanery, zahnartz, unter allerl. lumpen gesindl.«[107] Es führt also, was die »Kindersymphonie« betrifft, eine Spur zu Leopold Mozart und Joseph Haydn, ohne dass einer der beiden als Schöpfer derselben in Frage käme.

Mag ich auch heute zu meiner großen Verwunderung eher allein dastehen mit meinem Verdacht – vor allem was den offen geäußerten betrifft –, dass Haydn zumindest gelegentlich Plagiat betrieben haben könnte, so kann ich mich doch wenigstens auf einen kritischen Zeitgenossen Haydns berufen, der ebenfalls diesen Verdacht äußerte. Es handelt sich dabei um den damals höchst anerkannten Opernkomponisten Florian Gaßmann, von welchem bis zu seinem Tod im Jahre 1774 zahlreiche Opern im Burgtheater aufgeführt wurden. Dieser hatte bei einer seiner Opernproben im Wiener Hoftheater die für ihn seltsame Beobachtung gemacht, dass Haydn sich im Probenraum mit einem Bleistift in der Hand zu schaffen machte. Gaßmann hegte sofort den Verdacht, dass es Haydn dabei um die Notierung von neuen Passagen der gerade in Probe befindlichen Oper ginge. Und Gaßmann nahm den Vorfall immerhin so ernst, dass er sogar Kaiser Joseph II. mit seinem Verdacht konfrontierte, dass Haydn ein »Plagiarius« sei.[108] Man kann davon ausgehen, dass eine seriöse Persönlichkeit wie Florian Gaßmann, der immerhin die Stelle des Hofkapellmeisters und des Domkapellmeisters von St. Stephan bekleidete, sich nicht allein wegen dieses, eher harmlos erscheinenden Vorfalls, bei einer seiner Opernproben zu diesem spektakulären Schritt

---

[106] Mozartbriefe, Band II, Nr. 213
[107] Bartha, Haydn. Gesammelte Briefe, drittes Londoner Notizbuch, Fo. 19b, S. 545
[108] Notice historique sur la vie les ouvrages de Joseph Haydn, Membre Associe de l'Institut de France et d. un grand nombre d'Academies, lue dans la séance publique du 6. Octobre 1810, par Joachim Le Breton, Secretaire perpetuel de la Classe, Membre de celle d'Histoire et de Litterature ancienne et de la Legion d'honneur.

beim Kaiser entschlossen hatte. Es erscheint plausibel, dass Gaßmann auch andere diesbezügliche persönliche Erfahrungen in Bezug auf Haydn gemacht hatte, die seinen Verdacht in Richtung Plagiat erweckten. Ein unerhörter Vorfall. Es gibt in der Musikgeschichte, zumindest was die Klassik betrifft, wohl kein vergleichbares Beispiel, dass ein großer Komponist von einem angesehenen Kollegen, noch dazu vor einem Kaiser, offen des Plagiats bezichtigt wurde!

Die Haydn zu allen Zeiten berühmende »Allgemeine musikalische Zeitung« (im Weiteren abgekürzt »AmZ«) in Leipzig versuchte den Vorfall um Haydn herunterzuspielen und zu verharmlosen.[109] Er habe seinerzeit erklärt, dass er, an eine Säule gelehnt, mit dem Bleistift lediglich seine Adresse für einen Unbekannten aufgeschrieben habe. Aber gerade aus der Tatsache, dass sich die angesehene »AmZ« überhaupt mit diesen unerfreulichen Vorfällen – und zwar erst nach Haydns Tod – beschäftigte, geht eindeutig hervor, dass es sich bei diesen Notizen von 1810 um keine Erfindung handeln konnte. Gaßmann muss also ohne jeden Zweifel diesen Verdacht gegen Haydn geäußert haben. Und dieser muss seinerzeit zu diesem unerfreulichen Thema befragt worden sein. Warum hat sich die Haydnforschung bisher ängstlich bemüht, diese wichtige Plagiatsfrage nahezu auszuklammern? Der Mangel an entsprechendem Quellenmaterial kann jedenfalls nicht als Erklärung herangezogen werden.

Man ist versucht, an die Malwerkstätten von Rembrandt und Rubens mit ihren zahlreichen Gehilfen zu denken, die nach den Ideen des Meisters oft die weitere Ausfertigung eines Bildes vornahmen. Manche Bilder mochten überhaupt nur mit einem rudimentären Zutun der großen Künstler entstanden sein. Man mag dazu stehen, wie man will. In der Musikgeschichte ist eine solche Vorgangsweise wohl ziemlich einzigartig und singulär. Könnte man sich auch nur im Entferntesten solches bei Mozart, Beethoven oder Schubert vorstellen? Eine verneinende Antwort kann wohl vorweggenommen werden. Es seien hier einige Anmerkungen aus dem Kapitel »Werkverzeichnis« aus der Biografie Ludwig Finschers zitiert.[110] Die Liste fraglicher Werke nimmt sich mehr als imposant aus: »Über 100 Messen sind in sekundären Quellen Haydn zugeschrieben;

[109] »Allgemeine musikalische Zeitung«, Leipzig Februar 1811, S. 148 ff.
[110] Finscher, Haydn, S. 521-535

nur ein Teil von ihnen ist bisher als mit Sicherheit von anderen Komponisten stammend nachgewiesen.«[111] Und: »Zahlreiche lateinische Kontrafakturen von Einzelsätzen aus Oratorien und Opern nicht von Haydn, aber meist mit seiner Genehmigung angefertigt; zahlreiche Zuschreibungen, von denen bisher nur wenige mit Sicherheit oder Wahrscheinlichkeit anderen Komponisten zugeschrieben sind.«[112]

»Für den Opernbetrieb in Eszterháza hat Haydn Rezitative, Arien und Ensembles aus Opern anderer Komponisten bearbeitet. Seine Eingriffe reichen von geringfügigen Detailveränderungen über vollständige Umarbeitungen bei Wahrung der Substanz und Ersetzung ganzer Formteile bis zu erheblichen Erweiterungen. Haydns Autorschaft ist nicht immer zweifelsfrei zu bestimmen.«[113]

Unter »Volksliedbearbeitungen« ist zu lesen: »XXXIa: 270 schottische und drei irische Lieder, einige in mehreren Fassungen, für ein bis zwei Stimmen (meist solistisch) mit Begleitung von Violine und Generalbaß oder Klaviertrio, zwischen spätestens 1792 und 1804, teilweise unter Mitarbeit von bzw. ganz von Sigismund Neukomm. XXXI b: 60 walisische Lieder und ein irisches Lied, mit Begleitung des Klaviertrios, 1803–1804, teilweise unter Mitarbeit von beziehungsweise ganz von Sigismund Neukomm und angeblich auch Friedrich Kalkbrenner.«[114]

Unter »Symphonien«: »Etwa 150 apokryphe Symphonien sind in Sekundärquellen Haydn zugeschrieben.«[115]

»Eine beträchtliche Zahl von Menuetten und deutschen Tänzen ist in zeitgenössischen, aber sekundären Quellen unter Haydns Namen überliefert.«[116]

Unter »Vier- bis neunstimmige Divertimenti« und so weiter für verschiedene Besetzungen: »Zahlreiche zweifelhafte und unechte Werke in zeitgenössischer Überlieferung, darunter der Chorale St. Antoni in II: 46, die Grundlage für Brahms' Haydnvariationen.«[117]

Unter »Streichquartette«: »Besonders zahlreiche apokryphe Werke in zeitgenössischen Quellen, darunter die 6 von Haydn in seinen letzten

---

[111] Finscher, Haydn, S. 521
[112] Finscher, Haydn, S. 522
[113] Finscher, Haydn, S. 525
[114] Finscher, Haydn, S. 526
[115] Finscher, Haydn, S. 527
[116] Finscher, Haydn, S. 529
[117] Finscher, Haydn, S. 530

66

Jahren irrtümlich (!) als echt bezeichneten Quartette, die als op. 3 gedruckt wurden.«[118]

Unter »Streichtrios«: »Zahlreiche Werke, die möglicherweise authentisch sind, vor allem V: A2, A3, B1, D1, D3, F1, G1, G3, G4, A3; da es sich um sehr einfache und, falls sie echt sind, frühe Werke handelt, ist eine stilkritische Echtheitsbestimmung kaum möglich.«[119]

Das Seltsame bei Finscher ist allerdings, dass er in seiner Haydnbiografie diesen riesigen »Katalog« von unechten Haydnwerken im Anhang seiner Biografie quasi als Marginalie wiedergibt, sich dabei aber zu keinerlei kritischem Kommentar gegenüber Haydn oder auch nur zu irgendeinem Erklärungsversuch aufraffen kann! Und er ist beileibe nicht der Einzige. Auch in der 2008 erschienenen Biografie von Anton Mayer ist keine Spur von einer ernsthaften Auseinandersetzung mit diesem überaus wichtigen Problem zu erkennen, obwohl sich darin ein eigenes Kapitel »Der Vielschreiber und die Fälschungen« findet, das allerdings schon aufgrund der gesetzten Gänsefüßchen von vorneherein keine großen Hoffnungen auf eine auch nur einigermaßen kritische Behandlung dieser Frage durch den Autor aufkommen lässt. Die »Affäre Gyrowetz« wird hier mangels entsprechenden Quellenstudiums völlig falsch dargestellt. Mayer schreibt leichthin und fast, wie es scheint, ein wenig amüsiert, dass es außer den 108 »echten« Symphonien, »noch 34 falsche Symphonien in C-Dur und 33 in D-Dur«[120] gibt. Ich gestehe es ehrlich ein, dass mir zu dieser Art von Humor der entsprechende persönliche Zugang fehlt.

Dabei handelte es sich keineswegs nur um das Problem apokrypher Druckwerke, die unter Haydns Namen liefen. Es gab speziell vor 1780 auch die handschriftliche Vervielfältigung, welche durch Kopisten erfolgte, die dies sozusagen als berufsmäßiges Gewerbe betrieben. Aus Kopisten wurden öfter auch Musikalienverleger, so beispielsweise der Wiener Musikalienverlag Traeg.[121] Breitkopf brachte zwischen 1760 und 1787 nicht weniger als 25 Verzeichnisse heraus, deren Werke den Kunden handschriftlich geliefert wurden.[122] Dass damit einem noch größe-

[118] Finscher, Haydn, S. 531
[119] Finscher, ebenda
[120] Mayer, Haydn, S. 270
[121] Weinmann, Verzeichnis, S. 135
[122] Geiringer, Haydn, S. 168

ren Missbrauch als beim Druck Tür und Tor geöffnet war, versteht sich wohl von selbst.

In diesen Katalogen des Leipziger Musikalienverlages scheinen immer wieder Werke von Joseph Haydn auf, die aber nur zum Teil tatsächlich von ihm stammen. Es geht dabei auch um irrtümlich Haydn zugeordnete Symphonien von Anton Filtz, Karl Ditters von Dittersdorf und Giovanni Battista Sammartini.[123]

Dazu eine interessante Episode von Griesinger: »Dem Verfasser dieses wurde mit viel Zuverlässigkeit erzählt, der Violinspieler Misliwezech, ein Böhme von Geburt, habe während seines Aufenthalts in Mayland Quartetten aufführen gehört, und als ihm der schon siebenzigjährige Johann Baptista Sammartini als Komponist derselben genannt wurde, habe er ganz erstaunt ausgerufen: ›Endlich erkenne ich den Vorgänger Haydns, und das Muster, nach welchem er sich gebildet hat!‹ Es schien mir der Mühe werth, den Grund dieser Angabe näher zu untersuchen, da ich Haydns Originalität, besonders in seinen Quartetten, nie hatte bezweifeln hören. Ich erkundigte mich daher bei Haydn, ob er Sammartinis Werke in seiner Jugend gekannt habe, und was er von diesem Kompositor halte? Haydn antwortete mir, er habe die Sammartinische Musik ehedem gehört, aber nie geschätzt, ›denn Sammartini sei ein Schmierer‹.«[124]

Es war gewiss keine Selbstverständlichkeit, dass jeder damals lebende Komponist von Sammartinis Werken Kenntnis haben musste. Haydn kannte Sammartini aber allein schon durch die Tatsache, dass sich im Musikarchiv in Eisenstadt eine Reihe von Werken dieses Komponisten befanden, die der musikliebende Fürst Paul Anton I. von seinem Aufenthalt in Neapel (von 1750 bis 1752 als außerordentlicher kaiserlicher Botschafter) neben vielen anderen Kompositionen mitgebracht hatte.[125] Das Musikarchiv in Eisenstadt wurde aber auch durch weitere Reisen des Fürsten in Europa bereichert.[126] Wenn Haydn vom älteren Komponisten Sammartini etwas gelernt haben sollte, wäre dagegen nichts einzuwenden. Wenn er ihn jedoch, wie Griesinger berichtet, für einen »Schmierer« hielt, wird er wohl kaum Elemente von Sammartini in seine Kompositionen aufgenommen haben. Andererseits: Warum sollte ein be-

[123] Geiringer, Haydn, S. 169
[124] Griesinger, Biographische Notizen, S. 14 f.
[125] Finscher, Haydn, S. 165
[126] Finscher, Haydn, S. 166

gabter Komponist wie Josef Mysliveček, von dem auch Mozart einiges hielt,[127] spontan beim Anhören von Haydnquartetten auf die auffallende Ähnlichkeit mit Quartetten Sammartinis gestoßen sein und sich dabei schlicht geirrt haben? Wäre es völlig abwegig, aus der völlig überzogenen und unverständlichen Kritik Haydns an Sammartini den Schluss zu ziehen, dass auch dieser zu jenen Komponisten zählte, von denen er manches in nicht korrekter Weise »übernahm«? Die Gelegenheit über das reich bestückte Musikalienarchiv von Esterházy wäre jedenfalls gegeben gewesen. Dann wäre Haydns üble Kritik an Sammartini möglicherweise als ein Zeichen schlechten Gewissens und übertriebener Selbstverteidigung aufzufassen. Plagiat wird aber – offensichtlich zu allen Zeiten – auch in der Literatur betrieben. Besonders negativ scheint sich hier Voltaire hervorgetan zu haben. Vor allem dürfte er von François Rabelais gründlich abgeschrieben haben. Dennoch beschimpfte ihn Voltaire nach Chaudenay als »Possenreißer« und »betrunkenen Mönch«.[128] Welch eine mögliche Parallele zu Joseph Haydn!

[127] Solomon, Mozart, S. 313
[128] Chaudenay, Roland de: Les plagiaires. Le nouveau dictionaire

Ein komplexes »System Haydn« mit vielen Facetten

Eine Frage, die sich sozusagen fast automatisch in diesem Zuordnungschaos aufdrängt: Warum hat Haydn über viele Jahrzehnte offensichtlich keinerlei ernstliche Maßnahmen getroffen, um dieses Chaos rund um sein kompositorisches Lebenswerk wenigstens zu verringern? Dass er von diesem Wildwuchs an »Haydnkompositionen«, für den es in der Musikgeschichte wohl keine Parallele gibt, keine Kenntnis erlangte, ist praktisch auszuschließen. Es herrschte zwar auf dem Musikmarkt, was das Urheberrecht betraf, eine ziemliche, wie noch an anderer Stelle zu sehen wird, Rechtlosigkeit, doch hätten von Haydn trotzdem gewisse rechtliche Gegenmaßnahmen gesetzt werden können, die allein schon aufgrund seines hohen öffentlichen Ansehens als Komponist zumindest eine Chance auf Erfolg gehabt hätten. Es musste ihm doch ein persönliches Anliegen sein zu verhindern, dass Hunderte und Aberhunderte Kompositionen von zumeist unbekannten – vielleicht auch ungenannten – Komponisten unter seinem (alles überragenden) Namen im Umlauf waren. Da naturgemäß auch zahlreiche mediokre musikalische Hervorbringungen darunter waren, konnten Haydns Ansehen und Reputation eigentlich nur Schaden nehmen. Warum hat er keine scharfe Warnung, namentlich gegen unredliche Musikverleger, ausgesprochen, aus Profitgründen seinen Namen für eine fälschliche Urheberschaft missbräuchlich zu verwenden unter Androhung rechtlicher Maßnahmen? Zumindest gibt es dazu keinerlei Quellen. Mediokrität und schöpferische Inspiration findet man unmittelbar nebeneinander, aber auch in jenen Haydnwerken, die die Wissenschaft für zweifelsfrei echt hält. Dies gilt vor allem für die ersten Jahrzehnte seines Schaffens. Aber selbst bei den zwölf Londoner Symphonien Haydns lässt sich keineswegs ein vergleichbarer Stil auf vergleichbarem Niveau feststellen, wenn man etwa an das überragende musikalische Wunderwerk der »Symphonie mit dem Paukenwirbel« (Hob. 103) denkt, bei deren Anhörung man immer wieder an – den nicht nur jungen – Beethoven erinnert wird.

Beethoven war bekanntlich eine Zeitlang auch Haydns Schüler und er verbrachte mit ihm im Jahre 1793 den Sommer in Eisenstadt. Beethovens Verhältnis zu Haydn war gewiss nicht friktionslos. Zu unter-

schiedlich waren ihre Charaktere. Beethoven vermeinte später, dass er
nie etwas bei Haydn gelernt habe.[129] Auch suchte er sich heimlich mit
Johann Schenk einen anderen Lehrer, von dem er erwartete, dass er seine
Kontrapunktübungen mit größerer Sorgfalt als Haydn verbessern würde.[130] Außerdem glaubte Beethoven, dass Haydn, missgünstig und neidisch auf sein Talent sei, etwa weil er ihm abgeraten hatte, das ihm von
drei Trios als am gelungensten erscheinende unter opus 1 (Trio c-Moll)
zu veröffentlichen.[131] Haydn wiederum pflegte Beethoven seinen »Groß-
mogul« zu nennen, was wohl schwerlich als ein Kompliment für diesen
aufzufassen war.[132] Außerdem scheint sich Beethoven zumindest vorübergehend bei seinem Lehrer verschuldet zu haben, wie aus einem Brief
Haydns vom 23. November 1793 an Beethovens kurfürstlichen Dienstherrn Maximilian Franz in Bonn klar ersichtlich ist.[133] Dieser lehnte die
für seinen Schüler Beethoven beantragte Erhöhung des »Stipendiums«
kategorisch ab.

Übrigens ist mir kein Brief Haydns bekannt, in dem er sich gegenüber
seinem Adressaten so unbotmäßig und nichtdienerisch wie hier verhalten
hätte. In diesem Fall handelte es sich immerhin um einen Kurfürsten und
den jüngsten Sohn Maria Theresias. Dies macht Haydns Despektierlich-
keit noch verwunderlicher. Vorhin wurde etwa jener Brief an Neukomm
zitiert, in dem sich Haydn trotz seines bereits fortgeschrittenen Alters als
»Diener« seines damals etwa 25-jährigen Schülers bezeichnet! Und es gäbe
noch zahlreiche weitere Beispiele für Haydns servile Unterwürfigkeit aus
seinen Briefen aufzuzählen. Man ist fast versucht zu vermuten, dass er es
mit seinem für ihn völlig untypischen Schreiben an den Kurfürsten auf
dessen Bruch mit dem jungen Beethoven anlegte. Wie dieser seine damaligen Gesamtschulden – es gab außer Haydn wohl auch noch andere
Geldgeber – von recht beachtlichen 500 Gulden zuzüglich Zinsen (!) –
in der Folgezeit beglichen hat, darüber gibt keine Quelle irgendeinen
Aufschluss. Der Kredit könnte durchaus mit »Naturalien«, sprich Kompositionen, abgedeckt worden sein.

Die Ähnlichkeiten der vorletzten Haydnsymphonie (Hob. 103, »Sym-

---

[129] Ries, Ferdinand/Wegeler, Franz Gerhard: Biographische Notizen über Ludwig van
Beethoven, Nachdruck der Ausgabe von 1838/1845, Hildesheim 1972
[130] Geiringer, Haydn, S. 176
[131] Ries, Biographische Notizen
[132] Geiringer, Haydn, S. 174
[133] Bartha, Haydn. Gesammelte Briefe, Nr. 202, S. 297

phonie mit dem Paukenwirbel«) mit Elementen der ersten Beethoven-
symphonien erscheinen mir geradezu frappant. Hob. 104, D-Dur steht
ihr in ihrer komplexen – ebenfalls stark an Beethoven erinnernden –
Struktur kaum nach. Das dabei an die Malerei Rembrandts erinnernde
Hell-Dunkel des Tongemäldes und die darin zum Ausdruck und Aus-
bruch kommende schier unbändige innerliche Erregung sind für die in
den Jahrzehnten zuvor von Haydn geschaffenen Werke völlig untypisch.
Von seinem Charakter und schablonenhaften, an die gegebenen Ver-
hältnisse angepassten Lebensprinzipien einmal ganz abgesehen. Diese
Anklänge an Beethoven sind aber auch schon vor mir in der Musikwissenschaft gelegentlich festgestellt worden. Bei der Erklärung dieses
Phänomens scheiden sich allerdings alsbald die Geister. Die etablierte
Wissenschaft nimmt natürlich an, dass der junge Beethoven hier von
seinem Lehrmeister Haydn stark beeinflusst wurde. Ich würde eher zur
umgekehrten Annahme tendieren.

Von einer ähnlich hohen Qualität ist auch die Symphonie in D-Dur,
»Die Uhr«, Hob. 101, wenngleich sie sich stilistisch völlig von Hob. 103
und 104 unterscheidet. Man stellt sich unwillkürlich die Frage, wie diese
Werke zu ein und derselben Zeit – angeblich während seines zweiten
Englandaufenthaltes – entstanden sein konnten. Dabei steht selbst die
schwächste aus der Reihe der Pariser Symphonien – von den Londoner
Symphonien gar nicht zu reden – über den meisten der zuvor von Haydn
komponierten. Wer sich je die Mühe gemacht hat, sich in einem relativ
kurzen Zeitraum (dies ist wichtig aus Gründen der besseren Vergleichs-
möglichkeit) sämtliche 104 Symphonien, anzuhören, die heute als echte
Haydnwerke gelten, der kann sich doch schwerlich oder überhaupt nicht
vorstellen, dass alle diese Werke von ein und derselben Hand geschrieben wurden, zumal es sich schon bei den ersten dieser Symphonien keineswegs um Jugendwerke Haydns handelt, die unter Umständen diese
schier unfassbaren Qualitäts- und Strukturunterschiede einigermaßen
erklären könnten.

Ich stelle hier die These in den Raum, dass es sich dabei, bei aller
handwerklichen Gediegenheit der Komposition, etwa bis zur Entstehung
der Pariser Symphonien, eher um beliebige, durchaus schön klingende,
gehobene Dutzendware handelt, der man heute, von einigen wenigen
Ausnahmen abgesehen, nur eine eher geringe Bedeutung in der klassischen Musikliteratur zuschreiben müsste. Auf größeres Interesse sto-
ßen diese Symphonien wohl nur, weil sie unter dem Namen Haydn figu-

rieren. Ansonsten überragen sie wohl kaum die Hervorbringungen eines Adalbert Gyrowetz, Joseph Leopold Eybler, Leopold Antonín Koželuh, Antonio Rosetti und andere. Speziell die Adagios vieler dieser Symphonien strahlen eine gewisse Uninspiriertheit und Beliebigkeit aus, die gerade bei dem angesprochenen Dauertest zu einer gewissen Langeweile beim Anhören führen.

Eine ähnliche Problematik tritt auch bei den Quartetten Haydns auf, die, was den formalen Aufbau betrifft, wie auch Haydn selbst einmal festgestellt hat, sehr verschieden sind. So schreibt Haydn an den Fürsten Kraft Ernst zu Oettingen-Wallerstein am 3. Dezember 1781: »Als hohen Gönner und Kenner der Ton Kunst, nehme die Freyheit, meine gantz neue a quadro für 2 Violin, Alto, Violoncello concertante, Euer hochfürstlichen Durchlaucht auf praenumeration a 6. Ducaten correct geschriebener unthertänigst anzubieten: sie sind auf eine gantz neue besondere art, denn zeit 10 Jahren habe Keine geschrieben.«[134]

Auf die Problematik dieser Quartette wurde bereits hingewiesen. Ob man diese gravierenden Qualitätsunterschiede – etwa bei den Quartetten und Symphonien – unter der Erklärung Früh- und Spätwerke subsumieren kann, ist zumindest hinterfragungswürdig. Der sogenannte Elßler-Katalog, den Haydn unter seiner Autorisierung 1805 erstellen ließ, kam wohl um Jahre zu spät. Haydn hatte zu diesem Zeitpunkt praktisch mit dem Komponieren aufgehört. Vor allem aber litt Haydn damals schon unter großen Gedächtnisproblemen.

Wenn sich auf die Problematik der Nichtbeschreitung des Rechtsweges eine plausible Antwort geben lässt, dann ist es höchstens eine für Haydn ungünstige: Vielleicht tat er bewusst und in voller Absicht nichts gegen die Flut von Fälschungen, um damit jene Fälle zu verschleiern, wo er sich selbst an fremder Erfindungsgabe bediente und wo nicht die Spekulation und Hoffnung eines unbekannten Tonsetzers nach wenigstens anonymer Anerkennung seiner Arbeit durch missbräuchliche Verwendung von Haydns großem Namen vorlagen. Psychologisch ist ein solches Phänomen ohnehin eher schwierig nachzuvollziehen: Was hatte der betreffende Komponist, der obendrein noch ein beachtliches Risiko einging, schon davon? Weder persönliche Anerkennung und Bewunderung – denn er konnte ja schwerlich nachträglich erklären, dass ein bestimmtes Werk in Wirklichkeit von ihm und nicht vom großen Haydn

---

[134] Bartha, Haydn. Gesammelte Briefe, Nr. 40, S. 107

stamme – noch zog er wohl daraus in der Regel einen nennenswerten finanziellen Vorteil.

Man wird bei diesen Malversationen wohl eher an unredliche Verleger denken müssen, die sich vom fälschlich benützten Namen Haydns einen entsprechenden finanziellen Vorteil erwarten mochten. Ich würde dabei vor allem an den Leipziger Musikverlag Breitkopf & Härtel denken, der seit den 6oer-Jahren in zahlreichen Katalogen immer wieder auch »Haydnwerke« führte, die nachweislich nicht von ihm stammten. Diese Kataloge basierten auf im Besitz des Verlages befindlichen Manuskripten und wurden bis in die 9oer-Jahre meistens durch handschriftliche Abschriften und weniger durch Druckwerke vermarktet. Dass diese möglicherweise üblen Praktiken von Breitkopf & Härtel – wohl auch von anderen Musikverlagen – Haydn nicht zur Kenntnis gelangten, ist schwer bis überhaupt nicht vorstellbar. Im ausführlich geschilderten »Fall Gyrowetz« handelte es sich nachweislich nicht um eine Malversation durch einen betrügerischen Verlag, der Haydns Namen missbräuchlich für die herausgegebene G-Dur Symphonie von Gyrowetz verwendete. Im Gegenteil: Man war in der Runde des Pariser Musikverlegers zunächst äußerst befremdet, dass Gyrowetz eine bereits gedruckte! »Haydnsymphonie« als sein Werk vorgeführt hatte, das in Paris längst bekannt war. Allerdings gelang es Gyrowetz überzeugend den Gegenbeweis anzutreten, den auch der Verleger voll akzeptierte. Dies wurde bereits dargestellt. Man darf also die »Schuld« nicht immer bei den Verlagen suchen. Man kann zumindest bei den Pariser Musikverlagen davon ausgehen, dass sie die »Haydnsymphonien« und sonstigen ihnen angebotenen Kompositionen in gutem Glauben druckten, dass diese tatsächlich von Haydn stammten. Die in Paris nachgewiesenen Betrügereien müssen anderen, etwa dem Haydnvertrauten Johann Tost, zugeschrieben werden! Ob Haydn keinerlei Kenntnis davon hatte, wage ich zu bezweifeln. Kann man also diese schier unüberschaubare Anzahl aufklärungsbedürftiger Herkunftsfragen zum allergrößten Teil mit der – zugegeben weithin grassierenden – Unredlichkeit der Musikverleger erklären? Damit würde man sich die Sache freilich zu leicht machen.

Es wurde vorhin ein schwerer Verdacht gegen Breitkopf & Härtel ausgesprochen. Es findet sich jedoch ein Kommentar bei Bartha, der den Leipziger Musikverlag, was die Vermarktung apokrypher Haydnwerke betrifft, entlastet und umgekehrt im Falle seiner Richtigkeit Haydn im selben Ausmaß belasten würde: »Aus Härtels Korrespondenz mit Griesinger erfahren wir, dass die Firma eine lange Liste seiner früheren Arbeiten Haydn zugeschickt hat, mit der Bitte, die echten von den unechten zu scheiden und eine annähernde Datierung vorzunehmen. Auch diese Bitte ist durch Haydn erfüllt worden.«[135] Dies würde freilich ein Worst-Case-Szenario für Haydn bedeuten. Denn in diesem Falle hätte er selbst mit einer nicht geringen Wahrscheinlichkeit über Jahrzehnte den Leipziger Musikalienverlag mit »falschen« Kompositionen beliefert, welche Breitkopf & Härtel gutgläubig unter »Haydn« in ihre Kataloge aufgenommen hätten. Denn wenn Breitkopf & Härtel (man müsste eher Breitkopf allein anführen, da Härtel als Kompagnon erst im Jahre 1796 zu dem Musikalienverlag stieß) mehrere Jahrzehnte (!) hindurch bewusst betrügerische Geschäfte mit unechten Haydnwerken gemacht hätten, hätten sie sich wohl nicht viele Jahre später an Haydn mit der Bitte gewandt, die in ihrem Besitz befindlichen Kompositionen nach echten und unechten zu trennen. Diese These scheint schwer widerlegbar zu sein. Bliebe nur die Möglichkeit einer Entlastung Haydns, dass zeitgenössische Komponisten ihre Werke, als angeblich von Haydn komponiert, nach Leipzig verkauften. Betrachtet man die große Anzahl der in Frage kommenden Werke und den langen Zeitraum, ist es ziemlich unwahrscheinlich, dass diese zahlreichen Malversationen verschiedener Komponisten in all den Jahren nie ans Tageslicht gekommen wären. Haydn hätte, im Falle seiner Unschuld, dem Leipziger Verlag eigentlich die Hölle heiß machen müssen, dass er mit nicht von ihm stammenden Kompositionen so lange unseriöse Geschäfte betrieben hätte, wie er ja spätestens aus der ihm nach Jahrzehnten von Leipzig zur Korrektur übermittelten »Werkliste«, die offensichtlich nicht wenige unechte Kompositionen aufwies, ersehen musste. Über eine derartige Reaktion Haydns ist freilich nichts bekannt.

Übrigens ist – mit Ausnahme von Gyrowetz und eventuell der causa »Breunig« – kein Fall zu Lebzeiten Haydns ersichtlich, wo ein Komponist nachträglich erklärt hätte, dass ein unter Haydns Namen aufgeführtes und oft danach auch gedrucktes Werk in Wirklichkeit von ihm und nicht von Haydn stamme. An einem lebenden Denkmal wie Joseph Haydn zu kratzen, war in der damaligen Zeit offensichtlich noch viel undenkbarer als es in unserem, ach so aufgeklärten und mit Tabubrüchen auf vielen anderen Gebieten nicht gerade geizenden Zeitalter der Fall ist. Ein solches Wagnis wäre wohl für jeden zeitgenössischen Komponisten

---

[135] Bartha, Haydn. Gesammelte Briefe, Nr. 244, S. 346 f.

existenzbedrohend gewesen, zumal der eindeutige Nachweis in vielen Fällen ziemlich schwer fallen mochte angesichts der Bearbeitungen und Veränderungen, die Haydn bei einer ziffernmäßig unbestimmbaren Anzahl von Kompositionen vorgenommen haben mochte.

Und so könnte jener von Griesinger überlieferte Haydnausspruch über seine Arbeitsmethode in Eisenstadt und Esterháza, der von der Haydnforschung oft und gern zur Charakterisierung des Komponisten herangezogen wird, pötzlich eine ganz andere Wendung und Bedeutung erhalten: »Mein Fürst war mit allen meinen Arbeiten zufrieden, ich erhielt Beyfall, ich konnte als Chef des Orchesters Versuche machen, beobachten, was den Eindruck hervorbringt, und was ihn schwächt, also verbessern, zusetzen, wegschneiden, wagen; ich war von der Welt abgesondert, Niemand in meiner Nähe konnte mich an mir selbst irre machen und quälen, und so mußte ich original werden.«[136] »Verbessern«, »zusetzen«, »wegschneiden« – würde man diese von Haydn gewählten Verben primär mit seiner Tätigkeit als Schöpfer einer schier unübersehbaren Anzahl von Kompositionen verbinden? Wohl kaum. Demnach hätte er nach seinen eigenen Worten in Eisenstadt und Esterháza – sieht man vom Bereich Oper ab, wo seine Bearbeitung fremder Opern überliefert ist – ständig seine eigenen Werke durch Verbesserungen, Zusätze und Weglassungen verändert. Wann hätte der vielbeschäftigte Hofkapellmeister die nötige Zeit hierfür aufbringen können? Dennoch konnte er sich trotz dieses ständigen Feilens und Perfektionierens an manche Kompositionen später nicht mehr erinnern, wenn man etwa an seinen Werkkatalog von 1805 denkt. Und bei einer noch viel größeren Anzahl von Werken konnte er sich an kein genaues Entstehungsjahr erinnern.

Hier tun sich Widersprüche auf, die ich keineswegs für konstruiert halte. Den faktisch unantastbaren Nachweis für Aneignung fremden geistigen Eigentums durch Haydn kann man, zumindest in einigen konkreten Fällen, wie es hier versucht wurde, erbringen. Der Rest besteht aus begründbaren Vermutungen von unterschiedlicher Argumentationsqualität. Die Quantität der Fälle und der als Plagiatsopfer in Frage kommenden Komponisten ist allerdings schockierend. Gyrowetz aber ist der einzige mir bekannte Fall, der wenigstens knapp vor seinem Tod das Geheimnis seiner als »Haydnsymphonie« gedruckten G-Dur-Symphonie endgültig lüftete. Haydn war damals schon fast 40 Jahre tot. Und man

---

[136] Griesinger, Biographische Notizen, S. 24 f.

76

kann, wenn man nicht jeder menschlichen Logik Gewalt antun will,
nur zu dem hier vermuteten Ergebnis gelangen, bei dessen Ausdeutung
allerdings düstere Schatten auf das angeblich so strahlende Haydnbild
fallen müssen, wie es etwa in recht unkritischer Weise der hier mehrmals zitierte Ludwig Finscher – als Beispiel unter vielen – malt. Angesichts der ungeheuren Flut von echten und apokryphen Werken – es sei
hier die These in den Raum gestellt, dass die Wissenschaft nicht einmal
annähernd die Zahl der »echten« Werke kennt, ist die Zahl der erhaltenen Autografen – Geiringer nennt etwa 200[137] – eine geradezu erschreckend geringe. An späterer Stelle muss noch auf die erschütternde Tatsache einzugehen sein, dass nicht einmal von der »Schöpfung« und den
»Jahreszeiten« Autografe vorhanden sind. Keinesfalls kann ich jedoch
Geiringers positivem Urteil bezüglich der Katalogisierung zustimmen:
»In einer besseren, wenn auch keineswegs völlig zufrieden stellenden
Lage ist die Forschung hinsichtlich der Katalogisierung der Werke
Haydns.«[138] Geiringer stützt diese These mit dem Faktum, dass Haydn
selbst zu unterschiedlichen Lebzeiten zwei Kataloge über seine Werke
angefertigt hat. Es handelt sich dabei um den sogenannten Entwurfka-
talog, der die Kompositionen bis 1777 umfasst und auch bis etwa 1800
ergänzt wurde, sowie das sogenannte Haydnverzeichnis, welches viele
hunderte Themen umfasst. Dieses Verzeichnis hatte der treue Diener Johann Elßler gemeinsam mit seinem Herrn im Jahre 1805 angelegt.[139] Im
Normalfall müsste man das Vorliegen derartiger Dokumente geradezu
als einen Idealfall für die Wissenschaft ansehen. Doch man muss die
traurige Wahrheit aussprechen: Was ist bei diesem Komponisten im Zusammenhang mit der Überlieferung und Dokumentierung seiner Werke
schon als »normal« anzusehen? Während man beispielsweise bei dem
von Mozart seit 1784 geführten Werkverzeichnis nicht den geringsten
Zweifel an dessen Korrektheit hegen darf, müsste man bei Haydn im Gegenteil für nicht wenige Werke erst den mühseligen Nachweis erbringen,
dass diese auch tatsächlich von seiner Feder stammen. Ich habe bewusst
den Konjunktiv verwendet, denn soweit ist die Haydnforschung noch
lange nicht. Bedenklich muss schon der Kommentar Haydns im sogenannten Haydnverzeichnis stimmen: Er spricht von einem »Verzeichniß

[137] Geiringer, Haydn, S. 169
[138] Geiringer, ebenda
[139] Geiringer, Haydn, S. 166 f.

aller derjenigen Compositionen welche ich mich beyläufig erinnere von meinem 18ten bis in das 73ste Jahr verfertiget zu haben.«[140] Das Titelblatt mit dieser Erklärung Haydns ist in der Haydnausstellung 2009 des Wiener Haydnhauses zu sehen gewesen. Was soll also die befremdliche Einschränkung, soweit er sich »beyläufig erinnere«? Und wenn er sich an manche Werke nur noch »beyläufig« erinnern konnte, warum nahm er sie dann in das Verzeichnis überhaupt auf? Und wenn er gewisse Zweifel aufgrund seines angeblich so schwachen Gedächtnisses an seiner eigenen Autorschaft hegte, warum setzte er nicht irgendein Fragezeichen dahinter, damit wenigstens die künftige Musikwissenschaft manches hätte klären können, wozu der Urheber seltsamerweise nicht oder nur unvollkommen in der Lage war? Oder sollte, falls sich doch der wahre Komponist bei ihm melden und sein Werk für sich reklamieren sollte, dieses schriftlich eingeräumte »beyläufige« Erinnerungsvermögen quasi als Entschuldigung bereitliegen? Und sollte diese »Rechtfertigung« auch für die wissenschaftliche Erforschung seines Werkes in der Nachwelt gedacht gewesen sein? Speziell für die Fälle, wo diese kritische Fragen nach der tatsächlichen Herkunft mancher Kompositionen stellen würde?

Ich wage die These, auch wenn ich deren Richtigkeit nicht völlig zweifelsfrei überprüfen konnte: Es gibt keinen auch nur einigermaßen bekannten Komponisten, der sich nur »beyläufig« an viele von ihm komponierte Werke und an manche, die er mit Sicherheit nicht komponiert hatte, »erinnern« kann. Obwohl Haydn *zwei* Werkverzeichnisse anfertigte, weiß man bei erstaunlich vielen seiner Kompositionen nur die ungefähre Entstehungszeit. Dies mit der Nachlässigkeit und Schlampigkeit eines musikalischen Genies, das auf derlei Dinge keinerlei Wert legte, zu erklären, geht gerade beim Habitus eines Joseph Haydn völlig ins Leere. Sein Leben im Allgemeinen und sein gewohnter Tagesablauf im Besonderen waren von einem klaren Hang nach Ordnung geprägt, der eine gewisse, die Individualität einengende Spießigkeit anhaftete.[141] So gab es auch fix eingeteilte Kompositionszeiten. Die pedantisch genaue Einteilung des Tagesablaufes wäre einem Mozart oder gar einem Beethoven ein wahrer Horror gewesen. Denn für sie galt Spontaneität auch für banale Verrichtungen des Alltags als Lebensprinzip, dessen Wichtigkeit man keineswegs unterschätzen sollte. Mir sind beispielsweise Schriftstel-

---

[140] Geiringer, Haydn, S. 166
[141] Elßlerbericht bei Albert Christoph Dies, in: Reich, Selbstzeugnisse, S. 287 ff.

ler immer verdächtig gewesen, die sich nach eigener Aussage jeden Tag zu bestimmter Stunde eine bestimmte vorher festgelegte Anzahl von Zeilen und Wörtern (womöglich mit Blick auf einen entsprechenden »Werkvertrag« mit einem Verlag samt fixiertem Ablieferungstermin) abringen mussten. In der Kunst gibt es keine fixen Bürozeiten und keine 20- oder 40-Stundenwoche, in denen der Geist weht und nach Büroschluss wie eine Lampe ausgeschaltet wird. Ich vermag aber nicht ganz auszuschließen, dass auch auf solch buchhalterische Weise große Kunstwerke entstehen können. Das in England gemalte Konterfei von George Dance, das Haydn selbst als der Wirklichkeit sehr nahe kommend ansah, zeigt eher einen steifen gehobenen Beamten mit recht derben Zügen als einen sensiblen Künstler. Wäre es also, wie bereits angedeutet, nicht eine plausible Erklärung für die schier unfassbare Anzahl von Kompositionen, die nach heutigem Wissensstand als angeblich echt überliefert sind, dass Haydn in manchen Fällen nur Bearbeitungen vor allem in Eisenstadt und Esterháza vorgenommen hatte?

Die Musikarchive von Esterházy und ihre
»Nutzung« durch Joseph Haydn

Haydn konnte bei seinem Dienstantritt als Vizekapellmeister bei Esterházy im Jahre 1761 vor allem über ein überaus reich sortiertes Musikalienarchiv weltlicher Musik verfügen. Außerdem gab es auch eine Sammlung von kirchenmusikalischen Werken. Dieses Musikarchiv hatte eine maßgebliche Bereicherung durch die Werke erfahren, die Fürst Paul Anton I., der Vorgänger von Nikolaus I., von seinen Reisen nach Frankreich und Italien, speziell von seinem Aufenthalt in Neapel nach Hause mitgebracht hatte. Darauf wurde bereits hingewiesen. Ludwig Finscher schreibt: »Der Reiseweg des Fürsten spiegelt sich im Repertoire, das nun zum ersten Mal international ist: Aubert, Boismortier und Naudot stehen neben de Fesch, Hasse und Quantz und neben Albinoni, Brescianello, Tartini, Tessarini und Vivaldi.«[142] Etwas weiter heißt es: »Daneben Symphonien, von Melchiorre Chiesa, Pierre van Maldere, Joseph Paul Ziegler, Holzbauer, Dittersdorf (10 Werke 1760 angeschafft), Wagenseil, d'Ordonez, zwei von Johann Stamitz (von ihm auch zwei Flötenkonzerte) [...]. In der Kammermusik sechs Triosonaten von Sammartini und vieles mehr.«[143] Und fügt dazu den bemerkenswerten Satz an: »Zwei Kataloge der Musikaliensammlungen haben sich erhalten, während die Musikalien fast alle verloren sind.«[144] Beim Brand des Schlosses Esterháza im Jahre 1779 sind nach Schilderung der »Pressburger Zeitung« nahezu alle Musikalien des Archivs weltlicher Musik vernichtet worden. Die Wahrheitsfindung wird für die Musikforschung dadurch keineswegs erleichtert. Im Gegenteil. Wer außer Haydn mag nach dem Tod von Gregorius Werner (im Jahre 1766), seines langjährigen Vorgängers als Kapellmeister bei Esterházy, über die musikalischen Schätze dieser Archive genau Bescheid gewusst haben? Wohl niemand. Als Pendant zu der Sammlung weltlicher Kompositionen gab es auch ein reich ausgestattetes Archiv an älterer Kirchenmusik, welches unter anderem Anlass

[142] Finscher, Haydn, S. 166
[143] Finscher, ebenda
[144] Finscher, ebenda

zu einem heftigen Konflikt zwischen dem zunächst noch formell amtierenden Kapellmeister Gregorius Werner und seinem Stellvertreter Joseph Haydn werden sollte. Die Auseinandersetzung mit dem alternden und offenbar von Fürst Nikolaus I. hinter dem jungen Haydn sich zurückgesetzt fühlenden Gregorius Werner, zählt nicht eben zu den Ruhmestaten in Haydns Leben.

Der diesbezügliche Beschwerdebrief Werners an den Fürsten von 1765, dass es seit dem Dienstantritt des jungen Haydn einen merkbaren Schwund sowohl an archivierten Kirchenmusikwerken als auch an neulich von der Herrschaft gekauften wertvollen Musikinstrumenten gegeben habe, dürften keineswegs nur reine Unwahrheiten und Verleumdungen eines eifersüchtigen altgedienten Kapellmeisters im Dienste Esterházys gewesen sein. Werner schreibt:

»Es bezwinget mich, die grosse Nachlässigkeit in hiesiger Schloß-Capellen, die grosse unverdiente Hochfürstl. Spesen, und der faule Müssiggang der dermaligen gesammten Music, woran aber die Haupt-Ursache des jezig trägen Ober-Vorsteher, als der nur allen durch die Finger siehet, um den Namen eines guten Heyden zu erhalten: dann ich kan mit Gott bezeugen, daß es jezo viel liederlicher, dann unter denen 7 Kindern zugangen; Maßen es scheinet, daß unter den Chor-Leuten nur lauter Libertiner wären, als welche nach belieben 5 oder auch 6 Wochen lang, nach Gutachten ihrer Recreation pflegen: die arme Capellen aber oft kaum 5 und 6 zur die Nothdurft hat, auch keiner auf des andern Tact pariren will. Die Chor-Instrumenten aber bis über die Hälfte verlohren gangen: da doch erst vor Sieben Jahren auf vieles bitten, durch den Hochseeligen Fürsten erhalten habe. Nebst allen deme, so gehen nun auch die meisten Kirchen-Musicalien in alle Welt aus; da vorhin der verstorbene Organist noch fleißige Obsorg darüber gehalten: da aber nach seinem Tode nothwendig erfolgen müssen, daß ich die Schlissel dem jezigen Capell-Meister Heyden überantworten sollen; jedannoch mit diesen Vorbehalt: daß Er hierüber einen gebührenden Cathalocum deren vorbefindlichen Chor-Sachen stellen solte, welcher drey Mal hätte sollen coppiret werden [...]. Darüber Herr Heyden ganz williglich seinen Consens gegeben; auch mit Verfertigung des Cathalogij mir solchen zu meinem Kranken- Bette bringen werde, worüber aber bis auf diese Stunde nichts erfolget ist.

Der Musicalien-Kasten aber, wie mir von wahrhaftig Christlichen Männern berichtet wird, ziemlicher Maßen spolliret worden, welches um so viel leichter zu glauben; maßen mir in meiner Krankheit schon drey Partheyen zugeschrieben, um Ihnen Kirchen- Stücke zu vergüngstigen, weilen dermalen die Wienstadt von denen Kirchen-Compositoren ziemlicher Maßen evacuiret worden.

Ich aber solche Briefe ohnbeantwortet gelassen: wo demnach leichtlich zu vermuthen, daß Sie Ihre bitte an den Heyden werden gestellet haben. Wo also der Kirchen-Chor mittler Zeit völlig könnte spolliret werden, wann nicht ein ernstlicher Befehl an ermeldten Heyden erfolge, dass Er wenigstens über die noch vorhandene Partes einen Cathalocum verfertigte.

Nebstbey demüthigst bittend: Eure Hochfürstl. Durchlt. wolten Ihm einen Severen Befehl ertheilen, daß Er strictissime Ordre unter denen fürstl. Chor Musicijs ordentlich halte, auf daß Sie ins künftige alle, ohne Ausnahme, möchten bey denen Diensten erscheinen. Und weilen wol zu vermuthen, dass Er Heyden sich mit Läugnen werde purgiren wollen, so dörfte nur weiters der Hohe Befehl ergehen, daß man die alda befindliche Chor Instrumenten untersuche, allwo sich müssen von alt-und neuen Violinen 12 Stuck befinden. Von denen Violen 2 alte, und 2 Neue, Passetel aber 2, nebst 2 guten großen Violonen: dabey wird man gar bald sehen, wo der Warheits-Grund stehe.«[145]

Man wird nicht davon ausgehen dürfen, dass es Gregorius Werner nur darum ging, seinen jüngeren Konkurrenten Haydn mit haltlosen Anschuldigungen bei Nikolaus I. anzuschwärzen. Alt und krank wie er war, wird er wohl lange mit sich gerungen haben, ob er einen solchen Brief an seinen Dienstherren überhaupt verfassen solle. Er ging damit auch ein großes persönliches Risiko ein. Die Anschuldigungen gegen Haydn sind zu konkret, als dass man sie für reine Fantasie eines gekränkten alten Musikers abtun könnte. Am ehesten ist man geneigt, den angeblichen Müßiggang und die fehlende Motivation des Ensembles, wofür Haydn von Gregorius Werner verantwortlich gemacht wird, als zu weit gehende und ungerechtfertigte Unterstellung anzuse-

<hr>

[145] Bartha, Haydn. Gesammelte Briefe, S. 52 f.

hen. Der rapide Schwund von kirchenmusikalischen Werken und von teuren Instrumenten wird von Werner hingegen so konkret geschildert, dass man schwer daran glauben kann, dass es sich dabei um eine bloße Erfindung handelte. Man hätte Gregorius Werner im Fall der Unrichtigkeit seiner Behauptungen schnell der Lüge mit entsprechend unangenehmen Konsequenzen überführen können. Aber selbst im Fall von tatsächlichem Diebstahl von Notenmaterial darf man dafür nicht automatisch Joseph Haydn verantwortlich machen. Es kämen natürlich auch Mitglieder der Hofkapelle oder sonstige Bedienstete bei Esterházy dafür in Frage. Aber andererseits trug Haydn die Hauptverantwortung. Er war de facto der Chef des Musikwesens und er verwahrte die Schlüssel zum Kirchenmusikarchiv, nachdem der Organist, der vorher offensichtlich die Obsorge über Notenmaterial und Instrumente gehabt hatte, verstorben war.

Dieser Brief Werners ist aus mehreren Gründen von großem Interesse. Er könnte wesentlich zur Lösung des Rätsels beitragen, wie es möglich war, dass unter anderem mehr als 100 Messen unter dem Namen Haydn überliefert sind, die nicht von ihm stammen. Haydn könnte hier ein durchaus lukratives Nebengeschäft betrieben haben, indem er, ohne Wissen seiner Herrschaft, kirchenmusikalisches Material aus dem Esterházy-Archiv heimlich verscherbelte. Dass Gregorius Werner in seinem Schreiben von drei Kaufangeboten aus Wien an ihn selbst berichtet, wo anscheinend großer Bedarf an kirchenmusikalischen Werken herrschte, erscheint durchaus glaubwürdig. Allein die Tatsache, dass man sich von Wien aus an den verantwortlichen Leiter des Musikwesens bei einer so bedeutenden Herrschaft wie Esterházy gewandt hatte, scheint zu beweisen, dass dies möglicherweise allgemeiner Usus zur damaligen Zeit war und dass man auch mit der Bestechlichkeit der für das Musikwesen Verantwortlichen rechnen konnte. Ist diese Passage aus Werners Brief möglicherweise ein wichtiger Schlüssel zur Klärung mancher der hier aufgeworfenen Fragen? Warum sollten sich diese Interessenten für die Esterházy'sche Kirchenmusik nicht auch an den Vizekapellmeister Haydn gewandt haben und könnten sie dabei nicht mehr Erfolg als bei Gregorius Werner erzielt haben? Und könnte sich diese Praxis in den Folgejahren nicht wiederholt haben? Fragen dieser Art sollten gestellt werden dürfen, ohne deshalb wegen crimen majestatis angeklagt zu werden.

Einen gewissen Geschäftssinn muss man Haydn auch in späteren Jahren etwa im Umgang mit Verlagen und Konzertveranstaltern attestieren. Da konnte es schon gelegentlich vorkommen, dass er eine Komposition gleich an mehrere Verlage ohne deren Wissen und Zustimmung verkaufte. So erfährt man bei Bartha, dass Haydn die beiden Trios Hob XV; 15, 16 zugleich an Artaria und den englischen Verleger Bland verkaufte.[146] Und es gibt auch andere »Geschäftsfälle« dieser Art.

Derlei unschöne Praktiken sind der Haydnforschung zwar bekannt, doch werden sie in der Regel mit seiner Zerstreutheit oder einem gewissen »Geschäftssinn« verharmlost. Dieselbe Verharmlosung ist auch bei der Beurteilung diverser möglicher Plagiatsfälle zu finden. Niemand in der gesamten Literatur hat es bisher gewagt, Haydn offen einen Plagiator zu nennen. Im Vieraugengespräch wird freilich manches eingeräumt, was man öffentlich niemals erklären würde. Wichtig scheint dabei nur zu sein, dass das liebgewonnene Idealbild nicht angekratzt wird.

Der heimliche Verkauf von Archivbeständen durch Haydn wäre umso leichter und risikoloser zu bewerkstelligen gewesen, als man dem Brief von Gregorius Werner auch entnehmen kann, dass es nicht einmal einen Katalog über die Kirchenmusiksammlung bei Esterházy gab. Haydn habe, so Werner, seinen Auftrag, einen Katalog zu erstellen, nicht erfüllt. Es besteht Grund für die Annahme, dass Nikolaus I., im Gegensatz zu seinem verstorbenen älteren Bruder Paul Anton I., bei all seinen musikalischen Ambitionen, für die Bestände der beiden Musikarchive des Majorats kein besonderes Interesse hatte, speziell für die Bestände, die vor seiner Amtszeit angeschafft worden waren. Nikolaus I. war wohl mit seinen hochfliegenden Plänen zur Errichtung des Schlosses Esterháza und danach mit dessen zweckmäßiger Verwendung voll ausgelastet.

Falls Haydn für diese Malversationen verantwortlich gewesen sein sollte, mag er diese Kirchenmusikwerke aus dem Eisenstädter Archiv wohl nicht als eigene Kompositionen verkauft haben. Von dieser Annahme wird man in der Regel ausgehen können. Andererseits könnten auch die tatsächlichen Komponisten dieser unter der Hand verkauften Kirchenmusikwerke namentlich nicht aufgeschienen sein, zumal wenn es sich dabei um ältere und vielleicht schon vergessene Komponisten handelte. Da die Kompositionen im weitesten Sinn von »Haydn« – nämlich aus seinem pannonischen Wirkungsfeld – stammten, wäre es durch-

---

[146] Bartha, Haydn. Gesammelte Briefe, S. 224

aus denkbar, dass sie gar nicht selten in der Folgezeit als »Haydnkompositionen« figurierten, ohne dass Haydn dies persönlich veranlasst hätte.

Er könnte auch das eine oder andere Werk bearbeitet und modernisiert haben. Man kann davon ausgehen, dass es sich bei diesen möglicherweise insgeheim verkauften Werken aus dem Esterházy'schen Kirchenmusikarchiv um keine Druckwerke, sondern um Manuskripte und Abschriften handelte. Dies wäre doch eine durchaus plausible Erklärung für das geschilderte Phänomen unzähliger apokrypher Werke unter missbräuchlicher Verwendung von Haydns Namen. Bei der Sammlung weltlicher Musikalien der Fürsten Esterházy könnte sich Ähnliches ereignet haben, denn es gibt auch eine schier unüberschaubare Anzahl von weltlichen Kompositionen, die fälschlich unter Haydn geführt wurden. Natürlich käme Haydn auch bei dieser Variante moralisch nicht gerade gut weg, er stünde »bloß« als unredlicher und gegenüber seiner Herrschaft illoyaler Geschäftemacher da, aber man könnte ihm wenigstens nicht den schweren Vorwurf wiederholten und bewussten Plagiats machen.

Wollen wir, im Sinne Haydns, aber auch der Musikalienverlage, an dieser Kompromissvariante vorerst festhalten, die beide Teile vom Verdacht des bewussten schweren Betruges wenigstens teilweise freisprechen würde: Die Verlage hätten – allen voran Breitkopf & Härtel – demnach ständig Notenmaterialien aus Eisenstadt und Esterháza, wo Haydn als für das gesamte Musikwesen Verantwortlicher wirkte – wahrscheinlich über den Umweg eines Kommissionärs –, zugeschickt erhalten und hätten in der naiven Annahme, dass es sich dabei nur um Kompositionen Haydns handeln könne, diese unter dessen Namen vermarktet. Haydn wiederum hätte die an die Verlage übermittelten Werke nicht ausdrücklich als seine eigenen bezeichnet. Beide Seiten wären dabei allerdings ziemlich »blauäugig« vorgegangen. Dass der tatsächliche Sachverhalt, aufgrund eines Jahrzehnte dauernden Missverständnisses, in all den Jahren keiner Seite aufgefallen sein mochte, ist doch reichlich unwahrscheinlich. Auf jeden Fall bleibt hier manche Frage offen.

Ob Nikolaus I. diesen von Gregorius Werner in seinem Brief aufgeworfenen Problemen des damaligen Musikwesens in Eisenstadt große Aufmerksamkeit schenkte, darüber gehen die Meinungen auseinander. Fest steht, dass er den Brief von seinem noch im Amt befindlichen Hofkapellmeister zur Kenntnis nahm und Reformen im Musikwesen einmahnte. Andererseits ist aber nichts bekannt von einer strengen Maßregelung Haydns. Ja, manches spricht dafür, dass er beim Fürsten offenbar weiterhin gut angeschrieben war.

Dieser Brief von Gregorius Werner ist aber auch deshalb von besonderem Interesse, als man hier den noch jungen Vizekapellmeister Haydn in einer konkreten und für ihn sehr schwierigen Situation sieht, die auch ein Licht auf den Menschen Joseph Haydn wirft. Ansonsten bleiben seine näheren Lebensumstände im Dienste Esterházys, vor allem was das erste Jahrzehnt betrifft, aufgrund der dürftigen Quellenlage eher in schemenhaftes Dunkel gehüllt. Gregorius Werner überlebte übrigens diesen Konflikt mit Haydn nicht lange und starb unter sehr ärmlichen und tragischen Umständen – »daß fast nichts als Haut und Knochen an meinem kranken Leibe zu finden seyn«[147] – wenige Monate nach diesem Vorfall im Jahre 1766 in Eisenstadt. Der Konflikt mit Haydn mag seinem schlechten Gesundheitszustand noch zusätzlich zugesetzt haben.

Dieser Streit wurde meines Wissens in der Haydnforschung – von Irmen vielleicht abgesehen – nirgends so ausführlich wie hier behandelt. In der Regel wird er mit knappen Worten abgetan oder er bleibt überhaupt unerwähnt. Vor allem findet sich keinerlei kritisches Wort über Haydns Rolle in dieser unguten Geschichte in der Literatur. – Wieder ein Beweis für meine These von der Schönfärberei, die in der Musikforschung bei Haydn betrieben wird. Alles was das Idealbild beeinträchtigen könnte, wird einfach ausgespart.

Sich an diesen verborgenen Musikalienschätzen des Hauses Esterházy zu bedienen, musste für einen dienstlich ständig überforderten Kapellmeister wie Joseph Haydn eine übergroße Versuchung gewesen sein. Diese Möglichkeit muss angesichts der geschilderten Sachlage unbedingt ins Auge gefasst werden: Demnach könnte er gar nicht selten fremde Kompositionen bearbeitet haben, die sich entweder in den beiden Esterházysammlungen befanden oder welche jedes Jahr vom Fürsten neu angekauft wurden. Diese Ankäufe werden wohl über Haydn erfolgt sein. Dies erscheint plausibel zu sein, auch wenn keine diesbezügliche Anweisungen seitens des Fürsten vorliegen.

Könnte man mit dieser durchaus begründbaren Hypothese mit einem Schlag nicht auch eine Erklärung finden für die ungeheure Anzahl von

---

[147] Bartha, Haydn. Gesammelte Briefe, S. 53

Kompositionen, die bis zum heutigen Tag unter Haydns Namen überliefert sind und die nach wie vor als echte Kompositionen gelten? Man hat penibel festgestellt, dass Haydns Opera unfassbare 23 000 Seiten ausmachen. Wann sollte er die Zeit gefunden haben, all diese Werke zu komponieren, wo er doch einen überaus zeitaufwendigen und nervenaufreibenden Dienst bei einer Herrschaft zu versehen hatte, die sich wohl in ihrer Abgehobenheit vom gemeinen Volk im Allgemeinen und vom eigenen Dienstpersonal im Besonderen, niemals ernsthafte Gedanken oder gar Skrupel machte, ob, etwa im Musikbereich, ein Einzelner die jede Woche verlangten musikalischen Dienstleistungen physisch wie psychisch überhaupt erbringen konnte. Motto: Mache er das alles, basta! Haydn hat in den rund 30 Jahren seiner zunächst 1790 endenden Tätigkeit für Esterházy nicht weniger als 1200 Opernaufführungen geleitet.[148] Dazu kamen in der Regel zwei Konzerte pro Woche[149] sowie die Betreuung der Kirchenmusik. Haydn hat wohl auch die Lohnangelegenheiten aller im Musikbereich Tätigen – vor allem auch deren Lohnwünsche an den Fürsten – und darüber hinaus manche Verwaltungsaufgaben zu bewältigen gehabt. Auch das Engagement von Sängern und Instrumentalisten gehörte zu seinen Agenden. Dazu war er eine Art Zuchtmeister über alle Musikausübenden. Für etwaiges Fehlverhalten von Orchestermitgliedern war er gegenüber dem Fürsten verantwortlich. Dazu kam die Verwaltung der beiden Musikalienarchive, der Orgeldienst in der Schlosskapelle sowie die Anschaffung und Instandhaltung von Musikinstrumenten bis zum Stimmen der Klaviere.[150]

In diesem Zusammenhang muss man auch erwähnen, dass Nikolaus I. ein durchaus passabler Barytonspieler war und er einen fast pathologisch zu nennenden Bedarf an neuen Barytonkompositionen hatte, welchen natürlich Joseph Haydn zu befriedigen hatte, außer der regelmäßigen kompositorischen Arbeit in den übrigen Musiksparten, die natürlich ebenfalls von ihm erwartet wurde. Während dieses den Menschen Haydn wohl total fordernden Dienstes, der – sehr vorsichtig formuliert – zumindest in die Nähe der Ausbeutung kam, entstand eine geradezu unfassbare Zahl von Kompositionen in fast allen Musikgat-

---

[148] Irmen, Haydn, S. 289

[149] «Regulatio Chori Kiss Martoniensis» in: Bartha, Haydn. Gesammelte Briefe, Nr. 1, S. 49 ff.

[150] »Convention und Verhaltungs-Norma des Vice-Capel-Meisters« in: Bartha, Haydn. Gesammelte Briefe, Nr. 1, S. 41 ff.

tungen. Wie hätte das ein einzelner Mensch jemals bewältigen können? Dies würde manche plagiatorischen Handlungen Haydns wenn schon nicht entschuldbar, aber doch irgendwie erklärlich machen. Vielleicht war es nackte Überlebensstrategie, die ihn dazu veranlasste, neben der eigenen Kompositionstätigkeit zum Bearbeiter von Musikwerken, die andere verfasst hatten, zu werden. Er muss in den Jahren nach seiner Entlassung als Sängerknabe von St. Stephan, die eher ein Hinauswurf war,[151] in den folgenden Wiener Jahren ein schier unfassbar entbehrungsreiches Leben – in seine elende Dachkammer im Michaelerhaus neben der Michaelerkirche drang Regen im Sommer und Schnee durch die Fugen des Daches im Winter – geführt haben, das ihn wohl für sein ganzes künftiges Leben prägte.[152] Man kann es dem Menschen Haydn nachempfinden, dass er in ein ähnliches Elend nie mehr geraten wollte und dass ihm viele – wenn nicht nahezu alle Mittel – recht gewesen sein mochten, die ihm dabei halfen, ein solches Abgleiten zu verhindern. Wer nur ein geordnetes Sozialsystem kennt, sollte sich diese Tatsache eines ungeheuer asozialen Gesellschaftssystems zumindest gelegentlich bewusst machen.

Von dieser Problematik war etwa bei den beiden Haydnausstellungen im Schloss Esterházy im Haydnjahr 2009, aber nicht nur hier, leider nichts zu spüren. Die Leitung des Musikwesens bei Esterházy bedeutete für Haydn, obwohl es sich um einen für einen Künstler gelegentlich schwer erträglichen, wenn auch gehobenen Lakaiendienst handelte, der gewaltige Anforderungen an ihn stellte, eine essentielle wirtschaftliche Absicherung, die sein Leben veränderte und ihn vor den finanziellen Fährnissen des Lebens weitgehend schützte. Und es galt wohl für Haydn als oberste Maxime, sich das Wohlwollen der Herrschaft und damit seine Stellung zu erhalten und vor allem, den hohen Anforderungen seines Dienstherrn zu entsprechen. Und dabei mag er auch vor unseriösen Praktiken, wie etwa der intensiven »Nutzung« der beiden Esterházy'schen Musiksammlungen, nicht zurückgeschreckt haben.

Dass Haydn bei der Bearbeitung von fremden Opern und Singspielen sehr rigoros und in manchen Fällen auch ziemlich rücksichtslos vorging,

[151] Geiringer, Haydn, S. 43 f.
[152] Geiringer, Haydn, S. 47 ff.

wird recht eindrucksvoll bei Irmen[153] geschildert. Gegen diese Bearbeitungen wäre ethisch im Grunde nicht allzu viel einzuwenden, weil sie uns im Opernbereich, wie es den Anschein hat, weitgehend als solche überliefert sind. Verwerflich hätte Haydn allerdings gehandelt, wenn er Bearbeitungen als Eigenkompositionen ausgegeben hätte. Diese Frage müsste noch eingehend erforscht werden. Die Wahrscheinlichkeit solcher Handlungen in anderen Sparten ist allerdings nicht gering. Ich habe auch auf zwei eindrucksvolle Beispiele von Bearbeitungen verwiesen: Seine Bearbeitung der von Joseph Friberth umgewandelten orchestralen Version der »Sieben Worte« zu einem Oratorium im Jahre 1795 sowie die Bearbeitung von Hunderten schottischen und irischen Volksliedern, die allerdings zumindest zu einem Teil von seinem Schüler Sigismund Neukomm stammte.

Interessant ist auch die Rolle der Kopisten in Haydns Leben. Bei Geiringer ist zu lesen: »Glücklicherweise sind Autografe nicht die einzige sichere Quelle. Nicht selten finden sich in Abschriften, die von Kopisten angefertigt wurden, eigenhändige Korrekturen Haydns oder selbst der charakteristische Namenszug des Meisters. Auch wenn eine Handschrift von einem Hauptkopisten des Meisters wie etwa Josef Elßler oder Johann Elßler oder von einem seiner Schüler – Polzelli oder Neukomm – geschrieben ist, erscheint ihre Echtheit höchst wahrscheinlich.«[154]
Dieser These würde ich entschieden widersprechen wollen. Wenn sich diese eigenhändigen Korrekturen Haydns in Autografen fänden, wäre wohl ein Zweifel ausgeschlossen. Von dieser Grundthese wird ausgegangen, auch wenn man die zumindest theoretisch denkbare Möglichkeit der nachträglichen Produktion eines »Autografs« unter Vernichtung der echten Handschrift des tatsächlichen Komponisten nicht als völlige Unsinnigkeit und Spitzfindigkeit a priori verwerfen sollte. Bei Haydns handschriftlichen Vermerken in *Kopien* ist also angesichts der geschilderten Problematik einige Vorsicht an den Tag zu legen. Ja, man muss sich sogar die Frage stellen, ob es sich dabei nicht um einen ziemlich ungewöhnlichen Vorgang handelt, denn im Normalfall sind solche Korrekturen, so würde ich zumindest annehmen, von der Hand des Meisters in den Autografen (beziehungsweise Entwürfen und Skizzen), aber nicht

---

[153] Irmen, Haydn, S. 146
[154] Geiringer, Haydn, S. 273 f.

in irgendwelchen Abschriften zu finden. Denn diese pflegen im Normalfall die endgültige Fassung zu beinhalten. Das Herumstreichen und Verändern von Kopien durch die Hand des Komponisten ist also eher schwer nachvollziehbar. Das Problem bestand vor allem darin, dass man alle kursierenden Abschriften mit den nachträglichen Änderungen des Meisters hätte versehen müssen. Man könnte daraus die durchaus nicht böswillige Vermutung ableiten, dass es möglicherweise in manchen dieser Fälle gar kein Autograf von Haydn gegeben haben mag ...

Allein in dem oben erwähnten Zitat Geiringers kommen die Namen von nicht weniger als vier Kopisten vor. Man könnte auch noch die uns bekannten Namen von Ritter von Kees und Lorenz Lausch und auch manchen, aus den Kopien fassbaren Anonymus hinzufügen. Mir ist kein vergleichbarer Komponist bekannt, in dessen Biografie sich so viele Kopisten tummeln. Vor allen anderen Kopisten ist hier aber der Violinist der Hofkapelle bei Esterházy und spätere Wein- und Tuchhändler Johann Tost zu nennen, der in Eisenstadt eine Art Kopiaturwerkstatt betrieb und dabei manches angebliche »Haydnwerk« – etwa im fernen Paris – verscherbelte. Siehe die ausführlich dargestellte »Affäre Gyrowetz«. Dass Haydn von diesen Umtrieben Tosts, der ihm von seiner Tätigkeit als Violinist der Kapelle im Schloss Esterháza sehr vertraut war, keine Kenntnis hatte, ist eher zu bezweifeln. Ich habe das schon an anderer Stelle ausgeführt.

Eine zusätzliche Merkwürdigkeit könnte man in der Tatsache sehen, dass der viele Kopien von Haydns Kompositionen vornehmende Johann Elßler, von dem man weiß, dass er auch die Kopie der Partitur der »Jahreszeiten« besorgte,[155] zugleich sein Kammerdiener und engster Vertrauter war. Die Funktion eines »Hauptkopisten« hatte schon sein Vater Joseph Elßler bis 1783 in Eisenstadt und Esterháza ausgeübt. Auch diese schier lebenslange Symbiose von Kopist und Kammerdiener und noch dazu als innerhalb der Familie Elßler vererbte, ist ohne Beispiel in der Musikgeschichte. Johann Elßlers Verehrung für den Meister nahm, nach Schilderung von Zeitgenossen, zum Teil geradezu groteske Züge an. So pflegte er das Bild seines Herrn in dessen Haus in Gumpendorf aus tiefer Ehrfurcht wie eine Ikone mit einer Art Weihrauch zu umnebeln.[156] Dass

---

[155] Bartha, Haydn. Gesammelte Briefe, Nr. 270, S. 368 f.
[156] Siehe Albert Christoph Dies, in: Reich, Selbstzeugnisse, S. 128

90

ein Kammerdiener eines großen Komponisten testamentarisch – wie hier – mit einer gewaltigen Summe von 6000 Gulden, bedacht wird, dürfte ebenfalls ein ziemlich singuläres Faktum in der Musikgeschichte darstellen.[157] Von diesem treuen Faktotum drohte also keine Gefahr, dass es der Nachwelt gewisse – möglicherweise auch brisante – Details aus dem Leben seines Herrn beziehungsweise über die seltsame Entstehung mancher Werke mitteilen würde.

[157] Siehe Haydns Testament vom 7. Februar 1809 unter Punkt 42

Der Verlust sämtlicher an Haydn gerichteter Briefe

Von den zahlreichen Briefen, die Haydn während seines langen Lebens erhalten haben muss, ist nicht ein einziger aus seiner Schaffenszeit erhalten geblieben. Die wenigen, die erhalten sind, stammen aus den letzten Jahren seines Lebens, als er seine Kompositionstätigkeit praktisch beendet hatte. Und es wird sich dabei wohl um eine vierstellige Zahl von erhaltenen Briefen gehandelt haben, in Relation zu den von ihm verfassten Schreiben. So geht etwa aus dem Schreiben an Joseph Eybler vom 27. März 1789 hervor, dass er allein an diesem Tag nicht weniger als zehn Briefe verfasst hat: »Verzeihen Sie mein kurz abgefastes schreiben, diss ist der 10 brief, so ich Expedier.«[158] Und dennoch hat sich praktisch nichts von der an ihn adressierten Korrespondenz erhalten. Ich kenne übrigens keinen Haydnforscher, der dies zumindest als Auffälligkeit registriert hätte und schon gar keinen, der irgendwelche Mutmaßungen daraus abgeleitet hätte. Haydn muss die meisten dieser Briefe, wenn nicht sogar allesamt, bewusst und systematisch vernichtet haben. Wenn er also, folgt man der elementaren Logik, diese mögliche vierstellige Anzahl von Briefen zum Großteil nur vernichtet und nicht allesamt verloren haben kann, gibt es zwei Möglichkeiten dieser offensichtlich gezielten Beseitigung: Entweder beseitigte Haydn jeden Brief, den er erhielt, nach kurzer Zeit, bei den Geschäftsbriefen nach Ablauf der geschäftlichen Notwendigkeit ihrer Aufbewahrung, oder er vernichtete das aufbewahrte Briefmaterial im vorgerückten Alter. Ich würde eher für die zweite Variante plädieren, da ich mir schwerlich vorstellen kann, dass er jahrzehntelang systematisch jeden an ihn gerichteten Brief innerhalb einer bestimmten Frist beseitigt haben könnte. Viel wahrscheinlicher erscheint mir die Vermutung, dass Haydn bis ins fortgeschrittene Alter sehr wohl die ihm wichtig erscheinenden Briefe aufbewahrte und sie erst zu diesem Zeitpunkt einer Entsorgung zuführte. Bei Griesinger ist von einem Schreiben des Domherren von Cadix betreffend die Orchesterfassung der »Sieben Worte« von 1785 die Rede. Als diese zu einem Vokalwerk mehr als zehn Jahre später umgewandelt wurde, forschte Haydn nach diesem Brief

---

[158] Bartha, Haydn. Gesammelte Briefe, Nr. 117, S. 200 f.

aus Spanien, den er in Eisenstadt verwahrt hatte. Letztendlich war er unauffindbar.[159] Doch scheint diese Episode zu beweisen, dass Haydn zumindest die ihm wichtig erscheinenden Briefe aufzubewahren pflegte. Da er in den letzten Jahren seines Lebens nachweislich unter schweren Konzentrationsmängeln litt, wäre die Erklärung nahe liegend, dass er deshalb eine totale Beseitigung vornahm, weil er keinerlei Risiko irgendeiner Entdeckung gewisser unerfreulicher Tatsachen, die sich aus manchen (bei der Aussortierung übersehenen) Briefen, womöglich brisanten Inhalts, ergeben mochten, in der Nachwelt eingehen wollte. Sollte diese meine Theorie stimmen, hätte Haydn mit dieser Taktik zumindest in den beiden letzten Jahrhunderten vollen Erfolg gehabt. Keine dieser Varianten wäre mit einem auch nur einigermaßen rationalen Verhalten Haydns zu erklären. Aber nur für den Fall, dass er nichts zu verbergen hatte. Und wieder ist nicht eine mala voluntas die Quelle für diese Argumentation. Denn dass bei der Erhellung gewisser dunkler Seiten eines Menschen seine Korrespondenz eine besondere Rolle spielen kann, braucht nicht näher erörtert zu werden. Und offenbar wollte Haydn jede Möglichkeit ausschalten, dass aus diesen Briefen gewisse unerfreuliche Dinge aus seinem Lebens aufgedeckt werden könnten, indem er die erhaltenen Briefe in ihrer Gesamtheit ohne Ausnahme vernichtete, darunter die zahlreichen Briefe der ihm so viel bedeutenden Baronin Genzinger. Wenigstens diese hätte er sich in verklärter Erinnerung an die am 26. Jänner 1793 verschiedene Seelenfreundin[160] doch unter allen Umständen aufbewahren müssen, wenn ihm schon beispielsweise jener Brief, in welchem die Nachricht von Mozarts Tod stand, nicht aufhebenswert erscheinen mochte. Wer wollte gegen diese von mir vorgetragene Argumentation rational polemisieren wollen!

Es wurden hier einige markante Beispiele für wahrscheinlich bewusstes Plagiat zur Erhärtung des Verdachts vorgebracht. Eine vollständige Aufzählung aller Verdachtsmomente würde angesichts der Vielzahl der möglichen Fälle den Rahmen dieses Buches sprengen. In einem Worst-Case-Szenario könnte es sich dabei bloß um die Spitze eines Eisbergs handeln. Es wäre hier wohl eine umfangreiche und zeitraubende neue Recherche erforderlich, welche die Möglichkeiten einer

---

[159] Thomas, Günter: Griesingers Briefe über Haydn. Aus seiner Korrespondenz mit Breitkopf & Härtel, Haydnstudien, Band I, Heft 2, Köln 1966, S. 68

[160] Bartha, Haydn. Gesammelte Briefe, Kommentar zu Nr. 98, S. 293

Einzelperson wahrscheinlich bei Weitem übersteigen würde. Auch ist das hier gestellte Thema ein anderes, auch wenn diese Frage in einem engen Zusammenhang damit steht. Dennoch glaube ich bei aller Unvollständigkeit der diesbezüglichen Recherche – zum ersten Mal in der Haydnliteratur – eine gewisse Grundstruktur bloßgelegt zu haben. Und wenn man Haydn »nur« in einem halben Dutzend Fällen – wahrscheinlich sind es viel mehr – des bewussten Plagiats ohne einen Restzweifel überführen könnte, könnte man ihn dann exkulpieren und ein solches Verhalten als lässliche und verzeihliche Sünde betrachten? Ich denke man kann es nicht. Wie ein Mörder unabhängig von der Anzahl der begangenen Morde immer ein Mörder bleibt, so bleibt auch ein Plagiator ein Plagiator, selbst wenn sich in den meisten der überprüften Fälle herausstellen sollte, dass der Verdacht unbegründet war. Ich halte auch dieses dunkle Kapitel neben einer kritischen Beleuchtung der Freundschaft zwischen Mozart und Haydn sozusagen als Einstimmung des Lesers auf mein Thema für unumgänglich notwendig. Eingebettet in dieses unerfreuliche Umfeld dürften meine auf den ersten Blick eher abstrus und abwegig anmutenden Thesen über die Entstehung von »Schöpfung« und »Jahreszeiten« plötzlich in einem ganz anderen Licht erscheinen.

Konstanze Mozart und ihre Briefe als wahre Fundgrube für neue wissenschaftliche Erkenntnisse

Aus der intensiven Beschäftigung des Autors mit Leben und Werk von Wolfgang Amadeus Mozart ist dieses Buchprojekt, das ursprünglich nicht als solches geplant war und das sich aber zu einer der großen Forschungssensationen der Musikwissenschaft entwickeln könnte, entstanden. Die sensationelle These sei also, wie bereits im Vorwort angedeutet, vorweggenommen: Mit großer Wahrscheinlichkeit sind die beiden Oratorien »Schöpfung« und »Jahreszeiten«, die Joseph Haydn endgültig Weltruhm einbrachten, zumindest in Teilen, möglicherweise sogar zur Gänze, von Wolfgang Amadeus Mozart komponiert worden. Das vorliegende Buch stellt den Versuch dar, aufgrund der vorliegenden Quellenlage und ihrer wissenschaftlich korrekten und vor allem auch kreativen Auswertung einen hieb- und stichfesten Beweis für die Richtigkeit dieser auf den ersten Blick – dies sei nochmals freimütig eingeräumt – abenteuerlich anmutenden These zu erbringen. An den Leser erlaube ich mir einen einzigen Wunsch heranzutragen, den ich bereits beim Kapitel »Freundschaft« vorgebracht habe: Lesen Sie den Text vorurteilsfrei und mit größtmöglicher Konzentration und kritischer – will heißen – kritische Einwände und Gegenargumente suchenden – Aufmerksamkeit. Denn was einzig und allein zählt, ist, die Wahrheit herauszufinden und es geht dabei keineswegs darum, wer etwas erforscht und wer wenig bis gar nichts oder gar Falsches herausgefunden hat! Persönliche oder institutionelle Eitelkeiten und Dünkel haben hier angesichts der Wichtigkeit des Themas absolut hintanzustehen. Und ich beziehe mich als Autor in dieses grundlegende Postulat natürlich voll mit ein! Was die Präsentation von Gegenargumenten betrifft, bin ich für diese jederzeit offen und aufgeschlossen. Und je gewichtiger und einleuchtender diese sein sollten, umso besser wäre dies für die Sache!

Was die »Schöpfung« betrifft, stütze ich mich für meine These nicht nur auf einen, sondern auf eine ganze Reihe gewichtiger Beweise, die sich aufgrund eines umfangreichen Quellenstudiums, welches ich auch von allfälligen Kritikern dieses Buches erwarte, ergeben haben. Die Sekundärliteratur konnte mangels entsprechender Beschäftigung derselben mit diesem Thema nur marginal zu diesen neuen Erkenntnissen beitragen. Zu dieser aufwühlenden These bin ich durch eine wissenschaftliche Vorgangsweise gelangt, die vor mir in der Musikwissenschaft offensichtlich noch niemand eingeschlagen hat, was mich, wie so manches andere in der Forschung, was Mozart und Haydn betrifft, sehr überraschte. Ich habe, wie es scheint, als erster parallel die Briefe, die Konstanze Mozart nach dem Tod ihres Gatten schrieb[161] gelesen – speziell geht es in diesem Fall um ihre zahlreichen Geschäftsbriefe an Breitkopf & Härtel in Leipzig und André in Offenbach – und die Briefe Joseph Haydns in der Gesamtausgabe von Dénes Bartha. Zu meiner größten Verwunderung scheinen die Briefe Konstanze Mozarts in den beiden letzten Jahrhunderten auf ein nur eher mäßiges Interesse gestoßen zu sein, was allein schon aus dem Umstand heraus äußerst erstaunlich erscheint, dass es sich bei dieser Dame »nur« um die Witwe von Wolfgang Amadeus Mozart handelt! So beschränkt sich etwa der angesehene Mozartforscher Rudolf Angermüller auf seiner im Mozartjahr 2006 herausgebrachten DVD-ROM[162] auf die Aufnahme einer eher geringen Anzahl von Briefen Konstanze Mozarts. Darunter befindet sich meines Wissens kein einziger vollständig wiedergegebener Geschäftsbrief an Breitkopf & Härtel in Leipzig. Der Himmel mag wissen, warum! Dieses Desinteresse ist also absolut unverständlich – man mag zu Konstanze Mozart, später wiederverheiratete Nissen, persönlich stehen wie man will. Selbst wenn man, wie manche Autoren (besonders Dorothea Leonhart in ihrer Mozartbiografie[163]) ihrer Person und ihrem nicht gerade vorbildlichen Charakter wenig bis gar nichts abgewinnen kann, muss man sich allein schon im Interesse der Mozartforschung mit ihr intensiv und umfangreich auseinandersetzen. Denn schließlich war sie Mozarts wichtigste Bezugsperson in seinem Leben. Wenn man nur die Quellen und Dokumente aus der Zeit, da Mozart noch lebte, heranzieht, könnte man – und selbst das wäre zu hinterfragen – zu einer völligen Verurteilung, wie sie Leonhart vornimmt, unter Nachsicht aller Taxen gelangen. Sie sieht in der Familie Weber im Allgemeinen und in der Person der Konstanze Mozart im Besonderen den alle anderen Umstände überragenden Grund für die tragische Wende in Mozarts Leben.[164] Blutsauger seien diese verkommenen Weberischen gewesen, die in dem jungen, naiven Musikgenie ihre einzige

---

[161] Mozartbriefe, herausgegeben bei Bärenreiter, Band IV
[162] Angermüller, Wolfgang Amadeus Mozart
[163] Leonhart, Dorothea: Mozart. Eine Biographie, Zürich 2008
[164] Leonhart, ebenda

96

Chance erblickt hätten, von ihrem elenden Dasein (der Vater Fridolin Weber hatte sich und die Familie mit seiner bescheidenen Sangeskunst und sonstigen Diensten am Theater mehr schlecht als recht ernährt) loszukommen. Bevor ich mich in die Lebensumstände von Konstanze Mozart vertiefte, hatte ich – ich muss es ehrlich gestehen – ebenfalls eine sehr negative Einstellung gegenüber dieser Dame. Wenn man allein die Tatsache in Erwägung zieht, dass sie erst im Jahre 1808, also rund 17 Jahre nach dem Tode Mozarts, einen Besuch des Friedhofs in St. Marx unternahm. Und das erst auf Drängen des sächsischen Legationsrates Georg Griesinger[165], von dem in diesem Buch noch ausführlich die Rede sein wird, so scheint eine Ablehnung ihrer Persönlichkeit und ihres Charakters, selbst wenn man kein besonderer Verehrer Mozarts sein sollte, auf der Hand zu liegen. Selbst wenn man keine weiteren Details von dieser Ehe wüsste. Eine auch nur einigermaßen liebende Gattin verhält sich einfach nicht so. Und schon gar nicht eine Dame, die seltsamerweise erst nachdem der berühmte Gatte verschieden war – es sei hier betont – als Witwe Mozart und nicht als Konstanze Weber – mit Geld und Wohltaten geradezu überschüttet wurde. Anstatt ein »Sozialfall« mit ihren beiden Kindern zu werden und in tiefem Elend dahinvegetieren zu müssen, hat sie im Jahr nach dem Tod ihres Mannes Einnahmen in der Größenordnung von rund 200000 Euro durch Benefizkonzerte, Ankauf von Kompositionen durch den preußischen König et cetera[166] gehabt und auch in späteren Jahren ein mehr als auskömmliches Leben geführt. So schreibt etwa Guido P. Saner: »Zählt man die offiziell bekannten Einnahmen zu Gunsten der Witwe Mozart zusammen, ergeben sich relativ rasch 7575 Gulden und dies bis zum Februar 1792!«[167] Auch diese Tatsache hat die Mozartforschung, wie manche andere Merkwürdigkeiten, die sich um den mysteriösen Tod Mozarts und die unmittelbare Zeit danach ranken, kaum interessiert. Und wenn man diese unfassbar hohen Einkünfte, die Frau Mozart etwa im Jahr nach dem Ableben ihres Gatten erzielt hat, wenigstens registriert und erforscht hat, wie etwa Braunbehrens, dann hat man jedenfalls nicht versucht, daraus irgendwelche Schlussfolgerungen zu ziehen. Die Geschichte ist leider nur viel komplexer und viel-

---

[165] Köppen, Ludwig: Mozarts Tod. Ein Rätsel wird gelöst, Köln 2004, S. 73 und Kretschmer, Helmut: Mozarts Spuren in Wien, Kleinausstellung des Wiener Stadt- und Landesarchivs, Wien 2006, S. 13
[166] Braunbehrens, Volkmar: Mozart in Wien, München/Zürich 2006, S. 450
[167] Saner, Guido P.: Mozart Wien. ... ein Mann aus dem Moos ..., Wien 2007

fältiger, als dass man diese Verdammnis Konstanzes so einfach stehen lassen könnte.

Die Mozart Witwe könnte durch einen mehr oder minder massiven äußeren Druck davon abgehalten worden sein, in all den Jahren nach Mozarts Tod nach dessen Grabstätte zu suchen und auch nach anderen ihren verstorbenen Gatten betreffenden Dingen zu forschen. Dies wäre ein Rechtfertigungsgrund für manche an sich unverständliche Handlungen – vor allem aber Nichthandlungen – Konstanze Mozarts, den man durchaus akzeptieren könnte und müsste. Sie mochte möglicherweise keinerlei persönliches Risiko für sich und ihre beiden Söhne eingehen, wenn sie allzu intensive Nachforschungen über Krankheit, Tod und Begräbnis ihres Gatten anstellte. Konstanze Mozart verhielt sich in dem halben Jahrhundert, um welches sie ihren ersten Gatten überlebte, absolut passiv und tat mit wenigen Ausnahmen so gut wie nichts, um Licht in das schier undurchdringliche Dunkel zu bringen, das Mozarts Tod bis heute umgibt. Dabei wäre sie als seine Gattin natürlich die erste und interessanteste Auskunftsperson gewesen. Zu den wenigen Ausnahmen des hier beschriebenen Verhaltens zählen etwa die Mitteilungen, die sie 1829 dem englischen Verlegerehepar Vincent und Mary Novello bei deren Besuch in Salzburg machte.[168] Auch diese Tagebücher fanden bei Angermüller offensichtlich keinerlei Gnade und wurden, ebenso wenig wie die Briefsammlung Konstanze Mozarts, in seine DVD-ROM[169], die angeblich alle wissenswerten Mozartiana enthalten soll, aus welchen Gründen auch immer, aufgenommen. Dafür hat Angermüller die wohl für die meisten Mozartinteressenten nicht besonders wichtige Violinschule Leopold Mozarts zur Gänze in die Sammlung genommen!

Für die Novellos machte Konstanze, man ist versucht hinzuzufügen, »ausnahmesweise«, konkrete Angaben über Befürchtungen ihres Gatten knapp vor seinem Tod, mit Aqua Toffana vergiftet worden zu sein.[170] Und in einem späten Brief vom 25. August 1837 an den königlich preußischen Regierungsrat Ziegler[171] spielte sie mit einer knappen Andeutung dieses Thema an, indem sie über einen darin zitierten Ausspruch ihres Sohnes Karl Thomas indirekt die Hoffnung äußerte, dass ihre Söhne nicht wie

---

[168] Medici di Marignano, Nerina/Hughes, Rosemary (Hg.): A Mozart Pilgrimage. Being the travel diaries of Vincent & Mary Novello in the year 1829, London 1955
[169] Angermüller, Wolfgang Amadeus Mozart
[170] Medici di Marignano/Hughes, ebenda
[171] Mozartbriefe, Band IV, Nr. 1460, S. 515

98

der Vater gefährdet seien, da sie nicht so berühmt wie dieser geworden seien. Daraus könnte man die vorsichtige Vermutung ableiten, dass Konstanze immer ein gewisses latentes Gefühl der Gefährdung ihrer Person und ihrer Söhne in ihrem tiefsten Inneren – ob zu Recht oder zu Unrecht, sei hier offengelassen – mit sich herumgetragen haben mag. Vielleicht bot man ihr für den Verzicht auf Enthüllung eventueller brisanter Fakten und für die Bewahrung eines lebenslangen Schweigens ein Leben in finanziellem Überfluss. Da die Mozartbiografien in der Regel mit dem Tod des Genies mehr oder minder abrupt enden – man denke nur an die Biografie von Wolfgang Hildesheimer – kann es naturgemäß keine der Wahrheit einigermaßen gerecht werdende Beurteilung der Mozartwitwe geben, die noch bis 1842 zu leben hat. So meint etwa Hildesheimer, dass Konstanze neben ihrem großen Gatten ziemlich beziehungslos und auf einer völlig anderen – tieferen – Ebene eher geist- und sinnlos dahin gelebt habe. Diese Platitüden verbreitet nicht nur Hildesheimer. Diese Kritik an Hildesheimer muss man hier anbringen, bei allen Meriten, welche seine Biografie – speziell in literarischer Hinsicht – in anderen Bereichen haben mag. Es mag sich dabei um große Literatur, keineswegs aber um eine große Dokumentation handeln. Dazu hätte es wohl auch eines umfangreicheren Quellenstudiums bedurft. Letzteres ist auch schon Solomon aufgefallen. Diese Abqualifizierung einer Komponistengattin träfe vollinhaltlich auf die ebenso primitive wie bigotte Ehegesponsin von Joseph Haydn, Anna Maria Keller, zu, aber keineswegs auf Konstanze Mozart. Schließlich stammte Konstanze aus einer Künstlerfamilie – der bedeutendste Träger des Namens Weber war Karl Maria von Weber – ein Cousin der vier Weberschwestern – und sie hatte auch eine gewisse sängerische Ausbildung genossen, wenngleich sich ihr Talent nicht mit dem der ältesten Schwester Josefa – der ersten Königin der Nacht – und schon gar nicht mit dem der Jugendliebe ihres Gatten, Aloysia Weber, messen konnte, die zu den gefeierten Sängerinnen ihrer Zeit zählte. Man kann, ja man darf sogar die »Weberischen« nicht mögen, aber man muss ihnen doch ein Minimum an Gerechtigkeit widerfahren lassen. Bei all dem Widerwillen, den man empfinden muss, wenn man sich die Machenschaften speziell der mit allen Wassern gewaschenen Caecilia Weber vergegenwärtigt, mit denen der junge Wolfgang Mozart in die Weberischen Netze getrieben wurde. Aber andererseits wird man nie vergessen dürfen, dass Mozart seine Gattin, speziell was die letzten Jahre seines Lebens betrifft, trotz mancher Auseinandersetzungen und mancher Blicke auf die Reize anderer Damen, fast

abgöttisch liebte.[172] Jeden anderen Schluss würde ich nach eingehendem
Quellenstudium entschieden zurückweisen.

Man vergleiche damit die horrible Ehe, die Joseph Haydn mit seiner Gattin Anna Keller führte, die er in einem Brief an seine Geliebte
Polzelli wörtlich als »Bestia« bezeichnete (»mia moglie quella Bestia
infernale«[173]). Eine über Jahrzehnte andauernde Ehehölle in völliger Be-
ziehungslosigkeit, wobei man sich unwillkürlich die Frage stellt, wie ein
sensibler Künstler – von dieser Voraussetzung wird man doch wohl auch
bei Haydn ausgehen müssen – eine solche jahrzehntelang ertragen haben
kann. Welch ein himmelhoher Unterschied zu Mozarts Ehe!

Aus den zahlreichen Briefen Konstanze Nissens (die Mozartwitwe heiratet 1809 in Pressburg ein zweites Mal), speziell an den renommierten
Musikverlag Breitkopf & Härtel in Leipzig, aus den Jahren 1798 bis 1806,
aber auch an den Verlag André in Offenbach, der im November 1799 pauschal den gesamten Nachlass ihres Gatten für 3150 Gulden von ihr gekauft
hatte, geht eindeutig hervor, dass sie regen Anteil am Schaffen ihres Gatten genommen hatte. Wenn beispielsweise Mozart eine Arie komponiert
hatte, pflegte Konstanze, wie man einem dieser Briefe entnehmen kann,
die erste zu sein, die diese sang und mit ihm gemeinsam beurteilte.[174] Eine
gewisse, wenn auch nicht ausreichende Entschuldigung für dieses demons-
trative Desinteresse an den Konstanzebriefen – ihre Briefe an den Gatten,
für die die Mozartforschung natürlich das größte Interesse gehabt hätte,
sind ja bekanntlich alle verloren gegangen oder vernichtet worden – mag
darin liegen, dass es sich zu einem guten Teil bei dieser Korrespondenz
um Briefe an die beiden Verlage in Leipzig und Offenbach handelt. Ein
gewisser Ermüdungseffekt hat sich auch bei mir anfangs bei der Lektüre
dieser Briefsammlung eingestellt. Doch finden sich in ihren Briefen gar
nicht so selten überaus interessante Bemerkungen über ihren verstorbenen
Gatten. Etwa wenn sie in ihrem Brief vom 28. August 1799 an Breitkopf
& Härtel im Zusammenhang mit der in Leipzig geplanten, aber nicht zur
Ausführung gelangten, Mozartbiografie Folgendes schreibt:

> »Ich sende Ihnen zugleich mit den Arien die erste Abtheilung von
> briefschaften, von demjenigen, zu lesen und zu benuzen, dem Sie die

---

[172] Siehe die diesbezüglichen Briefe Mozarts an seine Gattin, herausgegeben von Bärenreiter, Band IV
[173] Bartha, Haydn. Gesammelte Briefe, Nr. 168, S. 173
[174] Mozartbriefe, Band IV, Nr. 1245, S. 252

biografie auftragen. Es ist immer allerhand daraus zu lernen für seine Characteristik. Sein Maaß von bildung, seine übergroße Zärtlichkeit für mich, seine Gutmüthigkeit, seine Erholungen, seine liebe zur Rechenkunst und zur Algeber (wovon mehrere bücher zeigen,) seine Laune, die bisweilen shakespearsch war, wie H. Rochliz einmal von seiner musicalischen Laune gesagt hat und wovon ich Ihnen Proben senden werde- sind darin und in den folgenden Papieren sichtbar. Sie beweisen ferner die Ehren, die ihm, und mir, seinetwegen, späterhin erwiesen sind. die freilich geschmaklosen, aber doch sehr wizigen briefe an seine Base verdienen auch wohl Erwähnung, aber freilich nicht ganz gedrukt zu werden. – Ich hoffe, Sie lassen gar nichts drukken, ohne es mich vorher lesen zu lassen.«[175]

Eine Reihe von hochinteressanten Details über Mozart ist hier zu erfahren, etwa über sein positives Wesen und seine Vorliebe für Mathematik, zugleich aber gibt dieser Brief einen interessanten Aufschluss über Konstanze selbst. Dass sie seine Bildung, seine Zärtlichkeit, seine Güte und seine Anwandlungen von Shakespearscher Art – wenngleich über den Umweg von Rochlitz – überhaupt zur Kenntnis genommen hat, beweist eindrucksvoll, dass Mozart in ihr nicht nur das Objekt seiner erotischen Fantasien mangels anderer Qualitäten zu sehen brauchte. Denn bei all ihren zweifellos vorhandenen Charakterschwächen war sie für Mozart eine stets überaus wichtig zu nehmende und mit größter Zärtlichkeit zu behandelnde Ehegesponsin, mit der er durchaus – vor allem auch über musikalische Dinge – sinnvoll und angeregt kommunizieren konnte. Gegenteilige Beurteilungen sind wohl schlichtweg falsch. Die Stelle, wo Konstanze Mozart auf die »Bäslebriefe« zu sprechen kommt, beweist klar, dass sie keinesfalls eine spießige Matrone geworden war. Ja, man ist sogar über das für die damalige Zeit wohl ungewöhnliche Ausmaß an verständnisvoller Toleranz überrascht. Diese Passage ist aber auch insofern von Interesse, als die allgemein in der Mozartliteratur vertretene These, dass Konstanze Mozart und der hinter ihr stehende, angeblich ebenso spießige, Legationsrat Nissen für die zahlreichen Streichungen und Unkenntlichmachungen diverser Briefstellen allein verantwortlich sein sollen, hinterfragbar erscheint.

Was das Verschwinden wichtiger Dokumente, vor allem einer Reihe von Briefen, betrifft, würde ich als ziemlich sicher annehmen, dass manches an wertvollem Material bei Breitkopf & Härtel in Leipzig um die Jahrhundertwende spurlos verschwunden ist. Doch dies noch weiter zu erläutern, würde an dieser Stelle zu weit führen. Warum beispielsweise Wolfgang Hildesheimer aber auch andere von vielen interessanten Briefeintragungen Konstanzes kaum eine Erwähnung machen, ist nicht nachvollziehbar. Wahrscheinlich wollte Hildesheimer damit das Bild einer geistig eher beschränkten und spießbürgerlichen Matrone zementieren. Da bestimmte Zitate aus ihren Briefen, wie im Verlauf dieses Buches noch zu sehen sein wird, eine elementar wichtige Rolle spielen werden, glaubte ich, meine von großen Teilen der Mozartliteratur durchaus abweichenden Ansichten über Konstanze Mozart hier legitimerweise anbringen zu sollen. Es spricht also auch manches für sie. Sie wird dadurch aber Gott behüte zu keiner Lichtgestalt erhoben! Vor allem wenn man an ihr noch zu schilderndes Verhalten im Zusammenhang mit »Schöpfung« und »Jahreszeiten« denkt.

Doch nun wieder zurück zu den zahlreichen Geschäftsbriefen der Mozart Witwe. Der Tenor dieser Briefe an Breitkopf & Härtel in Leipzig und André in Offenbach, die zum Großteil in die Zeit von 1798 bis 1801 fallen – speziell was jene an Breitkopf & Härtel betrifft – ist nahezu immer der gleiche: Die später mit dem dänischen Legationsrat Georg Nissen in zweiter Ehe verheiratete Konstanze bietet Werke ihres verstorbenen Mannes dem Verlag in Leipzig zum Kauf an und es kommt dabei oft zu einem ermüdenden Feilschen der geschäftstüchtigen Dame um den Preis jedes einzelnen Werks, seien es Arien, Lieder, Sonaten, Tänze, Märsche, Canons oder auch das eine oder andere Konzert von Mozart. Auf die Verwertung der großen Werke, vor allem der Opern und Symphonien hatte sie nach der damaligen Rechtslage kaum irgendwelche Rechte, da diese längst gestochen und gedruckt waren, es sei denn, dass sie die in ihrem Besitz befindlichen Autografe zwecks Erstellung der korrekten Fassung für die in Entstehung befindliche Gesamtausgabe als sogenannte »Mitteilungen« an den Verlag in Leipzig gegen eher geringfügiges Entgelt senden konnte. Dabei war das Interesse von Breitkopf & Härtel an diesen Autografen erstaunlich gering, was umso mehr verwundert, als man in Leipzig spätestens seit 1798 intensiv an einer Gesamtausgabe der Werke Mozarts arbeitete.[176] Konstanze Mozart zeigt sich an einigen Stellen ihrer Briefe über dieses Verhalten des Leipziger Verlages überrascht und befremdet.

[176] Mozartbriefe, Band IV, Nr. 13, Brief des Verlages vom 15. Mai 1798

Konstanzes Brief an Breitkopf & Härtel vom 25. Februar 1799

Ich gestehe, dass auch ich beim ersten Durchlesen keineswegs auf die Brisanz einer Passage dieses Briefes vom 25. Februar 1799 und auch des folgenden[177] aufmerksam geworden bin. Ich zitiere zunächst aus dem Brief Konstanze Mozarts an Breitkopf & Härtel vom 25. Februar 1799:

> »Was die Partitur von der Schöpfung betrift, bin ich nicht im Stande Ihnen zu dienen, da Sie Sich, wie ich von Swieten und Haydn selbst gelegentlich erfahren habe, an sie beyde gewandt haben. Nicht 100, viel weniger 20 ducaten dürfte ich Haydn anbieten.«[178]

Doch bei einem nochmaligen Lesen dieses und des folgenden Briefes durchzuckte es mich wie ein Blitz, wobei es am Anfang nur eine vage und trotzdem eine mich sofort zutiefst erschütternde Eingebung war: Die »Schöpfung« oder zumindest ein Teil davon könnte etwas mit Wolfgang Amadeus Mozart zu tun haben!

Natürlich suchte ich sofort nach einer Erklärung beziehungsweise Interpretation dieser merkwürdigen Textstelle im wissenschaftlichen Apparat. Die »Erklärung« befremdete mich außerordentlich und ich war vom ersten Augenblick, da ich die Stelle im Kommentar las, felsenfest davon überzeugt, dass diese »Erklärung« absolut unschlüssig und unsinnig ist:

> »Der Leipziger Verlag bemühte sich 1799 um den Ankauf der Partitur des Oratoriums und hatte sich, wie aus Z. 41–42 hervorgeht, zunächst deswegen unmittelbar an Haydn und den Textdichter Van Swieten gewandt, offenbar mit negativem Erfolg. Constanze hält ein Angebot von 100 Dukaten, geschweige denn von 20 Dukaten für unzumut bar.«[179]

Dass sich Breitkopf & Härtel an Haydn und van Swieten zwecks Erwerbes der Rechte an der »Schöpfung« für den Verlag gewandt haben,

---

[177] Mozartbriefe, Nr. 1237, S. 230 ff.
[178] Mozartbriefe, Band IV, Nr. 1236, S. 227 ff.
[179] Mozartbriefe, Band VI, Kommentare, S. 463

ist eine Tatsache. Nur ist ein solcher Vorgang *vor* der Einschaltung Konstanze Mozarts in diese Angelegenheit nicht durch Quellen belegt. Es aus dieser zitierten Passage zu schließen, ist allerdings nicht nachvollziehbar. Denn wenn man genau gelesen hätte, hätte man zu einem genau umgekehrten Ergebnis bezüglich der zeitlichen Abfolge gelangen müssen: Breitkopf & Härtel müssen sich zuerst bezüglich der »Schöpfung« an Konstanze Mozart gewandt haben und haben erst *danach*, offensichtlich zum Ärger von Konstanze, mit Haydn und van Swieten Kontakt aufgenommen. Dies ist die richtige Reihenfolge, nicht umgekehrt.

Aus dem ersten Satz des Zitates mit abschließendem Kausalsatz, lässt sich einzig und allein ablesen, dass die Aufgabe Konstanzes, die sie vom Leipziger Verlag erhalten haben musste, zunächst einmal gescheitert war. Und der Grund des Scheiterns aus der Sicht Konstanzes geht ebenfalls unzweifelhaft aus dieser Briefstelle hervor: Der Verlag hatte ihr sozusagen bei ihrer wie auch immer gearteten Mission ins Handwerk gepfuscht, indem er direkten Kontakt mit Haydn und van Swieten bezüglich der »Schöpfung« aufgenommen hatte, ohne ihr dies vorher mitzuteilen. Denn diese Tatsache erfuhr sie, wie sie schreibt, von Haydn und van Swieten selbst, mit denen sie damals offenbar regen Kontakt in Wien pflegte. Nochmals das Zitat: »Was die Partitur von der Schöpfung betrift, bin ich nicht imstande, Ihnen zu dienen.«

Zunächst steht der erste Satz im Mittelpunkt des Interesses. Konstanze Mozart ist vom Verlag Breitkopf & Härtel in der Sache »Partitur der Schöpfung« um die Ausführung eines Auftrages oder die Erfüllung einer Bitte ersucht worden. Diese Bitte muss wohl in einem der vorangegangenen Briefe vom Verlag an Konstanze Mozart ausgesprochen worden sein. Sie könnte aber auch durch Dritte an Konstanze in Wien übermittelt worden sein.

Dass zwar die Mehrzahl der Briefe Konstanze Mozarts an Breitkopf & Härtel erhalten geblieben ist, diese aber keinen einzigen Brief des Verlages aufhob, bedeutet eine wesentliche Erschwernis der Wahrheitsfindung. Leider kann man nicht die konkreten Details, um die es hier geht, aus dieser Briefstelle ablesen. Man braucht sich aber deshalb nicht über Konstanze zu ärgern. Hätte sie nämlich in diesem Brief den wahren Sachverhalt genau geschildert, wäre er mit Sicherheit nicht erhalten geblieben. Denn es wurde von Breitkopf & Härtel offensichtlich sehr genau geprüft, welche Briefe Konstanze Mozarts in dieser auch für den

Verlag überaus heiklen Angelegenheit der Nachwelt überliefert werden konnten, ohne dass die Wahrheit in späterer Zeit ergründet werden sollte.

Der größte Teil der Briefe Konstanze Mozarts an den Leipziger Verlag ist zwar erhalten, aber wie der böse Zufall so spielt, ausgerechnet ihre Briefe vom 22. und 25. März 1799[180] sind trotz einer gewissen deutschen Gründlichkeit, von der man wohl auch im Archivbereich bei Breitkopf & Härtel im Normalfall ausgehen kann, leider nicht erhalten. Ich gehe mit einer großen Gewissheit davon aus, dass in diesen beiden, in Leipzig offenbar vernichteten, Märzschreiben Konstanze Mozarts die Lösung dieses Rätsels gestanden ist. Und dies war wohl der Grund für ihre Beseitigung. Man muss Konstanze im Gegenteil für diese Unklarheit in der Formulierung des Schreibens vom 25. Februar 1799, die gewiss Absicht war angesichts der Brisanz der Angelegenheit, nachträglich sogar dankbar sein. Auch wenn der Weg zur Erkenntnis der Wahrheit dadurch umso steiniger ist.

Und nun zu den unbestreitbaren Fakten dieses Eingangssatzes.
1. Es geht um die Partitur der »Schöpfung« von Joseph Haydn und
2. Konstanze kann Breitkopf & Härtel dabei nicht dienen.

Die Frage, die es zu beantworten gilt: Womit konnte Konstanze Mozart dem Verlag im Zusammenhang mit der »Schöpfung« nicht dienen?

Meine erste Überlegung war, nachdem ich mich tiefer in die Materie eingearbeitet hatte und ich mir sicher war, dass das in der »Allgemeinen Musikalischen Zeitung« vom 16. Jänner 1799 abgedruckte Duett »Der thauende Morgen« aus der »Schöpfung« nicht von Haydn, sondern ein Mozartfragment ist – die näheren Details werden noch ausführlich dargelegt werden – dass Breitkopf & Härtel Konstanze Mozart gebeten hatten, bei sich nachzusehen, ob es noch weitere Fragmente von der »Schöpfung« ihres verstorbenen Gatten gebe.

Dies würde allerdings voraussetzen, dass man sich in Leipzig ab einem gewissen Zeitpunkt im Klaren war, dass ein Teil der »Schöpfung« – siehe dieses uns noch beschäftigende Duett – von Mozart stammt. Der Gedanke, dass Breitkopf & Härtel Konstanze Mozart um die Suche und die Verfügungstellung von etwaigen weiteren Fragmenten der »Schöpfung« gebeten haben mögen, muss aber sogleich verworfen werden durch den

[180] Mozartbriefe, Band IV, S. 233

folgenden glasklaren Kausalsatz. Eine kausale Verknüpfung zwischen der Tatsache, dass Konstanze Mozart keine weiteren Fragmente der »Schöpfung« im Nachlass oder in ihrem Wiener Umfeld gefunden hatte (»kann ich nicht dienen«) und dem in dem Kausalsatz ausgedrückten Sachverhalt, »weil sich der Verlag an Haydn und van Swieten gewandt hatte«, ist absolut sinnlos.

Hätte es sich um einen Brief Haydns gehandelt, wäre ich mir bei der Auslegung dieses Kausalsatzes nicht so sicher gewesen, wenn man an die seltsamen Stilblüten und sprachlichen Abnormitäten vieler seiner Briefe denkt. So aber handelt es sich um durchaus klar formulierte Briefe von Konstanze Mozart, die allerdings ihr damaliger Lebensgefährte und spätere zweite Gatte Georg Nissen (Heirat 1809 in Pressburg) aufsetzte und auch mit eigener Hand schrieb. Man darf aber davon ausgehen, dass Nissen dabei nur niederschrieb, was Konstanzes Intentionen entsprach. Etwas wirr geraten sind nur die letzten Briefe Nissens knapp vor seinem Tod im März 1826, als er offensichtlich schon von schwerer Krankheit gezeichnet war.[181] Die Briefe, die er im Namen Konstanzes ab Mitte der 1790er-Jahre schrieb, sind hingegen recht klar und verständlich formuliert.

Im Satz »nicht 100, viel weniger 20 Dukaten dürfte ich Haydn anbieten« liegt einer der Hauptschlüssel für die Lösung dieses sensationellen Rätsels. Dessen bin ich mir sicher. Allein von diesem nur zehn Worte umfassenden Satz hätte es in den letzten beiden Jahrhunderten jede Menge Interpretationsversuche im Bereich der Mozart- und Haydnforschung geben müssen. Die Wahrheit ist: Es gibt so gut wie keine Literatur zu dieser Briefstelle.

Hier erfolgt der erste Versuch in der Musikforschung, dieses Problem logisch und begründbar zu klären. Außerdem erlaube ich mir hinzuzufügen, dass sich wohl kaum ein bedeutenderes Herkunftsproblem in der Musikgeschichte vorstellen lässt als dieses uns hier beschäftigende.

Folgt man zunächst dem dürftigen Interpretationsversuch im bereits zitierten wissenschaftlichen Apparat der von Bärenreiter herausgegebenen Mozartbriefe, soll Konstanze Mozart demnach für Breitkopf & Härtel die Kastanien aus dem Feuer holen und offensichtlich als eine Art von Unterhändlerin doch noch die Rechte an der »Schöpfung« für den

---

[181] Mozartbriefe, Band IV, Nr. 1408 und 1413

Leipziger Verlag sichern, wozu der renommierte Musikalienverlag allein angeblich nicht fähig war.

Diese Deutung ist aus mehreren schwerwiegenden Gründen zu verwerfen, von denen fast jeder einzelne ausreichen würde, um eine derartige Interpretation als völlig falsch zurückzuweisen: Wie kommt der größte Musikverlag Deutschlands Breitkopf & Härtel dazu, ausgerechnet eine Frau – man denke an den Stellenwert von Frauen im damaligen Geschäftsleben – zu beauftragen, die Rechte an einem so »unbedeutenden« Werk wie der »Schöpfung« auszuhandeln, weil man selbst als prominenter Verlag dazu angeblich nicht in der Lage war! Und dies trotz jahrzehntelanger intensiver Geschäftsbeziehungen mit Joseph Haydn.

Weshalb sollten Breitkopf & Härtel ausgerechnet einer Konstanze Mozart, mit der es zumindest seit 1798 mehr oder minder große Spannungen und Konflikte geschäftlicher wie auch persönlicher Art gegeben hatte, weil sie sich als beinhart ihre Interessen vertretende Witwe und Verwerterin des Nachlasses ihres ersten Gatten gerierte, einen derartigen Auftrag geben, der großes gegenseitiges Vertrauen voraussetzte? Auch dem oberflächliche Leser dieser Briefe müssen diese Schwierigkeiten in den beiderseitigen Beziehungen auffallen. Konstanze ist mit vielen Vorgangsweisen des Leipziger Verlages absolut nicht einverstanden und sie nimmt sich diesbezüglich in ihren Briefen keinerlei Blatt vor den Mund.[182] Ich werde darauf noch ausführlich zurückkommen.

Warum um Himmels willen sollten Breitkopf & Härtel eine so wichtige Geschäftssache, wie den Erwerb der Rechte an der »Schöpfung«, der Witwe Mozarts übertragen, die ihnen in diesen Wochen und Monaten als profitbewusste Geschäftspartnerin mehr als einmal aus ihrer subjektiven Sicht schwer auf die Nerven gegangen sein mag? Endgültiger Beweis für die ziemlich zerrütteten persönlichen wie geschäftlichen Beziehungen: Nachdem Konstanze Mozart auf ihre immer dringlicher werdende Briefe gegen Ende 1799[183] bezüglich des Verkaufs des Nachlasses ihres verstorbenen Gatten an Breitkopf & Härtel keinerlei Antwort erhält, verkauft sie kurzerhand verärgert den gesamten Mozartnachlass mit allen Rechten pauschal für wohlfeile 3150 Gulden an Johann Anton André, die Konkurrenz in Offenbach.[184]

---

[182] Mozartbriefe, Band IV, siehe etwa ihre Briefe Nr. 1224, Nr. 1226, u. a.
[183] Mozartbriefe, Band IV, Nr. 1269, Nr. 1271
[184] Mozartbriefe, Band IV, Nr. 1285

Aber endgültig zum Nonsens wird diese These durch die Tatsache, dass die Mozartwitwe nicht nur allgemein mit Haydn und van Swieten über die Abtretung der Rechte an der »Schöpfung« verhandeln soll, sondern dass sie offensichtlich auch das Pouvoir über die Preisverhandlung haben sollte. Es wäre demnach in ihrer »Ingerenz« sich zu überlegen, ob sie Haydn 100 oder doch nur 20 Dukaten bieten solle. Letzteres kommt für sie offensichtlich überhaupt nicht in Frage. Aber auch die 100 Dukaten scheinen ihr zu wenig zu sein.

Wenn sie aber sowohl die 100 und schon gar die lächerlichen 20 Dukaten als absolut unzureichend ansieht, warum ersucht sie nicht sogleich Breitkopf & Härtel in ihrem Schreiben vom 25. Februar 1799 ungleich höhere Gebote seitens des Verlages zu machen, die sie dann als Unterhändlerin mit Haydn und van Swieten mit besserer Aussicht auf Erfolg verhandeln kann? Aber offensichtlich erwartet sie hier gar keine Offertsteigerung von Breitkopf & Härtel, um die vorerst offensichtlich gescheiterten Verhandlungen wieder in Gang zu bringen. Wobei der Konjunktiv, »dürfte ich Haydn anbieten«, um die Konfusion vollkommen zu machen, wieder darauf hinweisen würde, dass sie, was die endgültige Entscheidung über diese bereits von ihr in ihrem Inneren abgelehnte Kaufofferte betrifft, letztendlich doch noch am Überlegen sein könnte.

Immer noch diesem absurden Interpretationsversuch folgend, müsste man doch – um nicht die letzten Grenzen einer Mindestlogik außer acht zu lassen – wenigstens annehmen, dass Konstanzes Verhandlungsspielraum für die »Schöpfung«, der ihr von Breitkopf & Härtel eingeräumt wurde, 20 *bis* 100 Dukaten betragen haben muss. Aus dem Brief geht jedoch eindeutig hervor, dass es nur um 20 oder 100 Dukaten ging. Sie hätte Breitkopf & Härtel in diesem Schreiben vom 25. Februar 1799 eigentlich klipp und klar mitteilen müssen: Meine Herren, so geht es nicht, ich werde als ihre Unterhändlerin weder 100 und schon gar nicht 20 Dukaten für die »Schöpfung« bieten. Im Übrigen bin ich vor allem mit Herrn van Swieten, der ein großer Gönner meiner Familie ist, gut bekannt und habe keineswegs die Absicht, mich angesichts ihrer absurd niedrigen Preisvorstellungen noch länger lächerlich zu machen. Und: Wenn Sie tatsächlich glauben, mit diesen unzureichenden Geboten für die »Schöpfung« mit Haydn und van Swieten erfolgreich abschließen zu können, dann machen Sie das bitte gefälligst selbst, ohne mich dabei in Anspruch zu nehmen. So oder ähnlich müsste Konstanze Mozart gegenüber dem Leipziger Verlag argumentiert haben.

Und dass Konstanze Mozart solch offener und kritischer Worte fähig gewesen wäre, davon zeugen ihre zahlreichen Briefe an Breitkopf & Härtel aus dieser Zeit, wo sie ihrer Verärgerung über diverse Handlungen des Verlags offen und unverbrämt Ausdruck verleiht und gelegentlich dem Verlag heftig die Leviten liest. Diese Offenheit und Direktheit in ihren Briefen an Breitkopf & Härtel finde ich ebenso bemerkenswert wie sympathisch. Zumal es sich um ein Zeitalter von höchster Verlogenheit handelt, welche sich speziell im damaligen Briefstil niederschlägt.

Ein solches Gebot von 20 oder 100 Dukaten wäre wohl als mehr als dilettantisch zu bezeichnen und mit den rationalen Geschäftsusancen des renommiertesten Musikverlages Deutschlands wohl absolut unvereinbar gewesen. Ein derartig absurdes Feilschen zwischen 100 und 500 Prozent ist vielleicht im hintersten Bazar des Morgenlandes denkbar, aber doch nicht bei einem Musikverlag wie Breitkopf & Härtel! Und vor allem: Dieses *Entweder-oder* ist noch um eine Potenz sinnloser als ein Preisband von 20 *bis* 100 Dukaten, obwohl auch diese Variante jeder Nachvollziehbarkeit entbehrt. Ich werde im weiteren Verlauf dieses Buches eine Lösung auch dieses Punktes versuchen.

Und um die Absurdität dieses Erklärungsversuches im Kommentar zu den Mozartbriefen bei Bärenreiter noch augenscheinlicher zu machen: Sowohl die 100 Dukaten als auch – noch um vieles mehr – die 20 Dukaten sind für ein Werk wie die »Schöpfung« (die zwar erst einen knappen Monat später, am 19. März 1799 im Burgtheater uraufgeführt wurde, deren Ruhm sich aber bereits durch die glanzvollen Aufführungen im Palais Schwarzenberg Ende April 1798[185] verbreitet hatte), im hermetisch abgeschlossenen Bereich einer elitären Hochadelsveranstaltung der »Kavaliersgesellschaft«, unter der Leitung von van Swieten, geradezu lächerliche Verhandlungsgebote. Man müsste doch erwarten können, dass der Verfasser des wissenschaftlichen Apparates der von Bärenreiter herausgegebenen Mozartbriefe sich über den Wert eines Dukaten kundig gemacht hat. Der Wert eines Dukaten ist viereinhalb Gulden. Die Kaufkraft eines Gulden ist etwa – wenn es auch nur eine gewisse Richtlinie ist, weil es damals keinen preisindexierten Warenkorb gegeben hat – höchstens 300 Alte Schillinge oder rund 20 Euro. Wobei man durchaus auch unter diesen Betrag gehen könnte.

Im günstigsten Fall hätte demnach Haydn bei Annahme des oberen

---

[185] Albert Christoph Dies, zitiert aus: Selbstzeugnisse, S. 241

Gebots von Konstanze Mozart und dem von ihr vertretenen Musikverlag etwa 9000 Euro für die »Schöpfung« bekommen, beim unteren Gebot lächerliche 1800 Euro. Wie realitätsfremd eine derartige »Preisgestaltung« für die »Schöpfung« ist, geht wohl hinlänglich aus der Tatsache hervor, dass die »Jahreszeiten« zwei Jahre später (Juli 1801) für 5000 Gulden oder rund 110000 Euro von Haydn an Breitkopf & Härtel verkauft wurden![186] Es stimmt also die Preisrelation von »Schöpfung« und »Jahreszeiten« überhaupt nicht. So kann sich die Rolle von Konstanze Mozart im Zusammenhang mit der »Schöpfung« nie und nimmer abgespielt haben.

[186] Bartha, Haydn. Gesammelte Briefe, Nr. 274, S. 372

Die Verwendung der Verben »bieten« und »anbieten« – ein philologischer Beweis

In diesem Zusammenhang ist es auch hochinteressant, die Bedeutung der Verben »bieten« und »anbieten« gegeneinander zu halten. Man beachte, dass Konstanze Mozart im Brief vom 25. Februar 1799 nicht das Verbum »bieten« sondern »anbieten« verwendet. Hätte sie im Auftrag von Breitkopf & Härtel die »Schöpfung« zu erwerben versucht, hätte sie nicht das Verbum »anbieten« sondern »bieten« verwendet. Der Satz hätte demgemäß lauten müssen: »Nicht 100, viel weniger 20 Dukaten dürfte ich Haydn bieten.« Sie schreibt aber »anbieten«.

Und es ist natürlich völlig klar, warum sie das Verbum »anbieten« wählt. Wer eine Ware verkaufen möchte, bietet diese an. Wer eine Ware kaufen möchte, bietet etwas für die Ware.

Konstanze Mozart kann also nur als Verkäuferin einer Ware und nicht, wie hier vermutet, als angebliche Käuferin aufgetreten sein (nämlich im Auftrag von Breitkopf & Härtel). Weil Frau Mozart die brisante Ware aus Gründen der Geheimhaltung – schließlich lässt sie sich auf einen für sie sehr unehrenhaften Handel ein – nicht nennen darf, schreibt sie nicht, dass sie Haydn den Anteil ihres Gatten an der »Schöpfung« für 100 oder 20 Dukaten anbietet, sondern dass sie diese Beträge *anbietet*, statt die »Ware« zu nennen, für die sie eine bestimmte Summe haben möchte. Konstanze Mozart hat offenbar eine Ware anzubieten, nämlich eine Komposition ihres verstorbenen Gatten und dies ist ein Teil aus der »Schöpfung«, denn ausschließlich um diese geht es in dieser Briefstelle vom 25. Februar. Heute mag man beim schlampigen Umgang mit der Sprache die beiden Verben im Gebrauch nicht selten vermischen. Bei Konstanze Mozart beziehungsweise beim Schreiber ihrer Briefe, Georg Nissen, ist dies in der Regel auszuschließen.

Ich habe mir die Mühe gemacht, sämtliche Briefe von Konstanze Mozart nach der Verwendung und der Bedeutung des verbum simplex beziehungsweise des verbum compositum abzuklopfen. Da es sich bei den Briefen an die beiden Verlage um ständige Geschäftsvorfälle – Kauf und Verkauf von Kompositionen handelt – war ich mir sicher, rasch fündig zu werden. Und ich wurde nicht enttäuscht. Es fand sich eine Fülle von

Beispielen für die klar unterschiedene Verwendung dieser Verben in den Briefen Konstanze Mozarts. Geht es um den Kauf einer Ware, wird von ihr das Verbum »bieten« verwendet, geht es um den Verkauf einer Ware, verwendet sie eine Form von »anbieten«.

Im Folgenden werden rund 20 Beispiele zur Erhärtung dieser These angeführt, wobei nur zwei »Regelwidrigkeiten« in einem Schreiben an Breitkopf & Härtel vom 13. August 1799[187] auftreten, die man, weil denselben Gegenstand betreffend, eventuell – aber nicht zwingend – auf eine einzige reduzieren könnte.

Beispiele der Verwendung des Verbs »anbieten« in der Briefkorrespondenz Konstanze Webers:

Brief	Zitat	Anmerkung
27. Oktober 1798	»Eine Kupferplatte zu dem beßten Porträt, was ich habe machen lassen, kann ich Ihnen für 6 ducaten anbieten: sie hat 10 gekostet.«[188]	Konstanze verkauft eine Ware, hier eine Kupferplatte, daher verwendet sie das verbum compositum »anbieten«.
13. Februar 1799 (an Breitkopf & Härtel, Leipzig)	»Erwähntes Quintett ist mit blasenden Instrumenten = flaute oboe Viola und Violoncell, und ich biete es Ihnen an für 12 Ducaten.«	Sie will das Quintett verkaufen, daher eine Form von »anbieten«.
27. März (an Breitkopf & Härtel, Leipzig)	»Heute biete ich Ihnen an (zugleich mit den Anfangs oben erwähnten Clavierconzerten und Singsachen, deren Schätzung ich von Ihnen entgegensehe) die Sonaten, wovon ich Ihnen hierin die Themas schikke, für 30 ducaten.«[189]	Wieder handelt es sich um einen Verkauf, diesmal von Sonaten, daher eine Form von »anbieten«.
13. August (an Breitkopf & Härtel, Leipzig)	»[...] doch müssen wir, fals Sie diese Propositionen annehmen sollten, darüber sogleich gefällige Nachricht erbitten und Sie um alsbaldige Übersendung der Partituren bitten, weil wir ausserdem denjenigen, welche uns diese Partituren angeboten haben, entscheidende Antwort melden müssen.«[190]	Es sollen hier Partituren verkauft werden, daher eine Form von »anbieten«.

[187] Mozartbriefe, Band IV, Nr. 1253
[188] Mozartbriefe, Band IV, Brief 1228, S. 219
[189] Mozartbriefe, Band IV, Nr. 1240, S. 235
[190] Mozartbriefe, Band IV, Nr. 1253

29. September 1799 (an Breitkopf & Härtel, Leipzig)	»Zweytens bitte ich die sämtlichen Exemplare des Concerts opus 1., das Sie von mir in Commission haben, in Ihrer Zeitung anzubieten.«[191]	Wieder handelt es sich um einen Verkauf.
18. Oktober 1799 (an Breitkopf & Härtel, Leipzig)	»Und dieses sind denn sicher die lezten aller kleinen Singsachen bis auf die Canzonetta: Piu non si trovano, die ich Ihnen den 28sten August anbot.«[192]	Wieder ist von einem Verkauf unter Verwendung des Verbums »anbieten« die Rede. Dieselbe Verwendung findet auch das Substantiv von »anbieten«, das Angebot beziehungsweise das Anerbieten.
9. November 1799 (an Breitkopf & Härtel, Leipzig)	»Fals, Sie, wie ich nicht hoffe, mein Anerbieten verwerfen, würde ich's aufrichtig bedauern […].«[193]	Es wird in dem Brief Konstanze Mozarts auf ein Verkaufsangebot an Breitkopf & Härtel Bezug genommen, von ihr den gesamten Nachlass ihres verstorbenen Gatten zu erwerben, auf welches sie, obwohl sie in zwei weiteren Briefen an Breitkopf & Härtel dieses Angebot wiederholt, von Leipzig keinerlei Antwort erhält. Weiter unten verwendet Konstanze im selben Zusammenhang und in derselben Bedeutung noch einmal das Substantivum »Anerbieten«.
17. November 1799 (an Breitkopf & Härtel, Leipzig)	»[…] dass einzelne Stellen in ihren Kopien anders oder gar besser seien […]. Und ich werde Ihnen für diese Gefälligkeit, die sie mir anbieten, recht sehr verbunden und dankbar seyn.«[194]	Es geht um den Wert und die Korrektheit diverser Kopien des »Requiems«. Konstanze Mozart hat ihre Kopie des »Requiems« nach Leipzig geschickt und Breitkopf & Härtel haben diese mit den in ihrem Besitz befindlichen Kopien verglichen und dabei registriert, dass einzelne Stellen in ihren Kopien anders oder besser sind. Die Witwe Mozart bittet Breitkopf & Härtel, dass man ihr bei der Rücksendung ihrer Kopie die in Leipzig gemachte Korrektur mitteilen solle.

[191] Mozartbriefe, Band IV, Nr. 1258, S. 274
[192] Mozartbriefe, Band IV, Nr. 1260, S. 279
[193] Mozartbriefe, Band IV, Nr. 1263, S. 286
[194] Mozartbriefe, Band IV, Nr. 1267, S. 292

		Das »Gut«, das hier von Breitkopf Härtel angeboten wird, ist hier allerdings ein ideelles, nämlich die Mitteilung der angeblichen Verbesserungen der im Besitz von Breitkopf & Härtel befindlichen Kopien des »Requiems« und die Gefälligkeit, diese Konstanze Mozart nach Wien zu übermitteln. Aber das Grundprinzip der Bedeutung von »anbieten« bleibt das Gleiche.
5. März 1800 (an Breitkopf & Härtel, Leipzig)	.«Wie könnte ich Ihnen das hoch anrechnen, darin Ihre Rüksicht auf meinen Vortheil erkennen, daß Sie mir erlaubten – ich leihe diesen Ausdruk – zu verkaufen, was Sie für wenig oder nichts werth hielten, was ich Ihnen dreymal anbot.«[195]	Die Witwe Mozart bedauert, dass Breitkopf & Härtel von ihrem dreimaligen Angebot, den gesamten Mozartnachlass zu erwerben, keinen Gebrauch gemacht hatte. Und wieder geht es beim Verbum »anbieten« um einen – allerdings gescheiterten – Verkauf.
13. März 1800 (an Johann Anton André, Offenbach)	«Es war wirklich Breitkopf, dem ich meinen Vorrath anbot.« Und auf dem beiliegenden Blatt dieses Briefes: »Nachdem ich den Herren Breitkopf und Härtel zu Leipzig einige Manuskripte meines seligen Mannes [...] verkauft hatte, bot ich ihnen von freyen Stükken meinen ganzen großen Vorrath zum Kauf an.«[196]	Aus der Sicht Konstanzes ist von einem Verkauf des Nachlasses die Rede, daher eine Form von »anbieten«.

Beispiele der Verwendung des Verbs »bieten« in der Korrespondenz Konstanze Webers:

28. Mai 1799 (an Breitkopf & Härtel, Leipzig)	»Als Sie mir in Ihrem briefe vom 18. April 5 ducaten für jede der angezeigten Concertpartituren boten, so war ich wegen des übrigen Inhalts mit diesem Preise zufriden [...]. Und für dieses Concert boten Sie mir den 18. April 5 ducaten für die Mittheilung.«[197]	Es handelt sich um einen Kauf oder eine Kaufabsicht von Breitkopf & Härtel beziehungsweise eines Rechtsvorteiles des Verlages, in eine Originalhandschrift Einsicht nehmen zu können, daher verwendet sie eine Form von »bieten«.

[195] Mozartbriefe, Band IV, Nr. 1289, S. 332
[196] Mozartbriefe, Band IV, Nr. 1291, S. 339
[197] Mozartbriefe, Band IV, Nr. 1244, S. 241

29. September 1799 (an Breitkopf & Härtel, Leipzig)	«Im Anfang unserer diesfalligen Correspondenz, ehe ich mit Ihnen darüber einig war, bot mir der Referendarius Heinze in Breslau sehr beträchtlich.«[198]	Heinze machte ein Gebot auf ihre Kopie des »Requiems«, die er offensichtlich kaufen wollte. Daher eine Form von »bieten«.
15. Februar 1800 (an Breitkopf & Härtel, Leipzig)	«Indessen nun ist alles zu spät, und ich muss mir Gewalth anthun, um mein inniges, ohnmächtiges Bedauern nicht in jeder Zeile zu äussern. [dass sie nicht an Breitkopf Härtel verkauft hatte, Anmerkung]. Ja, ich erhalte die gebotene Summe und danke Ihnen recht sehr für die gütige Theilnahme, die Sie mir darüber zu erkennen geben.«[199]	Konstanze Mozart schreibt hier ungewöhnlich heuchlerisch und unglaubwürdig gegenüber dem Leipziger Verlag, dass sie mittlerweile die Rechte am Gesamtnachlass Mozarts an André in Offenbach verkauft hat. Eine beachtliche gegenseitige Heuchelei, die eigentlich für Konstanze Mozart eher untypisch ist. Aber dies ist nicht der Punkt, um den es bei diesem Zitat geht: Der Verlag André hatte rund 3000 Gulden für den Gesamtnachlass geboten. Es mag erschöpfend klingen, aber angesichts der Wichtigkeit der strikten Differenzierung in der Verwendung der beiden Verben, kann es nicht eindringlich genug wiederholt werden: Der Offenbacher Verleger André kaufte den Nachlass, daher eine Form von »bieten«.
21. Februar 1800 (an Breitkopf & Härtel, Leipzig)	»Ich wundre mich nicht, dass Sie das Requiem nicht so theuer kaufen wollen: es wundert mich aber doch, dass Sie gar kein Bot darauf gelegt haben.«[200]	Es geht um den nicht realisierten Kauf des »Requiems« durch Breitkopf & Härtel, daher das Substantiv von »bieten«. Interessant ist auch die ebenso differenzierte Verwendung der Substantiva der beiden Verben durch Konstanze Mozart. Das Substantiv »Anerbieten« wurde schon mehrmals zitiert, jetzt erfolgt ein aufschlussreiches Zitat mit dem heute gar nicht mehr gebräuchlichen Substantiv von »bieten«, das (Ge-)Bot.

---

[198] Mozartbriefe, Band IV, Nr. 1258
[199] Mozartbriefe, Band IV, Nr. 1283, S. 315
[200] Mozartbriefe, Band IV, Nr. 1285, S. 319

Und als besonderen Beweis für die Richtigkeit meiner philologischen Argumentation führe ich abschließend sozusagen ein quasi krönendes Zitat an. Dieses findet sich in dem Brief Konstanze Mozarts nach Leipzig vom 9. November 1799: »Es sind mir fürs Ganze zwar noch nicht einmal völlig 700 Kaiserducaten geboten, und ich verlange 1000. Nach meiner Achtung für Sie biete ich hiemit Ihnen vorzugsweise meinen ganzen Vorrath für leztere Summe an, wovon die hälfte gleich bey Überlieferung und der Rest halbjährig in zwey darauf folgenden Terminen zu bezahlen wäre.«[201] In einem aus zwei Sätzen bestehenden Satzgefüge wird hier nochmals die glasklare Differenzierung der Verwendung der beiden Verben »bieten« und »anbieten« durch Konstanze Mozart in unmittelbarer Folge augenscheinlich unter Beweis gestellt. 700 Kaiserdukaten sind vom Verlag geboten worden, weil man kaufen wollte. Im Gegenzug bietet Konstanze Mozart 1000 Dukaten an, um die sie bereit ist zu verkaufen. Die korrekte Verwendung von »bieten« und »anbieten« ist hier nahezu automatisiert.

Allerdings sind in dem Brief Konstanzes an Breitkopf & Härtel vom 13. August 1799 auch zwei Regelwidrigkeiten festzustellen. Ich zitiere die gesamte Passage: »Aber mein Zutrauen zu Ihnen, daß Sie mir nicht 5. ducaten! für ein großes ungestochenes Concert anbieten würden, ihre Ausdrükke von Mittheilen und Mittheilung und die gänzliche Vermeidung des Ausdruks von Abkaufen (In Ihrem briefe stand an dem oben mit NB. bezeichneten Ort ursprünglich für jede Partitur, und Sie haben später jede in jeder umgeändert, und am Rande die Worte: Mittheilung mit den Zeichen (eingeflikt.) musste mich glauben machen, dass diese 2 Concerte gestochen wären und Sie mir für die Mittheilung der Originalpartitur zur berichtigung des etwa ungenauen Stichs 5. ducaten anböten.«[202] Der Regel nach hätte sie zweimal eine Form von »bieten« statt »anbieten« verwenden müssen.

In rund 90 Prozent der angeführten Beispiele wird die hier aufgestellte Regel aber klar befolgt.

Ich könnte diese Reihe mit Beispielen aus den Briefen Griesingers an Breitkopf & Härtel und anderen noch erweitern. Wenn dieser philolo-

---

[201] Mozartbriefe, Band IV, Nr. 1263, S. 285
[202] Mozartbriefe, Band IV, Nr. 1253, S. 264 f.

gische Nachweis richtig ist, wäre das Rätsel, ob Mozart zumindest einen Teil der »Schöpfung« komponiert hat, praktisch schon gelöst. Konstanze Mozart hätte demnach Haydn und van Swieten ein Verkaufsangebot bezüglich eines Teils der »Schöpfung« gemacht. Doch ist der philologische Beweis nicht völlig lückenlos, wie der Korrektheit halber, aufgrund der beiden angeführten Ausnahmen, eingeräumt werden muss. Ein gewisses – allerdings eher geringes – »Restrisiko«, nämlich dass Konstanze Mozart gerade bei der Passage bezüglich der »Schöpfung« ihres Briefes vom 25. Februar einen sprachlichen Lapsus begangen haben könnte, bleibt also bestehen. Dennoch würde ich diesen philologischen Beweis als durchaus wichtig ansehen.

Das »Schöpfungszitat« im Kontext des Briefes vom 25. Februar 1799

Die philologische Beweisführung ist jedoch nur ein Bruchteil der Argumentationskette, die ich in diesem Buch darlegen werde. Es ist aber auch für die Erhellung der die »Schöpfung« betreffenden Textstelle durchaus tunlich, sich das Umfeld dieses Briefes vom 25. Februar 1799 genauer anzusehen und die Einbettung dieser beiden zitierten Sätze »Was die Partitur von der Schöpfung betrifft« et cetera in den Kontext des Briefes, ja darüber hinaus in den Gesamtkontext nahezu aller von Konstanze Mozart an Breitkopf & Härtel gerichteten Briefe einer näheren Untersuchung zu unterziehen.

Das alle diese Briefe beherrschende Grundthema ist der Verkauf von Mozartkompositionen an Breitkopf & Härtel durch Konstanze Mozart. Einen gewissen Raum nehmen auch die Fragen zu der von Breitkopf & Härtel geplanten Mozartbiografie ein, wobei der Verlag naturgemäß einen großen Bedarf an biografischem Material hat, den die Witwe, wie aus den Briefen deutlich hervorgeht, bereitwillig zu befriedigen gewillt ist.

Das Erscheinen dieser Biografie, die in der Folgezeit aus unerfindlichen Gründen doch nicht zustande kommen sollte, war Konstanze Mozart ein ehrliches Anliegen und sie zögerte auch nicht, ständig umfangreiches Material aus ihrem Besitz dem Verlagshaus in Leipzig zur Verfügung zu stellen. Davon waren besonders die Briefe wichtig. Es wurde bereits angedeutet: Es könnte durchaus sein, dass manches wertvolle Material, vor allem wichtige Briefe, in Leipzig für immer verloren ging. Damit würde Konstanze zumindest teilweise entlastet von dem Vorwurf, dass sie es gewesen sei, die zahlreiche Briefe und andere – ihren Ruf in der Nachwelt eventuell belastende – Dokumente vernichtet habe. So hat sie beispielsweise ein Schreiben Mozarts, das an ihre jüngere Schwester Aloysia gerichtet war, nach Leipzig geschickt, das seither spurlos verschwunden ist.[203] Außerdem sandte Konstanze Mozart auch mehrere Briefe ihres verstorbenen Gatten, die er ihr aus Potsdam geschrieben hatte (von sei-

---

[203] Mozartbriefe, Nr. 1245, S. 244

ner Reise nach Berlin 1789) an Breitkopf & Härtel.[204] Auch von diesen weiß man sonst nichts. Nach den Gesetzen der Logik können sie und Nissen für die Vernichtung der genannten Briefe nicht verantwortlich gemacht werden, denn hätten sie dies beabsichtigt, hätten sie diese nicht für das Projekt einer Mozartbiografie nach Leipzig geschickt, sondern gewiss bereits vorher beseitigt.

Die von Breitkopf & Härtel geplante Biografie ihres verstorbenen Gatten ist das wichtigste Nebenthema ihrer Briefe. Aber im Wesentlichen geht es bei ihrer Korrespondenz mit Breitkopf & Härtel um die Verwertung seiner Werke und damit automatisch immer um Mozart. Und selbstverständlich macht auch der Brief vom 25. Februar 1799 keinerlei Ausnahme. Er beginnt mit der Frage nach sechs Sonaten, die der Leipziger Verlag in einem Schreiben vom 31. Jänner von ihr verlangt hatte. Ebenso typisch ist der von Konstanze angedeutete Streit mit dem Verlag, ob diese Werke bereits gestochen wurden oder, wie sie meint, noch nicht gestochen wurden. Als gewiefte Geschäftsfrau weiß sie natürlich, dass sie für den Fall, dass sie noch nicht gestochen wurden, einen höheren Preis von Breitkopf & Härtel verlangen kann.

Es ist eingangs auch die Rede von einem Marsch, an dem Breitkopf & Härtel – vor allem was seinen Anfang betrifft – eine gewisse Ähnlichkeit mit dem Marsch aus »Idomeneo« zu erkennen glauben. Sie klärt aber den Verlag rasch darüber auf, dass man bei dem von ihr präsentierten Marsch »bald die Verschiedenheit erkennen könne«. Und sie fährt fort: »Mein seliger Mann hat ihn für mich gemacht.« Auch diese Briefstelle ist, neben einigen anderen ähnlichen, ein klarer Beweis, dass Konstanze Mozart Anteil am kompositorischen Schaffen ihres verstorbenen Mannes genommen hat.

Sodann stellt sie eine Rechnung über 70 Gulden und 43 Kreuzer aus, die sich aus einer ausstehenden Restschuld von 5 Gulden und 15 Kreuzern, der »heutigen Versendung« von 63 Gulden, der Kopiatur der sechs Sonaten für sieben Kreuzer, den Bogen im Gesamtbetrag von 1 Gulden und 52 Kreuzern sowie 36 Kreuzern für die »Kupferplatten« zusammensetzt. Es folgen einige Sätze über die Anweisungsmodalitäten von Geldbeträgen sowie die Forderung nach Übernahme der Portokosten durch den Verlag. Konstanze Mozart findet diese Forderung für durch-

[204] Mozartbriefe, Band IV, Nr. 1243, S. 238

aus billig, »da ich Ihnen die Sachen [gemeint sind die Kompositionen ihres verstorbenen Gatten] so wohlfeil überlasse.« Sodann kommt sie auf eine Reihe von Liedern zu sprechen, die am Ende des Briefes aufgelistet sind, und verlangt für jede Nummer 2 Dukaten. Für die Kontratänze, »die auch für mich gemacht sind«, verlangt sie wie für die Quadrillen jeweils 8 Dukaten.

Man möge beachten: Es geht selbst bei den unwichtig scheinenden Dingen, wie Rechnungslegung gegenüber dem Verlag, Art der finanziellen Abwicklung der Ankäufe durch Breitkopf & Härtel letztendlich nur um Mozart betreffende Dinge, um die Verwertung seiner Werke durch die Witwe, wenn man so will.

Und dann kommt das ominöse Zitat: »Was die Partitur von der Schöpfung betrift, bin ich nicht im Stande Ihnen zu dienen, da Sie Sich, wie ich von Swieten und Haydn selbst gelegentlich erfahren habe, an sie beyde gewandt haben. Nicht 100, viel weniger 20 ducaten dürfte ich Haydn anbieten.«[205]

Die beiden Sätze umfassen ganze 43 Worte und nichts, absolut nichts, deutet darauf hin, wenn man den Duktus dieser Stelle aufmerksam liest, dass die Mozartwitwe plötzlich einen radikalen Themenwechsel von ihrem toten Gatten und der Vermarktung seiner Werke zu Haydn und dessen »Schöpfung« vornimmt.

Mit keinem Wort deutet sie an, dass sie eine ebenso ungewöhnliche wie merkwürdige Verhandlungsvollmacht (als Frau!) von Breitkopf & Härtel erhalten hat, um für das Leipziger Verlagshaus die Rechte an der »Schöpfung« von Haydn und van Swieten zu erwerben oder dass sie zumindest von Leipzig in diese Sache eingebunden ist. Sie müsste doch an dieser Stelle irgendeine Bemerkung machen, dass sie hier einen radikalen Themenwechsel vornimmt. Aber nichts dergleichen. Nach dieser mysteriösen Passage von 43 Worten fährt Konstanze genauso übergangslos in ihrem Brief fort. »Sie finden hiebey ferner 3 Aktenstükke, getreu copirt, zur Biografie meines Mannes.«[206] Auch dieses kleine unscheinbare Wort »ferner«, das Konstanze hier verwendet, deutet, wenn man auf die subtilen Nuancen des Textes achtet, darauf hin, dass es eigentlich auch in der zitierten »Schöpfungspassage« nur um ein »Problem Mozart« zu gehen scheint.

<hr>

205 Mozartbriefe, Band IV, Nr. 1236, S. 227 ff.
206 Mozartbriefe, ebenda

Der nächste Satz – er ist typisch für die Grundstruktur dieser Briefe – beschäftigt sich mit dem Thema »Mozartbiografie«, für die der Herausgeber der »Allgemeinen Musikalischen Zeitschrift«, Friedrich Rochlitz, vorgesehen ist. »Wenn ich das Porträt bekomme, sollen Sie alles dahin gehörige zusammen ungesäumt erhalten.«[207] Der Leser hat hier überhaupt nicht das Gefühl, dass Konstanze nach diesem ebenso kurzen wie abrupten Ausflug zu Haydns »Schöpfung« wieder zu ihrem »Generalthema Mozart« zurückkehren muss, weil sie es offenbar ohnehin nie verlassen hat.

Die Ausführlichkeit, die ich Inhalt und Struktur dieses Briefes vom 25. Febr. 1799 gewidmet habe, erscheint mir keineswegs übertrieben zu sein. Im Gegenteil: Der Leser soll hier nachempfinden, in welchem Zusammenhang diese mysteriösen Sätze stehen. Man hat das Gefühl, dass keineswegs von einem Themenwechsel die Rede ist, was aber sogleich verständlich wird, wenn eben ihr verstorbener Gatte an der Komposition der »Schöpfung« mitbeteiligt war und es hier nur gilt, das sich daraus ergebende rechtliche Problem einer ebenso praktikablen wie lukrativen Lösung für Konstanze Mozart zuzuführen. Wie diese aussah, wird noch ausführlich darzulegen sein.

[207] Mozartbriefe, ebenda

Brief Konstanzes vom 2. März 1799

Der nächste Brief Konstanze Mozarts nach Leipzig (2. März 1799) lässt nicht lange auf sich warten. Diesmal ist die Stelle, die sich auf die »Schöpfung« bezieht, noch knapper gehalten, ganze 32 Worte verwendet Konstanze auf das Thema »Schöpfung«, wo sie doch einen so bedeutsamen Auftrag von Breitkopf & Härtel, wie den Erwerb der Rechte an der »Schöpfung« für Leipzig, erhalten haben soll. »Ich höre von H. baron S., daß Sie ein duett von der Schöpfung erhalten haben: ich gratulire Ihnen dazu. Izt giebt man sie bey Schwarzenberg: den 19ten im Theater mit 181 Instrumenten.«[208]

Sie hat offenbar keinerlei Interesse, dass etwa ein unbefugter Leser – es könnte sich auch um die Zensur handeln – die Hintergründe dieser Angelegenheit verstehen könnte. Daher fasst sie sich noch kürzer und kürzt – dies ist psychologisch interessant – im Gegensatz zum vorangegangenen Brief sogar den Namen von Baron van Swieten ab. Sie hat in diesem Zeitraum von weniger als einer Woche[209] die Sache offensichtlich mit Haydn und van Swieten in Wien endgültig geregelt. Die beiden standen offenbar unter einem gewaltigen Zeitdruck, da die eigentliche Uraufführung der »Schöpfung« am 19. März im Hoftheater bevorstand. Die Verhandlungen mussten daher zu einem schnellen Ende geführt werden.

Sie erfährt dabei angeblich zum erstenmal, dass Breitkopf & Härtel ein »Duett aus der Schöpfung« erhalten haben. Jenes Duett, das am 16. Jänner 1799 in der zu Breitkopf & Härtel gehörenden »Allgemeinen Musikalischen Zeitung« (AmZ) abgedruckt worden war. Es handelt sich dabei konkret um das Duett »Der thauende Morgen«. Dieses wird in der weiteren Argumentation noch eine wichtige Rolle spielen.

Gar nicht verständlich ist, dass sie dem Verlag dazu gratuliert, dieses Duett erhalten zu haben. Dies passt eigentlich überhaupt nicht zum Charakter von Konstanze Mozart, die Zeit ihres Lebens fast ausschließlich auf ihren Vorteil bedacht war. Eine These, die man wohl nicht des

---

[208] Mozartbriefe, Band IV, Nr. 1237
[209] Mozartbriefe, Nr. 1236 vom 25. Februar 1799, Nr. 1237 vom 2. März 1799

Langen und Breiten zu beweisen versuchen muss, weil ihre Richtigkeit einfach evident ist. Warum sollte sie dem Verlag dazu gratulieren? Es kann ihr völlig gleichgültig sein, ob Breitkopf & Härtel ein Duett aus der »Schöpfung« Joseph Haydns zum Vorabdruck erhalten haben oder nicht. Sie hat keinen Vorteil davon, daher interessiert sie die Sache nur mäßig oder wahrscheinlich überhaupt nicht. Und schon gar nicht würde sie dem Leipziger Verlag, mit dem sie sich in ständigem geschäftlichen und zum Teil auch persönlichen Konflikt befindet, auch noch dazu gratulieren.

Ganz anders sieht die Angelegenheit für Konstanze Mozart natürlich aus, wenn das ominöse Duett von ihrem verstorbenen Gatten stammt und damit der Nachweis erbracht ist, dass dieser an der Komposition der »Schöpfung« beteiligt war. Denn sie erkennt sogleich, dass sie einen finanziellen Vorteil daraus ziehen kann. Die Beziehungen zwischen ihr und Breitkopf & Härtel sind also alles andere als friktionsfrei oder gar als freundschaftlich zu bezeichnen. Ihre »Gratulation« an den Verlag für den Fall, dass dieser überraschend ein »Haydnduett« aus der Schöpfung zum vorzeitigen Abdruck erhalten hatte, ist also auch aus diesem Grund nicht nachvollziehbar. Und für ihre angebliche Tätigkeit als Unterhändlerin ist es wohl ebenfalls ohne große Relevanz, ob Breitkopf & Härtel dieses Duett aus der »Schöpfung« besitzen oder nicht. Die Verhandlungen mit Haydn und van Swieten werden für sie durch diesen Abdruck des Duetts in der »AmZ« wohl weder erleichtert noch erschwert.

Umso erstaunlicher ist es, dass bei ihrer jüngsten Besprechung mit van Swieten dieses Duett »Der thauende Morgen« offensichtlich eine nicht unbedeutende Rolle gespielt haben muss. Ja, man hat sogar den Eindruck, dass dies eines der Hauptthemen ihres Gespräches mit van Swieten und Haydn war, bei dem eigentlich über den Erwerb der Rechte an der »Schöpfung« für Breitkopf & Härtel verhandelt werden sollte. Dies würde sofort verständlich sein, wenn es sich um eine Komposition von Wolfgang Amadeus Mozart handelte. Und ebenso nachvollziehbar würde dadurch Konstanzes Gratulation an den Leipziger Verlag, dass er in den Besitz dieses Duetts gekommen war und es in der »AmZ« hatte abdrucken lassen.

Der letzte Satz »Izt giebt man sie bey Schwarzenberg: den 19ten im Theater mit 181 Instrumenten« zeigt, dass Konstanze eine, wie es scheint, endgültige Regelung mit van Swieten (die Hauptperson, den Komponisten Joseph Haydn, erwähnt sie nicht einmal, offenbar hat

der Baron die Sache in die Hand genommen) und im Hintergrund mit
Joseph Haydn getroffen hat. Und weil sie nicht für den Verlag, sondern
für sich selbst verhandelt hat – Verhandlung über Mozarts Anteil an der
»Schöpfung«– findet sie es auch nicht der Mühe wert, dem Verlag in
Leipzig die getroffene Regelung, die ja keine menschliche Ruhmestat für
Konstanze bedeutet, in den Details mitzuteilen. Die Abmachungen, die
sie bezüglich des Verkaufs des Anteils ihres verstorbenen Gatten an der
»Schöpfung« mit Haydn und van Swieten getroffen haben mag, gehen
Breitkopf & Härtel nichts an.

Das Leipziger Verlagshaus ist also am Erwerb der Rechte an der Schöpfung sehr interessiert. Aber hierfür mussten zuerst die Voraussetzungen
durch ein Arrangement zwischen Konstanze Mozart und Haydn beziehungsweise van Swieten geschaffen werden. Bevor Konstanze Mozart aus
diesem seltsamen Dreiecksverhältnis nicht endgültig ausgeschieden ist, erscheint es für Breitkopf & Härtel ausgeschlossen, die Verhandlungen mit
Haydn und van Swieten bezüglich der »Schöpfung« erfolgreich abzuschließen. Im Gegenteil, der Verlag wird überaus vorsichtig vorgehen ‚und Haydn
muss selbst für die Kosten des Drucks der »Schöpfung« aufkommen,[210] die
sich in beachtlicher Höhe bewegen. Man traut offenbar Konstanze trotz
ihrer mit Haydn und van Swieten getroffenen Abmachung nicht zu, dass
sie über diese heikle Sache Stillschweigen bewahren wird.

In dem völlig ähnlich gelagerten Problemfall des Erwerbs der Rechte
an den »Jahreszeiten« durch Breitkopf & Härtel zwei Jahre später, wo
es, wie noch zu sehen sein wird, zu dem nahezu selben Dreiecksverhältnis kommen wird, weil auch an diesem Oratorium Wolfgang Amadeus
Mozart beteiligt war, ändert der Leipziger Musikverlag allerdings seine
Vorgangsweise. Weil bezüglich der »Schöpfung« Konstanze Mozart
ihr Versprechen, Stillschweigen zu bewahren, offenbar eingehalten hat,
übernimmt man, dadurch ermutigt, in Leipzig die Druckkosten für die
»Jahreszeiten«, nachdem man vorher die Rechte für 5000 Gulden an
diesem Oratorium erworben hatte. Diese Vermutung wird durch Argumente noch bestätigt werden müssen.

Doch soweit ist es noch nicht, man muss sich noch länger mit dem Problem »Schöpfung« und der Darlegung weiterer Beweismittel für die

---

210 Bartha, Haydn. Gesammelte Briefe, Nr. 221, S. 321

hier vorgelegte These auseinandersetzen. Zurück zum Brief Konstanze Mozarts vom 2. März 1799 und den 32 Worten, die sie dem Problem »Schöpfung« darin widmet. Bis zur eigentlichen Uraufführung am 19. März im Burgtheater sind es noch 16 Tage, die Proben laufen wahrscheinlich auf vollen Touren. Van Swieten wird ihr manche Einzelheiten erzählt haben (»181 Instrumente«) und Frau Mozart deutet nicht mit dem geringsten Wörtchen an, dass ihr verstorbener Gatte an der »Schöpfung« irgendeinen Anteil gehabt hätte. Von nun an steht für alle Zeiten fest: Die gesamte »Schöpfung« ist ein Werk von Joseph Haydn.

Was zwischen Konstanze Mozart und van Swieten beziehungsweise Haydn konkret besprochen und ausgehandelt wurde, entzieht sich mangels entsprechender Quellen der Kenntnis. Dass bei dieser Besprechung zwischen dem 25. Februar und dem 2. März 1799 eine entscheidende Regelung zwischen Konstanze Mozart und Haydn/van Swieten getroffen wurde, ist von großer Wahrscheinlichkeit. Und ich werde an späterer Stelle, wenn auch die übrigen Beweise für die Richtigkeit meiner These ausgebreitet wurden, diese entsprechend darstellen. Vorerst nur so viel: Konstanze muss von van Swieten und Haydn ein sie in jeder Hinsicht befriedigendes finanzielles Angebot erhalten haben, das sie bis ans Ende ihrer Tage über die wahren Hintergründe der Komposition der »Schöpfung« schweigen lässt.

Und nun wieder zu dem völlig in die Irre führenden Interpretationsversuch in den Mozartbriefen, wonach Konstanze Mozart im Auftrag des Verlages Breitkopf & Härtel die Rechte an der »Schöpfung« für diesen hätte erwerben sollen. Wie aus dem Schreiben Konstanzes vom 25. Februar eindeutig hervorgeht, ist der Deal zu diesem Zeitpunkt keineswegs abgeschlossen. Ganz im Gegenteil. Konstanze Mozart lehnt das ihr gegebene Verhandlungspouvoir von 20 oder 100 Dukaten – der These des zitierten Kommentars aus Band VI der Mozartbriefe folgend[211] – als viel zu niedrig ab.

Unmittelbar nach der Versendung dieses Briefes hat sie Kontakt mit van Swieten und wohl auch mit Haydn, wie ihrem Schreiben vom 2. März zu entnehmen ist. In Leipzig wird man mit Sicherheit – ohne die Fantasie übermäßig strapazieren zu müssen – mit großem Interesse auf Neuigkeiten in Sachen »Schöpfung« von Konstanze Mozart gewartet

---

[211] Mozartbriefe, Band VI, Kommentar zu Nr. 1236, S. 463

haben. Denn schließlich hat sie eine Mission für Breitkopf & Härtel zu erfüllen. Konstanze Mozart geht aber in den zitierten 32 Worten, die sie dem Thema »Schöpfung« in ihrem Schreiben vom 2. März 1799 widmet, überhaupt nicht auf irgendwelche Verhandlungsdetails oder auch nur allgemein auf den Stand der Verhandlungen ein. Sie teilt Breitkopf & Härtel lediglich mit, was sie ohnehin wissen, dass sie ein Duett von der »Schöpfung« besitzen und dass die Uraufführung am 19. März im Burgtheater stattfinden wird. Letzteres wird ihnen wahrscheinlich ebenfalls bekannt gewesen sein. Einziges möglicherweise in Leipzig noch nicht bekanntes Detail scheint zu sein, dass für die Aufführung in Wien 181 Instrumentalisten vorgesehen sind. Diese Neuigkeit wird Breitkopf & Härtel nicht eben vom Hocker gerissen haben …

Ob Konstanzes Bemühungen, die Rechte an der »Schöpfung« für den Leipziger Verlag zu erwerben, endgültig gescheitert waren, ob die Verhandlungen fest gefahren waren oder ob sie gar einen erfolgreichen Abschluss mit Haydn und van Swieten erreicht hatte, bei jeder dieser denkbaren Möglichkeiten hätte sie als angebliche Unterhändlerin Breitkopf & Härtel entsprechend informieren müssen. Sie tut es aber nicht. Hätte sich nur dieses Schreiben vom 2. März erhalten, müsste man annehmen, dass Konstanze Mozart mit dem Problem »Schöpfung« überhaupt nichts zu tun hat. Dabei hat sie, wie aus dem Brief vom 25. Februar ersichtlich ist, einen klaren diesbezüglichen Auftrag von Breitkopf & Härtel erhalten.

Was ich mit dieser anatomischen Sezierung der beiden Briefpassagen Konstanzes betreffend das Kapitel »Schöpfung« beweisen möchte: Die Erklärung in den Mozartbriefen – und eine andere – sieht man von einem kargen Versuch Georg Feders ab, hat die Wissenschaft, wie es den Anschein hat, mangels Beschäftigung mit dieser Materie bisher nicht anzubieten gehabt –, muss kategorisch als unsinnig und unschlüssig zurückgewiesen werden. Die Angelegenheit muss sich also völlig anders abgespielt haben. Und ich versuche hier eine neue Deutung, die sich auf viele andere, weit über diese beiden Briefstellen hinausgehende, Beweise stützen wird. Dazu muss aber sehr weit ausgeholt werden.

Ein Duett aus der »Schöpfung« und die Rolle des Musikalienhändlers Traeg

Eine große Bedeutung hat in diesem Zusammenhang, das, wie bereits erwähnt, am 16. Jänner 1799 in der »AmZ« abgedruckte Duett »Der thauende Morgen« aus der »Schöpfung«. Wie es dazu gekommen ist, dass diese renommierte Musikzeitschrift dieses Duett noch *vor* der eigentlichen Uraufführung der »Schöpfung« am 19. März 1799 im Hoftheater abdrucken konnte, ist durch eine unantastbare Primärquelle außer Frage zu stellen. Joseph Haydn selbst teilt es uns in einem Brief vom 12. Juni 1799 an Breitkopf & Härtel[212] mit, den Georg Griesinger, der seit Mai 1799 vom Verlag Breitkopf & Härtel als Verbindungsmann zwischen Joseph Haydn und dem Leipziger Verlag fungiert[213], nach Leipzig überbringt.

Der spätere sächsische Legationsrat Griesinger wird übrigens bis zu Haydns Lebensende zu den engsten Vertrauten des Komponisten zählen. Er hat zwar aus engster persönlicher Kenntnis 1810, also unmittelbar nach dem Tod Haydns, eine Biografie herausgegeben[214], doch leider hat der gute Mann viele höchst interessante Dinge sein Idol Joseph Haydn betreffend, von denen er Kenntnis haben musste, mit ins Grab genommen. Dies gilt im Übrigen auch für andere Vertraute Haydns. Sein Bild in der Geschichte würde in mancher Hinsicht wohl anders aussehen, wenn sie ihr volles Wissen der Nachwelt hinterlassen hätten.

In manchen Fällen schreibt Griesinger auch schlicht und einfach die Unwahrheit. Etwa seine Legende, wie das Textbuch zur »Schöpfung« entstanden sei. Davon wird an anderer Stelle noch ausführlich die Rede sein.

Haydn ärgert sich in diesem Schreiben vom 12. Juni 1799 über den verächtlich als »10 Kreuzer Träg« bezeichneten Wiener Musikverleger Johann Traeg, der das mit vielen Fehlern behaftete »zerrissene« Duett

---

[212] Bartha, Haydn. Gesammelte Briefe, Nr. 220, S. 319 ff.
[213] Geiringer, Haydn, S. 219
[214] Griesinger, Biographische Notizen

aus der »Schöpfung« nach Leipzig geschickt hatte – wohl gegen Ende
des Jahres 1798 – und es auch selbst, unmittelbar nach der eigentlichen
Uraufführung der »Schöpfung« im Hoftheater, gedruckt hatte. »Dass
zerrissene Stück von dem Duett aus der Schöpfung werden Sie bey der
ausgabe ganz anderst finden, als es der 10xr Kramer Herr Traeg hat
aufligen lassen.« Das in Frage stehende Duett ist zweifellos das in der
»AmZ« am 16. Jänner 1799 abgedruckte Duett »Der thauende Morgen.«

Griesinger, der eben aus Leipzig in Wien angekommen ist, hat Haydn
mehrere Hefte von der in diesen Jahren entstehenden Mozartgesamtausgabe von Breitkopf & Härtel sowie einige Nummern der »AmZ«
mitgebracht.[215] Es darf mit einiger Sicherheit angenommen werden, dass
darunter jene Nummer war, in welcher dieses mysteriöse Duett aus der
»Schöpfung« abgedruckt war.

Ich versuche nun, die seltsamen Umstände, wie dieses Duett den Weg
nach Leipzig zur »AmZ« gefunden haben mag, zu rekonstruieren. Und
ich nehme dabei vorweg für mich in Anspruch, dass diese Variante zumindest plausibel erscheint. Nicht plausibel und damit auch nicht zutreffend ist die Interpretation des wissenschaftlichen Apparats, diesmal in
der Gesamtausgabe der Haydnbriefe bei Bartha zu diesem Haydnbrief.

Ausdrücklich seien zuvor an dieser Stelle die großen Verdienste dieser
Gesamtausgabe hervorgehoben. Wie bei Bartha versucht wurde, trotz
großer Schwierigkeiten, die manche Privatbesitzer von Haydnbriefen
machten, an manche Dokumente heranzukommen, ist bewundernswert.
Ebenso die sorgfältige und mühsame Arbeit bei der Erstellung möglichst
authentischer Texte.

Leider kann das Niveau mancher Erklärungen im wissenschaftlichen
Apparat mit diesen hochgesteckten und vielfach auch erreichten philologischen Ansprüchen nicht immer mithalten. Dies scheint auch hier der
Fall zu sein: »Die »AmZ« hatte das Duett ›Der thauende Morgen‹ (die
Allegro-Partie aus Nr. 32 der Schöpfung) als Beilage gedruckt; als Stich-
vorlage ist hierzu die überaus fehlerhafte Ausgabe des Wiener Verlegers
Traeg (›der 10 Kreuzer-Krämer‹ dieses Briefes) benutzt worden, von der
es sich herausstellte, dass sie, nach einigen Aufführungen des Werkes,
aus dem Gedächtnis aufgezeichnet wurde! Es ist verständlich, dass auf

<hr>

[215] Bartha, Haydn. Gesammelte Briefe, Nr. 220

diese Weise nur ein Zerrbild des Stückes zustande kommen konnte. Haydn verwahrt sich hier mit vollem Recht gegen diese Verballhornung seines Duetts.«[216]

Wenn dieses Duett tatsächlich von Haydn komponiert wurde, tun sich für die Musikwissenschaft – von der skurrilen Tatsache einmal abgesehen, dass sie sich bis heute keine übermäßige Mühe gegeben hat, das Rätsel um dieses Duett zu lösen – praktisch unüberwindliche Hindernisse auf: Wie kommt der Wiener Musikverleger Traeg noch *vor* der Uraufführung der »Schöpfung« in den Besitz einer Abschrift dieses Duetts?

Die einzige völlig zufrieden stellende Erklärung wäre, dass ihm Haydn selbst diese ausgehändigt hat. Dies wäre aber nun äußerst unwahrscheinlich. Aus welchem Grund sollte Joseph Haydn noch vor der eigentlichen öffentlichen Uraufführung am 19. März 1799 und vor dem Druck der »Schöpfung«, der erst 1800 erfolgte, einem zweitrangigen Wiener Musikverleger namens Traeg, der erst seit Juni 1798[217] für den Leipziger Verlag als Wiener Kommissionär tätig war, ein noch dazu unvollständiges – »zerrissenes« – Duett vorzeitig zur Verfügung stellen?

Davon kann, wie der Haydnbrief vom 12. Juni 1799 beweist, zu 100 Prozent keine Rede sein. Im Gegenteil: Haydn ist wütend über den »10 Kreuzer-Krämer«, dessen Vorlage offenbar für die vielen Fehler im ersten Abdruck dieses Duetts durch die »AmZ« verantwortlich ist. Die richtige Version in der »Ausgabe« der »Schöpfung« ist, nach Haydns Worten »ganz anderst«. Worin dieses »ganz anderst« bestand, wird noch erörtert werden.

Bleibt also nur die von Bartha aufgetischte Erklärungsvariante, dass das Duett aus dem Gedächtnis aufgezeichnet worden sei, was die angeblichen Fehler erklären würde. Es stellt sich natürlich sofort die Frage, bei welcher Gelegenheit dieses wundersame menschliche Wesen dieses Duett samt Text aus dem Gedächtnis nachgezeichnet haben könnte.

Vor dem Erscheinen in der »AmZ« gab es zwei interne Aufführungen im Palais Schwarzenberg im April 1798 in Wien. Die beiden Aufführungen waren Veranstaltungen des Wiener Hochadels, der sogenannten Kavaliersgesellschaft, in der das Who's who des in Wien residierenden

216 Bartha, Haydn. Gesammelte Briefe, Nr. 220, S. 321
217 Weinmann, Verzeichnis

Hochadels von Schwarzenberg, über Pálffy bis Esterházy und Lobkowitz et cetera vertreten war.

Die eigentliche Uraufführung war erst am 19. März 1799 in der Hofburg. Zu diesem Zeitpunkt war das ominöse Duett längst in der »AmZ« gedruckt. Wer sollte also für diese grandiose Gedächtnisleistung in Frage kommen? Und wie verschaffte der Betreffende sich Zutritt zu diesen exklusiven Veranstaltungen im geschlossenen Kreis des Hochadels? Und wenn dieses unbekannte Wunderwesen über eine dermaßen phänomenale Gedächtnisleistung verfügte, warum »vergaß« es dann gänzlich auf die erste Strophe des Duetts »Holde Gattin«? Daher von Haydn als »zerrissen« bezeichnet.

Dass Traeg jedoch irgendwo dieses »zerrissene« Duett, sozusagen als Fragment eines Fragments, das sich durch Zufall erhalten hatte, aufgefunden hatte, ist hingegen im Gegensatz zu einer »Aufzeichnung aus dem Gedächtnis« bei einer der beiden ersten internen Aufführungen der »Schöpfung«, Ende April 1798, bei weitem eher nachvollziehbar und denkbar.

Diese eventuelle »Auffindung« durch Traeg würde aber praktisch bedeuten, dass das Oratorium schon seit längerer Zeit, vielleicht schon vor Jahren, vollendet worden sein muss. Wenn Haydn der Komponist dieses Duetts ist, scheidet die Variante natürlich aus. Aber dies hätte der Fall sein können, wenn es lange Jahre zuvor – etwa von Wolfgang Amadeus Mozart – komponiert worden wäre.

Es handelt sich bei diesem Fragment nicht um ein Fragment der Partitur der »Schöpfung«, sondern um das Fragment einer Klavierbearbeitung. Es hätte demnach schon *vor* der Uraufführung der »Schöpfung« einen Klavierauszug derselben geben müssen. (Siehe Datum des Abdrucks des Duetts »Der thauende Morgen« in der »AmZ«: 16. Jänner 1799.)

Klavierauszüge von Partituren pflegen aber in der Regel erst *nach* den ersten, – erfolgreichen – Aufführungen vorgenommen zu werden, um das jeweilige Werk noch populärer und finanziell durch die größere Auflage von Klavierfassungen auch lukrativer zu machen. Ich spreche hier vom Normalfall.

Falls die »Schöpfung«, zumindest in Teilen, seit rund zehn Jahren – wenn man von der Mozartversion ausgeht – in Partitur vorhanden war, wäre es aber durchaus denkbar, dass in der Zwischenzeit ein Klavierauszug hätte angefertigt werden können, von dem wiederum ein Fragment (etwa in Form des uns hier beschäftigenden Duetts) hätte stammen können. Mit der Version in dem zitierten Kommentar braucht man sich hingegen nicht länger zu befassen. So kann die Vorlage des Duetts »Der thauende Morgen« für die »AmZ« nicht entstanden sein.

Dieser mir nicht zielführend erscheinenden Theorie halte ich meine Auffassung über den Hergang dieser essentiell wichtigen Angelegenheit, entgegen. Sie könnte die Aufklärung über die wahre Entstehung der »Schöpfung« maßgeblich voranbringen. Bevor jedoch der Versuch unternommen wird, den Weg zu rekonstruieren, auf dem das Duett »Der thauende Morgen« zur »AmZ« nach Leipzig, beziehungsweise wie Johann Traeg selbst in den Besitz dieses Fragments gekommen sein könnte, sei hier nochmals die klare These formuliert: Für mich steht nach langer intensiver Beschäftigung mit diesem Problem fest, dass Wolfgang Amadeus Mozart der Urheber dieses Duetts ist. Zunächst ist ohne jeden Zweifel eines gesichert: Der Grund, weshalb Breitkopf & Härtel in den Besitz des Duetts »Der thauende Morgen« gelangt sind, welcher zum Abdruck in der »AmZ« im Jänner 1799 führte, liegt beim Wiener Musikalienhändler Johann Traeg. Dies ist – da von Haydn selbst in seinem Brief vom 12. Juni 1799[218] an Breitkopf & Härtel bestätigt – feststehend. Dieser Auffassung ist auch Dénes Bartha. Die Frage, auf die leider keine Quelle Auskunft gibt, nämlich wie Traeg selbst in den Besitz dieses Duetts kam, muss durch logische Kreativität zu beantworten versucht werden. Zunächst muss man sich etwas genauer mit der Musikalienhandlung Traeg auseinandersetzen. Nachdem Johann Traeg seit 1782 mehrmals den Standort für seine Musikalienhandlung geändert hatte, eröffnete er ein »Musikaliengewölb«[219] in der Singerstraße Nr. 863. Im Kommentar zu diesem Brief Konstanze Mozarts vom 16. November 1798 heißt es: »In diesen Verkaufsstellen hatte er schon zu Lebzeiten Mozarts Abschriften von dessen Werken vertrieben; eine größere Zahl hievon (u. a. 15 Sinfonien, Konzerte und Kammermusikwerke) bot er am 11.8.1792 in der Wiener Zeitung an.«[220]:
Es steht also fest, dass Mozart jahrelang mit Traeg in geschäftlicher Verbindung stand und dass sich in dessen Besitz Abschriften von seinen

[218] Bartha, Haydn. Gesammelte Briefe, Nr. 220, S. 319f.
[219] Anzeige in der »Wiener Zeitung« vom 16. Mai 1789
[220] Mozartbriefe, Band VI, Kommentare, S. 458

Werken befanden. Traeg war sogar im Besitz des einen oder anderen
Autografs von Werken Mozarts: So schreibt Konstanze Mozart in einem
Brief an Johann Anton André in Offenbach vom 21. Februar 1800:
»Traeg hat im Original die Bassarie N. 132: per questa bella mano; ferner ein divertimento.«[221] In ihrem Brief vom 31. Mai 1800 an André ist
zu lesen: »Sie schließen zuviel. Weil Traeg dieses Conzert hat, muß es
sich bey mir vorfinden. Existirt haben muß es, das ist wahr. Leitgeb hat
es nicht.«[222] Um welches Werk es sich dabei handelt, ist nicht geklärt.

Wie aus den Briefen Konstanze Mozarts hervorgeht, hielt dieser Kon-
takt mit Traeg auch nach dem Tode ihres Gatten an. Der Umfang von
Traegs Notenmaterial könnte aber durchaus größer gewesen sein, als er
Konstanze Mozart bekannt war. Des Weiteren weiß man – dies scheint
ein nicht unwichtiger Aspekt zu sein –, dass die Musikalienhandlung
Traeg geschäftlich eng mit dem großen Musikverlag Breitkopf & Härtel
verbunden war.[223] Diese kommissionarische Tätigkeit in der Musikstadt
Wien, wie sie auch aus einigen Briefen Konstanze Mozarts an Breitkopf
& Härtel ersichtlich wird,[224] hat, im Vergleich zu jener der übrigen Kom-
missäre von Breitkopf & Härtel in anderen Musikzentren, naturgemäß
eine besonders wichtige Rolle gespielt. Bevor ich dieses Kapitel weiter
ausführe, sollen aber einige andere zum besseren Verständnis der Problematik eingeschoben werden.

[221] Mozartbriefe, Band IV, Nr. 1285, S. 322
[222] Mozartbriefe, Band IV, Nr. 1299, S. 357
[223] Mozartbriefe, Band VI, Kommentare, S. 458
[224] Mozartbriefe, Band IV, Nr. 1230, Nr. 1234, Nr. 1301

Konstanze Mozarts Ärger über Breitkopf & Härtel und ihr plötzlicher Sinneswandel

Anfang des Jahres 1798, vielleicht auch schon früher, fassten Breitkopf & Härtel den Entschluss, eine möglichst umfassende Mozartgesamtausgabe herauszugeben. Dies geht unter anderem aus einem sehr langen Brief an Konstanze Mozart vom 15. Mai 1798 hervor.[225] (Dieser hat sich in einer Kopie in Leipzig erhalten.) Die Vorgangsweise des Leipziger Verlages gegenüber der Mozart Witwe war nicht eben von der feinen Art. Während man offensichtlich schon tief in den Vorbereitungsarbeiten für die Gesamtausgabe steckte, geruhte man mit einiger Verspätung, Konstanze Mozart, immerhin die Hüterin des Mozartnachlasses, von dem Vorhaben zu informieren:

> »Sehr verehrte Freundin.
>
> Durch die öffentlichen Blätter werden Sie bereits seit einiger Zeit von der von uns veranstalteten Ausgabe der Compositionen Ihres verewigten Herrn Gemahls benachrichtigt worden seyn, und gewiß wird es Sie befremdet, vielleicht selbst einigermaßen unzufrieden gemacht haben, daß wir nicht schon vor der Bekanntmachung dieses Unternehmens uns an Sie deshalb gewandt haben, um auch Ihres Beyfalls versichert zu seyn, und um uns mit Ihnen über verschiedene Dinge hierbey zu verstehen.«

Wie dem Schreiben weiter zu entnehmen ist, war Eile geboten, denn ein Johann Peter Spehr hatte in den Zeitungen bereits ein ähnliches Vorhaben angekündigt. Man gewinnt dabei den Eindruck, dass man bei Breitkopf & Härtel durchaus auch ohne die Mitwirkung und Mithilfe der Verwahrerin des Mozartnachlasses eine Ausgabe mit dem Großteil seiner Werke herauszubringen hätte können! Und man nimmt mit Betroffenheit und Erschütterung zur Kenntnis, dass ein nicht unbeträchtlicher Teil des kompositorischen Schaffens Mozarts durch Raubkopien oder andere Malversationen gestohlen oder im günstigeren Fall von ihm

---

[225] Mozartbriefe, Band IV, Nr. 1223

verschenkt worden sein muss. Denn es waren beileibe nicht alle seine Werke bereits gedruckt (und wenn sie gestochen waren, hieß das noch lange nicht, dass er dafür honoriert worden wäre) oder sie waren, wie etwa seine großen Auftragsopern, für einen bestimmten Anlass komponiert und verkauft, sodass nach damaliger Rechtslage keine weiteren Rechte darauf geltend gemacht werden konnten. Von den zahllosen Aufführungen seiner Opern vor und nach seinem Tod in vielen Ländern Europas – man denke nur an die zahlreichen Aufführungen der »Zauberflöte« in vielen europäischen Städten – erhielt die Familie Mozart keinerlei Vergütung. In der Mozartbiografie von Johann Aloys Schlosser ist zu lesen: »Bei weitem die meisten Klaviersachen brachten ihm nicht einen Kreuzer ein. Er schrieb sie aus Gefälligkeit gegen Bekannte, die etwas Eigenhändiges und zwar zu ihrem Gebrauch von ihm haben wollten. Es wussten sich dann ehrlose Musikalienhändler Abschriften zu verschaffen, druckten, ohne Mozarten zu fragen, frisch ab, und machten die einträglichsten Geschäfte, ohne dem, dem sie ihr Einkommen schuldig waren, zu danken.«[226] Dazu ein Zitat von Breitkopf & Härtel: »Wir glaubten um desto weniger Bedenklichkeiten dabey haben zu dürfen, da die meisten Verleger Mozartscher Compositionen, wie Sie uns selbst oft versichert haben, dieselben nicht von ihm selbst gegen ein angemessenes Honorar, sondern meist durch die dritte Hand erhalten, und mithin kein eigentlich ausschließendes Eigenthum an diesen von ihm verlegten Compositionen haben, wozu noch kömmt, daß die meisten dieser Verleger selbst musikalischen Nachstich durch ihr eignes Beyspiel gerechtfertigt haben, und daß fast alle bekannten Compositionen mehrmals nachgestochen sind.«[227] In Nissens Mozartbiografie steht dazu passend: »Da man seine Compositionen unglaublich suchte so war er nie sicher, daß ihm nicht ein neues Werk selbst während des Copirens abgestohlen wurde. Er schrieb daher bey seinen Clavier-Concerten gewöhnlich nur eine Zeile für eine Hand auf, und spielte das Übrige aus dem Gedächtnisse. So hat er einst ein Clavier-Concert, welches er schon geraume Zeit nicht in Händen gehabt hatte, in einer musikalischen Akademie aus dem Gedächtnisse gespielt, indem er die Principalstimme in der Eile zu Hause gelassen hatte.«[228]

[226] Johann Aloys Schlosser, W. A. Mozarts Biografie, Prag 1828
[227] Mozartbriefe, Band IV, Nr. 1223, S. 210
[228] Nissen, Georg Nikolaus von (Hg.): Biographie W. A. Mozarts, Hildesheim 2010, S. 651 f.

In einer ersten Zornesanwandlung über derart unfassbare Zustände auf dem damaligen Musikmarkt könnte man getrost von einem Lumpengewerbe sprechen. In dieses desaströse Umfeld muss man leider auch die Tätigkeit des renommierten Musikverlages Breitkopf & Härtel einordnen, speziell was die Thematik dieses Buches rund um »Schöpfung« und »Jahreszeiten« betrifft. Die im weiteren Verlauf zu schildernde Vorgangsweise des Leipziger Verlages scheint dieses düstere Sittenbild voll und ganz zu bestätigen. Aus dem Brief vom 15. Mai 1798 erfährt man auch, dass durch die Ankündigung einer Gesamtausgabe in den »öffentlichen Blättern« durch Breitkopf & Härtel sich viele Inhaber – ich verwende hier mit Absicht im Gegensatz zu Breitkopf & Härtel den Begriff »Inhaber« und nicht »Besitzer« – von Kompositionen Mozarts bei dem Leipziger Musikverlag gemeldet hatten und ihre Manuskripte, meist gegen entsprechendes Honorar, offerierten. »Wir haben indessen Hoffnung, noch viele von diesen hie und da verstreuten Sachen an uns zu bringen. Seitdem unsere Ausgabe von Mozart durch die öffentlichen Blätter bekannt geworden ist, haben sich schon viele Besitzer Mozartscher Compositionen an uns gewandt, um uns dieselben theils ohne alle Bedingungen, theils gegen eine bestimmte Vergütung zu offerieren.«[229]

Da Breitkopf & Härtel natürlich von diesen seinerzeitigen Geschäftskontakten ihrer Wiener Außenstelle zu Mozart wussten, ist es praktisch als sicher anzunehmen, auch wenn sich kein diesbezügliches Schreiben an Traeg erhalten hat, dass im Verlauf des Jahres 1798 auch dieser ein solches Rundschreiben des Leipziger Musikverlages erhielt mit dem Ersuchen, Werke von Mozart, am besten unbekannte oder zumindest nur in wenigen Abschriften erhaltene, aus dem eigenen Besitzstand oder aus dem Bekanntenkreis ausfindig zu machen und nach Leipzig zum Zwecke einer Gesamtausgabe zu schicken. Aber selbst wenn Traeg ein solches Schreiben wider Erwarten nicht erhalten haben sollte, so war er gewiss über die Einschaltungen von Breitkopf & Härtel in den »Öffentlichen Blättern« bezüglich des Planes einer Mozartgesamtausgabe informiert. Und natürlich auch über den Appell des Musikalienverlages an alle Inhaber von in Leipzig unbekannten Mozartkompositionen, diese gegen entsprechende Vergütung an den Verlag zu senden. Diese Geschäftspraxis war natürlich zum Schaden der Nachlassverwalterin Konstanze Mozart. Die Witwe konnte naturgemäß aus jenen Werken den größten

---

[229] Mozartbriefe, Band IV, Nr. 1223, S. 210

finanziellen Vorteil ziehen, welche nicht nur nicht gedruckt waren, sondern von denen es keine oder zumindest bisher unbekannte Abschriften gab. Also solche, auf welche sie sozusagen ein »Monopol« hatte. Wenn nun durch den Aufruf von Breitkopf & Härtel eine beachtliche Anzahl von bisher unbekannten Abschriften auftauchte, bedeutete dies einen finanziellen Schaden für die rechtmäßige Besitzerin Konstanze Mozart. Über diese – absolut unseriöse – Vorgangsweise des Verlages ist sich die Mozartwitwe, wie aus ihrer Korrespondenz mit Leipzig deutlich hervorgeht, völlig im Klaren, und sie ist darüber äußerst befremdet. Sie drückt ihren Unmut unverblümt in ihren Briefen vom 26. Mai und 1. September 1798 an Breitkopf & Härtel aus. Im Brief vom 26. Mai heißt es:

> »Wertheste herren,
> Sie haben in Ihrem jüngst erhaltenen Schreiben richtig bemerkt, dass es mich sehr müsse befremdet haben, in einer öffentlichen Annonce ein Unternehmen zu lesen, das ohne meine Mitwirkung kühn zu unternehmen und schwer auszuführen ist. Wie viele Manuscripte besize ich nicht noch, wovon Niemand eine Abschrift (auf was immer für Art) zu besitzen sich schmeicheln darf? Wer würde mir, als der Witwe Mozarts, nicht vollen Glauben beymessen, wenn ich in einem öffentlichen blatt ankündigen würde, dass durch niemand als durch mich oder mit meinem Zuthun eine vollständige herausgabe aller Werke Mozarts ausführbar sey? Wer würde sich wohl anderswohin, als an mich wenden, wenn ich allenfals (welche Idee ich auch noch nicht aufgebe,) alle noch nicht bekannten Werke Mozarts, die Niemand als ich in originali besize, herausgebe? Wie entbehrlich wäre alsdann nicht eine neue Auflage der übrigen schon bekannten werke?«[230]

Konstanze Mozart ist über Breitkopf & Härtel so erzürnt, dass sie hier offen mit einer »Gegenausgabe« von Mozarts Werken auf eigene Kosten droht, womit naturgemäß dem Leipziger Projekt sogleich die Grundlage entzogen worden wäre.

Sie wiederholt ihre Vorwürfe in dem Schreiben vom 1. September 1798: »Ich diene also in antwort, wie es mich befremdete, in öffentlicher Annonce gelesen zu haben, daß Sie willens wären, alle Werke

[230] Mozartbriefe, Band IV, Nr. 1224, S. 213

meines seel. Mannes in Stich herauszugeben, da ich davon noch manche besitze, die noch in Keines Handen sind. zwar soll't ich mich hüten, mit Ihnen meine Herren in einige Connexion zu tretten, da mir s noch im frischen Gedächtniß ist, wie wenig und schlecht Sie in Betreff des bewußten Bandl=Terzett 's Wort hielten«.[231] Allerdings wiederholt Konstanze hier nicht mehr ihre Drohung mit einer eigenen Ausgabe und sie macht trotz ihrer schlechten Erfahrungen mit dem Leipziger Musikalienverlag – nicht zuletzt auch bei dem Streit um die von Breitkopf & Härtel nicht eingehaltenen Versprechungen bezüglich des Drucks dieses Bandl-Terzetts – ein Angebot auf Zusammenarbeit bezüglich der von Breitkopf & Härtel geplanten Gesamtausgabe der Werke ihres verstorbenen Gatten. Dieses Angebot bedeutet freilich nicht, dass damit Friede und Harmonie in den Beziehungen eingekehrt wären. Denn etwas weiter unten ist etwa von ihrem »billigen Mistrauen« gegenüber Breitkopf & Härtel die Rede.

Von dieser Missstimmung ist in dem Brief Konstanze Mozarts an Breitkopf & Härtel vom 13. Februar 1799 nichts mehr zu spüren: »Ich erfahre, daß Sie unter der Hand Sich alle Mühe um Ihnen unbekannte Sachen machen. Wiewohl ich vielleicht hätte erwarten können, daß Sie Sich zuerst an mich gewandt hätten, habe ich doch nichts dawieder, weil ich doch keinen sonderlichen Vortheil von solchen machen kann, die schon bekannt sind, und ermahne Sie nur fleissig fortzufahren, da es mir selbst angenehm seyn wird, wenn Sie alles, auch ohne mich, erhalten.«[232] Dieser Sinneswandel erscheint zunächst völlig unverständlich, denn Konstanze Mozart hatte mit ihrem wenige Monate zuvor geäußerten Vorwurf, dass sie durch die Vorgangsweise des Verlages in ihren finanziellen Interessen schwer geschädigt werde, natürlich völlig recht. Was mag zu dieser plötzlichen Sinnesänderung geführt haben, dass es ihr »sogar angenehm seyn wird«, wenn Breitkopf & Härtel weiterhin ohne Einbeziehung ihrer Person nach Werken – sogar von unbekannten – ihres verstorbenen Mannes Ausschau halten? Ich glaube die Antwort darauf zu wissen: Konstanze Mozart hat in der Zwischenzeit – wahrscheinlich über Johann Traeg –, mit dem sie in ständigem Kontakt ist, erfahren, dass ihr verstorbener Gatte an der »Schöpfung« beteiligt war und dass ein Fragment aus derselben, das Duett »Der thauende Morgen«, als Klavierauszug von Traeg nach Leipzig gesandt worden war. Sie

---

[231] Mozartbriefe, Band IV, Nr. 1226, S. 214
[232] Mozartbriefe, Band IV, Nr. 1234, S. 226

hatte offensichtlich bis zu diesem Zeitpunkt keinerlei Kenntnis davon, dass ihr verstorbener Gatte Teile der »Schöpfung« komponiert hatte. (Ich werde im weiteren Verlauf dieses Buches eine mögliche Erklärung für ihre Unkenntnis versuchen.) In ihrer angestammten Geschäftstüchtigkeit erkennt sie sogleich, dass sich hier eine unerwartete neue Geldquelle erschließen könnte, und daher ist sie dem Verlagshaus in Leipzig gar nicht mehr gram darüber, dass es ohne ihr Wissen neben manchen anderen Werken ihres Gatten dieses Duett aus der »Schöpfung« erworben hatte. Hier sei nun eine Rekonstruktion der Ereignisse versucht: Johann Traeg wird irgendwann in der zweiten Hälfte des Jahres 1798 dem Ersuchen Leipzigs entsprochen haben und in seinem Notenfundus Nachschau nach etwaigen Kompositionen von Mozart möglicherweise auch nach Fragmenten gehalten haben. Ohne ihm etwas besonders Negatives unterstellen zu wollen: Traeg könnte an manche Kompositionen auch auf gewissen nicht immer legalen Umwegen gelangt sein. Für die Richtigkeit dieser These im Allgemeinen wie auch hier im Speziellen gibt es eine wichtige Primärquelle.

Maria Anna Mozarts Wissen um massiven Notendiebstahl

Dass der Mozart'sche Haushalt von keiner großen Ordnung geprägt war, nicht zuletzt was den eher sorglosen Umgang mit den sich in der ehelichen Wohnung stapelnden, vor allem älteren Werken aus der Salzburger Zeit betrifft, ist keine bloße Vermutung, sondern nicht zuletzt durch Mozarts Schwester Maria Anna (»Nannerl«) verbürgt. Mozarts Wohnungen in Wien, speziell was die letzten betrifft, könnten also durchaus eine Art von Selbstbedienungsläden für allerlei zwielichtiges und profitgieriges Gesindel gewesen sein. Darunter könnten auch manche, der Musikforschung durchaus bekannte und geläufige Namen gewesen sein. Die Musikwissenschaft könnte und müsste sich in Zukunft ein neues bisher weitgehend unbeackertes Feld erschließen: Die Erforschung des Plagiatunwesens und Diebstahls von geistigem Eigentum. Eine Seuche, die besonders im 18. und in den ersten Jahrzehnten des 19. Jahrhunderts weit verbreitet gewesen sein dürfte, wie eben schmerzlich festgestellt wurde. Neben dem »Meisterkomponisten« wird man möglicherweise neue Termini Technici, nämlich den des »Meisterkopisten« und vor allem den des »Meisterbearbeiters« von fremden Kompositionen kreieren müssen.

Doch zurück zu Mozart: Maria Anna, Mozarts Schwester, beklagt rückblickend diese Unordnung im Wiener Haushalt ihres Bruders und bedauert es, dass das Notenmaterial aus der Salzburger Ära nach dem Tod des Vaters 1787 praktisch zur Gänze von ihr nach Wien geschickt worden war, wo sich offenbar jeder Besucher Mozarts mehr oder minder ungehindert an diesen Werken bedienen konnte. Denn ihr Bruder legte, wie Maria Anna schreibt, auf seine älteren Salzburger Kompositionen keinen besonderen Wert. Im Brief von Maria Anna Reichsfreiin von Berchtold zu Sonnenburg an Breitkopf & Härtel vom 4. August 1799 heißt es: »Alle Sparten meines Bruders so noch in Händen unseren Vatters waren, übersendete ich alsogleich im Jahre 1787 nach dem Tode unseres Vatters meinen Brudern nach Wienn, bedaure aber selbst daß ich nicht einige von seinen jüngern Compositionen zurück behalten habe, bey mir wären sie doch gut aufgehoben worden, da ich hingegen von sicherer Hand, und von einem Augenzeug erfahren habe, daß seine Sparten bei ihme nur immer unter dem Clavier herum lagen, und die Copisten davon nehmen konnten was sie nur wollten, und ich konnte auch dieses umso leichter glauben, da mir wohl bekannt ware, daß mein Bruder seine ältern Werke immer weniger leiden konnte, wie stärker er in der Composition wuchs, ich zweifle also nicht daran, daß viele seiner jüngern Werke werden verlohren gegangen sein.«[233] Ganz ähnlichen Inhalts ist das Schreiben Nannerls vom 6. April 1803 an Breitkopf & Härtel: »Wie viele Sachen kommen itzt nicht unter meines Bruders Nammen heraus, es reuet mich in der Seele daß ich wie mein Vatter gestorben ist die alten Sparten und andre compositions welche mein Vatter in Verwahrung hatte, und die ich meinen [zu ergänzen wahrscheinlich: »brudern«] nach Wienn schickte nicht zurück behalten habe, so werden sie alle verlohren seyn, und ich hätte sie aufbewahrt, und itzt könnten wir sie so gut brauchen.«[234] Die gute Seele bedauerte, leider zu spät, dass sie – die Übersendung der Salzburger Kompositionen war für sie eine schwesterliche Selbstverständlichkeit und ein Akt der Verpflichtung gegen ihren stets liebevoll verehrten Bruder gewesen – nicht zumindest einen Teil davon bei sich in Salzburg behalten hatte. Der Satz von Maria Anna Mozart lässt aufhorchen: »Wieviele Sachen kommen itzt nicht unter meines Bruders Nammen heraus.« Im Klartext würde dies bedeuten, dass eine gewisse Anzahl von Mozarts Kompositionen, die zahlenmäßig nicht zu beziffern ist, unter fremden Namen herauskam. Man beachte, dass es sich dabei meist um das genau umgekehrte Phänomen wie bei Haydn gehandelt hätte. Bei Mozart versuchte man sich zumeist seiner Werke, bei Haydn des Namens zu bedienen. Was Mozart betrifft, muss hier an erster Stelle, dies ist ja das Thema dieses Buches, Joseph Haydn genannt werden, aber als weitere Beispiele auch Nikolaus von Jacquin (Druck einiger Liebeslieder Mozarts unter seinem Namen freilich mit dessen Zustimmung[235]), Franz Graf von Walsegg und Gottfried Baron van Swieten. Sowohl beim Grafen Walsegg als auch bei van Swieten sollten diese Versuche letztendlich scheitern, wie noch an anderer Stelle ausgeführt werden wird. Dass irgendwelche Werke Haydns plagiatorisch usurpiert worden wären, dafür gibt es in den Quellen – vielleicht von der frühesten Zeit seines Schaffens abgesehen – nicht den geringsten Hinweis. Mozarts Schwester weiß offensichtlich, wovon

<hr>

[233] Mozartbriefe, Band IV, Nr. 1250, S. 259
[234] Mozartbriefe, Band IV, Nr. 1360, S. 433
[235] Solomon, Mozart, S. 309

sie spricht. In der Mozartforschung hat dieses Problem, wie es den klaren Anschein hat, kaum eine Rolle gespielt. Bei Maria Anna Mozart wären die Frühwerke ihres Bruders weiß Gott besser aufgehoben gewesen. Das Bedauern über den Fehler, den sie hier begangen hatte, nagte offenbar an der Seele der Maria Anna, verheiratete Reichfreiin von Berchtold zu Sonnenburg, über die Jahre, worauf auch die ganz ähnlichen Formulierungen in den beiden zitierten Briefen hinweisen, obwohl sie zeitlich einige Jahre auseinanderliegen. Dieser massive Diebstahl am geistigen Eigentum ihres Bruders scheint ihr nicht aus dem Sinn gekommen zu sein. Dass auch Breitkopf & Härtel ein Teil dieses Sumpfes waren, scheint der ehrbaren Reichsfreiin freilich nicht bewusst gewesen zu sein. Die Behandlung, die sie durch den Leipziger Verlag erfährt, lässt einiges an Höflichkeit und Anstand vermissen. Es ist rührend, dies wird aus ihren Briefen klar ersichtlich, wie sie bemüht ist, alle an sie von Leipzig herangetragenen Wünsche bezüglich unbekannter oder nicht gedruckter Mozartwerke, aber auch bezüglich biografischer Dokumente für die vorgesehene Biografie zu erfüllen, ohne dabei offensichtlich auch nur im Geringsten an ihren eigenen Vorteil, sehr im Gegensatz zu ihrer geschäftstüchtigen Schwägerin, zu denken.[236] Diese Anständigkeit und naive Güte einer reinen Seele sind einfach berührend. Man möchte fast ein wenig sentimental hinzufügen: Alles was von Mozart abstammt, ist einfach edler und besser.

In diesem Zusammenhang sei auf die verdienstvolle Würdigung des liebevollen Umgangs, den man in der Familie Mozart miteinander pflegte, in der Biografie von Dorothea Leonhart hingewiesen. Allerdings weist ihre Mozartbiografie auch manche Schwächen der Beurteilung und vor allem eine Reihe von faktischen Irrtümern auf. Ihrem überaus positiven Urteil über Leopold Mozart, dessen Persönlichkeit in vielen Publikationen völlig unzutreffend und verzerrt dargestellt wird, schließe ich mich jedoch vollinhaltlich an und möchte sogar die – freilich niemals endgültig beweisbare – These wagen, dass ein Genie wie Mozart nur aus einer solchen Familie entstehen konnte. Wobei überhaupt nicht gesagt werden soll, dass Genies nur aus solchen und ähnlichen Wurzeln entspringen können. Ganz im Gegenteil. Doch Mozarts Genie und Werdegang sind auch bezüglich seiner Wurzeln unvergleichbar. Umso schmerzlicher berührt die offensichtliche Entfremdung zwischen Vater und Sohn in dessen letzten Lebensjahren. Über die möglichen tieferen

---

[236] Mozartbriefe, Band IV, Nr. 1268, Nr. 1280, Nr. 1284, Nr. 1293

Ursachen zu spekulieren würde hier zu weit führen. Zumal das Ergebnis einer derartigen Untersuchung aufgrund der dürftigen Quellenlage kaum über das Stadium der Spekulation hinaus gelangen dürfte.

Der Großteil dieses Briefwechsels zwischen Maria Anna Mozart und dem Leipziger Musikverlag fällt in die Zeit nach dem Vertragsabschluss von Konstanze Mozart mit André in Offenbach im November 1799, durch den sie, wie erwähnt, den gesamten Nachlass ihres verstorbenen Gatten pauschal verkauft hatte. Breitkopf & Härtel versuchten diese Lücke, die dadurch bei der Beschaffung von Mozartwerken für die Gesamtausgabe entstand, teilweise zu schließen, indem sie sich hilfesuchend an Mozarts Schwester wandten. Trotzdem hat man bei der Lektüre der Briefe den Eindruck, dass Maria Anna die Bittstellerin sei und nicht umgekehrt. Monatelang beantwortet der Leipziger Verlag manche ihrer Schreiben nicht.[237] Man ärgert sich bei der Lektüre dieser Briefe, dass sie dieses eher rotzige und gegenüber einer Schwester Mozarts absolut unangebrachte Betragen eines renommierten Verlages mit schierer Engelsgeduld toleriert. Die Zusendung verschiedener bereits gedruckter Hefte der in Entstehung begriffenen Gesamtausgabe der Werke ihres Bruders lässt überlang auf sich warten, obwohl sie begierig ist, diese möglichst schnell zu erhalten.[238] Übrigens gilt diese Feststellung auch für Konstanze Mozart, die es oft ebenfalls kaum erwarten kann, die neuesten Hefte der Gesamtausgabe aus Leipzig übermittelt zu bekommen. Und dies aus echtem persönlichen Interesse, wie man objektiverweise zu Konstanzes Gunsten hinzufügen muss.[239]

Ein der Reichsfreiin besonders wichtiges Familienbild, das sie mit großen Skrupeln für die vom Verlag geplante Biografie ihres Bruders nach Leipzig geschickt hat, hält sie schon für verschollen, weil der famose Verlag es monatelang nicht der Mühe wert findet, ihr wenigstens den unversehrten Erhalt des Bildes mitzuteilen.[240] Für die Gründe, die dafür maßgeblich waren, dass diese Biografie, für die Friedrich Rochlitz als Autor vorgesehen war, dann doch nicht zustande kam, hat sich die Mozartforschung kaum oder gar nicht interessiert. Als einziges Ergebnis dieses Projekts einer Mozartbiografie in Leipzig sind einige Beiträge von Rochlitz in der »AmZ« zu erwähnen.[241]

[237] Mozartbriefe, Band IV, Nr. 1298, Nr. 1300, Nr. 1327, Nr. 1355, Nr. 1357
[238] Mozartbriefe, Band IV, Nr. 1351
[239] Mozartbriefe, Band IV, Nr. 1328, Nr. 1344, Nr. 1347
[240] Mozartbriefe, Band IV, Nr. 1365, Nr. 1366, Nr. 1367, Nr. 1368
[241] Siehe erster Jahresband der AmZ (1788)

Drei günstige Gelegenheiten zum Notendiebstahl

Besonders gute Gelegenheiten für Notendiebstahl und für das widerrechtliche Kopieren von Mozartwerken ergaben sich:

- 1789 (Reise Mozarts gemeinsam mit Fürst Lichnowsky nach Berlin),
- 1790 (Reise Mozarts zu den Krönungsfeierlichkeiten Leopolds II. zum römisch-deutschen Kaiser in Frankfurt) und
- vor allem in den Wochen und Monaten nach Mozarts Tod 1791.

1789 stand Mozarts Wohnung offensichtlich wochenlang leer, weil Konstanze, die die Reise nach Berlin nicht mitmachte, nicht zuletzt wegen ihres kranken Fußes beim gemeinsamen Freund Michael Puchberg Zuflucht genommen hatte. Man vergleiche die Adresse von Briefen Mozarts an seine Frau von dieser Reise. Als Beispiel sei hier Mozarts Brief an Konstanze vom 16. April 1789 aus Dresden angeführt:

> »a Madame Constance de Mozart
> nee de Weber
> auf dem hohen Markt
> im Walseckischen Hause
> bei Hrn v. Puchberg«[242]

Das Sprichwort: Gelegenheit macht Diebe, dürfte auf die Übersiedelung der Mozarts in das kleine Kaiserhaus in der Rauhensteingasse 970, Anfang Oktober 1790, voll zugetroffen haben. Mozart befindet sich in Frankfurt und Konstanze übersiedelt in seiner Abwesenheit – ein ziemlich ungewöhnlicher Vorgang – in eine Wohnung, die sich Mozart aufgrund seiner angespannten finanziellen Situation eigentlich gar nicht hätte leisten dürfen. Mit großer Wahrscheinlichkeit handelte es sich dabei um das komfortabelste Logis in Wien nach dem sogenannten Figarohaus. Sechs Zimmer, Stockwerk und Lage (erster Stock, ruhige Sei-

---

[242] Mozartbriefe, Band IV, Nr. 1094, S. 82

tengasse, kaum 150 Meter vom Stephansdom entfernt) sind bestens.[243] Die jährliche Miete beträgt zwar recht stattliche 275 Gulden, scheint aber angesichts der Annehmlichkeiten, welche die neue Wohnung bot, nicht ungünstig gewesen zu sein.[244] Die neuen Tapeten – die offene Rechnung befindet sich unter den Passiven des Nachlasses – kosten beachtliche 208 Gulden.[245] Könnte es sich – etwa aufgrund dieses günstigen Mietofferts – um eine plötzliche Entscheidung der in Wien zurückgebliebenen Ehegattin gehandelt haben, von welcher der Ende September nach Frankfurt aufbrechende Gatte bei seiner Abreise noch gar nichts wusste? In diesem Falle könnte man vielleicht an einen raffiniert ausgeheckten Plan gewisser Leute denken, bei der Übersiedelung durch Konstanze in die Rauhensteingasse eine überaus günstige Gelegenheit zu erhalten, an Mozarts Kompositionsmaterial heranzukommen. Frau Mozart mag dabei überfordert gewesen sein und den Überblick verloren haben. Noch dazu, da sie just in den Tagen des Wohnungswechsels nach schwierigen Verhandlungen auch noch einen Kreditvertrag über 2000 Gulden im Namen ihres Gatten abschloss, wie aus dem Briefwechsel zwischen ihr und ihrem in Frankfurt weilenden Gatten hervorgeht.[246] Dass auch diese wichtige Geschäftssache ohne den abwesenden Gatten erfolgte, ist zumindest auffallend.

Die Abwicklung dieser Kreditsache wird Konstanze Mozart gemeinsam mit der Übersiedelung in die Rauhensteingasse sehr in Anspruch genommen haben. Gerade diese von der Wissenschaft bisher noch nicht in allen Details geklärten Kreditangelegenheit bestärkt mich in der Annahme, dass die Übersiedelung nicht von langer Hand geplant gewesen sein kann. Denn es ist schwerlich vorstellbar, dass Mozart seine Gattin in seiner Abwesenheit gleichzeitig mit zwei so wichtigen Angelegenheiten belasten wollte. Eine möglichst vollständige Klärung dieser Kreditangelegenheit in allen Details wäre aber auch aus anderen Gründen eine wichtige Aufgabe für die wissenschaftliche Forschung. Etwa ob dieser Kredit nicht, wie ursprünglich vorgesehen, zur Gänze in bar, sondern nur zur Hälfte ausgezahlt wurde, während die andere Hälfte in Form eines Warenkredits – nämlich in Tuch – an Mozart erfolgte. Von dieser Modalität ist im Brief vom 28. September 1790 aus Frankfurt

---

[243] Braunbehrens, Mozart in Wien, S. 132
[244] Braunbehrens, Mozart in Wien, S. 375
[245] Braunbehrens, Mozart in Wien, S. 448
[246] Mozartbriefe, Band IV, Nr. 1125, Nr. 1136, Nr. 1137 und Nr. 1139

die Rede.[247] Von einigem Interesse wären auch die genauen rechtlichen Bedingungen der vereinbarten Rückzahlung und sonstige Vertragsdetails. Die Verzinsung betrug zehn Prozent per annum, die Hälfte davon zahlbar im Halbjahr.[248] Wie dem Brief Mozarts vom 28. September 1790 zu entnehmen ist, sollte der Kredit mit der Lieferung von Kompositionen getilgt werden.[249] Hiefür wurde ein Konto beim Musikalienhändler Franz Anton Hoffmeister eingerichtet, der sich auch als Komponist einen gewissen Namen gemacht hatte. Ich werde auf diesen Hoffmeister und seine Rolle beim Verkauf der Rechte an den »Jahreszeiten« im Juli 1801 noch zu sprechen kommen.

Man hat das Bild vom munteren Notendiebstahl – wobei darunter natürlich auch das widerrechtliche Kopieren von Kompositionen zu verstehen ist – beim Verladen der »Notenpacken« und der übrigen Wohnungseinrichtung geradezu vor Augen: Eine besonders günstige Gelegenheit, an den Notenschatz heranzukommen, boten vor allem die Wochen nach Mozarts Tod, als die Wohnung in der Rauhensteingasse offensichtlich verwaist war. Konstanze war von zwei nicht näher fassbaren Herren (einem Odilo Goldhahn, den Konstanze von den Bädern in Baden kannte, und einem Joseph von Bauernfeld, der aus dem Umfeld von Emanuel Schikaneder gekommen sein dürfte) in Obhut genommen worden und außer Haus gebracht worden, weil sie sich nach dem Hinscheiden ihres Mannes äußerst schlecht gefühlt habe.[250] Auf die besondere Rolle, die Johann Michael Puchberg bei einem etwaigen Notenschwund gespielt haben könnte, wird noch verwiesen werden.

[247] Mozartbriefe, Band IV, Nr. 1135
[248] Mozartbriefe, Band IV, Nr. 1137
[249] Mozartbriefe, Band IV, Nr. 1136
[250] Solomon, Mozart, S. 480

Wolfgang Amadeus Mozart und Wien – eine Unbeziehung

Auf diese schier unfassbaren Praktiken, die besonders auf dem Wiener Musikmarkt – aber nicht nur hier – herrschten, wurde schon hingewiesen und es wurden diese fast recht- und gesetzlosen Zustände durch eindrucksvolle und schockierende Zitate vorhin belegt. Hier herrschte offenbar das Gesetz des Dschungels. Und einer der Hauptleidtragenden war wohl mit Sicherheit Wolfgang Amadeus Mozart, der in seiner geschäftlichen Naivität derartigen Praktiken des »Marktes« hilflos ausgeliefert war. Dass dieser Exkurs jedoch noch umfangreichere Formen annahm, als es von der Natur der Sache geboten schien, liegt daran, dass ich in diesem Abschnitt meines Buches diese schier unbegreifliche Unbeziehung zwischen Mozart und seiner eigentlichen – künstlerischen – Heimatstadt Wien unbedingt einbringen wollte. Die mit anderen Musikzentren durchaus vergleichbare Intensität der Aufführung Mozart'scher Werke in Wien in den letzten Jahrhunderten lässt sich dabei keineswegs als überzeugendes Gegenargument anführen. Hinter dieser Darstellung mit einem gewissen satirischen Unterton verbirgt sich allerdings bitterer Ernst und sie sollte keineswegs unter dem Aspekt schwarzen Humors mit einem gewissen Unterhaltungswert gelesen werden. Auch hier sei einer modernen Mozartforschung ein neues und äußerst wichtiges Betätigungsfeld gewiesen, das bisher eher sträflich vernachlässigt wurde. An Hand des tragischen Schicksals der vielleicht bedeutendsten Persönlichkeit, die jemals in dieser Stadt lebte, sollte ein Sittenbild, das bis in unsere Tage reicht, gezeichnet werden. Ein Sitten- und Zustandsbild, das, über das Exemplum Mozart hinaus, durchaus Züge von Allgemeingültigkeit für sich beanspruchen könnte. Dies war mir ein Anliegen und sollte nicht als eine unzulässige Abweichung vom gestellten Thema, sondern geradezu als notwendige Ergänzung aufgefasst werden.

Die Stationen dieser Unbeziehung, wie ich sie bezeichnen möchte, beginnen eigentlich schon mit der unter einem unheilvollen Stern stehenden zweiten Wienreise der Familie Mozart 1767/68 und erreichen ihren negativen Höhepunkt in den Ereignissen rund um Tod und Begräbnis des Musikgenies, ohne dass dieses traurige Kapitel damit beendet worden wäre. Diese Unbeziehung zieht sich wie ein roter Faden – in Wien, allerdings nur hier, nahezu unbemerkt – bis in die Gegenwart. Dieser Unbeziehung soll im Folgenden ein mahnendes Denkmal gesetzt werden. Zurück zu Tod und Begräbnis Mozarts: Konstanzes Nichtteilnahme am Begräbnis wurde also mit einem psychischen Zusammenbruch begründet. Vieles spricht dafür, dass es überhaupt keine Begräbnisfeierlichkeiten gegeben hat. Denn die nahezu einzige »Quelle«, der sogenannte Deiner-Bericht,[251] der, wohl nicht ganz zufällig, im Jahre des Gedenkens an den 100. Geburtstag Mozarts in Wien auftauchte, ist wohl nicht einmal das Papier wert, auf dem er geschrieben ist.

Joseph Deiner war Kellner in einem der Wohnung Mozarts nahe gelegenen Stammlokal.[252] Sein angeblicher Bericht wurde 1856 im Vermächtnis von Anna Gottlieb, der ersten Pamina, gefunden, rund 30 Jahre nachdem der ehrbare Mann das Zeitliche gesegnet hatte! Aber auch aus dem sogenannten Deiner-Bericht geht keineswegs hervor, dass es so etwas wie eine Trauerzeremonie im Stephansdom gegeben habe. Folgt man diesem Bericht, so wurde der Leichnam Mozarts angeblich Punkt drei Uhr nachmittags am 7. Dezember (wahrscheinlicher ist allerdings der 6. Dezember) in der Kreuzkapelle nächst der Capistrano-Kanzel des Domes eingesegnet. Wie Deiners Bericht weiter zu entnehmen ist, fielen an diesem Tag Regen und Schnee gleichzeitig, sodass »nur wenige Freunde und drei Frauen die Leiche begleiteten«. Es gibt keinerlei zeitgenössische Mitteilung über eine Trauerfeier im Stephansdom, über die Aufführung irgendeiner Art von Trauermusik und dergleichen mehr.[253] Man vergleiche damit die ungemein detailreich gehaltenen Berichte über die am 14. Dezember 1791 stattgefundenen Trauerfeierlichkeiten für Mozart in Prag. Die Erklärung für diese eklatante Diskrepanz in der Quellenlage ist schnell gegeben: In Prag, der wahren »Mozartstadt«, fand tatsächlich eine eindrucksvolle Trauerfeier unter Teilnahme der namhaftesten Künstler des Landes statt[254], die stimmungsmäßig offensichtlich die ganze Stadt ergriff. In der »Wiener Zeitung« vom 24. Dezember 1791 ist zu lesen:

[251] Siehe auch Salomon, Mozart, S.482 und Köppen, Mozarts Tod, S. 37 ff.
[252] Braunbehrens, Mozart in Wien, S. 136
[253] Vgl. dazu: Kretschmer, Mozarts Spuren in Wien, S. 13
[254] Braunbehrens, Mozart in Wien, S. 450 und S. 452

»Die Freunde der Tonkunst in Prag, haben daselbst, am 14. d. M. in der kleinseitner Pfarrkirche bei St. Niklas, die feyerlichen Exequien für den am 5. allhier verstorbenen Kapellmeister und K. K. Hofkomponisten Wolfgang Amadeus Mozart, gehalten. Diese Feyer, war von dem Prager Orchester des Nationaltheaters, unter der Direktion des Hrn. Joseph Strohbach,veranstaltet worden, und alle Prager berühmten Tonkünstler nahmen daran Theil. An dem dazu bestimmten Tage wurden durch eine halbe Stunde alle Glocken an der Pfarrkirche geläutet; fast die ganze Stadt strömte hinzu, so daß weder der wälsche Platz die Kutschen, noch die sonst für beynahe 4000 Menschen geräumige Kirche die Verehrer des verstorbenen Künstlers fassen konnte. Das Requiem war von dem Kapellmeister Rößler, es wurde von 120 der ersten Tonkünstler, an deren Spitze die beliebte Sängerin Mad. Duschek stand, vortreflich ausgeführt. In der Mitte der Kirche stand ein herrlich beleuchtetes Trauergerüste; 3 Chöre Pauken und Trompeten ertönten im dumpfen Klange; das Seelenamt hielt der Herr Pfarrer Rudolph Fischer; 12 Schüler des kleinseitner Gymnasiums trugen Fackeln mit quer über die Schulter hangenden Trauerflören und weissen Tüchern in der Hand; festliche Stille war umher, und tausend Thränen flossen in schmerzlicher Rückerinnerung an den Künstler, der so oft durch Harmonie alle Herzen zu den lebhaftesten Gefühlen gestimmet hat.«

Hier kann keinerlei Zweifel an den genannten teilnehmenden Personen und den genau geschilderten Details der Trauerfeier aufkommen. In der Heimatstadt Wien erfolgte nichts außer der heimlichen Verscharrung von Mozarts Leiche am St. Marxer Friedhof!

Publizistisch fand Mozarts Tod seinen kargen Niederschlag in einem Kurzkommentar vom 7. Dezember 1791 in eben derselben »Wiener Zeitung«, diesmal allerdings nur voll von eher hohlen Phrasen und Floskeln: »In der Nacht vom 4. auf den 5. d. M. verstarb allhier der K. K. Hofkammerkomponist Wolfgang Mozart. Von seiner Kindheit an durch das seltenste musikalische Talent schon in ganz Europa bekannt, hatte er durch die glücklichste Entwicklung seiner ausgezeichneten Natursgaben und durch beharrlichste Verwendung die Stufe der größten Meister erstiegen; davon zeugen seine allgemein beliebten und bewunderten Werke, und diese geben das Maß des unersetzlichen Verlustes, den die edle Tonkunst durch seinen Tod erleidet.«

Was für ein Unterschied in der Berichterstattung. Nicht ein Wort über die näheren Todesumstände oder eine – unmittelbar bevorstehende – Totenfeier. Und es hätte natürlich auch noch ein weiterer Artikel in der »Wiener Zeitung« unmittelbar nach dem stattgefundenen Begräbnis erscheinen müssen. Darüber findet sich keinerlei Berichterstattung. Und der Grund hierfür liegt auf der Hand: Es hat nicht die geringste Trauerzeremonie für Mozart stattgefunden!

Dass man zu Beginn des Mozartjahres 2006 die Dreistigkeit und Unverfrorenheit aufbrachte, in einem feierlichen Akt eine Gedenktafel im Stephansdom zu enthüllen, auf der von einem im Dom am 6. Dezember (!) aufgeführten Requiem zu lesen ist, muss man als besondere Ungeheuerlichkeit unter den übrigen Fehlleistungen, die sich in diesem Jahr in Wien bei der Begehung des 250. Geburtstages ereigneten, hervorheben. Es gibt nicht den Hauch einer Quelle oder eines Hinweises, dass innerhalb des Stephansdomes irgendeine Trauerfeierlichkeit für Mozart abgehalten worden sein könnte. Es handelt sich hier um reine Geschichtsfälschung, ohne dass es dabei zu einem Aufschrei in der Wissenschaft gekommen wäre. Man muss diese Feststellung auf Grund der historischen Fakten hier mit aller nötigen Härte treffen. Selbst der nichtige »Deiner-Bericht« erwähnt nur eine angebliche Einsegnung in der Kreuzkapelle, die sich allerdings an der Nordfassade des Domes außerhalb! desselben befindet. Die im April 2010 vom Autor darauf aufmerksam gemachte Wiener Mozartgemeinde hat seither trotz Anerkennung der Richtigkeit dieser These durch den Leiter der Mozartgemeinde nicht einen Finger gerührt um diesen Missstand zu beheben und den Text der Gedenktafel entsprechend der historischen Wahrheit verändern zu lassen! Von den wenigen Personen – darunter drei Frauen – die laut Deiner mit Regenschirmen um die Bahre standen, müsste sich doch irgendeine in der Folgezeit an irgend ein Detail dieser angeblichen Einsegnung erinnert haben und irgendetwas darüber der Nachwelt überliefert haben! Doch es gibt keine Zeile, keinen Satz, nicht eine Andeutung davon. Und es handelt sich, man kann es nicht oft genug wiederholen, um Wolfgang Amadeus Mozart, dessen Leichnam der Erde anvertraut wird. Eine Einsegnung praktisch im Freien, nämlich in der nach Norden offenen Kreuzkapelle, wie sie der Diener Deiner erlebt haben will, ist angesichts der Jahreszeit von einer solchen Unwahrscheinlichkeit, dass man sie praktisch ausschließen kann. Und überhaupt, davon abgesehen, warum erfolgte keinerlei Trauerfeier im Inneren des Stephansdomes? Es handelt sich bei dem Toten um Wolfgang Amadeus Mozart, der zum Zeitpunkt seines Todes auch die Stelle eines stellvertreten Domkapellmeisters innegehabt hatte! Und dies obendrein kostenlos, weil sich Mozart erhoffte, die Stelle des alten und kränklichen Domkapellmeisters Leopold Hofmann nach dessen Abgang antreten zu können.[255] Allein die Frage erscheint schon absurd. »Diese wenigen Personen standen mit Regenschirmen um die Bahre, welche sodann durch die große Schullerstraße nach dem St. Marxer Friedhof geführt wurde. Da das Unwetter immer heftiger wurde, entschlossen sich auch die wenigen Freunde, beim Stubenthore umzukehren und begaben sich zur silbernen Schlange.«[256] Von einem heftigen Unwetter kann keine Rede sein, da das Wetter, wie von drei voneinander unabhängigen Quellen bestätigt wird – darunter das Tagebuch des Grafen Zinzendorf – windstill bei etwa vier Grad plus war.[257]

Mozarts Gattin sei nicht zugegen gewesen. Um dies zu verifizieren, benötigt man allerdings keinen Deiner-Bericht. Man zauberte also in Wien, das als »Mozartstadt« in den vergangenen Jahrzehnten so gut wie nichts für das Andenken an Mozart und schon gar nicht etwas für die Erforschung bestimmter wichtiger Lebensumstände geleistet hatte und es sogar zugelassen hatte, dass ein italienischer Bauspekulant namens Pietro di Galvani um 1847 den Abbruch des Sterbehauses veranlasst hatte,[258] dieses ärgerliche Deiner-Dokument wie ein Kaninchen aus dem Hut hervor. Anscheinend kam man in Wien erst im Jubiläumsjahr 1856 darauf, dass man nicht das geringste über Mozarts Begräbnis – neben anderen wichtigen Lebensumständen – wusste und dass es für schwülstige Fest- und Lobesredner dienlich sein könnte, wenigstens auf einige Details und »Tatsachen« eines nicht stattgefundenen Begräbnissen verweisen zu können. Die große Gedenkfeier geriet dann auch zum peinlichen Desaster. So nahm man beispielsweise den die Büste Mozarts zierenden Lorbeerkranz und hängte diesen, mit einer Feinfühligkeit, die man anscheinend nur hier in Wien aufzubringen vermag, Franz Liszt um den Hals, der

---

[255] Braunbehrens, Mozart in Wien, S. 382
[256] Vgl. Deiner-Bericht in: Köppen, Mozarts Tod, S. 38 f; siehe auch Solomon, Mozart, S. 481 f.
[257] Köppen, Mozarts Tod, S. 72
[258] Brauneis, Walther: Mozarts Nachruhm, in: Wiener Geschichtsblätter, Jahrgang 47, Wien 1992, S. 2

das Gedenkkonzert im k. k. Redoutensaal am 27. Jänner 1856 dirigiert hatte![259] Ein »Einfall«, der an Peinlichkeit kaum überbietbar schien, sodass man in der Zeitschrift »Der Wiener Modespiegel« schockiert von einer Rezension dieses seltsamen Jubiläumsspektakels überhaupt dankend Abstand nahm.[260] Man müsste noch heute den Verantwortlichen dieser Zeitschrift Anerkennung für diese Protesthaltung aussprechen. Dass man den Leichnam Mozarts irgendwo am St. Marxer Friedhof verscharrt hatte, wird man aber wenigstens noch gewusst haben. Doch nicht einmal dies ist als Faktum völlig sichergestellt, weil niemand dabei war, außer dem Totengräber, der den Leichnam beerdigt hatte. Im 19. Jahrhundert tauchten auch gelegentlich Stimmen auf, wonach Mozart auf dem Matzleinsdorfer Friedhof bestattet worden sein könnte. Ob es sich dabei um ernstzunehmende Hinweise handelte oder nur um ein weiteres Verwirrspiel rund um Mozart, lässt sich heute nicht mehr eindeutig feststellen. Man wird also weiterhin von der Tatsache ausgehen müssen, dass Mozarts sterbliche Überreste im Kommunalfriedhof von St. Marx ruhten. Wenigstens den Totengräber, als einzigen Augenzeugen, nach der Grabstätte zu befragen, auf diese Idee kam natürlich auch niemand in der zahlreichen Mozartgemeinde, wie man denn überhaupt keinerlei Ideen entwickelte, etwas über Mozart, speziell was die Ereignisse unmittelbar vor und nach seinem Tod betraf, in Erfahrung zu bringen. Man ließe Wien zu billig davonkommen, wenn man die Begründung für diese Ideenlosigkeit und die daraus resultierenden Nichtstattfindungen, von denen noch die Rede sein wird, einzig und allein in der Inkompetenz in all ihren Spielarten und der hier berühmten und weit verbreiteten Wurstigkeit suchen würde. Wien, die Stadt von nicht wenigen nur auf ihre eigenen Interessen bedachten, egomanischen Lebenskünstlern, die sich durch alle Erfordernisse und Fährnisse des Lebens irgendwie mit angeblichem Charme und Schmäh diesseits und manchmal auch jenseits der Grenzen der Legalität hindurchwurschteln, und dies als unverwechselbare genuine Lebensform ansehen und wo manche prominente Exemplare in einer eigenen Fernsehsendung wie Helden der Nation zwecks Vorbildwirkung verherrlicht werden. Nur hier scheint es möglich, dass eine schillernde Gesellschaftsfigur, die trotz jahrelangen Versagens der Justiz letztendlich doch noch wegen Serienmordes wider Erwarten zu le-

259 Brauneis, Mozarts Nachruhm, S. 20
260 Köppen, Mozarts Tod, S. 113

benslänglichem Gefängnis verurteilt wurde, in manchen »elitären« Kreisen auch nach ihrem Tod immer noch einen beachtlichen – nostalgisch verklärten – Kultstatus innehat. Bei aller weinseligen Leichtigkeit des Lebens geraten dabei manchmal gewisse eigentlich unverzichtbare ethische Grundprinzipien in schwere Turbulenzen. Bei dieser angeblich so charmant liebenswerten Lebensart – mit einer gewissen traurigen Tradition in der Vergangenheit – handelt es sich um eine (leider irrige) Selbsteinschätzung. Sie allein wird als Erklärung für diese Nichtstattfindungen und Irrtümer aller Art in der causa »Mozart« aber nicht ausreichen. Man wird wohl nach tieferen Ursachen für manche schier unbegreiflichen Vorgänge und Geschehnisse suchen müssen.

Da konnte es schon einmal vorkommen, dass man in der Mozartstadt Wien reisenden Mozartverehrern – etwa dem englischen Verlegerehepaar Mary und Vincent Novello im Jahre 1829 – das falsche Sterbehaus in der Rauhensteingasse, nämlich das einige Häuser entfernte »Bäckerhaus« zeigte![261] Warum sollte man nicht auch im falschen Haus Mozarts andächtig gedenken können, zumal man denn glaubte, ohnehin im richtigen zu verweilen? Der Glaube kann doch angeblich Berge versetzen! Der englische Mozartverehrer und Klaviervirtuose Johann Baptiste Cramer hatte sich im September 1799 im vermeintlichen Sterbehaus eingemietet und war dabei emotional so aufgewühlt und erschüttert, dass er keine Zeile am Klavier zu komponieren vermochte.[262] Auch ihn übermannte der Überschwang der Gefühle vermutlich im falschen Haus. Auch der reisende Orgelvirtuose Adolph Friedrich Hesse besichtigte, bei einem Wienaufenthalt im Mai 1831 während einer Konzerttournee, ein unrichtig angegebenes »Sterbehaus«, nämlich das sogenannte Goldene ABC-Haus. Er scheint dabei ins Räsonieren gekommen zu sein: »Der große Meister wohnte hier nichts weniger als angenehm und oft drängte sich mir die Idee auf, wie in solch einer finsteren und unfreundlichen Wohnung der Geist zur Composition der Zauberflöte und des Requiems aufgelegt sein konnte; nicht ohne Rührung konnte ich mich von dem Platze trennen.«[263] Trauriger Höhepunkt: Nach der Totenfeier für Mozarts jüngeren Sohn Franz Xaver im Jahre 1844 stand G. Prinz, der uns die näheren Ereignisse der Totenfeier in der »AmZ« vom 7. Dezember 1844 schildert,[264] andächtig vor dem falschen Sterbehaus!

[261] Wiener Geschichtsblätter, Jahrgang 47, Wien 1992, S. 5 f.
[262] Wiener Geschichtsblätter, Jahrgang 47, S. 2
[263] Wiener Geschichtsblätter, Jahrgang 47, S. 6
[264] Prinz, G.: Todtenfeier für W. A. Mozart (Sohn), in: »Allgemeine Musik Zeitung«

Tief gerührt scheinen alle diese reisenden Mozartverehrer gewesen zu sein, nur leider meist an den falschen Schauplätzen. Aber immerhin scheint in den meisten Fällen, was Mozarts Sterbehaus betraf, wenigstens die angegebene Gasse gestimmt zu haben. Mir ist keine Quelle bekannt, wo man die – erschütternd wenigen – Interessenten an das tatsächliche Sterbehaus, nämlich das »Kleine Kaiserhaus«, verwiesen hätte. Zur falschen »Auswahl« standen meist das « Goldene ABC-Haus« sowie das »Bäckerhaus«. Nach dem Abbruch des Sterbehauses verschob sich der Schwerpunkt des Irrtums auf das – ebenfalls abgerissene – sogenannte Muttergottes-Haus, welches an das »Kleine Kaiserhaus« im Norden angrenzte. Ursache dieses Errors war unter anderem, dass Emil Hütter in seinem Aquarell die Muttergottesstatue irrtümlich auf das Sterbehaus Mozarts übertragen hatte. Bei so vielen Irrtümern fehlen einem allmählich die Worte. Lapidar stellt dazu Walther Brauneis fest: »Wenige Jahre nach Mozarts Tod wußte in Wien offenbar niemand mehr genau die Adresse des Sterbehauses anzugeben.«[265] Eine locker hingeschriebene Ungeheuerlichkeit! Mit der Schleifung des Sterbehauses und der beiden nördlich angrenzenden Bürgerhäuser war auch dieses Problem einer möglichen Verwechslung beseitigt.

Was fiel speziell in diesem abbruchsüchtigen 19. Jahrhundert nicht alles der Spitzhacke zum Opfer. Man denke nur – als Beispiel für viele – an den Totalabriss jenes wunderbaren Ensembles an Bürgerhäusern am Hohen Markt, das man nur mehr aus alten Stichen kennt. Ein besonderes Kapitel war auch der Abbruch des berühmten »Trattnerhofes« am Graben im Jahre 1911, also bereits im 20. Jahrhundert. Dieses monumentale Gebäude, welches der legendäre Verleger, Buchhändler und Papierfabrikant Johann Thomas Trattner in den Jahren von 1773 bis 1776 durch den Baumeister Peter Mollner errichten ließ, stellte einen »der repräsentativsten Gebäudekomplexe des josephinischen Wiens dar.[266] Mozart hatte hier eine Wohnung auf der zweiten Stiege im dritten Stock. In der umgewidmeten Georgskapelle dieser kolossalen Wohnanlage, die eine »Stadt in der Stadt« darstellte, brachte Mozart auch die Klavierkonzerte KV 449, 450 und 451 zur Aufführung. Das Freihaustheater auf der Wieden, in welchem die Uraufführung der »Zauberflöte« stattfand, wurde

vom 7. September 1844, S. 430
[265] Wiener Geschichtsblätter, Jahrgang 47, S. 1
[266] Kretschmer, Mozarts Spuren in Wien, S. 6

1809, also im Sterbejahr Joseph Haydns, abgebrochen.[267] Trocken und
ohne jeden Anflug von Selbstkritik vermerkt das schmale Dokumentationsheftchen der Stadt Wien im Mozartgedenkjahr 2006: »Die letzten
Reste des Freihauses [in dessen Bereich das Freihaustheater stand] verschwanden aus dem Stadtbild erst vor wenigen Jahrzehnten.«[268] Selbst
wenn diese Reste noch so unansehnlich und baulich »wertlos« gewesen
sein sollten, man hätte, dies sei hier ohne falsches Pathos gesagt, jede
Mauer und buchstäblich jeden Stein davon bewahren müssen, angesichts der Tatsache, dass sich in dieser Stadt von rund einem Dutzend
Wohnhäusern, in denen Mozart gelebt hatte, nur ein einziges vollständig
erhalten hat und vor allem angesichts der noch niederschmetternderen
Tatsache, dass nicht einmal die Grabstelle Mozarts zu lokalisieren jemals
ernsthaft versucht worden war. Ein später Nachhall dieser, wenn auch
gewiss nicht ausschließlich hier in Wien anzutreffenden Einstellung,
die hier sozusagen System übergreifend zu sein scheint, war etwa die
Schleifung der Rauchfangkehrer Kirche, einer anmutigen Barockkirche,
in der Mitte des vorigen Jahrhunderts! Der Zweck war im Praktischen
angesiedelt. Die in der Mitte einer verkehrsreichen Straße befindliche
Kirche erschien als ein unerträgliches Verkehrshindernis. Da hatte das
die Straße optisch prägende Kirchlein keine Überlebenschance. An seiner statt errichtete man an verkehrsschonender Stelle eine »Kirche« von
schier unerträglicher Hässlichkeit! Ein eindrucksvolles Denkmal von
Wiener Kulturpolitik und unerschütterlichem »Fortschrittsglauben«.
Ein vergleichbarer Fall von so spät im 20. Jahrhundert erfolgter Kulturbarbarei gegen ein historisch wertvolles Kirchenbauwerk ist anderswo
wohl schwerlich vorstellbar.

Doch zurück zu Mozart: Man ging hier mit einer für die Wiener eigentlich recht untypischen Gründlichkeit und Zielstrebigkeit vor. Wenn es
kein Begräbnis und keine bezeichnete Grabstätte für Mozart gab, warum sollte es dann auf Dauer ein Sterbehaus geben? Man hielt dessen
Existenz daher für entbehrlich. Und da man sich nicht sicher war oder
sein wollte, welches von den drei »Galvani-Häusern« nun das tatsächliche Sterbehaus Mozarts war, demolierte man zur Sicherheit das gesamte Ensemble. Die Kreativität beim Erfinden von Pannen war schier

[267] Kretschmer, Mozarts Spuren in Wien, S. 11
[268] Kretschmer, Mozarts Spuren in Wien, S. 12

154

unbegrenzt: Gelegentlich wurde Reisenden auf den Spuren Mozarts auch ein falscher Friedhof in St. Marx gezeigt und wieder traf dieses Schicksal unter anderem die englischen Mozartenthusiasten Mary und Vincent Novello im Jahre 1829.[269] Dass dem englischen Ehepaar mit großer Wahrscheinlichkeit von Abbe Stadler (der dies als jahrelanger musikalischer Berater Konstanze Mozarts (!) wie kaum ein anderer eigentlich hätte wissen müssen), der falsche Friedhof, nämlich ein winziger – nach Schätzung der Novellos etwa 50 Quadratmeter großer – aus dem Mittelalter stammender, gewiesen wurde, auf dem nur einige völlig ungeordnet herumliegende Grabsteine zu sehen waren, verdient als besondere Absurdität festgehalten zu werden.[270] Dieses bedauerliche Versehen wurde freilich durch die Tatsache gemildert, dass man selbst als Besucher des »richtigen« Friedhofes nicht an Mozarts Grab besinnlich verweilen konnte, da es nie eine ernsthafte Grabsuche gegeben hatte, was logischerweise zu einer Nichtauffindung desselben führen musste. Man begnügte sich in der Folgezeit mit einer »ungefähren«, keineswegs gesicherten »Grabstelle«, die auf dem eher vagen Erinnerungsstand etwa des hochbetagten Franz Jakob Freistädtler, eines ehemaligen Mozartschülers, beruhte. Auch die Angaben des Hofflötisten Carl Scholl wurden damals, das heißt rund 50 Jahre nach Mozarts Tod, bekannt.[271] Als Fixpunkt bei den Nachforschungen diente ein den Friedhof beherrschendes Grabkreuz, von dem dann die Entfernung nach unterschiedlichen Klafterangabengemessen wurde, was wiederum zu ebenso unterschiedlichen Angaben der »richtigen Grabreihe«, es mochte sich um die dritte oder vierte Grabreihe gehandelt haben, in der sich die Grabstelle angeblich befand, als »Ergebnis« führen musste.[272] Die Verwendung des Verbums »forschen« wäre hier zu hochgestochen. Es hätte keiner langen akribischen Forschung, wie etwa nach dem Grabmal eines ägyptischen Pharaos bedurft, sondern schlicht und einfach der rechtzeitigen Suche nach einer Grabstelle durch Verwandte und Freunde auf einem Wiener Friedhof, der erst seit wenigen Jahren bestand, also durchaus überschaubar war. Und diese Grabsuche hätte man naturgemäß am Erfolg versprechendsten in den Wochen und Monaten nach dem nicht stattgefundenen Begräbnis veranlassen müssen. Es sei denn man hält das Verscharren

---

[269] Wiener Geschichtsblätter, Jahrgang 47, S. 9 f.
[270] Wiener Geschichtsblätter, ebenda
[271] Wiener Geschichtsblätter, Jahrgang 47, S. 11 f.
[272] Wiener Geschichtsblätter, ebenda

einer Leiche an unbekannter Stelle und zu unbekannter Zeit ohne irgendeine Begräbniszeremonie für ein solches. Und es gibt tatsächlich einen gar nicht unbeträchtlichen Teil der Mozartliteratur, der an dieser Dafürhaltung festhält mit nichts anderem als diesem unseligen Deiner-Wisch in der Hand und der das desaströse Verschwinden der Leiche mit den damaligen von Joseph II. diktierten Begräbnisusancen zu »erklären« versucht. Folgt man diesen ebenso lichtvollen wie genialen Erklärungen, wären die Wienerinnen und Wiener bis auf wenige hoch- und höchstgestellte Ausnahmen, zu denen ein Wolfgang Amadeus Mozart, man braucht es eigentlich gar nicht eigens zu erwähnen, selbstverständlich nicht gehörte, in anonymen Massengräbern verscharrt worden, wobei den Hinterbliebenen nicht einmal die genaue Stelle des Massengrabes bekannt gewesen wäre, wie es bei Mozart der Fall war. Besonders Spitzfindige meinen, es habe sich gar nicht um ein Armenbegräbnis gehandelt, weil Mozarts Beerdigung immerhin 8 Gulden und 56 Kreuzer gekostet habe. Also die horrende Summe von knapp 200 Euro, welche aus Mozarts kargem Nachlass bestritten wurde. Wo blieben hier übrigens die »Gönner« Puchberg und van Swieten? Das tatsächliche Armenbegräbnis – freilich unter den gleichen Begleitumständen – sei hingegen kostenlos gewesen. Was solle also dieses »Gerede« von einem »Armenbegräbnis«! Und, um dieser luciden Logik die Krone aufzusetzen: In Wien hätten zu dieser Zeit demnach – vor allem, aber nicht nur – die Hinterbliebenen von Verstorbenen, die ein Armenbegräbnis erhielten, wie es im Falle Mozarts – ich bleibe bei meiner These vom Armenbegräbnis – von vielen »Forschern« als »normal« und durchaus nachvollziehbar angesehen wird, demnach überhaupt nicht gewusst, wo ihre Angehörigen begraben worden waren, weil es aufgrund der Verordnung kein Begleiten des Sarges auf den Friedhof durch die Angehörigen und Freunde gegeben habe. Und es sind nicht vereinzelte Autoren, darunter durchaus bekannte Namen, die einen solchen Schwachsinn als Erklärung für die Ungeheuerlichkeiten anführen, die sich um das »Begräbnis« und die Grablegung Mozarts ranken.

Unmittelbar nach Mozarts Tod wären die Chancen das Grab zu finden natürlich ungleich größer gewesen als etwa im Jahre 1808[273], in welchem Konstanze Mozart zum ersten Mal (!) auf den St. Marxer Friedhof fuhr. Aber wahrscheinlich wollte man das »Risiko« nicht eingehen, die

[273] Leonhart, Mozart, S. 363, und: Kretschmer, Mozarts Spuren in Wien, S. 13

Verscharrungsstelle tatsächlich ausfindig zu machen und sie mit einem schlichten Grabkreuz oder irgendeinem Zeichen zu versehen, aus dem zu ersehen war, dass hier der bedeutendste Tondichter aller Zeiten begraben worden war. Vor allem wäre im Falle der frühen Suche das Massengrab noch nicht unter Entfernung der Skelettreste umgegraben gewesen und der die Beerdigung des Leichnams vornehmende Totengräber wäre noch als Auskunftsperson zu befragen gewesen. Die diesbezügliche Friedhofsverordnung, die eine Neubelegung der Massengräber in der Regel nach acht Jahren vorsah, wird doch irgendjemand, der sich in dieser Stadt für Mozart und sein Grab interessierte, bekannt gewesen sein, sodass er darauf drängen musste, mit Gleichgesinnten wenigstens vor Ablauf dieser Frist das Grab Mozarts zu lokalisieren. Die Erkundigung nach dem Totengräber, die bei Konstanzes Friedhofsbesuch im Jahre 1808 angeblich erfolgte, kam um mehr als eineinhalb Jahrzehnte zu spät. Wie diese Stadt auch eine Stadt der Verspätungen ist, nicht nur der Unterlassungen und Irrungen. Schließlich pflegen auch Totengräber in Wien nicht ewig zu leben. Solche Wunder geschehen nicht einmal in Wien, wenngleich sich hier manches Wundersame ereignen mag. Bezüglich einer nicht eben unwichtigen Befragung des behandelnden Arztes namens Closset nach den genaueren Umständen von Mozarts Krankheit und Tod, gab es keine Verspätung. Denn dieser wurde aus unerklärlichen Gründen, wenn man von diesem mehr als windigen Guldener-Gutachten[274] drei Jahrzehnte nach Mozarts Tod absieht, überhaupt nicht dazu befragt. Und Closset selbst schien offenbar keinerlei Bedürfnis zu haben, von sich aus aktiv zu werden und nähere Details der Öffentlichkeit mitzuteilen. Dabei erfreute er sich seines Erdendaseins noch bis ins Jahr 1813.[275]

Es ließe sich eine lange Reihe von gewichtigen Auskunftspersonen anführen, die alle nicht zu Ereignissen befragt wurden, über welche sie wahrscheinlich wichtige Auskünfte hätten geben können. Es gab hier in Wien keine Fragenden. Und die zu Befragenden hatten, aus welchen Gründen auch immer, offenbar keinerlei Interesse und Bedürfnis, von sich aus irgendetwas der Nachwelt zu hinterlassen, was etwas mehr Licht in die letzten Dinge um Mozart hätte bringen können. Und so werden diese wohl für immer in undurchdringliche Dunkelheit gehüllt bleiben. Was die Suche nach Mozarts Grab betrifft, so hätte der Wiener Magi-

[274] Köppen, Mozarts Tod, S. 31 f.
[275] Braunbehrens, Mozart in Wien, S. 497

strat auch keinen teuren »Budgetposten«, etwa unter dem Titel: Suche nach dem Mozartgrab, beschließen müssen, der den Finanzhaushalt der Stadt in arge Nöte gestürzt haben könnte. Man hätte diese Suche, ohne irgendwelche von langer Hand erforderlichen Planungsmaßnahmen, durchaus Privatpersonen aus dem Verwandten- und Freundeskreis Mozarts überlassen können. Und wenn auch dieser, was eigentlich für einen außenstehenden Beobachter undenkbar schien, dabei versagen sollte, so hätte man doch mit absoluter Sicherheit damit rechnen können, dass wenigstens einige von den vielen Mozartliebhabern – man denke nur an die zahllosen Aufführungen der »Zauberflöte« nach seinem Tod, die ja wohl nicht ohne entsprechendes Publikum stattgefunden haben konnten – mit Erfolg versucht hätten, das Grab ausfindig zu machen. So ganz auf eigene Faust, ob mit oder ohne den Sanktus der Stadtväter. Der Suchaufwand wäre auch mit überschaubaren Kosten und Mühen verbunden gewesen, die sich im Wesentlichen auf den Preis einer Fiakerfahrt nach St. Marx und retour beschränkt hätten. Außer den Fahrtkosten von einigen Kreuzern hätte einen weiteren bescheidenen Kostenfaktor auch noch die pekuniäre Belohnung für etwaige Auskünfte des Totengräbers darstellen können. Bei schönem Wetter hätte man auch eine Fußwanderung in die eine oder andere Richtung machen können und diese wäre außerdem noch für die Grabsucher sehr gesund gewesen, da man für einige Zeit dem gesundheitsabträglichen Gestank und Lärm der Großstadt entkommen wäre. Dann wäre die Sache noch billiger gekommen. Soweit die Theorie im Konjunktiv. In der Realität war alles anders. Für eine derartige Suche, zumindest was das erste Jahrzehnt nach Mozarts Tod betrifft, gibt es horribile dictu keinerlei Quellen. Es fühlte sich hier offenbar niemand zuständig und ohne festumrissene dienstverordnete Zuständigkeit geschieht in dieser Stadt so gut wie nichts, dies ist eine tiefverwurzelte Tradition. Wien und Mozart, dies ist eine Geschichte der Nichtstattfindungen im Indikativ und der Stattfindungen im Irrealis. Und wenn einmal etwas in dieser Stadt stattfindet, gerät es nicht selten zur Peinlichkeit. Zu den markantesten zählen, ich habe bereits einige Kostproben geschildert, die unvermeidlichen Mozartgedenkjahre, sodass es denn ohnehin gelegentlich besser erscheint, wenn gar nichts stattfindet.

Womit man wieder bei den »Nichtstattfindungen« in dieser Stadt wäre. Alles scheint in Wien irgendwie folgerichtig zu sein, man muss es nur aus dem richtigen, stadtspezifischen, Betrachtungswinkel sehen.

Man hat das Gefühl, Mozarts Physis habe sich nach seinem Tod in Luft aufgelöst und hätte man nicht seine betörende Musik, man könnte fast meinen, er habe hier nie gelebt. Da passt es denn auch völlig ins Bild, dass das Haus Habsburg in der Gestalt eines Kaisers Franz Joseph auch keinerlei Interesse zeigte, den unendlich kostbaren Nachlass von rund 270 Autografen, darunter »die Zauberflöte« und die »Hochzeit des Figaro«, die sich im Besitz von sechs verkaufsbereiten Erben des Verlagshauses André in Offenbach befanden und seit 1842 nach dem Tod des Pater familias Johann Anton André zum überaus günstigen Verkauf standen, zu erwerben.[276] Auch im Mozartgedenkjahr 1856 kam natürlich niemand in dieser einzigartigen Kulturstadt auf die Idee, Autografe aus dem André'schen Besitz, die bereits mehr als ein Jahrzehnt vergeblich auf einen Käufer warteten, für die Wiener Hofbibliothek zu erwerben. Auch die Erstellung eines Autografenkataloges durch Jean Baptiste André im Mozartjahr 1856, mit welchem er für sein aus 33 Mozartautografen bestehendes Erbteil sich bessere Chancen auf einen Verkauf ausrechnete, erwies sich als Fehlkalkulation. Der Großteil der angebotenen Autografe blieb weiterhin unverkäuflich.[277] Brauch ma net. Net woa. Leider ist dieser eindrucksvolle Beweis Wienerischen und Habsburgischen Kunstsinnes an einem Karl Kraus spurlos vorbeigegangen.

So kam es, dass die königliche Bibliothek in Berlin etwa die Hälfte der Offenbacher Handschriften aus dem Hause André endlich im Jahre 1873 um den mehr als wohlfeilen Preis von 12000 Talern (die damalige Kaufkraft eines Talers mag etwa 10 Euro entsprochen haben) erwarb[278] und schließlich über insgesamt fast 300 Autografe von Mozart verfügte! Die in ihrem wahren Wert schier unbezifferbaren Originalhandschriften wurden also nahezu verramscht. Man vergleiche dazu die »Bestände« der Wiener Hofbibliothek und heutigen Nationalbibliothek. Es handelt sich, nach Auskunft der Bibliothek, um gezählte 16 Autografe! Das Prunkstück ist bekanntlich Mozarts »Requiem«, das aber eher durch glückliche Zufälle in den Besitz der Bibliothek gelangte. Dabei waren die Beziehungen Berlins zu Mozart unvergleichbar loser als jene Wiens. Die angebliche Verbundenheit und Wertschätzung Mo-

[276] Rehm, Wolfgang: Mozarts Nachlass und die Andrés. Dokumente zur Vertheilung und Verlosung von 1854, Offenbach am Main 1999
[277] Tewinkel, Christiane: »Im Tresor. Wie ein Stück Weltkulturerbe nach Berlin kam«, in: »Tagesspiegel«, Berlin, 28. Januar 2006
[278] Tewinkel, ebenda

zarts durch die Casa d'Austria wird durch diesen meist unendlich kitschig und süßlich geschilderten Besuch der Familie Mozart im Schloss Schönbrunn im Jahre 1762 als unverzichtbares Bildungsgut auch Mozart fernen Volksschichten, deren Zahl speziell unter jüngeren Bürgerinnen und Bürgern dank einer entsprechenden »Musikerziehung« beängstigend ansteigt, nahezubringen versucht. Speziell jüngere Kandidaten einer bekannten Fernsehquizsendung fühlen sich eher unangenehm berührt und sind voller Unsicherheit, wenn ihnen beispielsweise eine »exotische« Frage nach einer Mozartoper vorgelegt wird, während ihnen in den allermeisten Fällen die Beantwortung von Fragen nach irgendwelchen ausgeflippten Rockgruppen und deren elementaren Hervorbringungen oder ephemeren Filmgrößen keinerlei Schwierigkeiten bereitet. Dieser oft festzustellende Wissensnotstand, trotz beachtlichem in vielen Köpfen abgelagerten »Wissensmüll«, bezieht sich freilich auch auf zahlreiche andere »werthältige« Wissensgebiete, die mit Mozart nichts zu tun haben ... Und dann diese entzückende Szene, wie der kleine Wolferl aus Salzburg auf dem Schoß der Kaiserin Maria Theresia sitzen darf und manche Hofschranzen ob eines so unerhörten Vorgangs verzweifelt die Augen verdrehen und im schönsten »Schönbrunnerisch« näseln: »Ja, doarf er denn das?« Und wie dieser charmante, gar nicht schüchterne Fratz aus Salzburg, bei dessen virtuosem Spiel auf dem Klavier der hochwohlgeborenen Gesellschaft der Atem stockt, der Marie Antoinette einen – allerdings sehr nach Legende riechenden – Heiratsantrag macht. Sehr gspaßig, aber doch auch sehr keck, gell ... Leider gibt es eine Kehrseite dieses lieblich gemalten Bildes, die von der Mozartliteratur wenig oder gar nicht dargestellt wird. Es ist etwa der Brief Maria Theresias an ihren Sohn Ferdinand, des Herrschers über die Lombardei, vom 15. Dezember 1771. Hier die deutsche Übersetzung aus dem Französischen:

»Sie erbitten von mir, dass Sie den jungen Salzburger in Ihren Dienst nehmen dürfen. Ich weiß nicht, als was, da ich nicht glaube, dass Sie einen Komponisten oder unnütze Leute nötig haben. Freilich, wenn Ihnen das dennoch Vergnügen macht, will ich kein Hindernis sein. Was ich sage, ist, dass Sie sich nicht mit unnützen Leuten beschweren, und niemals Titel an diese Menschensorte vergeben sollten, als ständen sie in Ihren Diensten. Das macht den Dienst verächtlich, wenn diese Leute dann wie Bettler in der Welt herumreisen, übrigens hat er eine große Familie.«²⁷⁹

Dieser Unsäglichkeit der kaiserlichen »Resi« kann man eigentlich nichts hinzufügen außer: si tacuisses …

Zur Ehrenrettung des Hauses Habsburg sei aber hier gesagt, dass es auch eine Fast-Lichtgestalt wie Joseph II. gegeben hat, bei allen Einwendungen, die man gegen Teile seiner Politik und auch gegen gar nicht wenige seiner persönlichen Fehlleistungen – auch was Mozart betrifft – machen muss. Dabei hatte diese unvergleichliche Musikstadt Wien beim zweiten Besuch Mozarts im Jahre 1767/68 schier alles Menschenmögliche unternommen, um das zwölfjährige Musikwunder aus Salzburg bis an sein Lebensende zu traumatisieren und es davon abzuhalten, in späteren Jahren diese Stadt als dauernde Wirkungsstätte zu wählen. Wäre es ihr doch geglückt! Wie anders wäre Mozarts Lebensweg verlaufen. Der Knabe hatte in Wien von Jänner bis Juni 1768 seine erste große Oper »La finta semplice« auf Anregung des Hofes geschrieben, ohne dass dieser in der Folgezeit auch nur einen Finger gerührt hätte, um die ungeheuren Hindernisse, die man mit ausgeklügelter Bosheit von allen Seiten gegen das Opernprojekt auftürmte, mit der Autorität des Hofes aus dem Weg zu räumen. Als Werk eines Zwölfjährigen kann man diese über drei Stunden dauernde Oper nur als unfassbares Wunder betrachten. Doch diese sollte dank einer Flut von Ränken, Intrigen und Verleumdungen nicht zur Aufführung gelangen. Der Pächter des Burg- und Kärntnertortheaters, eine elende Kreatur namens Giuseppe Affligio, verzögerte von Woche zu Woche die Aufführung mit haltlosen und auch böswilligen Begründungen. Ja, er besaß sogar die Unverschämtheit, parallel zu »La finta semplice«, eine andere Oper einzustudieren. Diese niederträchtige Hinhaltetaktik, die reiner Psychoterror war, brachte die Familie Mozart bis an den Rand des totalen wirtschaftlichen Ruins, da sie der Aufenthalt in Wien 6 Gulden pro Tag kostete und die letzten Reserven der Familie rasch zu Ende gingen. Die Instrumentalisten wollten nicht von einem Knaben dirigiert werden. Und übrigens, wer wisse schon, ob diese »unsingbare« Oper überhaupt von dem Knaben stamme.²⁸⁰ Diese geballte Niedertracht rund um das Scheitern dieses Opernprojektes hat Leopold Mozart in erschütternder Weise unter anderem in einem Brief vom

---

²⁷⁹ Roos, Harke de: Mozart und seine Kaiser, Berlin 2005, S. 70 f.
²⁸⁰ Siehe unter anderem Solomon, Mozart, S. 70 ff.

29. Juni 1768 an seinen Freund Hagenauer dokumentiert: »Ich hätte Ihnen eine schwere Menge von allen Gattungen der ausgesonnensten Ränke und bosshaften Verfolgungen zu erzehlen: allein ich bin zu müde, solche in meinen Gedancken zu wiederhohlen, und will es besser auf die bald erfolgende mündliche Unterredung erspahren [...]. Wir befinden uns übrigens, Gott lob alle gesund: wenngleich der Neid auf allen Seiten auf uns losstürmet. Sie wissen schon, ich bleibe bei meinem alten Spruche: in te Domine Speravi etc. fiat voluntas tua.«[281] Aber fairerweise wird man Wien wenigstens nicht zum Vorwurf machen dürfen, dass bei der Ankunft der Familie Mozart im Oktober 1767 in Wien eine Pockenepidemie ausbrach, welche die Familie nach Olmütz fliehen ließ, wo die Krankheit allerdings sowohl Wolfgang als auch das Nannerl befiel.

Diese Un- und Nichtbeziehung Wiens zu Mozart in all ihren erschütternden Facetten wissenschaftlich schonungslos aufzuarbeiten, dies wäre ein ungemein wichtiger Bereich der besonders in dieser Stadt so dringlichen Vergangenheitsbewältigung. Die Begehung des Mozartjahres 2006 bildete mit wenigen positiven Ausnahmen – etwa im Bereich von kreativen Randveranstaltungen – einen »würdigen« vorläufigen Abschluss dieser nun schon fast ein Vierteljahrtausend anhaltenden unseligen Tradition. Wenn man wenigstens einen geringen Teil des zur Verfügung stehenden Budgets, das namentlich für ein am Ende dieses Jubiläumsjahres stattfindendes haarsträubendes, mit Mozart nicht im geringsten Zusammenhang stehendes, Projekt in unverantwortlicher Weise verpulvert wurde, etwa für den Versuch aufgewendet hätte, die Defizite in der Wiener Mozartforschung durch einen entsprechend dotierten – nur einen Bruchteil kostenden – Forschungsauftrag wenigstens teilweise zu beheben oder zumindest den Versuch dazu zu machen, dann hätte man von einem echten Durchbrechen dieser unseligen »Tradition« und einem ernsthaften Neuanfang sprechen können. Aber allein schon die (nichts kostende) ehrliche und vorbehaltslose Erklärung eines Nostra Culpa hätten ein erlösender Akt der Befreiung und Anlass zu einem Neubeginn der Beziehung zwischen Mozart und Wien sein können. Man hat diese Chance, mit der die Verantwortlichen in die Annalen der Musikgeschichte hätten eingehen können, leichtfertig vergeben. Man ist sich dieser Chance wohl nicht einmal bewusst geworden. Die Liste die-

[281] Mozartbriefe, Band I, Nr. 134

ses Versagens einer Kulturstadt, aber darüber hinaus auch eines ganzen Landes, gegenüber dem größten Musikgenie aller Zeiten, könnte nahezu ein Buch füllen. Nichts an dieser Kritik ist unberechtigt und maliziös! Es handelt sich hier um unschwer zu dokumentierende Fakten, aus denen diese zu Recht erwächst. Und diese permanenten Fehlleistungen haben nichts, wie gesehen, mit dem gerade herrschenden System zu tun. Dies wäre zu kurz gegriffen. Der Übergang erfolgt über die Jahrhunderte völlig nahtlos. Wien bleibt unabhängig von Regierungsformen und Regierenden immer Wien, und die Wiener bleiben immer Wiener, indem sie sich immer treu bleiben. Wien ist wirklich anders und es klingt in diesem Zusammenhang wie eine Drohung. So ist es auch kein Zufall, dass die – erste – Gedenktafel in der Kreuzkapelle an der Nordfassade des Stephansdomes im Jahr 1931 (!) vom Wiener Schubertbund (!) veranlasst wurde, weil es selbstverständlich in dieser gemütlichen Stadt, in der die Musik unter lieblichem Geigengeflüster bekanntlich schon in der Luft zu spüren ist, keine Mozartgesellschaft gibt, die auch nur entfernt diese Bezeichnung verdient. Oder hat diese Gesellschaft jemals etwas wirklich Bedeutendes in Bezug auf Mozart erforscht und ist dies bloß dem Autor verborgen geblieben?

Es gibt so etwas wie eine fernab einer öffentlichen Wahrnehmung dahinsiechende »Mozartgemeinde«, welche nicht einmal im amtlichen Telefonbuch aufscheint. Es bedarf keines geringen detektivischen Spürsinns, um in Erfahrung zu bringen, dass die Post an die Bezirksvorstehung des 6. Bezirks zu richten ist, weil es offenbar keine eigene Adresse dieser seltsamen »Mozartgemeinde« gibt. Die Post wird nach Auskunft der Bezirksvorstehung immerhin »alle ein bis zwei Wochen« abgeholt. Näheres weiß man selbst hier nicht. Die »Mozartgemeinde« erhält aus dem Kulturbudget der Stadt Wien keinen Cent. Aber immerhin wurde ihr nach langem Bitten und Betteln im Mozartjahr 2006 ausnahmsweise eine Förderung von 1000 Euro gewährt. Kein Wunder, dass unter diesen Umständen das herausgegebene Mitteilungsblatt »Der Figaro« nahezu ohne öffentliche Wahrnehmung trotz redlichen Bemühens der Schriftleitung dahinvegetiert. Was hätte man nicht alles an unerhörten und ungeschminkten Wahrheiten in den provisorisch aufgestellten Mozarttelefonstellen im Mozartgedenkjahr 2006 den interessierten Wienern und Nichtwienern erzählen können! Es gab sogar eine eigene Mozarttelefonsäule erstaunlicherweise an der richtigen Stelle des abgerissenen Sterbehauses in der Rauhensteingasse. Der kurze Hoffnungsschimmer, dass die um einige Häuser nach Norden »verrutschte« Gedenktafel der Gesellschaft der Musikfreunde von 1927 in der Folgezeit – als »Miniergebnis« des Mozartjahres – auf die richtige Höhe des ehemaligen »kleinen Kaiserhauses« gestellt werden könnte, erwies sich allerdings als trügerisch. Die Gedenktafel prangt nach wie vor etwa auf der Höhe des 1847 demolierten »Goldenen ABC-Hauses«! Die falsche Lokalisierung beträgt schlicht rund 20 Meter. Wer wird denn bei einem Mozartsterbehaus so genau und pingelig sein wollen, d'Hauptsach, es is überhaupt eine Tafel vorhanden, net woa?

Im Übrigen erfuhr man in diesem »mobilen Mozarttelefonnetz« nichts als Altbekanntes, in mundgerechte Häppchen Verpacktes, das deswegen noch lange nicht richtig sein muss, nur weil es altbekannt ist. Und man wird es in der Kulturstadt Wien noch nach Jahrzehnten für eine unerhörte Leistung halten, das mehr als 200 Jahre vor sich hingammelnde »Figarohaus« für das Mozartjahr 2006 renoviert zu haben. Angesichts des nicht versiegenden Touristenstroms und der daraus lukrierten riesigen Karteneinnahmen dürften sich die Kosten der Renovierung schon in absehbarer Zeit amortisieren. Mozart hat also auch hier nichts gekostet, wie er diese Stadt und dieses Land nie etwas gekostet hat, sondern er hat immer nur unendlich viel gegeben, auch wenn man dies nur aus der Froschperspektive der Vermarktung von Mozartkugeln oder irgendwelchen touristischen Kosten-Nutzen-Rechnungen sehen wollte. Doch die mit Abstand unfassbarste aller Fehlleistungen des Wiener Mozartjahres war die tausendfache Affichierung eines blödäugigen Mozartantlitzes, welches monatelang die Plakatwände in der ganzen Stadt verunzierte und alle wahren Mozartverehrer schwer verstörte. Augen, die den vielleicht großartigsten Gedankenkosmos in der Geschichte der Menschheit für die Außenwelt hatten erahnen lassen! Aus welchen Quellen der Erbärmlichkeit mochte wohl diese »Idee«, der man als Wiener oder Wienbesucher in einer Art von Psychoterror über viele Wochen hilflos ausgesetzt war, entsprungen sein! Was mag in den Hirnen der hierfür Verantwortlichen vorgegangen sein! Hier steigerte sich diese Unbeziehung zwischen Mozart und Wien geradezu ins Monströse. Wenn es jemals eine Stadt gegeben hat, die einen ihrer großen Söhne nicht verdient hat, dann ist es unser Wien. Und es geht hier um den größten aller denkbaren Söhne, auch wenn dieser in Salzburg geboren wurde. Denn Wien war für Mozart die eigentliche Heimatstadt und Wirkungsstätte.

Johann Michael Puchberg:
Mozarts Freund und Gönner

Doch nach diesem Exkurs per ambages endgültig zurück zu Konstanze Mozart und den Ereignissen zum Zeitpunkt des Todes ihres Gatten. Vielleicht war das Hauptmotiv für diese erwähnte Hilfeleistung der beiden Herren Goldhahn und Bauernfeld nicht bloß reine Menschlichkeit und Anteilnahme am Schicksal der Witwe und ihre Entfernung aus der Sterbewohnung hatte möglicherweise etwas weniger edle Beweggründe. Vielleicht wurde Konstanze auch deshalb an einen unbekannten Ort gebracht, weil gewisse Kreise sehr daran interessiert waren, dass sie der Öffentlichkeit nicht manche Dinge betreffend den mysteriösen Tod ihres Mannes mitteilte, die besser ungesagt bleiben sollten. In Abwesenheit der Witwe ließ sich in der Sterbewohnung auch weit komfortabler nach unbekannten Notenschätzen stöbern, wobei wir wieder beim eigentlichen Thema wäre. Es mutet uns heute skurril an, dass unter den Vermögenswerten des erstellten Nachlassverzeichnisses zwar jeder Hausrat und jedes Kleidungsstück bis zum letzten »Leibl« Aufnahme fanden, nicht jedoch die für uns Heutigen so unschätzbar wertvollen Notenmanuskripte. Bei Überlegungen, wer für die Werke Mozarts zum Zwecke seines persönlichen Vorteils besonderes Interesse gehabt haben könnte und zugleich die besten Möglichkeiten der unbefugten Aneignung vorgefunden haben mochte, ist wohl an erster Stelle der Name Johann Michael Puchberg zu nennen.

Man wird in diesem Zusammenhang sich auch einmal mit der Person des angeblich so edlen Freundes und Gönners Johann Michael Puchberg von einer etwas anderen Seite als immer nur der des edlen Geldgebers und angeblich einzig verbliebenen Freundes auseinandersetzen müssen. Das familiäre Umfeld Puchbergs ist ziemlich bestürzend: Der Vater Johann Michael Puchberg hatte sich als Stadtschreiber und späterer Syndicus in der Stadt Zwettl offensichtlich wie ein wildgewordener Sheriff im Wilden Westen aufgeführt und, wie es den Anschein hat, dank seiner dominierenden hemdsärmeligen Persönlichkeit unabhängig von den legitimierten Entscheidungsträgern der Stadt Zwettl seinen Willen rücksichtslos durchgesetzt. »Vater Puchberg, der Zwettler Stadtschreiber und spätere Syndicus, war einer der mächtigsten und einflussreichsten Persönlichkeiten dieser Stadt. Er leitete nicht nur die städtische Verwaltung, er dominierte vielmehr geradezu das politische Leben in Zwettl, wie man aus den Ratsprotokollen jener Zeit zu schließen geneigt ist. Er traf Entscheidungen, fällte Urteile, knüpfte Kontakte und nützte seine Kenntnisse und Beziehungen weitgehend selbstständig und unabhängig von Richter und Rat, den eigentlichen Entscheidungsträgern der Stadt.«[282]

Eine ähnlich problematische Gestalt ist dessen Bruder Matthias, der Onkel des Mozartgönners Johann Michael Puchberg. Als Stadtschreiber, diese Funktion scheint eine profitable familientypische Domäne gewesen zu sein, und Reorganisator des desolaten Stadtarchivs in Krems manipuliert Matthias Puchberg, wie es den klaren Anschein hat, durch allerlei Winkelschreibereien in diversen Grundbüchern und »Einlagen« die Besitzstände biederer Kremser Bürger an Häusern, Grundstücken und Weingärten. Dank seiner Urkundenhoheit leistet er für manche Kremser Bürger, die es mit Recht und Gesetz sowie ordentlicher Steuerleistung nicht ganz ernst nahmen, wertvolle »Dienste«, für die er nicht selten die Hand aufzuhalten scheint, zumal wenn er »vergisst«, in seinen neu von ihm angefertigten Grundstücksplänen manche steuerpflichtigen Grundstücke einzutragen. »Richtig« gelesen, geht dies sogar aus den eigenen schönfärberischen Tagebüchern von Matthias Puchberg hervor. (Sehr wertvoll ist in diesem Zusammenhang ein Artikel von Ekkehard Ehrenreich über Matthias Puchberg.[283])

Dies sind freilich nicht die einzigen »Highlights« dieser ursprünglich aus dem Fränkischen eingewanderten Sippschaft, allerdings meist nur im Negativen. Auch Philipp Anton, ein weiterer Onkel des Mozartgönners, war – diesmal im Bereich einer Textilmanufaktur – zu beachtlichem Reichtum gekommen, obwohl es in dieser Emporkömmlingsfamilie ursprünglich wohl keinerlei nennenswerte finanzielle Substanz gegeben haben mochte. So teilte die Witwe des bürgerlichen Handelsmannes Johann Georg Schuller, namens Barbara, 1771 mit, dass sie in Hinkunft die Sassiner Manufaktur mit Simon Hugerer aus Linz und Philipp Anton Puchberg betreiben werde.[284] In dem erwähnten Artikel

---

[282] Mitteilungen des Stadtarchivs Zwettl, April 2006
[283] Ehrenreich, Ekkehard: Johann Matthias von Puchberg, eine Lebensbeschreibung, in: Mitteilungen des Kremser Stadtarchivs, Krems an der Donau 1961
[284] Mittenzwei, Ingrid: Zwischen Gestern und Morgen. Wiens frühe Bourgeoisie an der Wende vom 18. zum 19. Jahrhundert, Wien 1998, S. 195

von Ekkehard Ehrenreich erfahren wir, dass auch Matthias Puchberg
in eben dieser Sassiner Kattunfabrik eine »neue Aufgabe« nach seiner
Tätigkeit in Krems übernommen hatte.[285] Ein Drittel des erforderlichen
Einlagenkapitals von 120000 Gulden hatte sein Bruder Philipp Anton
Puchberg beigesteuert. Eine nicht eben bescheidene Summe von rund
von rund 900000 Euro! Doch ist das Persönlichkeitsbild dieses Philipp
Anton Puchberg aufgrund der Quellenlage nicht so greifbar wie das seines Bruders Matthias. Ob seiner anmaßenden Habsucht und Korrupt-
heit war Matthias Puchberg von den empörten Kremser Mitbürgern
äußerst angefeindet worden, obwohl er durch manche Winkelzüge die
Steuerleistungen einer Anzahl von Kremser Bürgern bedeutend verrin-
gert und die Kremser Steuerleistung insgesamt durch seine Malversationen herabgesetzt hatte. In seiner unersättlichen Raffgier brachte es
der ehrgeizige Emporkömmling in jungen Jahren zum Besitz von mehreren stattlichen Stadthäusern in Krems.[286] Er ist, wie gesehen, mit dem
raschen Erwerb eines großen Vermögens kein Einzelfall in dieser wirt-
schaftlich und technisch hoch begabten, aber offenbar ziemlich skrupel-
losen Sippe. Sein Neffe Johann Michael Puchberg wird in die Fußstapfen
seiner beiden Onkel treten, wie noch ausführlich darzustellen sein wird.
Als die Empörung der biederen Kremser Bürger über die Umtriebe des
Ratssekretärs und Archivars Matthias Puchberg, der auch Mitglied des
»äußeren Rates« war, in einen regelrechten Volksaufstand auszuarten
drohte, sah sich Maria Theresia angesichts der bedrohlichen Nachrichten, die aus der Kremser Weinstadtidylle nach Wien gelangten, gezwungen, mehrere Delegationen nach Krems zu entsenden. Die letzte konnte
die Ordnung nur dadurch wiederherstellen, dass sie Matthias Puchberg
den weiteren Aufenthalt in Krems strikt untersagte (Dekret vom 5. Juli
1745). Diese Nachrichten sind den Memoiren des Matthias Puchberg
und dem zitierten Artikel von Ekkehard Ehrenreich zu entnehmen, welchen mir das überaus bemühte und freundliche Kremser Stadtarchiv zur
Verfügung stellte.[287] Es handelt sich bei ersterem Dokument naturgemäß um eine nicht unproblematische Quelle, zumal Subjektivität und
Egomanie des Memoirenschreibers Matthias Puchberg hier besondere
Blüten treiben. Doch wenn man ein wenig zwischen den Zeilen zu lesen

[285] Ehrenreich, Puchberg, S. 121
[286] Ehrenreich, Puchberg, S. 108 f.
[287] Ehrenreich, Puchberg, S. 112 ff

vermag, so ergibt diese zunächst eher trübe fließende Quelle wohl ein recht klares Bild von der wahren Gestalt dieses Matthias Puchberg. Über seine obskure Rolle im Zusammenhang mit der causa »Salliet« – Testat eines wichtigen Testaments – finden sich leider keine Hinweise, da die Tagebücher, wohl nicht ganz zufällig, vorzeitig enden. Und schließlich der atemberaubende berufliche Aufstieg seines Neffen Johann Michael Puchberg bei der Firma Salliet am mondänen Hohen Markt in Wien, wo er nach dem Tod aller männlichen Glieder der Familie, einer der reichsten Textildynastien Wiens, vom kleinen aus Zwettl im Jahr 1768 dahergelaufenen Verkäufer binnen 16 Jahren zum Alleinbeherrscher der renommierten Niederlage avanciert, nachdem zuletzt auch noch die von ihm im Jahre 1780 geehelichte Witwe seines verblichenen Chefs, 1784, im Alter von 36 Jahren das Zeitliche gesegnet hatte. Durch diese Heirat war Michael Puchberg zum Geschäftsführer der Firma Salliet aufgestiegen. Das Erbe der Witwe Salliet nach ihrem ersten Gatten betrug die gewaltige Summe von 217 000 Gulden oder rund 5 Millionen Euro.[288]

In kurzen zeitlichen Abständen gingen vier Mitglieder der Familie Salliet ins Jenseits ab: Michael Salliet, der Chef der prosperierenden Textilniederlassung am Hohen Markt, am Heiligen Abend 1777, sein einziger – minderjähriger – Sohn zwischen 1777 und 1784[289] sowie sein Bruder Claude Salliet, dessen Tod mit einiger Wahrscheinlichkeit ebenfalls in diesen Zeitraum fällt. Claude führte den anderen wichtigen Erwerbszweig der Familie Salliet, eine bedeutende Seidenmanufaktur. Zur Vermutung seines Ablebens gibt die Tatsache begründeten Anlass, dass Claude Salliet weder die Leitung der Niederlage seines verstorbenen Bruders am Hohen Markt noch die Vormundschaft für dessen verwaiste Kinder übernahm. Zuletzt stirbt die reiche, von Michael Puchberg im Jahre 1780 im Stephansdom getraute Witwe Salliet im Jahre 1784.[290] Was also den sagenhaften Aufstieg von Johann Michael Puchberg bis zur Leitung der Salliet'schen Niederlage betrifft, handelt es sich dabei um eine Kette glücklicher Zufälle. Allerdings nur für den strebsamen Emporkömmling aus Zwettl. Des einen Freud, des anderen Leid …

Für keinen Zufall halte ich allerdings den Umstand, dass ausgerechnet

---

[288] Schneider, Gabriele: Johann Michael Puchberg. Aufstieg und Fall von Mozarts Freund und »Bruder«, in: Wiener Geschichtsblätter, Jahrgang 55, Wien 2000, S. 289

[289] Schneider, Puchberg, S. 288 ff.

[290] Schneider, ebenda

der ehemalige kriminelle Winkelschreiber aus Krems, der schon gewürdigte Onkel Matthias, als Zeuge das Testament der jung verstorbenen Witwe Salliet testiert.[291] Und sein Testat wird immer noch einiges Gewicht gehabt haben, obwohl Matthias Puchberg seit seiner erzwungenen Übersiedelung nach Wien manche persönliche und berufliche Höhen und Tiefen erlebt hatte. Nach einigen Zwischenstationen in der privaten Textilwirtschaft, wo es meist ob seines provokanten und egomanischen Verhaltens zum Krach und seinem damit verbundenen Ausscheiden aus der Firmenleitung gekommen war, avancierte er am 30. August 1762 zum Hofrat der Rechenkammer mit einem beachtlichen Salär.[292] Und wieder stößt man auf ein offenbar familienspezifisches Problem der Puchbergs. Der mathematisch hochbegabte, fast grenzgeniale Zahlenjongleur, der mit seiner Erfindung der doppelten Buchhaltung im Bereich der Rechenkammer zunächst durchaus wertvolle Verwaltungsarbeit leistet, stößt – eine Parallele zu den Ereignissen in Krems – alsbald auf heftigste Ablehnung. Wieder einmal steht der Vorwurf der Bestechlichkeit, der auch in Krems mehrmals massiv erhoben worden war, im Raum. Dazu ist bei Ehrenreich zu lesen: »Persönliche Angriffe richteten sich gegen ihn [Matthias Puchberg]. Der Vorwurf des Hochmutes und Stolzes, der Eigensinnigkeit und der Unverträglichkeit und auch der Bestechlichkeit wurde ihm gemacht.«[293]

Man nahm die Affäre bei Hof offenbar sehr ernst, denn es erfolgte sogar im Zusammenhang mit diesen Ereignissen die Aufhebung der Unabhängigkeit der Rechenkammer. Eine neu strukturierte Rechenkammer wurde anderen Hofstellen unterstellt. Matthias Puchberg wurde in der Folge seines Amtes enthoben und in den vorzeitigen Ruhestand versetzt.[294] Woraus man, wie aus den Ereignissen in Krems, mit großer Sicherheit schließen darf, dass es sich bei all diesen Matthias Puchberg gemachten Vorwürfen und Anschuldigen keineswegs nur um haltlose Verleumdungen und Intrigen gehandelt haben kann. Aber immerhin wurde, nachdem offenbar Gras über die Affäre gewachsen war, Matthias Puchberg Jahre später als Direktor der Zentralhofbuchhalterei mit der Führung des Zentralbuches betraut. Diese Funktion übte er bis

[291] Schneider, Puchberg, S. 290
[292] Ehrenreich, Puchberg, S. 122
[293] Ehrenreich, ebenda
[294] Ehrenreich, ebenda

zu seinem Tod im Jahre 1788 aus.[295] Diese Ernennung erfolgte wohl wegen seiner außerordentlichen Fähigkeiten und nicht wegen, sondern trotz seines Charakters! Sein Testat eines angeblich rechtsgültig zustandegekommenen Testaments der Witwe Salliet und ersten Frau seines Neffen Johann Michael im Jahre 1784 hatte also trotz all der geschilderten Vorfälle offenbar einiges Gewicht! Es ist natürlich reiner Zufall, dass in diesem Testament einer 36-jährigen Dame, die trotz ihrer Krankheit vielleicht noch nicht allzu viele Gedanken an die Notwendigkeit eines Testaments verschwendet haben wird, der zweite Gatte Johann Michael Puchberg so reich bedacht wurde und dieser de facto zum Herrn der florierenden Niederlage am Hohen Markt bestimmt wurde. Und um jeden aufkeimenden Verdacht hier hintanzuhalten: Dokumentenfälschungen betrieb der gute Oheim nur in Krems, er wird zwar nach wie vor wissen, wie man das macht, aber er ist seither geläutert und lässt sich auf derlei krumme Dinge nicht mehr ein. Manch unschöne Dinge im Bereich seiner Tätigkeit bei der Rechenkammer sollen hier überhaupt außer Acht gelassen werden. Im Übrigen gilt auch hier die Unschuldsvermutung, auch wenn es sich um eine »schiefe Optik« handeln mag. Doch halt: Es stößt noch ein Vertreter dieser Sippschaft hinzu, nämlich Philipp Anton, der andere, schon kurz erwähnte Onkel Johann Michael Puchbergs. Dieser übernimmt 1784 gemeinsam mit dem »k. k. Niederlagsverwandten« Thaddäus Berger die Vormundschaft für die vier unmündigen Töchter der verstorbenen Salliets.[296] Die Leitung der renommierten Textilfirma und die gleichzeitige Ausübung der Vormundschaftsagenden durch Johann Michael Puchberg hätten eine Interessenkollision bedeutet, die man naturgemäß vermeiden wollte. Es geht schließlich um den guten Ruf der Puchbergs. So hat jeder seinen eigenen Aufgabenbereich: Matthias Puchberg sorgt für ein unantastbares Testament der Gattin seines Neffen, sein Bruder Philipp Anton übernimmt die Vormundschaft über die Salliet'schen Vollwaisen und der Neffe Johann Michael die Leitung der Firma Salliet. So bleibt alles in der Familie. Und Organisieren war schon immer deren Stärke. Man hat das Gefühl, die Puchbergs wären wie die Geier über die Familie Salliet und ihr riesiges Vermögen hergefallen. Aber dem edlen Mozartfreund Johann Michael Puchberg fällt es keinesfalls ein, die vier verwaisten unmündigen Mädchen aus der Ehe

---

[295] Ehrenreich, Puchberg, S. 124
[296] Schneider, Puchberg, S. 290

170

Salliet, welcher Familie er so unendlich viel verdankt, als Stiefvater in seinen Haushalt aufzunehmen, obwohl er durch die Salliets zu großem Reichtum und hohem gesellschaftlichen Ansehen gekommen ist. Laut Testament wäre er eigentlich dazu verpflichtet gewesen, sich um die vier Mädchen im Alter zwischen drei und 17 Jahren zu kümmern, wenn der feine Herr schon nicht von sich aus darauf gekommen sein sollte, dass die Fürsorge für seine Stieftöchter nach dem Tod der Mutter eigentlich seine verdammte Schuld und Pflicht gewesen wäre. Er schiebt aber die vier verwaisten Mädchen »zur Kost im Holzer'schen Haus Nr. 28« in der Schenkenstraße ab.[297] In den familiären Haushalt (Puchberg heiratet 1787 eine wesentlich jüngere Dame namens Anna Eckart[298]) nimmt er lediglich die 1781 geborene Tochter Josepha aus seiner Ehe mit Elisabeth Salliet auf.[299] Nur gut, dass dieses Testament der vormaligen Witwe Salliet und verewigten Frau Puchberg, dessen Echtheit der ehrenwerte Onkel Matthias bezeugt hat, die Tugenden des zweiten Ehemannes aus dem Hause Puchberg in den leuchtendsten Farben schildert. Es habe sich bei Johann Michael Puchberg um einen »unaussetzlich liebenden Gatten, der auch ihre Kinder aus erster Ehe wie ein freundlicher Vater lieb gehalten und für sie gesorgt hat«[300] gehandelt. Man ist geneigt, darob in Rührung auszubrechen. Warum er ihnen aber seine Fürsorge weitgehend entzog, nachdem sie Vollwaisen geworden waren, vermag der außenstehende Beobachter nicht recht nachzuvollziehen.

Johann Michael Puchberg ist also, nimmt man alles nur in allem, ein ehrenwerter Mann. Und bei Mozart zeigte sich Johann Michael Puchberg von seiner besten und edelsten Seite. Nicht wahr? Und das ist doch das Einzige, was zählt! Denn die ewige Erinnerung an diesen Mann lebt nur in seiner Freundschaft zu Mozart. Und diese wird von einer mehr als 200-jährigen Mozartforschung als eine nicht hinterfragbare Prämisse wie eine Monstranz hochgehalten. Diese Freundschaft kommt, was ihren Edelsinn betrifft, sogleich nach der unvergleichlichen Freundschaft zwischen Mozart und Haydn. Wer dies anders sieht ist ein spintisierender Fantast. Es wird in nicht wenigen Mozartpublikati-

---

[297] WStLA, Verlassenschaftsabhandlungen, Magistratisches Zivilgericht, Fasz. 2, 1587/1784, in: Schneider, Puchberg, S. 290
[298] Gugitz, Gustav: Mozarts Finanzen und Freund Puchberg, in: »Österreichische Musikzeitschrift«, Wien 1952, S. 221
[299] Schneider, Puchberg, S. 290
[300] »Wiener Zeitung«, 1784, S. 128

onen auch immer so getan, als ob Freund Puchberg von Mozart durch
dessen angeblich immer unverschämter werdende Bettelbriefe regelrecht
ausgeplündert worden sei. Die etwa 1415 Gulden[301], die Puchberg Mozart zur Verfügung stellte – und dies in vielen Teilbeträgen über mehrere Jahre verteilt – können keineswegs an die wirtschaftliche Substanz
von Michael Puchberg gegangen sein angesichts des riesigen Vermögens,
das er damals besaß. Ein Vermögen, das er zum allergrößten Teil dem
Unglück der Familie Salliet und wohl weniger der eigenen Tüchtigkeit
verdankte. Außerdem war auch nie von einer Schenkung dieser Geldbe-
träge an Mozart die Rede. Man sollte also die Lobeshymnen auf Herrn
Puchberg nicht übertreiben. Und zuletzt: Die Witwe Mozart hat in den
90er-Jahren die alten Schulden an Puchberg zurückgezahlt.[302] Wenn sich
die Mozartforschung in Lobeshymnen über Johann Michael Puchberg
manchmal geradezu überschlägt, sollte sie dies künftig zumindest kritisch hinterfragen. Übrigens, dass er 1802 Konkurs anmelden musste[303],
hatte mit Mozarts Schulden nicht das Geringste zu tun. Er war die Folge
des allgemeinen wirtschaftlichen Niederganges, der durch die Franzo-
senkriege verursacht wurde.

Man ist betroffen, wenn man aufgrund von Primärquellen und fundierten wissenschaftlichen Beiträgen, wie den schon gewürdigten Arti-
keln von Gabriele Schneider und Ekkehard Ehrenreich in diese merkwürdige Familiengeschichte der Puchbergs tiefer eindringt. Freilich muss
man mit ein wenig Ironie feststellen, dass beide, trotz einwandfreier
Recherchen im Detail, ein insgesamt zu positives Bild von dieser seltsamen Sippe entwarfen. Sie haben sich der von der Mozartforschung
aufgestellten guten Fama des Michael Puchberg offensichtlich nicht ganz
entziehen zu können. Gugitz hingegen verhält sich zu Michael Puchberg
wesentlich distanzierter.

Von all diesen Tatsachen scheint der Mozartforschung nichts oder fast
nichts bekannt zu sein. Jedenfalls habe ich nicht das Geringste darüber
in der Literatur gefunden. Die Biografie des Michael Puchberg um seiner
selbst willen zu erforschen, wäre wohl eine causa minor. Es geht aber
sehr wohl darum, den edlen Mozartgönner einer differenzierteren Beurteilung zu unterziehen, als es bisher der Fall war. Unser eigentliches

[301] Gugitz, Mozarts Finanzen, S. 223
[302] Nissen, Biographie W. A. Mozarts
[303] Schneider, Puchberg, S. 298

172

Interesse gilt dabei immer nur Mozart. Johann Michael Puchberg ist immer hautnah am Geschehen, was die Familie Mozart betrifft. Er muss als designierter Nachlassverwalter beziehungsweise »Gerhab« des Mozartnachlasses bis Anfang Februar 1792 ziemlich ungehinderten Zutritt zur leerstehenden Wohnung in der Rauhensteingasse gehabt haben. Diese Vermutung lässt sich aus dem verdienstvollen Artikel von Gabriele Schneider ableiten. In diesem Zusammenhang ist auch auf den Brief von Joseph Haydn aus London an Michael Puchberg von Anfang 1792 zu verweisen, der nur als Fragment erhalten ist.[304] In diesem ersucht Haydn Puchberg, ihm eine Liste von in England nicht bekannten Werken Mozarts zu senden. Haydns Brief ist außerdem zu entnehmen, dass er die ungebildeten – »noch dunklen« – Engländer mit der Musik von Mozart bekannt machen möchte: »Nur allein bedaure ich, dass Er [Mozart] nicht zuvor die dunklen Engländer darinn hat überzeugen können, wovon ich denselben täglich predigte [...].« [Gemeint sind Mozarts Werke.] Der Brief beginnt mit der Einleitung, dass er über Mozarts Tod geraume Zeit »ausser sich« gewesen sei. Eine Feststellung mit zeitlicher Verzögerung, die wenigstens eine gewisse Emotion verrät.

Das zweite Fragment dieses überaus interessanten Haydnbriefes beginnt mit: »Sie werden, bester Freund, die Güte haben, mir das Verzeichniß der noch nicht hier bekannten Stücke mit zu schicken, ich werde mir alle erdenkliche Mühe geben, solche der Witwe zum Besten zu befördern.« Woher der in Wien weilende Johann Michael Puchberg »wissen« soll, welche Mozart Stücke im damaligen England unbekannt sind, bleibt schleierhaft. Und ebenso wenig nachvollziehbar ist, warum Haydn, um Mozarts Musik bei den Engländern zu propagieren, nur unbekannte Werke von Mozart zu Gehör bringen sollte, um dann tatächlich weder das eine noch das andere zu tun, nämlich weder bekannte noch unbekannte Werke Mozarts aufzuführen. Da es, was die Quellen betrifft – im Gegensatz zu unserem Thema »Schöpfung« und »Jahreszeiten«, kaum einen konkreten Hinweis auf Plagiat gibt, soll diese mysteriöse Sache hier nicht weiter verfolgt werden. Auf die Problematik wenigstens hinzuweisen, schien mir hingegen geboten zu sein.

Auf jeden Fall muss der in England sich aufhaltende Haydn die Kunde erhalten haben, dass Puchberg, zu dem er manche quellenmäßig nachweisbare Kontakte gehabt hat und der Haydn ebenso wie Mozart, wenn

---

[304] Bartha, Haydn. Gesammelte Briefe, Nr. 168, S. 270

auch nicht mit ähnlich großen Summen, gelegentlich finanziell unter die Arme gegriffen hat, als Gerhab offenbar freien Zutritt zum Sterbehaus Mozarts und damit wohl jede Möglichkeit hatte, in Abwesenheit Konstanzes sich an dem reichen Notenmaterial in der Sterbewohnung zu bedienen. Diese zumindest theoretische Möglichkeit wird man doch nicht ganz ausschließen dürfen, auch wenn Johann Michael Puchberg in der Mozartforschung als Lichtgestalt reichlich klischeehaft dargestellt wird. Zumal, wie eben dargelegt, manche bedenklichen Machenschaften und Malversationen innerhalb dieser Sippe zu konstatieren sind. Denn von irgendwoher muss doch das Phänomen erklärt werden, dass sich so viele Mozartkompositionen, vor allem in Form von Abschriften, in »dritter Hand« befanden! Und offensichtlich ist Johann Michael Puchberg diese Tatsache seiner Funktion als Gerhab, durch welche er einen, wie es den Anschein hat, ungehinderten Zutritt in die Sterbewohnung in der Rauhensteingasse hat, so wichtig, dass er dies Haydn bald nach dem Tode Mozarts in einem – verschollenen – Brief nach England mitgeteilt haben muss. Denn wenn dem nicht so gewesen wäre, hätte Haydn Puchberg nicht um die erwähnte Liste von Mozartwerken bitten können. Denn bei sich zu Hause wird Puchberg diese Liste, was auch immer deren Sinn und Zweck gewesen sein mag, ja nicht haben anfertigen können. Man könnte sich vorstellen, dass Haydn in diesem Brief nach dem tragischen Tod des gemeinsamen Freundes von vordringlicheren Dingen als einer Aufstellung von in England unbekannten Mozartkompositionen zu schreiben gehabt haben sollte. In diesem Zusammenhang ist auch äußerst interessant, dass Johann Michael Puchberg nur bis Anfang Februar 1792 den Nachlassverwalter, sprich Gerhab, spielte und dann doch letztendlich als solcher absprang, wie uns die bereits gerühmte Gabriele Schneider in ihrem Puchberg-Artikel mit bewundernswerter Klarheit der Recherche mitteilt.[305] Dabei war es schon merkwürdig, dass Puchberg für die Aufgabe des Gerhabs bei der Nachlassverwaltung überhaupt bestimmt wurde und nicht einer aus der zahlreichen Weberischen Schwägerschaft, die damals in Wien lebte. Es handelt sich dabei um die beiden älteren Schwestern Konstanzes und deren Ehegatten, von denen der vielseitig begabte Joseph Lange, der Gatte Aloysias, als höchst anerkannter Schauspieler des Burgtheaters der hervorstechendere war.[306]

[305] Schneider, Puchberg, S. 295
[306] Biografie des Joseph Lange, Wien 1808

Aber immerhin kann man eine Erklärung finden, weshalb die zuständige Behörde dann letztendlich Johann Michael Puchberg als Gerhab akzeptierte. Denn es handelte sich um einen scheinbar besonders engen und fürsorglichen Freund der Familie Mozart. Einiges spricht auch dafür, dass sich Puchberg für die Rolle des Gerhabs aufgedrängt haben könnte. Denn bei der behördlichen Aufnahmeprozedur des Mozartnachlasses war die Zeile, wo der Nachlassverwalter namentlich aufzuscheinen hatte, zunächst freigelassen worden. Konstanze Mozart soll sogar einen amtlichen Termin versäumt haben und ihr deshalb mit einer Strafe von 3 Talern gedroht worden sein.[307] Dies könnte damit zusammenhängen, dass es im Bereich der zahlreichen Weberischen Verwandtschaft eine durchaus nachzuvollziehende Uneinigkeit bezüglich der Entscheidung über den Nachlassverwalter und Vormund der beiden Mozartkinder gegeben haben könnte. Außerhalb jeder Erklärungsreichweite liegt aber die bereits erwähnte Tatsache, dass Johann Michael Puchberg dann doch nicht diese Funktion weiter ausübte und diese nach wenigen Wochen abtrat. Ohne irgendeine übertriebene Unterstellung gegen Johann Michael Puchberg hier anbringen zu wollen, so drängt sich doch, wenn man sich diese dubiosen Vorgänge vergegenwärtigt, die Frage geradezu auf: Kam es Johann Michael Puchberg am Ende gar nicht darauf an, der Familie Mozart in schweren Stunden als Gerhab zur Seite zu stehen, sondern war es ihm nur wichtig, mehrere Wochen freien Zutritt zur verlassenen Sterbewohnung zu erhalten und einen Überblick zu gewinnen, was sich alles an Kompositionsschätzen in der verlassenen Wohnung befand? Und offensichtlich hat er dies mit seinem in England sich aufhaltenden Freund Haydn kommuniziert.

Die freundschaftliche Beziehung zwischen Haydn und Puchberg dürfte auch in den folgenden Jahren angehalten haben, wie ein Brief des Komponisten an seine in Italien weilende Freundin Luiga Polzelli beweist. In diesem Brief teilt er ihr mit, dass ihr Puchberg 200 Gulden überbringen werde.[308] Polzelli ließ sich bekanntlich von Haydn finanziell aushalten.[309] Ihm dürfte also, dies sei hier nochmals betont, die Verbreitung der Werke Mozarts in England trotz dieser vollmundigen Briefankündigung in dem erwähnten Brieffragment doch kein so be-

---

307 Saner, Mozart Wien
308 Bartha, Haydn. Gesammelte Briefe, Nr. 200, S. 294
309 Siehe auch Geiringer, Haydn, S. 140

sonderes Anliegen gewesen sein. Eigentlich müsste man aufgrund der vorhandenen Unterlagen sogar schließen, dass es Haydn überhaupt kein Anliegen war. Und wieder sprechen Fakten und keine böse Gesinnung oder üble Unterstellung für diese These. Übrigens hat er auch niemals eine Mozartoper in Esterháza zur Aufführung gebracht, obwohl er, wie bereits bei der Schilderung der Freundschaft zwischen Mozart und Haydn festgestellt wurde, rund 1200 Opernaufführungen für Esterházy bis 1790 geleitet hatte. Für eine tiefe und vorbildliche Künstlerfreundschaft, wie uns die Musikwissenschaft ziemlich unkritisch andichtet, spricht das eben nicht. Die Wissenschaft hat also gewisse Dinge, die nicht in diese heile Beziehungswelt passen und dieses ideale Bild trüben könnten, geflissentlich beiseite gelassen. Es gibt demnach genügend Gründe, weshalb es überall in Hülle und Fülle Kopien und Abschriften von Mozarts Werken gab, aus denen er keinerlei finanziellen Nutzen zog, wie in dem Brief von Breitkopf & Härtel an Konstanze vom 15. Mai 1798[310] so erschreckend klar dargestellt wird. Eine dieser »undichten« Stellen könnte ohne weiteres der angebliche Freund und Gönner Johann Michael Puchberg gewesen sein.

Wie kamen aber zahlreiche Abschriften und möglicherweise auch Autografe von Mozarts Werken in die Hände von Breitkopf & Härtel, obwohl uns über, aus dieser Tatsache naturgemäß abzuleitende, Geschäftsbeziehungen Mozarts mit dem Leipziger Verlag so gut wie nichts bekannt ist? Diese Frage wird auch im Kommentar zu den bei Bärenreiter herausgekommenen Mozartbriefen gestellt: »Unerklärlich ist, wie B & H überhaupt ohne Kenntnis Constanzes in den Besitz von Autografen gekommen sein können.«[311] Leider hat man es unterlassen, darauf eine Antwort zu finden, was übrigens auch für die übrige Mozartliteratur gilt. Ich habe den Versuch unternommen, eine Erklärung zu finden. Dieses Umfeld musste zumindest in Umrissen beleuchtet werden, um die dramatischen Ereignisse, die sich knapp ein Jahrzehnt später um die beiden Oratorien »Schöpfung« und »Jahreszeiten« abgespielt haben könnten, wenigstens für möglich und denkbar zu halten. Auf dem damaligen Musikmarkt sind also die abenteuerlichsten Dinge im Allgemeinen und im Besonderen was Mozart betrifft passiert. Hier herrschten offenbar Chaos und Rechtlosigkeit. Erschütternd fällt das Resümee von

---

[310] Mozartbriefe, Band IV, Nr. 1223
[311] Mozartbriefe, Band VI, Kommentare zu Nr. 1228, S. 457

Wilhelm Hitzig über die damaligen Zustände bei Breitkopf & Härtel aus: »Aus den Briefen des Archivs [von Breitkopf & Härtel] ergibt sich das Bild einer geradezu unglaublichen Verwirrung, eines unbegreiflichen Durcheinanders, einer manchmal absichtlichen Verschleierung, das Bild übelsten Betrugs und gewerbsmäßiger Fälschung in allen Fragen, die mit dem künstlerischen Nachlaß Mozarts zusammenhängen.«[312] Dieses Verdikt von Wilhelm Hitzig ist von größter Bedeutung. Würde es sich um eine auch nur einigermaßen heile Welt handeln, müssten die in diesem Buch aufgeworfenen Fragen schon im Ansatz als haltlos verworfen und ins Reich der Fantasie verwiesen werden. Doch diese Welt des Musikverlagswesens – und beileibe nicht nur diese – war alles andere als heil.

[312] Hitzig, Wilhelm: Die Briefe Franz Xaver Niemetscheks und der Marianne Mozart an Breitkopf & Härtel, in: Der Bär. Jahrbuch von Breitkopf & Härtel auf das Jahr 1928, Leipzig 1928, S. 101 ff. Siehe auch Mozartbriefe, Band VI, Kommentare zu Nr. 1223, S. 452

Das Duett »Der thauende Morgen« verursacht große Probleme

Um auf den Wiener Musikalienhändler Johann Traeg zurückzukommen, stelle ich hier die These auf, dass er, der, wie bereits erwähnt, einen gewissen Fundus von Mozartkompositionen besaß, möglicherweise einen ganzen Packen von Notenmaterial zur Durchsicht durch Breitkopf & Härtel nach Leipzig geschickt hat, in dem sich auch das »zerrissene« Duett aus der Schöpfung, »Der thauende Morgen«, befunden haben mag. Durchaus möglich, dass das Fragment ursprünglich gar nicht im Besitz des Wiener Musikalienhändlers Traeg gewesen war, sondern dass er in Ausführung des Auftrages von Breitkopf & Härtel, sich nach Kompositionen Mozarts umzusehen, dieses in seinem Wiener Umfeld aufspürte. Wie auch immer, Traeg verfügte ab einem gewissen Zeitpunkt über dieses Fragment, denn dies wird durch den Haydnbrief vom 12. Juni 1799[313] zweifelsfrei bestätigt. Traeg mag sich der Bedeutung dieses Fragments zunächst gar nicht voll bewusst gewesen sein. Man muss sich vergegenwärtigen: die Sache spielt im Jahr 1798, natürlich wird er als Musikalienhändler von dem Aufsehen, das eine gewisse »Schöpfung« von Joseph Haydn bei den beiden geschlossenen (!) Adelsaufführungen im Palais Schwarzenberg Ende April 1798[314] erregt hat, gehört haben. Aber die eigentliche öffentliche Uraufführung wird erst am 19. März des folgenden Jahres im Hoftheater stattfinden und Johann Träg hat zum damaligen Zeitpunkt sicher keine konkrete akustische Vorstellung von Haydns »Schöpfung«, weil er bei den ersten Aufführungen im Palais Schwarzenberg aus den genannten Gründen gar nicht dabei gewesen sein kann. Er mag sich zunächst gar nichts Besonderes dabei gedacht haben, dass sich auch Mozart gegen Ende seines Lebens an der Vertonung eines Textes der »Schöpfung« versucht hatte, wie er dem in seinem Besitz befindlichen oder seit Kurzem in seinen Besitz gekommenen Fragment »Der thauende Morgen« offensichtlich entnehmen konnte.

Es wäre nicht das erste Mal, dass Texte oder Libretti mehrmals von

[313] Bartha, Haydn. Gesammelte Briefe, Nr. 220, S. 319
[314] Albert Christoph Dies, zitiert aus: Reich, Selbstzeugnisse, S. 241

178

verschiedenen Komponisten vertont wurden. Dafür gibt es in der Musikliteratur viele Beispiele. Ein besonders eindrucksvolles Beispiel habe ich etwa in der Haydnbiografie von Irmen gefunden: Es geht um das Metastasio-Libretto zur Haydnoper »L'isola disabitata«, das vordem schon Holzbauer (1754), Uttini (1755), Jommelli (1761), Perez (1767), Traetta (1768), Calegari (1770), Naumann (1773), Boroni (1775), Bologna (1777), und Schuster (1779) vertont hatten. Weitere Beispiele in der Musikgeschichte ließen sich sonder Zahl anführen.[315]

Warum sollte Traeg sofort Schlimmes vermuten, wenn er auf Dokumente stieß, die bewiesen, dass auch Mozart an einer »Schöpfung« gearbeitet hatte? Vielleicht, mag Traeg sich denken, haben Breitkopf & Härtel bei ihrer geplanten Mozartgesamtausgabe irgendeine Verwendung für dieses Duett. Für alle Fälle schickt er es als Kommissionar einmal nach Leipzig. Es stellt sich nun die interessante Frage, wie Breitkopf & Härtel die Übersendung des Duetts aus Wien aufnahmen. Wahrscheinlich schrillten bei Breitkopf & Härtel die Alarmglocken und sie konfrontierten alsbald Haydn, der mit dem Verlag schon seit Jahrzehnten[316] enge geschäftliche Beziehungen hatte, und vor allem van Swieten mit dieser für sie höchst unerfreulichen Nachricht. Van Swieten dürfte auch hier die Initiative ergriffen haben, was man unter anderem auch der Tatsache entnehmen kann, dass er ein umfangreiches Schreiben in jene Nummer der »AmZ«, in welcher das in Frage stehende Duett aus der »Schöpfung« abgedruckt wurde, einschalten ließ. (»AmZ«, 16. Jänner 1799, Nr. 16) In diesem versuchte er die Geschichte des Textbuches der »Schöpfung« sowie die näheren Umstände deren Entstehung genau darzustellen. Es ist zu sehen, dass vieles, was der Baron hier schreibt, nicht der Wahrheit entspricht.

Man entschließt sich also in Leipzig zu einer Flucht nach vorne zumal Johann Traeg angedeutet haben mag, dass auch Konstanze Mozart von der Sache Wind bekommen habe. Man kennt in Leipzig diese, wenn es um ihre geschäftlichen Interessen geht, keinem Streit abgeneigte Dame zur Genüge. Die Sache soll möglichst rational und vernünftig, wenn auch ethisch äußerst bedenklich, geregelt werden, vor allem soll kein großes Aufsehen erregt werden. Unter allen Umständen soll aber ein öffentlicher Skandal vermieden werden, der sich bedrohlich am Horizont abzeich-

---

[315] Irmen, Haydn, S. 150
[316] Geiringer, neue Ausgabe, Breitkopf & Härtels Kataloge, S. 272

net. Solche oder ähnliche Überlegungen könnten in Wien und Leipzig angestellt worden sein, aus denen sich die zu verfolgende Marschrichtung ableitete, die da lautete: Die »Schöpfung« ist bereits zweimal unter großer Begeisterung des Hochadels in geschlossenen Veranstaltungen im April 1798 in Wien zur Aufführung gelangt. Sie ist ein Werk, das, so die offizielle Version, zur Gänze von Joseph Haydn komponiert worden ist. Eine andere Lesart gab es nicht und wird es auch in Zukunft nicht geben. Dies steht für alle Beteiligten fest. Und mancher adelige Zuhörer wird jede Nummer dieses herrlichen Oratoriums, darunter auch dieses eindrucksvolle Duett »Der thauende Morgen« in guter Erinnerung haben, wenn natürlich niemand von den Zuhörern mit einer an Gewissheit grenzenden Wahrscheinlichkeit in der Lage war, Stücke daraus, wie etwa dieses Duett aus dem Gedächtnis zu »rekonstruieren«. Hier gab es kein Zurück mehr. Man konnte nicht plötzlich die Öffentlichkeit damit konfrontieren, dass zumindest Teile der »Schöpfung« von Wolfgang Amadeus Mozart stammten. Man hätte dies natürlich schon vorher mitteilen müssen. Und so beschloss man, die Flucht nach vorn anzutreten und das ominöse Duett unter Haydns Namen in der »AmZ« am 16. Jänner 1799, um alle Gerüchte in der Zukunft abzublocken, abzudrucken. Um damit ein für allemal klarzustellen, dass die gesamte »Schöpfung« ein Werk von Joseph Haydn sei. Die Behauptung van Swietens in seinem Brief in derselben Nummer der »AmZ«, dass der englische Text der »Schöpfung«, von einem »ungenannten« Autor (man beachte die subtile Nuance, dass er nicht von einem unbekannten, sondern von einem »ungenannten Autor« schreibt) stamme und ihm (van Swieten) von Haydn nach dessen Rückkehr von seiner zweiten Englandreise 1795 zur Begutachtung übergeben worden sei, ist mit größter Wahrscheinlichkeit falsch und eine bewusst lancierte Lüge. Den Nachweis dafür zu erbringen, wird an gegebenem Ort versucht werden. Die Sache wird sich dramatisch zugespitzt haben, als Traeg von dem Abdruck des Duetts durch die Lektüre der Nr. 16 des ersten Jahrganges der »AmZ« erfährt. Es ist mit Sicherheit davon auszugehen, dass Johann Traeg als kommissarisch tätige Außenstelle von Breitkopf & Härtel in Wien zu den ständigen Lesern der »AmZ« zählte, und dass ihm jede neue Nummer per Post von Leipzig nach Wien übermittelt wurde. Um über das aktuelle Musikgeschehen auf dem Laufenden zu sein, muss man – speziell als Wiener Musikalienhändler – die »AmZ« stets gelesen haben. Wie groß mag Traegs Erstaunen gewesen sein, als er *sein* Fragment von dem Duett, das er als Mozartduett nach Leipzig geschickt hatte, unter Haydns Namen abgedruckt fand! Jetzt wird ihm die Dimension dieser Angelegenheit allmählich bewusst geworden sein. Er informiert Konstanze Mozart, mit der er ohnehin ständig Kontakt hat, siehe Brief vom 13. Februar 1799,[317] vom Abdruck des Duetts aus der »Schöpfung«. Dass Konstanze damals häufigen Kontakt mit dem Musikalienhändler pflegte, möge folgendes Zitat untermauern: »H. Traege hat mich auch gebeten, Ihnen zu melden, daß er in einer gleichen Verlegenheit ist [die Verlegenheit für Traeg besteht darin, dass Breitkopf & Härtel säumig geworden waren, die gewünschte Anzahl von einigen, bereits gedruckten, Heften der Mozartgesamtausgabe nach Wien zu schicken, die er nicht befriedigen kann] und mit Nachfragen überhäuft wird. Ich schmeichle mir, daß ich bei Gelegenheit der Versendung an diesen lezteren, DEN ICH ÖFTERER SEHE, das angenehme Geschenk des zweyten Heftes erhalte, welches Sie die Güte gehabt haben mir zu versprechen.«

Dieser Umstand, dass Konstanze Mozart Johann Traeg »öfterer« sieht, ist hier besonders wichtig. Man darf davon ausgehen, dass Traeg schon zum Zeitpunkt, da er bei seiner von Leipzig gewünschten Suche nach etwaigen Mozartkompositionen fündig geworden war, die Witwe Mozart zumindest andeutungsweise vom Erfolg seiner Nachforschungen – siehe das Duett »der thauende Morgen« – informiert hat. Beide, Konstanze wie auch Johann Traeg, mögen der sich neu eröffnenden Tatsache, dass Mozart an einer »Schöpfung« gearbeitet habe, zunächst wie bereits angedeutet, gar keinen besonderen Stellenwert beigemessen haben. Zu diesem Zeitpunkt (also vor dem Abdruck des Duetts in der »AmZ« anfangs 1799) kann sich zumindest Konstanze Mozart, Johann Traeg als Kenner der Musikszene vielleicht schon eher, wohl schwerlich vorstellen, dass der große Haydn möglicherweise Kompositionen ihres Mannes für sein berühmtes Oratorium die »Schöpfung« verwendet haben könnte.

<hr>

[317] Mozartbriefe, Band IV, Nr. 1234, S. 225

Konstanze Mozart wird in Sachen »Schöpfung« aktiv

Die Mozartwitwe ist von der Nachricht Traegs überrascht. Sie hat keine Erinnerung, dass ihr verstorbener Gatte an der Vertonung eines Schöpfungstextes gearbeitet hat. Sie ist zwar recht gut über seine kompositorischen Arbeiten informiert gewesen, was allerdings im Kreis der erlauchten Kavaliersgesellschaft unter der Leitung von van Swieten vor sich ging, davon hat sie wenig bis gar keine Kenntnis gehabt. Mozart und Haydn gehören diesem exklusiven Kreis von Bach- und Händelliebhabern an. Haydn wird allerdings aufgrund seiner dienstlichen Verpflichtungen für Esterházy nur selten – bei seinen gelegentlichen Wienaufenthalten – an den Veranstaltungen teilgenommen haben. Jeden Sonntag finden zur Mittagszeit in der Hofbibliothek, die unter der Leitung van Swietens steht, Konzerte und tiefsinnige Gespräche über die Entwicklung der Musik von Bach und Händel bis in die Gegenwart statt. Mozart erfreut die Anwesenden mit virtuosen Klaviervariationen und Improvisationen. Möglicherweise hat Konstanze schon immer vermutet, dass ihr Gatte für diese Gesellschaft und speziell für van Swieten komponiert und nicht nur Händelbearbeitungen vornimmt. Aber genauere Kenntnis über das, was im Rahmen dieser Kavaliersgesellschaft in der Wiener Hofbibliothek tatsächlich vor sich geht, hat sie nicht. Es ist eine reine Männergesellschaft, zu der sie als Frau natürlich keinerlei Zutritt hat. Van Swieten besitzt eine reiche Sammlung von Werken von Bach und Händel, die er Mozart bereitwillig zum Studium zur Verfügung stellt. Das wertvolle Notenmaterial wird der pedante Baron van Swieten Mozart aber höchstens in Ausnahmefällen zum Studium in dessen eigenen vier Wänden zur Verfügung gestellt haben, da ihm die Unordnung in der ehelichen Wohnung des großen Komponisten zumindest vom Hörensagen bekannt gewesen sein wird. Mozart wird sich also in den Räumlichkeiten der Hofbibliothek oder in der prachtvollen Wohnung des reichen Barons in der Renngasse zum Studium der Werke Bachs und Händel eingefunden haben. Der große Mozart erkennt sogleich die Größe und Tiefe dieser Werke. Von den vier Händelbearbeitungen ihres Gatten, »Acis und Galathea«, »Messias«, »Alexanderfest« und »Caecilienode« hat Konstanze allerdings Kenntnis. Diese Werke sind auch in dem auf ihre Veranlassung seit 1784 von Mozart geführten Werkverzeichnis – als Bearbeitungen natürlich ohne Themenangabe – aufgezeichnet. Gott sei Dank muss man hinzufügen. Nicht auszudenken, welche zusätzlichen Schurkereien bei der kriminellen Aneignung von Mozartwerken geschehen wären, wenn es dieses Verzeichnis nicht gegeben hätte. Diese Händelbearbeitungen werden uns in einem bestimmten Zusammenhang im Jahre 1802 noch begegnen und sie werden ein wichtiger Mosaikstein bei der Erhärtung meiner These sein. Die tüchtige Geschäftsfrau Konstanze Mozart erkennt jedoch sofort, nachdem sie von Traeg erfahren hat, dass Mozarts Duett aus der »Schöpfung« in der »AmZ« unter Haydns Namen abgedruckt worden ist, ihre Chance, einen finanziellen Vorteil aus der an sich sehr unerfreulichen Angelegenheit zu schlagen. Sie nimmt diesbezüglich Kontakt zu Breitkopf & Härtel in Leipzig auf, welche schon ernsthaft in dieser Zeit erwogen haben mögen, die Rechte an der »Schöpfung« von Joseph Haydn zu erwerben. Man erkennt in Leipzig sofort, dass die ebenso unvermutete wie unerwünschte Involvierung von Konstanze Mozart diese Absicht nicht eben erleichtern wird. Breitkopf & Härtel sind vorsichtige Geschäftsleute. Bevor die Sache mit Konstanze Mozart nicht geklärt ist, ist an einen Ankauf der Rechte an der »Schöpfung« nicht zu denken. Sie ersuchen in einem Brief an die Witwe, der wohl Ende Jänner oder Anfang Februar 1799 geschrieben wurde, sich direkt bezüglich der »Schöpfung« mit Haydn und van Swieten ins Einvernehmen zu setzen und die finanzielle Ablöse ihrer Rechte an der »Schöpfung« auszuverhandeln. Erst wenn die rechtliche Seite zwischen Konstanze Mozart und Haydn beziehungsweise dem Textbearbeiter van Swieten geregelt ist, können zielführende Verhandlungen zwischen Breitkopf & Härtel und Haydn/van Swieten aufgenommen werden. Hier schließt sich der Kreis und ich komme zu meinem Ausgangspunkt zurück, nämlich zu dem Schreiben Konstanze Mozarts an Breitkopf & Härtel vom 25. Februar 1799 mit der ominösen Passage: »Was die Partitur von der Schöpfung betrifft, kann ich Ihnen nicht dienen« und so weiter.

Zugegeben: Meine Version bezüglich der ihr von Breitkopf & Härtel zugewiesenen Rolle enthält viele Mutmaßungen, die durch keine entsprechenden Quellen und Dokumente abgesichert sind. Aber es wird keine anderen Versionen geben können, die sich auf weniger Mutmaßungen und stattdessen auf mehr Dokumente stützen könnten, weil dies einfach an der dürftigen Quellenlage liegt. Aber eines muss man meiner Interpretation bei korrekter Betrachtung zubilligen, nämlich dass sie über weite

Strecken schlüssig und plausibel erscheint. Dass sie deswegen in jeder Hinsicht richtig ist, diese Behauptung wäre allerdings überheblich und vermessen. Es wird also – von diesem Duett einmal abgesehen – noch weiterer gewichtiger Beweismittel bedürfen, um die Grundthese meines Buches zu erhärten. Der Musikwissenschaft ist es bisher nicht gelungen, einen Zusammenhang zwischen der Einschaltung Konstanze Mozarts in die Verhandlungen um die Rechte der »Schöpfung«, wie sie aus den beiden zitierten Briefen vom 25. Februar 1799 und 2. März 1799 klar hervorgeht und dem Abdruck des Duetts »Der thauende Morgen« in der »AmZ« herzustellen. Bartha versucht bloß zu rekonstruieren, wie das Duett aus der »Schöpfung« seinen Weg nach Leipzig gefunden haben könnte (über den Wiener Musikalienhändler Traeg) und im Kommentar der Mozartbriefe zu Nr. 1236 wird der – allerdings auf keinerlei plausible Argumente gestützte – Nachweis zu erbringen versucht, dass es Konstanze Mozarts Aufgabe gewesen wäre, für Breitkopf & Härtel die Rechte an der »Schöpfung« für 20 oder 100 Dukaten zu erwerben. Eine Vernetzung der beiden Konstanze-Briefe und des besagten Haydnbriefes (Stichwort: Das Duett »Der thauende Morgen«) hat in der Wissenschaft bisher offenbar nicht stattgefunden.

Ein weiterer Interpretationsversuch von dem bekannten Haydnforscher Georg Feder scheint mir so skurril zu sein, dass er hier nur der Vollständigkeit halber erwähnt werden soll: »Mozarts Witwe sollte Haydn für die Partitur (aber wohl nur für den Zweck einer Leipziger Aufführung) 20 Dukaten anbieten, was sie am 25. II. 1799 ablehnte mit der Bemerkung, nicht einmal 100 Dukaten seien genug.«[318] Feder führt seine eigene These wenig später selbst ad absurdum, indem er schreibt: »Nach damaligem Rechtsverständnis konnte jeder das gewinnbringende Werk [gemeint ist hier die »Schöpfung«] öffentlich aufführen, ohne den Komponisten an den Einnahmen zu beteiligen, ebenso wie die Nachdrucke der Partitur und die zahllosen sonstigen Publikationen des Werkes Haydn nichts einbrachten, ausgenommen Pleyels Partiturnachdruck.«[319] Und er führt auch gleich zur Erhärtung dieser Feststellung als Beispiele die Musikdirektoren Bernhard Anselm Weber beziehungsweise Johann Friedrich Hönicke an, denen der Erstaufführungsgewinn aus der »Schöpfung« in Berlin und Hamburg zugute gekommen sei. Somit kann

---

[318] Feder, Georg: Joseph Haydn. Die Schöpfung, Kassel 1999, S. 150
[319] Feder, Haydn, S. 150

Konstanze Mozart keineswegs Rechte für eine weitere Aufführung der »Schöpfung« in Leipzig mit Haydn und van Swieten verhandelt haben. Dies ist schon im Denkansatz absurd. Dabei geht dieser Zusammenhang mit dem zitierten Haydnbrief vom 12. Juni 1799 bereits klar aus den beiden zitierten Briefstellen von Konstanze Mozart hervor. Die Interpretationsversuche, dass das Duett »Der thauende Morgen« durch eine Aufzeichnung aus dem Gedächtnis entstanden sei[320] beziehungsweise, dass die Witwe Mozart für Breitkopf & Härtel die Rechte an der »Schöpfung« für einen geradezu lächerlichen Preis von 20 oder 100 Dukaten aushandeln sollte,[321] sind nicht plausibel, ja diese sind sogar völlig unsinnig und daher zu verwerfen. Ich habe darauf bereits hingewiesen. Im Falle, dass es der angeblichen Unterhändlerin Konstanze Mozart gelungen wäre, mit 20 Dukaten für Breitkopf & Härtel abzuschließen, hätte dieser Kaufpreis für die »Schöpfung« etwa jenen Betrag ausgemacht, den Joseph Haydn zwei Jahre später nur für die Kopiatur der »Jahreszeiten« an Johann Elßler (80 Gulden) zu bezahlen hatte.[322]

Es ist wirklich müßig, sich noch weiter ernsthaft mit dieser seltsamen Theorie auseinanderzusetzen. Wenn dieser Erklärungsversuch im wissenschaftlichen Kommentar der Mozartbriefe aber absolut unhaltbar ist, dann darf sich die Forschung nicht resigniert zurücklehnen und auf weitere – möglicherweise zielführendere – Erklärungsversuche verzichten. Dazu ist die Angelegenheit zu wichtig. Denn es geht um die »Schöpfung« und die Frage, ob Mozart an der Komposition derselben zumindest Anteil gehabt hat. Hier wird zum ersten Mal in der Forschung der enge Zusammenhang zwischen den beiden Konstanze Briefen vom 25. Februar beziehungsweise 2. März 1799 an Breitkopf & Härtel sowie dem Haydnbrief vom 12. Juni 1799 hergestellt. Allein auf diesen Umstand hingewiesen zu haben, halte ich für äußerst wichtig. Eines wird man freilich einer seriösen Musikwissenschaft nicht länger durchgehen lassen dürfen, speziell nach meinen hier dargelegten absolut neuen Erkenntnissen, dass man sich unter dem saloppen Motto »Nix Genaues weiß man nicht« mit diesen Fragen praktisch überhaupt nicht auseinandersetzt. Doch ist meine versuchte Beweisführung, dass zumindest Teile der »Schöpfung« von Mozart stammen, noch lange nicht zu Ende.

---

[320] Bartha, Haydn. Gesammelte Briefe, Kommentar zu Nr. 220, S. 321
[321] Mozartbriefe, Band VI, Kommentar zur Nr. 1236, S. 463
[322] Bartha, Haydn. Gesammelte Briefe, Nr. 270, S. 369

Ich habe versucht, Licht auf den dunklen Weg zu bringen, auf dem das Duett »Der thauende Morgen« nach Leipzig zur »AmZ« gelangt sein mag. Die naheliegendste Erklärung wäre natürlich die, dass der Komponist Joseph Haydn und der Textbearbeiter van Swieten als Urheber dieses Werks dieses Duett als eine Art Kostprobe nach Leipzig schickten, um die elitäre musikinteressierte Leserschaft der »AmZ« auf den bevorstehenden Genuss dieses Meisterwerkes einstimmen zu können. Wäre dem so gewesen, würde sich jede weitere Erörterung dieses Themas erübrigen.

Diese Variante fällt mit absoluter Gewissheit weg, wie der Brief Joseph Haydns vom 12. Juni 1799 nach Leipzig eindeutigst beweist. Haydn ist sogar überaus erbost darüber, dass dieses *zerrissene* Duett, das bei Traeg aufliegt, mit so vielen Fehlern behaftet ist und stellt unmissverständlich fest, dass die Version in der »Ausgabe ganz anderst« sein werde. Haydn kann seinen Zorn über Traeg in diesem Schreiben kaum verbergen, wenn er abfällig vom »10 Kreuzer-Krämer« schreibt. Sein Ärger müsste eigentlich auch dem Zeitungsverleger Breitkopf & Härtel gelten, der dieses »zerrissene« Duett offenbar unautorisiert mit all den angeblichen oder tatsächlichen Fehlern in der »AmZ« abdruckte, ohne vorher mit Haydn irgendeine Rücksprache zu halten. Doch dies ist nicht der Fall. Im Gegenteil, er lobt sogar in diesem Schreiben den Verlag für die im Entstehen begriffene Gesamtausgabe von Mozart und für die Herausgabe der »AmZ«. Griesinger hat Haydn, wie aus dem erwähnten Brief Haydns vom 12. Juni 1799 hervorgeht, einige Hefte der Gesamtausgabe und einige Nummern der »AmZ« aus Leipzig nach Eisenstadt mitgebracht. Der wissenschaftliche Kommentar bei Bartha[323] nimmt an, dass Haydn mit der »Ausgabe« die später im Druck der »Schöpfung« aufscheinende Version des Duetts gemeint habe, die von allen Fehlern nach eingehender Korrektur durch Haydn gereinigt worden sei. Hier ist der Einwand zu machen, dass von einer »Ausgabe«, will heißen, Druck der »Schöpfung« im Juni 1799 noch gar keine Rede sein kann. Denn dieser verzögert sich bis in das Jahr 1800 hinein. Breitkopf & Härtel werden, wie man weiß, die Finger von einem Abdruck der »Schöpfung« lassen und Haydn – ein eher ungewöhnlicher Vorgang – die Übernahme der gesamten Kosten des Drucks auflasten. Für den Verlag, der, aus welchen Gründen auch immer dieses »Risiko« nicht tragen wollte, sprang van Swieten mit sei-

---

[323] Bartha, Haydn. Gesammelte Briefe, zu Nr. 220, S. 321

ner betuchten Kavaliersgesellschaft ein und ermöglichte damit Haydn auf eigene Rechnung den kostspieligen Druck zu finanzieren.[324] Über die Gründe dieser recht seltsamen Vorgangsweise des Leipziger Verlages hat die Musikwissenschaft nach meinem Wissensstand keinerlei Überlegungen angestellt, sondern sie einfach als Faktum hingenommen. Doch den Druck der »Jahreszeiten« zwei Jahre später übernahmen hingegen Breitkopf & Härtel anstandslos.[325] Diese Diskrepanz der Vorgangsweise des Leipziger Verlages sollte man zumindest einmal feststellen. Man sollte aber auch versuchen, darauf eine Antwort beziehungsweise dafür eine Erklärung zu finden. Die Angst, dass – salopp formuliert – der Abdruck der »Schöpfung« ein wirtschaftlicher Flop für den Leipziger Verlag werden könnte, war wohl ziemlich unbegründet. Bereits nach den ersten beiden Aufführungen im Wiener Palais Schwarzenberg von Ende April 1798 zeichnete sich ein grandioser Erfolg für die »Schöpfung« ab, der sich in der Folge auch tatsächlich einstellte. Die Angst, mit diesem Oratorium einen finanziellen Schiffbruch zu erleiden, kann man also als Begründung für den Nichtdruck durch Breitkopf & Härtel praktisch ausschließen. Ein überaus gewichtiger Grund aber wäre darin gelegen, dass ein Teil der »Schöpfung« von anderer Hand – von der Mozarts – komponiert wurde, wodurch sich für den Verlag große Schwierigkeiten und Probleme rechtlicher Natur ergeben konnten. In geschäftlichen Dingen war mit Frau Mozart als Erbin des Mozartnachlasses nicht zu spaßen, dies hatte man bei Breitkopf & Härtel zumindest im letzten Jahr deutlich zu spüren bekommen. Konstanze Mozart hatte sich – so meine bereits dargelegte Vermutung – zwischen dem 25. Februar und 2. März 1799 (Datum der beiden Konstanze Briefe mit den »Schöpfungszitaten«) mit Haydn und van Swieten finanziell arrangiert und es gar nicht der Mühe wert gefunden, Breitkopf & Härtel nachträglich über die genauen Details ihrer Abmachung zu informieren. Schließlich war das ihre ureigenste Angelegenheit, die das Leipziger Verlagshaus, mit dem sie in letzter Zeit sooft in heftige Meinungsverschiedenheiten geraten war, zumindest aus ihrer Sicht herzlich wenig anging. Dass Konstanze schon lange vor dieser Besprechung mit van Swieten von der Existenz dieses Duetts durch Traeg erfahren hat, davon kann man mit einiger Sicherheit ausgehen. So ist es durchaus denkbar, dass sie, nachdem sie

324 Albert Christoph Dies, zitiert aus: Reich, Selbstzeugnisse, S. 240 f.
325 Bartha, Haydn. Gesammelte Briefe, etwa Nr. 274

offenbar unmittelbar nach dem 25. Februar 1799 (Brief an Breitkopf &
Härtel) zu einem günstigen finanziellen Arrangement mit Haydn und
van Swieten bezüglich der »Schöpfung« gekommen war, genau so wie
van Swieten, falsche Spuren legte, um eine Klärung dieser für beide Teile
unehrenhaften Übereinkunft durch die Forschung in der Nachwelt zu
erschweren, ja wenn möglich zu verhindern. Die finanzielle Abgeltung
für Konstanze Mozart könnte durchaus darin gelegen sein, dass ihr eine
maßgebliche Beteiligung an den Aufführungseinnahmen diverser Bene-
fizaufführungen der »Schöpfung« zugesichert wurde.

So fand noch im Dezember 1799 eine Benefizaufführung der »Schöpfung« durch die »Assoziierte Gesellschaft für Witwen und Waisen« in
Wien statt.[326] Haydn war 1797 in diese Gesellschaft ehrenhalber und
ohne finanzielle Auflagen aufgenommen worden.[327] Durch seine Aufnahme in die Gesellschaft und aufgrund seines persönlichen Ansehens –
vor allem natürlich als Komponist dieses Werkes – wird er wohl ein
maßgebliches Mitspracherecht über die Verwendung der reichlich spru-
delnden Einnahmen aus den Aufführungen der »Schöpfung« gehabt
haben. Die Witwe Mozart könnte »elegant« auf diesem Weg finanziell
abgefunden worden sein. Diese Annahme könnte durch die Tatsache gestützt werden, dass es wohl kein anderes Werk gibt, das unmittelbar nach
seiner Entstehung so häufig wie die »Schöpfung« für Benefizzwecke (vor
allem für Witwen und Waisen verstorbener Komponisten) aufgeführt
wurde. In der Wiener Ehrenbürgerurkunde vom 1. April 1804 heißt es
ausdrücklich zur Begründung der Haydn verliehenen Auszeichnung, dass
er, »die verarmten Bürgerinnen und Bürger des Bürgerspitals in St. Marx
mittels öffentlich abzuhaltender Cantaten durch die dabei einfließenden
Beträge«[328] unterstützt habe. Wer würde dies für einen bloßen Zufall
ansehen, angesichts der Tatsache, dass Mozart im Jahr 1768 hier seine
»Waisenhausmesse« dirigiert hatte und dass seine sterblichen Überreste
im nahegelegenen Friedhof ruhten!? Ich glaube, dass Konstanze Mozart
die Unwahrheit schreibt, wenn sie in dem Schreiben vom 2. März 1799
erklärt, dass sie erst in ihrer jüngsten Unterredung mit van Swieten von
diesem erfahren hätte, dass man in Leipzig dieses ominöse Duett aus der
»Schöpfung« besitze. Schließlich sitzt sie nach der eben abgeschlossenen

---

³²⁶ Feder, Die Schöpfung, S. 148
³²⁷ Feder, ebenda
³²⁸ Bartha, Haydn. Gesammelte Briefe, Nr. 345, S. 443 f.

Vereinbarung mit Haydn und van Swieten mit diesen im selben Boot. Es konnte demnach überhaupt nicht im Interesse der Mozartwitwe liegen, dazu beizutragen, dass – etwa durch ihre hinterlassenen Briefe – Licht in diese obskure Angelegenheit gebracht werden könnte. Aber dies ist nur ein Nebenaspekt. Dass dieses in der »AmZ« abgedruckte Duett aus der »Schöpfung« offensichtlich ein zentrales Thema bei der Besprechung von Konstanze Mozart und van Swieten/Haydn zwischen dem 25. Februar und 2. März 1799 darstellte, ist ein weiterer Beweis dafür, welch ungemein wichtige Rolle dieses ominöse Duett bei allen Beteiligten gespielt haben muss. Warum es sowohl für Breitkopf & Härtel als besonders für van Swieten/Haydn eine so große Bedeutung hatte, ist allein im Zusammenhang mit den Verhandlungen über den Erwerb der Rechte an der »Schöpfung« nicht erklärbar. Für Konstanze Mozart hatte dieses Duett überhaupt nur Bedeutung und Interesse, wenn es aus der Feder ihres verstorbenen Gatten stammte. Auf diesen Umstand wurde bereits verwiesen. Diese These erscheint absolut schlüssig zu sein. Konstanzes Vorgangsweise – sollte die hier vermutete stimmen – war also keineswegs ein Ruhmesblatt für die geschäftstüchtige Dame.

Eine überraschende Entdeckung

Und jetzt komme ich auf eine Entdeckung zu sprechen, die möglicherweise vor mir noch niemand gemacht hat, und wenn sie gemacht wurde, ist ihr keine besondere Bedeutung zugemessen worden. Es gibt von diesem ominösen Duett »Der thauende Morgen« in der »AmZ« zwei Versionen. Auf diese zumindest für mich sensationelle Tatsache bin ich durch einen glücklichen Zufall gestoßen. Gerade als ich mir Gedanken über die Bedeutung dieses in der »AmZ« abgedruckten Duetts aus der »Schöpfung« machte, fand ich im Internet ein Angebot eines deutschen Musikalienhändlers über den ersten Jahresband der »AmZ« von Oktober 1798 bis September 1799. Obwohl diese antiquarische Rarität durchaus ihren Preis hatte, zögerte ich keinen Augenblick diese zu erwerben. Ich hatte von dem Abdruck dieses Duetts aus der »Schöpfung« in der »AmZ« nur Kenntnis durch den Brief von Konstanze Mozart vom 2. März 1799 an Breitkopf & Härtel und durch den Haydnbrief vom 12. Juni 1799 an Breitkopf & Härtel. Ich war überzeugt, dass ich im vollen Vertrauen auf diesen Brief eine völlig andere Version in der »AmZ« vorfinden würde als die Version des Duetts »Der thauenden Morgen« in der heute verwendeten Partitur. Ich erlebte zunächst eine gewisse Enttäuschung, denn der in der »AmZ« abgedruckte Klavierauszug scheint der heute gebräuchlichen Partitur der »Schöpfung«, allerdings mit gewissen Abstrichen, zu entsprechen. Dies musste ich zunächst zur Kenntnis nehmen, wenngleich mich der Gedanke nicht losließ, zu ergründen, weshalb Haydn hier in seinem Brief eine eher unrichtige Behauptung aufgestellt haben sollte. (In der »Ausgabe ganz anderst.«) Dieses Duett war und ist für mich und meine Theorie ein nicht unwichtiges Beweismittel, welches an Bedeutung einbüßte, wenn das von Johann Traeg stammende Duett tatsächlich nicht »ganz anderst« war als das in der »Ausgabe«, um im Jargon von Haydn zu bleiben. Erklärung fand ich vorerst keine, aber ich musste mich zunächst mit dieser vermeintlichen Tatsache abfinden.

Die Sache veränderte sich – zugunsten meiner Theorie – geradezu dramatisch, als ich in der Musikaliensammlung der Wiener Nationalbibliothek Einsicht in die dort aufliegenden Bestände der »AmZ« nahm. Die Nationalbibliothek besitzt offensichtlich die Nummer 16 der »AmZ«

vom 16. Jänner 1799, in der das Duett als Beilage abgedruckt ist. Zumindest ist diese als Mikrofiche abrufbar. Man sollte meinen, dass auch in meinem Jahresband der »AmZ« für das erste Jahr dieses Duett unter der Nr. 16 mit 16. Jänner 1799 abgedruckt sein sollte. Mitnichten! Mein Exemplar im ersten Jahresband der »AmZ« ist zwar auch eine Nr. 16, doch das Datum ist verschieden, nämlich der 3. Jänner 1799. Und die vorhergehende Nummer 15 ist mit 9. Jänner 1799 datiert. Um wieder auf die richtige Reihenfolge zu kommen, ist die Nummer, die das Datum 16. Jänner tragen sollte, einfach ausgefallen und die Nummerierung geht ordnungsgemäß weiter mit Ausgabe 17 vom 23. Jänner 1799. Wenn ich auch keine völlig überzeugende Erklärung für diesen an sich geradezu unfassbaren Lapsus einer so angesehenen Musikzeitschrift gefunden habe, nämlich dass man in Leipzig nicht einmal in der Lage gewesen sein sollte, für eine korrekte Datierung der einzelnen Ausgaben im ersten Jahresband der Musikzeitschrift zu sorgen, so bleibt die Sache doch reichlich dubios und unverständlich. Und wie der »Zufall« so spielt: die »Datierungsprobleme« der Herausgeber der »AmZ« finden sich ausschließlich im Zusammenhang mit jener Nummer, in der dieses ominöse Duett aus der »Schöpfung« abgedruckt ist! Die übrigen Nummern hat man in Leipzig erwartungsgemäß über viele Jahrzehnte korrekt datiert! Könnte man diesen rätselhaften Fehler einer falschen Datierung etwa mit der Hast erklären, in der man diese neue Nr. 16 der »AmZ« herstellte und gegen die ursprüngliche Nummer 16 austauschte? Und wäre es vermessen, den Grund für diesen Austausch in dem veränderten Duett »Der thauende Morgen« zu suchen?

Haydn hatte in seinem Brief vom 12. Juni 1799 keineswegs eine völlige Unwahrheit geschrieben, sondern tatsächlich eine »Korrektur« der angeblich so fehlerhaften Traegversion vorgenommen. Merkwürdig ist, dass es sich dabei mehr um eine optische Veränderung des Notenbildes, denn um eine gravierende Kompositionsveränderung handelt: Veränderung des Notenschlüssels für die Singstimmen, »Allegretto (Traegversion), »Allegro« (Veränderung durch Haydn), statt »Beylage« (Traeg), »Beilage« (Haydn) statt »Clavicembalo« (Traeg), »Klavier« (Haydn). Bei Traeg gibt es einen Auftakt, in der Haydnversion nicht. Es sollte hier nur auf einige Veränderungen, die sich vor allem im Schrift- und Notenbild finden, hingewiesen werden. Die Frage, ob die erste Version anders oder »ganz anderst« (Diktion Haydns) zur »Ausgabe« der »Schöpfung« ist, muss natürlich sogleich hinter die Frage, warum es zwei Versionen in der »AmZ« gibt, weit zurücktreten. Diese wäre nur von großer Wichtigkeit gewesen für den Fall, dass nur *eine* Version dieses Duetts aus der »Schöpfung« in der »AmZ« vorläge. Denn das Problem verschiebt sich von der Frage, wie groß die Unterschiede zwischen der Traegversion und der Erstausgabe der »Schöpfung« von 1800 seien, zu der Frage, wie es in der »AmZ« zweimal zum Abdruck dieses Fragments »Der thauende Morgen« innerhalb eines Jahres (1799) in unterschiedlicher Version kommen konnte.

Handelt es sich hier um die Überarbeitung und eine angebliche Verbesserung eines Fragments aus einem sonst nicht vorhandenen Klavierauszug von der »Schöpfung«, so liegt, wie ich bereits am Anfang meines Buches darlegte, bei dem kurz vor der »Schöpfung« und den »Jahreszeiten« entstandenen Oratorium »Die Sieben Worte des Erlösers am Kreuz« eine Überarbeitung der gesamten Vokalfassung dieses ursprünglichen Orchesterwerkes durch Haydn vor. Unmittelbar nach seiner zweiten Englandreise machte sich Haydn an die »Bearbeitung« von Joseph Friberths Vokalfassung der »Sieben Worte«, nachdem er auf der Rückkehr von England Ende August 1795 in Passau eine Aufführung dieses Werkes gehört hatte. Dieses kann man korrekterweise nur als Gemeinschaftswerk von Haydn und Friberth bezeichnen. Bei Irmen lesen wir: »Bei der Gestaltung der Singstimmen hat er [Haydn] sich im ersten Stadium der Bearbeitung ziemlich stark an Frieberth gehalten, dann aber vielfach radiert, durchgestrichen, überschrieben, verbessert und im 5. und 7. Wort auf einigen Seiten sogar Singstimmen überklebt. Nach Entfernung dieser Überklebungen hat sich gezeigt, dass Haydn dem sprachlichen Text [?] der Friberth-Bearbeitung im großen und ganzen noch gefolgt war.«[329]

Weil dieser Sachverhalt von so großer Wichtigkeit ist, möchte ich an dieser Stelle noch einmal auf den Haydnbrief vom 10. August 1799 an den Musikdirektor Cornelius Knoblich im Kloster Grissau verweisen. Haydn schreibt: »Die Sieben Worte Christi haben Euer Hochwürden bishero nur halb genossen, indem ich schon vor 3 Jahren eine neue 4 stimmige Vocal Music durchgehends (ohne das Instrumentale zu verändern) dazu unterlegte. den Text dazue verfertigte ein sehr geübter Musicalischer Domherr aus Passau, und unser grosse Baron v. Swieten verbesserte denselben; der Effect dieses wercks ist über alle erwartung.«[330]

---

[329] Irmen, Haydn, S. 217
[330] Bartha, Haydn. Gesammelte Briefe, Nr. 230, S. 331

Ich wiederhole hier meine bereits im Kapitel »Plagiat« geäußerte Kritik: Die Vorgangsweise Haydns kann man nur als dubios und zwielichtig bezeichnen. Hat es der große Meister notwendig, sich von einem ziemlich unbekannten Domkapellmeister in Passau seine von ihm längst komponierte Instrumentalfassung der »Sieben Worte« mit entsprechenden Singstimmen und Chören in ein Oratorium umarbeiten zu lassen, an dessen Partitur er sodann herumdoktert und herumschnipselt, um daraus ein ausschließliches »Haydnoratorium« ohne Erwähnung der maßgeblichen Mitwirkung eines Komponisten namens Friberth, zu machen?! Eine von dem Bericht an Knoblich etwas abweichende Version teilt Haydn im Jahre 1797 dem schwedischen Diplomaten Fredrik Samuel Silverstolpe mit. Laut Silverstolpe hätte Haydn die Entstehung des Vokalwerkes folgendermaßen geschildert: »Als ich von London auf der Rückreise war, erzählte man mir in Passau, dass dort ein Mönch sich damit beschäftige, diese meine Musik mit Worten zu versehen. Ich besuchte ihn sofort und bat, an diesem Unternehmen teilnehmen zu können. Wir arbeiteten jetzt zusammen, und das Resultat davon werden Sie am 7. April erfahren.«[331] Aus der Wendung »diese meine Musik mit Worten zu versehen« scheint klar hervorzugehen, dass Haydn damit zum Ausdruck bringen wollte, dass Friberths Anteil an den »Sieben Worten« nur im Textbereich, nicht aber in der Komposition gelegen sei. Falsch ist auch Haydns Äußerung, »wir [Haydn und Friberth] arbeiteten jetzt zusammen«. Davon kann keine Rede sein. Haydn nahm in Passau Friberths Vokalfassung der »Sieben Worte« an sich, kehrte nach Wien zurück und »bearbeitete« sie in seinem Sinne. Eine Zusammenarbeit mit Friberth in Wien (!) hat es gewiss nie gegeben. Eine Vorgangsweise, die Haydn nicht unbekannt war und auf die er sich offensichtlich aufs Beste verstand.

Als unantastbaren Beweis für die Richtigkeit meiner These verweise ich auf die Tatsache, dass sich im Haydnnachlass die Vokalfassung Friberths fand. Vielleicht behinderte Haydn auch hier wieder sein Erinnerungsvermögen, sein schwaches »gedächtnyß«, um in seiner Diktion zu bleiben, der Nachwelt von der nicht unbedeutenden Mitwirkung Friberths an diesem Werk Kunde zu geben. Dieser nochmalige Verweis auf die »Sieben Worte« schien mir an dieser Stelle unbedingt nötig zu sein: Haydn ist hier als Plagiator klar entlarvt und zwar zu einem Zeitpunkt, wo er unmittelbar vor der Komposition von »Schöpfung« und »Jahres-

---

[331] Mörner, Haydniana, S. 24 f.

zeiten« steht. Ist hier ein Strickmuster für die beiden großen Oratorien zu sehen?

Und nimmt die Sache dabei noch eine völlig andere Dimension an, weil es sich dabei nicht um einen honorigen Joseph Friberth, sondern um Wolfgang Amadeus Mozart als (Mit-)Schöpfer handelt? Wer hier a priori von der Absurdität meiner These im Sinne des Prinzips«, dass nicht sein kann, was nicht sein darf« ausgeht, der wird doch wenigstens zur Kenntnis nehmen müssen, dass diese »Absurdität« – zumindest was die »Sieben Worte« betrifft – traurige Realität ist. Doch zurück zur causa »Schöpfung«: Die Frage drängt sich sogleich auf: Warum wurde die ursprüngliche Traegversion in der »AmZ« gegen die Haydnkorrektur ausgetauscht, obwohl auch in der Traegversion keine »Kompositionsfehler« festzustellen sind? Zumindest keine so gravierenden, die ein Ersetzen der Traegversion durch die Haydnversion in der »AmZ« auch nur einigermaßen erklären könnte. Dafür war dieser Vorgang einfach zu aufwändig. Was also war dann der wahre Grund für die Korrektur, welche Haydn veranlasst hatte, die offenbar keine gravierende Veränderung war, obwohl er sie als solche, zumindest dem Sinn nach, in seinem Brief vom 12. Juni 1799 bezeichnet? Die Wiener Nationalbibliothek, welcher, als damaliger Hofbibliothek, naturgemäß im Wochenrhythmus die »AmZ« aus Leipzig zwecks Archivierung zugesandt worden sein wird, besitzt also – völlig logisch – die Traegvariante, welche die ursprüngliche Version ist. In dem originalen Sammelband des ersten Erscheinungsjahres der »AmZ«, den ich erworben hatte, war die Nummer mit der Beilage, in der das Duett abgedruckt war, offensichtlich nachträglich ausgetauscht worden.

Übrigens: Johann Traeg setzte einen, wie es scheint, sehr provokanten Akt, indem er das Duett »Der thauende Morgen« offenbar in seiner von Haydn sosehr gescholtenen fehlerhaften Urfassung mit 20. März 1799 erscheinen ließ.[332] Dies war der auf die Uraufführung der Schöpfung im Wiener Burgtheater folgende Tag. Es handelte sich dabei sicher um keinen Zufall, sondern der Zeitpunkt war von Traeg vermutlich gezielt gewählt. Natürlich erschien auch die Traegversion unter Haydns Namen und er mochte damit ein gewisses Druckmittel auf Haydn und van Swieten in der Hand haben.

Interessant ist auch die Bezeichnung vom »zerrissenen Duett«, die

---

[332] Weinmann, Verzeichnis, S. 147

Haydn in seinem Schreiben vom 12. Juni an Breitkopf & Härtel verwendet. Es gibt hier zwei Deutungsmöglichkeiten des Wortes »zerrissen«: eine reale (ein Schriftstück wird physisch, mit einer gewissen Kraftanwendung und Heftigkeit, in mehrere Stücke geteilt, eben »zerrissen«) und eine metaphorische.

Beim ersten Lesen dieser Briefpassage dachte ich überhaupt nicht an eine mögliche zweite Bedeutungsvariante, nämlich an ein »Zerreißen« im übertragenen Sinn. Dies würde in letzterem Fall bedeuten, dass es sich nicht um eine tatsächliche Vernichtung des Duetts handelt, sondern dass Haydn zum Ausdruck bringt, dass nur der zweite Teil der Nr. 32 der »Schöpfung«, »Der thauende Morgen«, unter Weglassung der Strophe »Holde Gattin«, in der »AmZ« abgedruckt wurde und es sich somit um ein im übertragenen Sinn »zerrissenes« Duett handelt. Falls allerdings das »zerrissen« wörtlich von Haydn gemeint war, würde dies die Verifizierung meiner These einen noch bedeutenderen Schritt weiter bringen. Denn in diesem Fall hätte man sozusagen das Corpus Delicti vernichtet und die Begründung hierfür wäre wohl eine sehr naheliegende. Dennoch präferiere ich die Variante, dass Haydn dies im übertragenen Sinn gemeint hat. Wenn Herr Traeg Schwierigkeiten gemacht hätte und darauf bestanden hätte, dass er ein Fragment von Mozart seinerzeit nach Leipzig geschickt hätte, hätte man ihn mit der korrigierten und nachträglich als Beilage in die »AmZ« eingefügten »Haydnversion« konfrontiert und diese als einzig »authentische« hingestellt. Und wenn er auf dem Ursprung von Mozart bestanden hätte, hätte man ihn immer noch mit der im wissenschaftlichen Kommentar bei Bartha ventilierten Variante konfrontieren können, dass seine, Traegs, Version in Wirklichkeit auf einer »fehlerhaften« Aufzeichnung aus dem Gedächtnis eines Anonymus bei einer Aufführung der »Schöpfung« von Joseph Haydn beruhe, die in keinerlei Bezug zu Mozart stehe. Aber auch die Möglichkeit eines »Zerreißens« des Duetts im ursprünglichen Sinn des Wortes erscheint mir zumindest denkbar. Die zu Ende des Jahres 1798 und Anfang Jänner 1799 noch äußerst unwahrscheinliche Möglichkeit einer Aufzeichnung des Duetts aus dem Gedächtnis war nach den beiden Märzaufführungen (1799) der »Schöpfung« im Palais Schwarzenberg und nach der eigentlichen Uraufführung am 19. März im Burgtheater um einiges plausibler und vorstellbarer geworden, wenn auch noch immer nicht besonders wahrscheinlich. Bei den »Jahreszeiten«, wo ein ähnliches Problem wie bei der »Schöpfung« auftritt, hat man aus den Erfahrungen mit der

»Schöpfung« möglicherweise schon gelernt. Es fanden nämlich vor der Uraufführung öffentliche Proben statt, sodass es leichter argumentierbar gewesen wäre zu erklären, wie eventuell auftauchende Kompositionsvarianten eben durch Gedächtnisaufzeichnungen entstanden sein könnten. Das Kapitel »Jahreszeiten« wird noch ausführlich behandelt werden.

Die Bearbeitung der englischen Textvorlage durch van Swieten und ein sensationelles Grillparzerzitat

Im Folgenden wird der Versuch unternommen werden zu beweisen, dass die Geschichte des Librettos der »Schöpfung«, wie sie van Swieten erzählt, schlicht und einfach falsch ist. Und dabei müsste eigentlich kein anderer, außer Haydn, genauer über die Herkunft des englischen Textes Bescheid gewusst haben als van Swieten. Er schreibt dazu in seinem an die »AmZ« gerichteten Brief vom Dezember 1798:

> »Nun auch ein paar Worte zu dem Gedichte, welches sie meine Schöpfung zu nennen belieben. Der Antheil, den ich an dem ursprünglich englischen Werke habe ist zwar etwas mehr als blosse Übersetzung, doch bey weiten nicht so beschaffen, daß ich es als mein ansehen könnte. Auch ist es nicht von Dryden, wie es in einem aus Wien geschriebenen, und dem 6ten Stücke des Merkurs vom laufenden Jahre eingerückten Briefe irrig angegeben wird, sondern von einem Ungenannten, der es grösstentheils aus Miltons verlorenem Paradiese zusammen getragen, und für Händel bestimmt hatte. Was den grossen Mann abhielt, davon Gebrauch zu machen, ist unbekannt; als aber Haydn in London war, wurde es hervorgesucht und demselben mit dem Wunsche, es von ihm in Musik gesetzt zu erhalten, zugestellt. Ihm schien beym ersten Anblicke der Stoff zwar gut gewählt, und zu musikalischen Wirkungen wohl geeignet; doch nahm er den Antrag nicht gleich an, und behielt sich vor, von Wien aus, wohin er zurück zu kehren eben im Begriff stand, und wo er das Gedicht genauer betrachten wollte, seinen Entschluss zu melden. Hier zeigte er es dann mir, und was er davon geurtheilt hatte, fand ich auch. Indem ich aber zugleich erkannte, daß der so erhabene Gegenstand Haydn die von mir längst erwünschte Gelegenheit verschaffen würde, den ganzen Umfang seiner tiefen Kenntnisse zu zeigen, und die volle Kraft seines unerschöpflichen Genies zu äussern; so ermunterte ich ihn, die Hand an das Werk zu legen, und um den ersten Genuss davon unserm Vaterlande zu verschaffen, beschloss ich, dem englischen Gedichte ein

deutsches Gewand umzuhängen. So entstand meine Übersetzung, bey welcher ich der Hauptanlage des Originals zwar im Ganzen treulich gefolgt, im Einzelnen aber davon so oft abgewichen bin, als musikalischer Gang und Ausdruck, wovon das Ideal meinem Geiste schon allgegenwärtig war, es zu fordern, mir geschienen hat, und durch diese Empfindung geleitet, habe ich einer Seits manches zu verkürzen, oder gar wegzulassen, anderer Seits manches zu erheben, oder in ein helleres Licht zu stellen, und manches mehr im Schatten zurück zu ziehen, für nöthig erachtet.«[333]

Haydns Rückkehr von seiner zweiten Englandreise war Ende August 1795. Um diese Zeit muss ihm Haydn, folgt man der Darstellung van Swietens in diesem Brief, den englischen Text zur »Schöpfung« zur Prüfung übergeben haben. Und nun werde ich versuchen, diese Darstellung van Swietens durch ein Grillparzerzitat als glatte Lüge zu entlarven. Den entscheidenden Anfang dieses Zitats habe ich in der gesamten Mozart- und Haydnliteratur nicht gefunden, sondern von dem exzellenten Grillparzerkenner und Germanisten Franz Forster erfahren. In Grillparzers Tagebüchern[334] findet sich folgende sensationelle Stelle: »Der Text zur Schöpfung war eigentlich von van Swieten für Mozart geschrieben. Als er ihn in der Folge Haydn zur Komposition übergab, ließ van Swieten, ein großer Musikkenner, sich jedes Musikstück, so wie es fertig ward, mit kleinem Orchester vorprobieren. Vieles verwarf er als für den großen Stoff zu kleinlich. Haydn fügte sich gern, und so kam jenes erstaunliche Werk zustande, das die kommenden Zeiten noch bewundern werden. All dies habe ich aus dem Munde eines wohlunterrichteten Zeitgenossen, der bei jenen Teilproben selbst mitwirkte. (Grillparzer Tagebücher 3413, 1838)

Wenn dieser sensationelle Satz Grillparzers: »Der Text zur Schöpfung war eigentlich von van Swieten für Mozart geschrieben«, auf Wahrheit beruht und nichts deutet darauf hin, dass er unwahr sein könnte, dann habe ich den nahezu endgültigen Beweis für die Richtigkeit meiner These erbracht, nämlich dass – auch aufgrund von vielen anderen Beweisen – zumindest Teile der »Schöpfung« von Mozart stammen. Auf jeden Fall erweist sich die Schilderung van Swietens, auf welche Weise er und Haydn an

---

[333] »AmZ«, Nr. 16, 16. Jänner 1799
[334] Grillparzer, Franz : Aesthetische Studien 1836–1838, Wien, S. 253 f.

die englische Textvorlage im Jahre 1795 gekommen sein sollten, als klares Lügengespinst. Grillparzer ist ein glühender Mozartverehrer. Er stellt in seinen Tagebüchern einen Vergleich mit Beethoven an, der zugunsten Mozarts ausfällt. »Wer die Arien der Konstanze in der Entführung hört, merkt daß Mozart in seinem Anfange dem Punkte näher stand, auf dem Beethoven aufhörte. Die Empfindung herrscht noch vor über die Form. Mit zunehmender Reife aber lernte er ohne Schaden für die Empfindung sie der Form unterzuordnen, sie zu gestalten, was Beethoven immer mehr verlernt hat.«[335] Bernhard Paumgartners grundlegende Mozartbiografie endet mit einem berührenden Gedicht Grillparzers auf Mozart:[336]

Glücklich der Mensch, der fremde Größe fühlt
Und sie durch Liebe macht zu seiner eigenen.
Denn groß zu sein, ist wenigen gegönnt. –
Er aber klomm so hoch, als Leben reicht,
Und stieg so tief, als Leben blüht und duftet,
Und so ward ihm der ewig frische Kranz,
Den die Natur ihm wand und mit ihm teilet.

Eindrucksvolles über die zentrale Rolle, welche die Familie Grillparzers schon seit Langem im Wiener Musikleben innehatte, sowie über die besondere Beziehung des großen österreichischen Dramatikers zur Musik, lesen wir bei Philip Gordon: »In Vienna Grillparzer found a favorable environment for his strong natural gift for music, a gift so strong that a single detached tone made him tremble involuntarily. The music nature had long been in the family; Haydn, Beethoven, Schubert, Cherubini were its distinguished guests; the poet's mother came of a house which was the center of musical activity in Vienna during the eighteenth and nineteenths centuries. Christoph Sonnleitner, her father, dean of the faculty of jurisprudence in the University of Vienna, was a friend of Haydn and Mozart. [...] To forget that Grillparzer was a musician, is equivalent to forgetting that Michelangelo was a poet or that Goethe was a scientist.«[337] (Gordon stützt sich hier auf den Grillparzerbiografen Ehrhard.)

[335] Franz Grillparzer, Tagebuch 3903, 1847
[336] Paumgartner, Bernhard: Mozart, Berlin 1927, rev. Aufl. 1993, S. 468
[337] Gordon, Philip: Franz Grillparzer: Critic of Music, in: The Musical Quarterly, Oxford 1916

Auch Mozart wird in diesem musikfreundlichen Haus öfter verkehrt haben. Dazu gibt es einen bemerkenswerten Brief von Mozarts Schwester an Joseph Sonnleitner, den Onkel Grillparzers, vom 2. Juli 1819. Es geht dabei um ein von einer Malerin zu schaffendes Mozartbild. Für uns ist jedoch ein anderer Aspekt dieses Schreibens von Bedeutung. Maria Anna, Reichsfreiin von Berchtold zu Sonnenburg, weiß über die gute persönliche Beziehung, die zwischen ihrem Bruder und Joseph Sonnleitner bestanden hatte, offensichtlich auch noch nach Jahrzehnten genau Bescheid. Sie schreibt: »Mich erfreuet würklich sehr, daß Euer Wohlgeborhrn meinem Brudern persönnlich gekannt haben, und er Ihnen frohe Stunden gemacht hat, Euer Wohlgebohrn sind selbst wie man mir sagte ein ausserordentlicher Musick Liebhaber, und kenner.«[338] Es spricht also vieles dafür, dass der Mozartverehrer Grillparzer diesen Satz in den ästhetischen Studien seines Tagebuches nicht leichtfertig geschrieben hat und dass dieser wohlunterrichtete Zeitgenosse, der ihm dies mitteilte, glaubhaft und zuverlässig war. Dass es sich dabei durchaus um Grillparzers Onkel Joseph Sonnleitner gehandelt haben könnte, werde ich später noch näher ausführen. So einen Satz kann man einfach nicht erfinden, er kann eigentlich nur auf einer konkreten Information und Wahrnehmung dieses wohlunterrichteten Zeitgenossen basieren. Und selbst für den unwahrscheinlichen Fall, dass sich dieser Zeuge insofern geirrt hätte, dass van Swieten den Text der »Schöpfung« letztendlich doch nicht Mozart zur Vertonung übergeben hätte, so geht doch mit absoluter Gewissheit aus dem Zitat Grillparzers hervor, dass der Text zur »Schöpfung« schon zu Lebzeiten Mozarts von van Swieten geschrieben beziehungsweise bearbeitet worden sein muss, wenn ihn dieser Zeitgenosse in Zusammenhang mit Mozart bringt. Für den längst verewigten Wolfgang Amadeus Mozart wird van Swieten den von ihm angeblich erst Ende des Jahres 1795 bearbeiteten englischen Text, von dessen Existenz er nach eigenem Bekunden erst Ende August / Anfang September 1795 erfahren haben will, ja wohl nicht zur Vertonung gedacht haben!

Wenn man diesen Brief van Swietens an die »AmZ« genau analysiert, entlarvt sich darin der Baron selbst als klarer Lügner. Er weiß demnach genau Bescheid über die Urvorlage des Librettos, nämlich »Paradise Lost« von John Milton, er weiß, dass der Text ursprünglich zur Vertonung durch Friedrich Händel bestimmt war. Auch weiß van Swieten, dass der

<hr>

[338] Mozartbriefe, Band IV, Nr. 1391, S. 455 f.

Textdichter nicht, wie im »Merkur« irrtümlich behauptet wurde, John Dryden heißt. Nur über das Allerwichtigste hat er angeblich keinerlei Erkundigung eingezogen, nämlich welcher englische Dichter letztendlich tatsächlich den Text der »Schöpfung« verfasste, den er für seine Bearbeitung heranzog. Dieser englische Autor ist laut van Swieten »ungenannt«. In dem von Salomon an Haydn übergegebenen Textbuch muss doch der Name des Verfassers aufgeschienen sein oder war, welch unglücklicher »Zufall«, gerade das Titelblatt, das darüber hätte Aufschluss geben müssen, verloren gegangen? Wer soll dies alles glauben? Hier gibt es absolut keine Grauzone eines Sowohl-als-auch, sondern nur ein Entweder-oder. Das Grillparzerzitat und die Version van Swietens in der »AmZ« bezüglich der englischen Textvorlage zur »Schöpfung« schließen sich zu 100 Prozent aus. Und es stellt sich sofort die Frage: Warum wird eine solche Lügengeschichte aufgetischt, wenn mit der Entstehung der »Schöpfung« alles in Ordnung gewesen sein sollte?! Nichts aber auch gar nichts stimmt an van Swietens Darstellung. Haydn hat keinerlei englischen Text einer »Schöpfung« in England erhalten, der ihm »beim ersten Anblick gut gewählt« und »zu musikalischen Zwecken wohl geeignet« erschien. Haydn hätte auch beim zweiten und dritten Anblick eines umfangreichen und anspruchsvollen poetischen Textes keinerlei Urteil über dessen Qualität abgeben können, da ihm auch zum Zeitpunkt der zweiten Englandreise die hierfür erforderlichen Englischkenntnisse fehlten. Dieser Schluss lässt sich aufgrund der Lektüre seiner Briefe aus England und jener der Tagebücher ohne jedes Bedenken ziehen. Diese Beurteilung entspringt keinerlei Böswilligkeit des Autors, sondern sie stützt sich einfach auf Tatsachen. Es geht dabei einzig und allein um die Wahrheit, selbst wenn dabei der Nimbus eines »Großen« angetastet werden sollte. Es gibt hier einfach andere Prioritäten.

Man könnte viele Stellen aus Haydns Briefen von seinen Englandreisen sowie aus den vier Tagebüchern seines Englandaufenthalts zur Stützung dieser These heranziehen. Einige typische Beispiele seien hier aber angeführt: Obwohl Haydn nicht weniger als 26-mal beim Prince of Wales eingeladen ist, glaubt er, wie seinen Briefen zu entnehmen ist, bis zum Schluss, er sei Gast des Prinzen von Wallis gewesen.[339] Möglicherweise ist ihm bei seinen Besuchen erst allmählich aufgedämmert, dass er vom englischen Thronfolger eingeladen worden war, der 1819 als Georg IV. den

<hr>

[339] Bartha, ebenda, einige Beispiele

englischen Thron besteigen sollte. So schreibt er etwa gegen Ende seiner zweiten Englandreise in sein Tagebuch: »Den 8te Apr. 1795 war die Vermälung des Prinzen von Wallis mit der Prinzessin von Braunschweig.«[340] Und wenn Haydn englische Namen und Begriffe wiederholt schrecklich verballhornt oder phonetisch in schlichter Weise nach seiner Muttersprache niederschreibt, zeigt sich in bestürzender Klarheit, dass er zur englischen Sprache keinen wie immer gearteten Zugang gefunden hatte. In seinen Tagebüchern kommt der seltsame Flussname »Tems«[341], aber auch »Tamse«[342] vor. Einmal ist er bei einer Familie Baites eingeladen, bei Haydn wird daraus der Name »Bace«.[343] So wird etwa aus dem Professor der Musik an der Universität Oxford, Philip Hayes, bei Haydn ein »Hess in Oxford«.[344] Ein anderes Mal ist die Rede von einem »duck of Pedfort«[345], wobei er natürlich den »Duke of Bedfort« gemeint hat. Und dass es sich hierbei um keine »Ente« handelt, sondern um traurige Realität, ist bei Bartha schmerzlich nachzulesen. Auf die Verleihung der Doktorwürde in Oxford vermochte er nur mit einem schlichten »thank you« zu antworten, wofür die höflichen Briten bereits dankbar waren.[346] In seinem Brief vom 13. Oktober 1791 an die Baronin Genzinger lässt Haydn sie in naivem Stolz an seinen neuen »Englischkenntnissen« teilhaben, indem er schreibt: »GOOD NIGHT – IT IS TIME TO GO TO BED.«[347] Auf Deutsch: »Gute Nacht, es ist Zeit zu Bett zu gehen.« (Die Großbuchstaben stammen übrigens von Haydn selbst.)

Wenige Monate später erfolgte die Uraufführung des Madrigals »The Storm«, in welchem ein anspruchsvoller englischer Text von John Wolcot, unter dem Pseudonym Peter Pindar, von Haydn vertont wurde. Dazu ist eine ungemein interessante Begebenheit, die John Taylor in seinen Erinnerungen festgehalten hat zu lesen. Er beschreibt hier ein Dinner, das im Haus der berühmten Sängerin Gertrud Mara – wahrscheinlich in der ersten Hälfte 1791 – stattfand, an dem der Dichter John Wolcot und

[340] Bartha, Haydn. Gesammelte Briefe, S. 553
[341] Bartha, Haydn. Gesammelte Briefe, S. 511
[342] Bartha, Haydn. Gesammelte Briefe, S. 531, drittes Londoner Notizbuch, Fo. 3b, S. 7 oben
[343] Bartha, Haydn. Gesammelte Briefe, S. 552
[344] Bartha, Haydn. Gesammelte Briefe, S. 500
[345] Bartha, Haydn. Gesammelte Briefe, S. 542, drittes Londoner Notizbuch, Fo. 16b
[346] Albert Christoph Dies, zitiert aus: Reich, Selbstzeugnisse, S. 159
[347] Bartha, Haydn. Gesammelte Briefe, Nr. 164, S. 262 f

der Cellist John Crosdill teilnahmen. Zitat aus Taylors »Records of my life« (bei Geiringer[348] aus dem Englischen übersetzt): »Bevor der Wein abgetragen wurde, kam Salomon und brachte Haydn mit sich, beide alte Freunde von Mme. Mara. Haydn verstand kein Wort Englisch. Sobald wir erfahren hatten, wer er war, schlug Crosdill vor, wir sollten Haydn dreimal hochleben lassen. Dies wurde mit Begeisterung aufgenommen und alle außer Haydn standen auf. Er hörte seinen Namen; da ihm aber diese Art von Ehrung unbekannt war, starrte er uns erstaunt an. Die unerwartete, neuartige Begrüßung verwirrte ihn so, dass er die Hände vors Gesicht hielt und einige Minuten ganz verlegen war.«[349]

Haydn müsste sich in den folgenden Monaten an die Vertonung eines poetischen Textes gemacht haben, der die stürmischen Elemente des Meeres schilderte, in einer Sprache, die er nicht verstand! Dies ist theoretisch denkbar, praktisch halte ich es für ziemlich unwahrscheinlich. Sicher bin ich mir hingegen, dass Haydns Besuch im Zusammenhang mit diesem Madrigal stand und dass die Anwesenheit des Textdichters keine zufällige war. Aber ist es vorstellbar, dass der Textdichter John Wolcot Haydn dabei die Vertonung von »The Storm« anbot, obwohl er sah, dass dieser kein Wort Englisch verstand? Könnte der eigentliche Zweck dieses seltsamen Treffens nicht die künftige »Ruhigstellung« Wolcots gewesen sein, der möglicherweise die wahre Entstehungsgeschichte dieses Madrigals kannte? Wie auch immer. Auf jeden Fall erscheint auch hier manches rätselhaft.

Doch zurück zur »Schöpfung«. Die Beurteilung eines umfangreichen und dichterisch anspruchsvollen Textes wie der Vorlage zur »Schöpfung« in englischer Sprache war für Haydn aber auch am Ende seiner zweiten Englandreise mit Sicherheit ein Ding der Unmöglichkeit. Dem überaus sprachgewandten ehemaligen Spitzendiplomaten van Swieten, der über ausgezeichnete Englischkenntnisse verfügte, wird dies durch seinen häufigen Umgang mit Haydn selbstverständlich bewusst gewesen sein. Trotzdem schreibt er in seinem Brief an die »AmZ« vom Dezember 1798 die glatte Unwahrheit! Und beileibe nicht nur was die Englischkenntnisse Joseph Haydns betrifft.

Es wäre allerdings wissenschaftlich unredlich, wenn man sich nur mit

[348] Geiringer, Haydn
[349] Records of My Life, London 1832, bei Geiringer, neue Ausgabe, S. 144 f.

dem ersten Satz dieses Grillparzerzitats befassen würde und den Rest einfach unkommentiert ließe, weil dieser, zumindest auf den ersten Blick, nicht in das Konzept der hier von mir aufgestellten These zu passen scheint, nämlich dass wenigstens ein Teil der »Schöpfung« von Mozart stammt. Ein Problem mit dem Grillparzerzitat – allerdings genau im umgekehrten Sinn – hatte auch der angesehene Musikwissenschaftler und Haydnforscher Georg Feder in seinem bereits zitierten Werk über die »Schöpfung.« Der Haydnverehrer Feder konnte naturgemäß mit den beiden ersten Sätzen des Zitats von Grillparzer: »Der Text der Schöpfung von van Swieten war eigentlich für Mozart geschrieben«, aus nachvollziehbaren Gründen überhaupt nichts anfangen, weil er sich, wie auch die übrige Haydnforschung, nicht im geringsten vorstellen konnte, dass Mozart irgendetwas mit der »Schöpfung« zu tun haben könnte. Dass Feder vor allem diesen ersten elementar wichtigen Satz – weil nicht in sein Konzept passend – einfach wegließ, und erst mit dem dritten Satz dieses laut Grillparzer »zuverlässigen Zeitgenossen« begann,[350] halte ich wissenschaftlich für mehr als bedenklich. Hätte Feder sich in seinem Buch nicht mit dem Rest des Grillparzerzitats auseinandergesetzt, müsste man überhaupt die Vermutung anstellen, dass der gesamten Musikwissenschaft dieses Zitat unbekannt sei, weil nirgendwo sonst darauf Bezug genommen wird! Dies kann aber nicht der Fall sein, da es sich bei Georg Feder um einen der maßgeblichsten Haydnforscher überhaupt handelt. Durch Feders unbestreitbare Kenntnis dieses Zitats kann daher die gesamte übrige Musikwissenschaft nicht davon exkulpiert werden, sich in keiner Weise mit diesem ungeheuer wichtigen Zitat befasst zu haben. Feder hätte die Eingangssätze des Grillparzerzitats unbedingt zitieren müssen – so wie es für mich eine Selbstverständlichkeit war, hier den restlichen Teil dieser Stelle aus Grillparzers ästhetischen Studien zu zitieren –, und er hätte angesichts der Wichtigkeit dieser Aussage auch einen persönlichen Kommentar hinzufügen müssen. Etwa dass sich Grillparzer – aus seiner, Feders, Sicht – hier unbedingt geirrt haben müsse et cetera. Einem ähnlichen Vorwurf möchte ich mich hier nicht aussetzen. Manipulativ gekürzte Zitate sind mir als Historiker schon immer ein Gräuel gewesen. Um dem Leser die Mühsal des Nachblätterns zu ersparen, erlaube ich mir, angesichts der außerordentlichen Wichtigkeit dieser Grillparzerpassage den von Feder offensichtlich manipulierten Text noch einmal zu zitieren:

[350] Feder, Die Schöpfung, S. 134

»Vieles verwarf er als für den großen Stoff zu kleinlich. Haydn
fügte sich gern, und so kam jenes erstaunliche Werk zustande, das
die kommenden Zeiten noch bewundern werden. All dies habe ich
aus dem Munde eines zuverlässigen Zeitgenossen, der bei jenen ersten Teilproben selbst mitwirkte.«

Hier scheint zunächst eine überzeugende Widerlegung des ersten Satzes
des von Grillparzer zitierten Augenzeugen vorzuliegen, nämlich dass der
Text der »Schöpfung« von van Swieten eigentlich für Mozart geschrieben
wurde. Die eben von mir aufgestellte These scheint sich also durch die
Folgesätze dieses »zuverlässigen Zeitgenossen« sogleich in Nichts aufzulösen und ins Reich der Fabel verwiesen werden zu müssen. Man könnte
hier, vor allem bei oberflächlichem Lesen des zweiten Teils dieses Grillparzerzitats, anhand der darin zum Ausdruck kommenden – fast minu-
tiösen – künstlerischen Auseinandersetzung zwischen Haydn und van
Swieten quasi hautnah die Entstehung der »Schöpfung« nachvollziehen,
wobei zunächst nicht der geringste Zweifel an der Autorschaft Haydns
aufkommen könnte. Dieser sich zunächst aufdrängenden Schlussfolgerung möchte ich freilich folgende Überlegung entgegenhalten: Haydn
komponiert demnach Stück für Stück seine »Schöpfung« und jedes
Musikstück wird sofort dem Musikpapst van Swieten zur strengen Prüfung vorgelegt. Die Vorproben erfolgen mit kleinem Orchester, um sich
ein noch klareres Bild von der Qualität des in Entstehung befindlichen
Werkes machen zu können. Der Herr Baron ist freilich äußerst streng
und verwirft vieles, um nicht zu sagen, das meiste, was ihm Haydn für
das große Werk anbietet. Beim nächsten Satz sträubt sich einem fast die
Feder: »Haydn fügte sich gern [...].« Wäre es nicht ein so ernstes Thema,
müsste einem ein ärgerliches Lachen kommen, das aber bald im Hals
stecken bliebe ... Haydn müht sich also mit all seinen ihm zur Verfügung
stehenden und stark im Schwinden begriffenen Kräften tagein, tagaus,
so er nicht gerade einen seiner schmerzlichen Ideenaussetzer hat, siehe
sein Brief vom 12. Juni 1799, redlich ab, um van Swietens Textbearbeitung der »Schöpfung« zu vertonen, nur ist der gute Baron schier mit
nichts zufrieden und schmeißt – salopp, aber hier nicht unangebracht
formuliert – Vieles, was Haydn komponierte, als unbrauchbar, weil »zu
kleinlich« zurück! Die Musikwissenschaft hat diese absurde Szenerie
bisher völlig unkritisch zur Kenntnis genommen.

Van Swietens schriftliche Anweisung an Haydn für die Komposition der Schöpfung

Doch nicht genug: Van Swieten gibt Haydn noch diverse »Anweisungen«, wie er sich gewisse Szenen in der »Schöpfung« vorstellt! In dem handschriftlichen Exemplar des Textbuches, welches sich erhalten hat, finden sich eigenhändig geschriebene Anweisungen van Swietens zur Vertonung der »Schöpfung«. Dieses Textbuch besteht aus 15 Seiten im Quartformat. Ich zitiere hier diese Randbemerkungen nach Carl Ferdinand Pohl:[351]

> »Erster Teil
> (Ouvertüre. Rezitativ mit Bgl. Basso »Im Anfang schuf Gott).
>
> Die mahlerischen Züge der Ouvertüre könnten diesem Recitativ zu Begleitung dienen.
>
> (Chor »Und der Geist Gottes« – bis – »und es ward Licht« Recitativ Tenor Aria Tenor »nun schwanden«)
>
> In dem Chore könnte die Finsterniß nach und nach schwinden; doch so, daß von dem Dunkel genug übrig bliebe, um den augenblicklichen Übergang zum Licht recht stark empfinden zu machen. Es werde Licht etz. darf nur einmahl gesagt werden.
>
> Chor: »Verzweiflung, Wuth« Auftritt. Ein Engel Rezit. Basso Aria, et cetera)
>
> Es dürfte gut sein, wenn das Schlußritornell der Arie den Chor ankündigte und dieser dann sogleich einfiele, um die Empfindung der entfliehenden Höllengeister auszudrücken
>
> Zweiter Teil:
> (Rezit Aria »Auf starkem Fittige« – »ihr reizender Gesang –«;
>
> Der drey letzten Verse wegen können nur die freudig zwitschernden, nicht die langgezogenen Töne der Nachtigall hier nachgeahmt werden. (Rezit. Basso dann in tempo »seid fruchtbar«)

---

[351] Pohl, Carl Ferdinand: Joseph Haydn. Werke, Band III, Leipzig 1927

Hier scheint, dass die bloße Begleitung des nach einem geraden Rhythmus sich feierlich bewegenden Basses gute Wirkung machen würde.

(Terzetto Soprano »In holder Anmut «)

Zu diesen Strophen dürfte wohl eine ganz einfache und syllabische Melodie sich am besten schicken, damit man die Worte deutlich vernehmen könne; doch mag die Begleitung den Lauf des Bachs, den Flug der Vögel und die schnelle Bewegung der Fische malen.

(Chor: »Der Herr ist groß«)

Dieser Chor soll nur dasjenige, was die drey Stimmen vorher sangen, verstärken und also nicht lang sein.

(Vor dem Ende des 2. Teiles: »Vollendet ist das große Werk« – »alles lobe seinen Namen«)

Auf »Alles lobe etz.« Eine Fuge, wenn man will.

Dritter Teil
(Ein Engel Rezit. Mit Begl. Tenor »Aus Rosenwolken bricht«)

Hier könnte eine etwas längere Einleitung, welche den süssen Klang und die reine Harmonie ausdrückt, dem Recit. zur Vorbereitung dienen, und hernach daraus die Begleitung zu den sechs ersten Versen genommen werden. Auch scheint, daß hierbey mehr auf Harmonie als auf Melodie zu sehen wäre und diese wenigstens bloß schwebend oder gedehnt sein müßte.

(Lobgesang Adam und Eva mit abwechselndem Chor der Engel)

Da hier das erste, noch unerfahrene und unschuldige Menschenpaar sein inneres Gefühl ausdrückt, so folgt von selbst, daß der Gesang einfach und die Melodie syllabisch fortschreitend seyn müsse; doch könnte sie für Adam einen festeren Gang als für Eva Statt haben und der Unterschied in der Empfindung, den das Geschlecht verursacht, vielleicht durch die Abwechslung des Major- und Minortones angedeutet werden.

(Chor der Engel. »Gesegnet sei des Herren Macht«)

Der eingeschaltete Engelchor soll die Einförmigkeit der Strophen brechen und besonders gegen ihren melodischen Gesang abstechen, was wohl am besten durch Harmonie bewirkt werden dürfte.

(Am Schluß: »Des Herren Ruhm, er bleibt in Ewigkeit, Amen«

Auf den letzten Vers und das Amen könnte eine Fuge als Wettge-
sang Statt haben.«

Soweit also die Anweisungen und Ratschläge van Swietens. Und der große
alte Mann Josef Haydn, der mit seinen jüngsten Englandreisen eben zu
Weltruhm aufgestiegen ist, lässt sich diese offenbar ständige präpotente
Behandlung und auch für einen weniger berühmten Komponisten, als
es Haydn ist, äußerst unwürdige Einmischung in den Schaffensvorgang
durch einen dilettierenden Komponisten wie van Swieten, der der Nachwelt kein einziges brauchbares musikalisches Werk hinterlassen hat, so
einfach gefallen! Ja mehr noch, und damit schlägt die Szenerie vollends
ins Absurde um: Haydn »fügte sich gern«, wie der von Grillparzer zitierte Zeitzeuge sich zu erinnern glaubt. Ein Beethoven hätte in einer
solchen Situation wohl mehr als einen unkontrollierbaren Wutanfall erlitten und dem Baron ob seiner Dreistigkeit eine Sauciere oder Ähnliches
an den Kopf geworfen, wie er es in einem Wiener Gasthaus bei einem
Kellner in einem Anfall von Jähzorn in jungen Jahren gemacht hatte. Dabei schildert Haydn in diesem aus verschiedenen Gründen überaus interessanten Brief vom 12. Juni 1799 an Breitkopf & Härtel seinen offenbar
katastrophalen Gesundheitszustand, in dem er sich bereits während der
Komposition der »Schöpfung« befunden hat. Da heißt es:
»Nur bedaure ich, daß ich vermög meines hochanwachsenden Alters, und bei (leyder) abnehmenden geisteskräften den wenigsten theil
derselben(gemeint sind seine vielen Geschäfte, Anm.) befriedigen kann:
die welt macht mir zwar täglich viele Complim. (Complimente) über das
feuer meiner letzteren arbeithen, aber niemand will mir glauben; mit
welcher mühe und anstrengung ich dasselbe hervorsuchen muss, indem
mich manchen Tag die schwache gedächtnüß und Nachlassung der Nerven dermassen zu boden drückt daß ich in die traurigste Laage verfalle,
und hiedurch viele Täge nachero ausser stand bin nur eine einzige Idee
zu finden, bis ich endlich durch die vorsicht aufgemuntert mich wider an
das Clavier setzen, und dan zu kratzen anfangen kan: genug hirvon.«[352]

Man möchte sich den beiden letzten Worten spontan und mitleidsvoll
anschließen. Wenn ein Mensch in einem solchen Gesundheitszustand,

[352] Bartha, Haydn. Gesammelte Briefe, Nr. 220, S. 319 f.

der hier durchaus glaubhaft geschildert wird, und mit solch unzureichenden sprachlichen Ausdrucksmitteln wie dieser Haydnbrief, aber auch viele andere aus gesundheitlich besseren Zeiten, schmerzlich unter Beweis stellen, trotzdem ein Werk wie die »Schöpfung« und wenig später die »Jahreszeiten« zu komponieren vermag, so kann man aus medizinischer Sicht wohl nur von einem Wunder sprechen! Und es gibt solche Wunder, die sich einer rationalen Beurteilung völlig entziehen, weil sie ansonst keine Wunder wären. Menschen sind in schier ausweglosen Situationen manchmal zu unfassbaren Leistungen fähig. Dies sollte zur Objektivierung der hier geschilderten Situation ausdrücklich festgestellt werden. Es geht hier um ein sorgfältiges Abwägen eines Für und Wider. Doch sollte eine seriöse Haydnforschung wenigstens darauf hinweisen, dass es sich hier zweifellos um ein unerklärliches und wundersames Phänomen handelt, das sich jeder rationalen Erklärung entzieht. Was ich aber – ich denke zu Recht – der Forschung vorhalte, ist die Tatsache, dass sie den »Schöpfungsprozess« unkritisch wider- oder – ohne besseres Wissen als « normal« und gegeben – hinnimmt. Haydn leidet nach eigener Darstellung an einem empfindlichen, möglicherweise sogar chronischen Gedächtnisschwund, er ist nervlich völlig am Ende und viele Tage fällt ihm nichts ein und er hat keinerlei Ideen. Das ist keine Unterstellung sondern Haydns *eigener* niederschmetternder Befund seines eigenen Gesundheitszustandes. Man muss Haydn hier jedes Wort glauben. Trotz all dieser Beschwerden entsteht ein Werk von »Feuer« wie die »Schöpfung«. Den Vorgang, aus einer schier göttlichen Inspiration im wahren Sinn des Wortes zu schöpfen, mit einem »Kratzen am Clavier« umschreiben zu können, ist mit Haydns eigenartigem Sprachstil allein nur unzureichend erklärt. Außerdem wird man doch anmerken dürfen, dass Wortkunst und Tonkunst nicht in völlig verschiedenen Welten des menschlichen Geistes angesiedelt sein sollten. Wobei der Begriff »Wortkunst« ohnehin zu hochgestochen ist. Niemand verlangt von Haydn, dass er sich ständig wie ein Dichter oder ein Sprachgelehrter ausdrückt. Man würde nur einen halbwegs geordneten Umgang mit der Sprache von ihm erwarten. Noch dazu, wo es sich bei der »Schöpfung« um ein Oratorium handelt, dessen Libretto durchaus philosophisch theologische wie auch literarisch ästhetische Ansprüche stellt, nicht zuletzt an deren Umsetzung durch den Komponisten. Aber irgendwo muss der Strapazierfähigkeit der Vernunft im Sinne des Sint-Certi-Fines-Prinzips eine endgültige Grenze gezogen werden, indem ich wieder auf die Aussage

des laut Grillparzer wohlunterrichteten Zeitgenossen zurückkomme, der
die Entstehung der »Schöpfung« aus nächster Nähe und Anschauung
miterlebt haben will: Dass vieles von dem, was Haydn unter unvorstellbaren Mühen mit schmerzhaften Unterbrechungen an der »Schöpfung«
komponierte, von van Swieten »als für den Stoff zu kleinlich« verworfen
worden sei und Haydn sich »gern darin gefügt habe«, obwohl er sich gesundheitlich kaum aufrecht halten kann, übersteigt jede Toleranzgrenze
rationaler Akzeptierbarkeit. In einem solch lachhaften und für Haydn
entwürdigenden Ambiente soll eines der größten Werke der klassischen
Musikliteratur entstanden sein? Kann dies wirklich ein ernst zu neh-
mender Musikwissenschafter glauben, ja kann sich dies auch nur ein
einigermaßen rational funktionierendes Durchschnittsgehirn vorstellen?
Ich kann es mir nicht vorstellen. Hier wurde, wie es scheint, eine lächerliche Komödie vorgegaukelt, auf die offensichtlich der »wohlunterrichtete Zeitgenosse« und Augenzeuge, der von den wahren Vorgängen und
Hintergründen freilich keine Ahnung haben konnte, reingefallen ist. Er
berichtet einfach Grillparzer, was er gesehen und erlebt hat, ohne die
wahren Hintergründe zu kennen. Dass er kein kritisches Wort darüber
von sich gibt, ist verwunderlich. Noch verwunderlicher ist freilich, dass
sich auch der große Dichter Grillparzer keine kritische Bemerkung ab-
ringt und ihm diese Vorgänge offensichtlich ganz »normal« vorkommen,
wie Haydn hier von van Swieten behandelt wird. Hier wurde offensichtlich die Entstehung der »Schöpfung« nachgespielt, in der Hoffnung, dass
der eine oder andere Augenzeuge diesen Mummenschanz einer andächtig lauschenden Nachwelt überliefern würde und dass dieser als »Tatsache« auf ewig in die Musikannalen eingehen werde. Wie es ja auch
wirklich geschehen ist. Merkwürdig finde ich auch den Umstand, dass
van Swieten seine zahlreichen Ratschläge für die »Schöpfung« in seiner
Textbearbeitung schriftlich festgehalten hat. Würde es sich um den einen
oder anderen Vorschlag handeln, könnte man dies noch irgendwie nachvollziehen. Angesichts des Umfanges der von van Swieten geäußerten
Wünsche und Anweisungen erscheint die Mitteilung über das Textbuch
der »Schöpfung« nicht unbedingt die naheliegendste gewesen zu sein.
Van Swieten hätte auch ein eigenes Exposé für Haydn anfertigen können. Als natürlichste Form der Kommunikation erschiene mir freilich
ein diesbezüglicher mündlicher Gedankenaustausch zwischen den beiden, was auch keinerlei Schwierigkeiten bereitet hätte, da sie in diesen
Jahren viele persönliche Kontakte pflegten.

Und tatsächlich berichtet der enge Haydnvertraute Samuel Silverstolpe, seines Zeichens schwedischer Legationsrat, dass Haydn vorübergehend aus seiner Wiener Vorstadtwohnung in die Innenstadt gezogen sei und zwar in die Krugerstaße 1074.[353] Das Haus hieß »Zum blauen Säbel« und diente, welch Überraschung, damals auch Konstanze Mozart als Logis. Silverstolpe vermeldet weiter, dass der Zweck von Haydns Wohnungswechsel die Nähe zu van Swieten gewesen sei, um sich durch diesen bei der Entstehung der »Schöpfung« beraten zu lassen. Wenn aber, wie hier glaubhaft von Silverstolpe geschildert wird, ein ständiger persönlicher Gedankenaustausch zwischen Haydn und van Swieten bestand, dann wird die Tatsache, dass der gute Baron genaue Kompositionsvorschriften an Haydn im Textbuch der »Schöpfung« vermerkte, noch um vieles absurder! Und diese Randbemerkungen van Swietens waren noch obendrein in gestochener Schrift am Rande vermerkt, waren also nicht, wie man annehmen müsste, Ergebnis eines flüchtig hingeschriebenen schöpferischen Gedankenaustausches zur Fixierung wichtiger Ideen, die aus einem kreativen Schaffensprozess des Augenblicks geboren sein mochten. Wollte etwa van Swieten auch mit diesen schriftlichen Anweisungen an Haydn eine falsche Fährte legen? Wollte er der Nachwelt damit »beweisen«: Seht her, so ist in minutiöser Zusammenarbeit zwischen Haydn und mir die »Schöpfung« entstanden? Den diesbezüglichen Bericht Silverstolpes über seinen Besuch bei Haydn halte ich für geradezu sensationell: »Er [Haydn] wohnte damals in der Krüger-Straße, Nr. 1075; das Haus wurde der blaue Säbel benannt. Diesen Raum hatte er nur für eine kurze Zeit gemietet, um näher bei Baron Swieten zu sein, dem Verfasser der Worte zu unserem großen Musikwerk, womit Haydn seit einigen Wochen beschäftigt war. Es war die Schöpfung. Baron van Swieten, an der Spitze von 12 oder 13 anderen Musikliebhabern hatte diese Arbeit bestellt, damit sie im darauffolgenden Jahre beim Fürsten Schwarzenberg aufgeführt würde, der ebenfalls der Vereinigung angehörte. ›Ich habe nötig‹, sagte Haydn, ›oft mit dem Baron zu sprechen, um Änderungen an dem Texte machen zu können, und außerdem ist es für mich ein Vergnügen, ihm verschiedene Nummern daraus zu zeigen, weil er ein tiefer Kenner ist, der selbst gute Musik gesetzt hat, bis hin zu Sinfonien von großem Werte.‹ Bald ließ mich Haydn, die Introduktion seines Oratoriums, das Chaos vorstellend, hören. Er bat mich, ihm an

[353] Mörner, Haydniana, S. 25

der Seite zu sitzen, und der Partitur zu folgen. Als das Stück beendigt war, sagte er: ›Sie haben zweifellos bemerkt, wie ich die Auflösungen, die man sich am meisten erwartet, vermieden habe. Der Grund dafür ist, daß noch nichts Form angenommen hat.‹ Während des Gesprächs, das darauf folgte, entdeckte ich bei Haydn sozusagen zwei Physiognomien. Die eine war durchdringend und ernst, wenn er über das Erhabene sprach, und es war nur der Ausdruck ›erhaben‹ nötig, um sein Gefühl in eine sichtbare Bewegung zu setzen. Im nächsten Augenblick wurde diese Stimmung des Erhabenen geschwind wie der Blitz von seiner alltäglichen Laune verjagt, und er verfiel in das Joviale mit einer Begehrlichkeit, die sich in seinem Blick malte und in Spaßhaftigkeit überging. Diese war seine beständige Physiognomie; die andere musste angeregt werden.– Als ich von ihm ging, sagte er: ›Wissen Sie wohl, dass dieses Haus eine eigene Merkwürdigkeit hat: hier, und just in diesem Raum, haben wir Mozart verloren; welche Lücke hat er uns nicht hinterlassen!‹«[354] Das Zitat Silverstolpes endet mit dem Satz: »Ich fühlte, daß ich mich an einer heiligen Stätte befand.«[355]

Ich war durch diese von Silverstolpe überlieferte Bemerkung Haydns zunächst tief berührt, ja geradezu erschüttert. Haydn teilt hier seinem schwedischen Besucher mit, dass der Raum, in dem er ihm eben eine Kostprobe aus der gerade entstehenden »Schöpfung«, die Vertonung des Chaos, am Klavier vorgespielt hatte, das Sterbezimmer Mozarts gewesen sei! Umso befremdlicher mutet die akribische Schilderung Silverstolpes von Haydns überwiegend von Jovialität und »Spaßhaftigkeit« geprägtem Verhalten an – er befand sich mit Silverstolpe nach eigener Bekundung im Sterbezimmer *Mozarts* und es ging um die »Schöpfung« –, wobei er nur vorübergehend »durchdringend ernst« wurde, »wenn er über das Erhabene sprach«!

Die vorherrschend fröhliche Laune Haydns – man könnte auch laut Silverstolpes anschaulicher Schilderung durchaus auch von einer geradezu ausgelassenen Stimmung Haydns sprechen – wäre allein schon aufgrund des Gegenstandes des Besuches – Haydn führt Silverstolpe das Chaos der »Schöpfung« vor – als äußerst unpassend und deplaziert anzusehen. Er führt sich hier fast clownesk auf. Von einem »Papa Haydn«-

[354] Mörner, ebenda
[355] Mörner, ebenda

212

Gehabe ist hier absolut nichts zu verspüren. Aber dass sich dies alles im Sterbezimmer Mozarts abgespielt haben sollte, ließ mich als tiefer Mozartverehrer geradezu erschaudern. Doch alsbald überkam mich ein erleichterndes Aufatmen, als ich mich wieder des Eingangssatzes von Silverstolpe erinnerte. Haydn musste sich, man ist versucht zu sagen Gott sei Dank, geirrt haben, denn es konnte sich dabei keineswegs um Mozarts Sterbezimmer in der Rauhensteingasse gehandelt haben, da Haydn seinen schwedischen Gast ja im »Blauen Säbel« in der Krugerstraße empfangen hatte. Dennoch ging mir die Sache lange nicht aus dem Sinn. Wie konnte Haydn ein solch katastrophaler Irrtum passieren? Denn dass sich Samuel Silverstolpe hier geirrt und Haydn falsch verstanden haben könnte, ist wohl auszuschließen. Gewiss, Haydn hatte Zeit seines Lebens zahlreiche geistige Aussetzer – in diesem Buch wird eine Reihe davon erwähnt –, aber eine derartige Fehlleistung ginge wohl weit über alle anderen hinaus.

Eine wenigstens teilweise, wenn auch keineswegs völlig überzeugende Erklärung fand ich in dem Kommentar der von Bärenreiter herausgegebenen Mozartbriefe zu dem Brief Konstanze Mozarts an Breitkopf & Härtel vom 26. Mai 1798.[356] Demnach wohnte Konstanze um diese Zeit im »Blauen Säbel« in der Krugerstraße 1074. Silverstolpe nennt für seinen makabren Besuch bei Haydn die Nummer 1075, aber dieselbe Hausbezeichnung (»Blauer Säbel«). Es hat sich hier offensichtlich nicht nur um dasselbe Haus, sondern möglicherweise sogar um dieselbe Wohnung gehandelt. Zitat: »Zwischen dem 1.5.1795 und dem 1.9.1798 ist Constanze also von der ›Krugerstraße, beim blauen Säbel, Nro. 1074‹ in das ›Judengässel‹ umgezogen, vermutlich nach der Rückkehr von der Konzertreise, die sie 1795/96 mit ihrer Schwester Aloisia und (anfänglich) Anton Eberl unternommen hatte.« Haydn muss also Samuel Silverstolpe mit großer Wahrscheinlichkeit in der damaligen Wohnung Konstanze Mozarts im »Blauen Säbel« – ich halte diesen Umstand für äußerst bemerkenswert – empfangen haben und er mochte annehmen, dass Konstanze Mozart damals noch in der Sterbewohnung ihres Gatten wohnhaft sei. Wie Haydn gegenüber Silverstolpe jedoch dezidiert behaupten konnte, es handle sich um den Raum, »in dem wir Mozart verloren«, bleibt trotzdem äußerst seltsam und kaum erklärlich. Auch wenn er zum Zeitpunkt von Mozarts Ableben in London weilte, hätte er

---

[356] Mozartbriefe, Band VI, Kommentare zu Nr. 1224, S. 453

in der Zwischenzeit genügend Gelegenheit gehabt, in Erfahrung zu bringen, in welchem Haus sein angeblich so enger Freund Mozart tatsächlich verstorben war. Sollte man zumindest annehmen.

Zurück zur angeblich hautnah zu verfolgenden Genesis der »Schöpfung«. Kurz zuvor wurde der schillernde Baron van Swieten der schweren Lüge überführt. Ihm ist manches- allerdings nicht selten im negativen Bereich – zuzutrauen. Vor allem aber ist eine grundsätzliche Frage zu klären: Handelt es sich dabei um Änderungswünsche van Swietens aufgrund ihm bereits vorliegender Teilausführungen der »Schöpfung«, was in Übereinstimmung mit dem oben angeführten Grillparzer Zitat stehen würde, oder gibt der Textbearbeiter van Swieten dem Komponisten Haydn Ratschläge, wie er sich die künftige musikalische Umsetzung wichtiger Textpassagen vorstellt? Aus dem von Silverstolpe überlieferten diesbezüglichen Haydnzitat scheint ebenfalls eindeutig hervorzugehen, dass es sich um die erste Variante handelte. Eine philologische Analyse scheint aber unbedingt erforderlich zu sein. Manche der Anmerkungen van Swietens sind so formuliert, dass beide Varianten möglich wären. Man wird sich jedoch auf jene Anmerkungen konzentrieren müssen, aus denen mit nahezu 100-prozentiger Gewissheit abzulesen ist, dass sie van Swieten vor Beginn der Komposition der jeweiligen Stelle der »Schöpfung« abgegeben haben muss und wo er dennoch das tatsächliche musikalische Ergebnis praktisch schon vorwegnahm! Dazu würde ich eindeutig van Swietens Bemerkung zu Nr. 18 (Terzett) und 19 (Chor mit Terzett) zählen. »Zu diesen Strophen dürfte wohl eine ganz einfache und syllabische Melodie sich am besten schicken, damit man die Worte deutlich vernehmen könne; doch mag die Begleitung den Lauf des Bachs, den Flug der Vögel und die schnelle Bewegung der Fische mahlen.« Daraus vermag ich keinerlei Änderungswunsch oder Verbesserungsabsicht einer bereits fertigen Komposition abzulesen. Desgleichen bei Nr. 29, wo van Swieten schreibt: »Hier könnte eine etwas längere Einleitung, welche den süssen Klang und die reine Harmonie ausdrückte, dem Rezitativ zur Vorbereitung dienen, und hernach daraus die Begleitung zu den sechs ersten Versen genommen werden. Auch scheint dass hierbey mehr auf Harmonie als auf Melodie zu sehen wäre, und diese wenigstens bloß schwebend oder gedehnt seyn müßte.« Zu derselben Kategorie ist wohl auch van Swietens Bemerkung zu Nr. 30 zu zählen: »Da hier das erste, noch unerfahren – und unschuldige Menschenpaar sein inneres Gefühl ausdrückt, so folgt von selbst dass der Gesang einfach und die

Melodie syllabisch fortschreitend seyn müsse; doch könnte für Adam ein festerer Gang als für Eva Statt haben, und der Unterschied den das Geschlecht verursacht, vielleicht durch die Abwechslung des Major- und Minortons angedeutet werden.« Den unmittelbar darauf folgenden Rat van Swietens würde ich aber als Verbesserungsvorschlag einer ihm von Haydn bereits vorgelegten Komposition ansehen: »Der eingeschaltete Engelchor soll die Einförmigkeit der Strophen brechen und besonders gegen ihren melodischen Gesang abstechen, was wohl am besten durch Harmonie bewirkt werden dürfte.« Denn wahrscheinlich kann hier van Swieten nur mit einem konkreten Kompositionsentwurf Haydns konfrontiert worden sein, wenn er von der Notwendigkeit schreibt, dass die »Einförmigkeit der Strophen« gebrochen werden müsse und zwar durch einen eingeschalteten Engelchor und durch »Harmonie«, was immer der Baron darunter verstehen mochte. Wie sollte van Swieten vorausahnen, dass die Komposition zu diesen Strophen »einförmig« ausfallen würde? Wenn man aber dieser inneren Logik von van Swietens Randnotizen im Text der »Schöpfung« folgt, kann es hier schwerlich eine Vermischung der beiden von mir angeführten Interpretationsmöglichkeiten geben. Entweder handelt es sich um Ratschläge für ein künftig im Entstehen begriffenes Werk oder es handelt sich um Änderungs- und Verbesserungswünsche einer bereits von Haydn ausgeführten Partitur durch van Swieten. Dennoch kann aus meiner Sicht das Ergebnis der philologischen Auswertung nur lauten, dass van Swieten nicht nur Verbesserungs- und Änderungsvorschläge gemacht haben kann, sondern vor allem auch Ratschläge und Anweisungen für bestimmte von Haydn in naher Zukunft zu komponierende Teile der »Schöpfung« gegeben haben muss. Dies steht freilich im Widerspruch zu den Aussagen des von Grillparzer zitierten Zeitgenossen und denjenigen von Silverstolpe. Es ist übrigens erstaunlich, wie sich die Schilderungen der beiden gleichen.

Weil diese Zitate von einer so außerordentlichen Wichtigkeit sind, seien sie hier noch einmal nebeneinander angeführt:

Grillparzers Zeuge: »Und als er [van Swieten] ihn in der Folge Haydn zur Komposition übergab, ließ van Swieten, ein großer Musikkenner jedes Musikstück, so wie es fertig war, mit kleinem Orchester vorprobieren. Vieles verwarf er, als für den großen Stoff zu kleinlich. Haydn fügte sich gern.«

Haydns Kommentar laut Silverstolpe: »Und außerdem ist es für mich ein Vergnügen, ihm [van Swieten] verschiedene Nummern daraus zu zeigen, weil er ein tiefer Kenner ist, der selbst gute Musik gesetzt hat, bis zu Sinfonien von großem Wert.«

Natürlich erzählt hier Haydn seinem Gast Silverstolpe nicht das für ihn überaus peinliche Detail, dass der gestrenge Baron vieles von seinen Kompositionsvorschlägen sogleich »verwarf, als für den großen Stoff zu kleinlich«. Aber der Sucus der beiden Zitate ist der gleiche: Haydn komponiert Teile der »Schöpfung« und unterbreitet diese Gottfried van Swieten zur Begutachtung. Damit wäre die Richtigkeit dieses Grillparzerzitates endgültig verifiziert, was natürlich auch den ersten Satz, wonach der Text der »Schöpfung« von van Swieten eigentlich für Mozart geschrieben worden sei, indirekt miteinbeziehen würde. Warum sollte nur der erste Satz von Grillparzer frei erfunden worden sein, der Rest des Zitates jedoch auf Tatsachen beruhen? Fügt man hinzu, dass es sich dabei um eine Inszenierung zur Täuschung der Nachwelt handelte, ist der wahre Hergang perfekt geschildert! Van Swieten besitzt also bereits die Partitur der »Schöpfung« oder zumindest Teile davon, nur stammen diese von Wolfgang Amadeus Mozart. Und er spielt mit Haydn die Entstehung gewisser Teile der »Schöpfung« bloß nach. Im Falle der Richtigkeit meiner These bezüglich der wahren Entstehung der »Schöpfung« wären sowohl van Swietens Ratschläge für angeblich erst von Haydn zu komponierende Teile der »Schöpfung« als auch die ausgewiesenen Abänderungswünsche absolut kompatibel.

Weitere Beweise für die Bevormundung Haydns durch van Swieten

Es ist also tunlich, dem Baron, bei der weiteren Schilderung der Ereignisse, bei denen er noch eine wichtige Rolle spielen wird, mit Skepsis und Misstrauen zu begegnen. Haydn muss auch in der Folgezeit auf die Wünsche und Anordnungen van Swietens eingehen, als sei dieser sein Vormund. Van Swieten ist die treibende Kraft hinter allem. An weiteren konkreten Beispielen wird zu sehen sein, dass er den Komponisten bis zu seinem Tod im März 1803 völlig dominiert. Ohne die Zustimmung des Barons trifft Haydn offenbar keine wichtige Entscheidung. Und auch dieses Phänomen wird versucht zu erklären. So blockiert etwa van Swieten die Bemühungen von Breitkopf & Härtel, von Haydn die Druckstöcke der »Schöpfung«, die er bekanntlich auf eigene Rechnung hatte anfertigen lassen, nachträglich zu erwerben. Dies erfährt man aus einem Brief Griesingers an Breitkopf & Härtel. Griesinger vertrat auch in dieser Geschäftssache die Interessen des Leipziger Musikalienverlages. Haydn wagte es offensichtlich nicht, eine selbstständige Entscheidung zu treffen und er trug Griesinger auf, die Meinung van Swietens dazu einzuholen.

Griesinger schreibt: »Swieten ist der Meynung, H. [Haydns Name ist hier von Griesinger abgekürzt] solle dieselben [die Druckstöcke der ›Schöpfung‹] nicht veräußern, sie seyn ein Capital, das jährlich wenigstens 50 bis 60 Ducaten eintrage; H. solle daher entw. eine jährliche Rente oder ein verhältnißmäßiges Capital fordern. Von diesem Beschluße seines Orakels wird H. nicht abzubringen seyn, ob ich gleich sehr wohl merkte, daß ihm der Selbstverlag entleydet ist.«[357] Van Swieten hat also offensichtlich ein gewichtiges Wort mitzureden, was Haydns Finanzen betrifft! Die Beziehung der beiden muss daher äußerst eng gewesen sein. Die Drucklegung der »Schöpfung« scheint dem nicht gelernten Verleger Haydn nicht eben geringe Mühen und Beschwernisse bereitet zu haben. Das Papier für den Druck musste aus Venedig besorgt werden, und der Verkauf gestaltete sich aufgrund fehlender Geschäftspraxis zunächst eher schleppend, obwohl es sich um ein großes Werk der Musikge-

---

[357] Mozartbriefe, Band IV, Brief an Breitkopf & Härtel, vom 25. März 1801

schichte handelte. Es waren im März 1801 erst 800 Exemplare gedruckt und die aufgelaufenen Kosten beliefen sich bereits auf 2500 Gulden.[358] Ebenso stemmte sich der Baron eine Zeit lang gegen die Drucklegung der »Sieben Worte des Erlösers am Kreuz« durch Breitkopf & Härtel. In demselben Brief ist bei Griesinger zu lesen: »Noch ein Beweis von dem großen Einfluß, den Swieten auf H. hat, ist folgende zutrauliche Erklärung, die mir H. machte. Nur unter der Versicherung, daß er für die 7 Worte hundert Ducaten erhalte, konnte er Swietens Einwilligung zur Veräußerung bekommen.«[359] Van Swieten gerierte sich dabei so, als handle es sich um sein geistiges Eigentum und als würde er hier seine eigenen Geschäftsinteressen vertreten.

Ferner wollte Haydn 13 drei- und vierstimmigen Lieder, die er laut Finscher bereits einige Jahre zuvor (1796) komponiert hatte, der russischen Kaiserin dedizieren, wobei er sich ein wertvolles Geschenk dafür erhoffte. Zu dieser Widmung kam es allerdings nicht und Griesinger schrieb dazu: »Aus einem mit unerklärlichen Zartgefühl hat er aber die Idee mit der Dedication aufgegeben. Er befürchtet, der Fürst und Swieten möchten ihn der Betteley beschuldigen, wenn sie erführen, daß er ein Geschenk erhalten hätte.«[360] Hier steigert sich die Bevormundung Haydns durch van Swieten geradezu ins Groteske! Er wird dabei fast wie ein Entmündigter behandelt. Dieses schwierige Verhältnis zwischen Haydn und van Swieten hat in der Musikforschung viel zu wenig Beachtung gefunden. Er geriert sich also im Zusammenhang mit den drei großen Haydnoratorien für den unvoreingenommenen Beobachter so, als sei *er* über diese Oratorien verfügungsberechtigt, obwohl er nicht der Komponist dieser Werke, sondern bloß der Bearbeiter der Texte war! Im Falle der Richtigkeit meiner hier aufgestellten These wäre das Rätsel um diese seltsame Beziehung sogleich gelöst.

[358] Thomas, Günter: Griesingers Briefe über Haydn, Haydn-Studien, Band I, Heft 2
[359] Thomas, Griesingers Briefe über Haydn
[360] Thomas, Griesingers Briefe über Haydn, S. 94

Die Lösung des Rätsels um den Verfasser der englischen Vorlage der »Schöpfung«

Was den englischen Text der »Schöpfung« betrifft, verbreitete also van Swieten glatte Unwahrheiten. Ein typisches Merkmal der Lüge ist ihre Variation, wobei die Anzahl der Variationen auch oft davon abhängig ist, wie lange ein Lügengespinst aufrechterhalten wird. An die »Details« einer Lügenerzählung erinnert man sich naturgemäß nicht so genau wie an Ereignisse, die man tatsächlich erlebt hat. So ist es kein Wunder, dass die Variationen der Schilderungen aus dem »inneren Haydnkreis« (Gottfried van Swieten, Georg August Griesinger, Albert Christoph Dies) wie es zum Libretto der »Schöpfung« gekommen sei, überaus üppig ins Kraut schießen. Wenn der wohlunterrichtete Zeitzeuge Grillparzer erzählte, dass van Swieten in der Folge den von ihm bearbeiteten englischen Text der »Schöpfung«, nachdem die ursprüngliche Idee mit Mozart sich – aus welchen Gründen auch immer – zerschlagen hatte, Haydn zur Vertonung übergab, so stimmt dies mit van Swietens anschaulicher Schilderung in dem Brief vom Dezember 1798 an die Leipziger »AmZ« leider nicht überein. Denn dieser schildert den Vorgang völlig anders. Demnach sei Haydn zu ihm – van Swieten – nach seiner Rückkehr aus England 1795 gekommen und habe ihm eine englische Textvorlage eines »ungenannten« Dichters zur Begutachtung vorgelegt. Ebenso variiert die Darstellung des Ablaufs der Ereignisse rund um das englische Textbuch der »Schöpfung« bei Griesinger und Dies, die ich noch im Folgenden zitieren werde.

Große Verwirrung herrscht um den englischen Autor der »Schöpfung« nicht nur bei den damals lebenden Personen (Swieten, Griesinger und Dies; von Haydn selbst ist keine diesbezügliche Äußerung über einen möglichen Autor bekannt), sondern auch in mancher Sekundärliteratur bis zum heutigen Tag. Am ehesten hätten natürlich Haydn als Komponist und van Swieten als Textbearbeiter über die Identität des englischen Dichters der Vorlage Bescheid wissen müssen. Doch Haydn schweigt und van Swieten spricht von einem »Ungenannten« in seinem Brief vom Dezember 1798 an die »AmZ«.[361] Der sprachversierte und

---

[361] AmZ, Nr. 16, 16. Jänner 1799

präzise formulierende Baron schreibt offenbar nicht zufällig von einem »Ungenannten«. Die philologische Analyse lässt gewiss die Deutung zu, dass van Swieten der Dichter zwar nicht unbekannt ist, dass er jedoch seinen Namen, aus welchen Gründen auch immer, »ungenannt« wissen will. Ich glaube kaum, dass dem Baron hier ein unabsichtlicher sprachlicher Lapsus passiert ist. Außerdem ist es kaum vorstellbar, dass van Swieten, ehe er an die Bearbeitung des englischen Textes schritt, Haydn nicht gefragt haben sollte, von wem eigentlich das englische Libretto der »Schöpfung« stammt, welches dieser von seiner zweiten Englandreise nach Wien mitgebracht hatte. Außerdem kann man mit Sicherheit davon ausgehen, dass auf dem Titelblatt des englischen Textes der Name des Autors stand. Es ist schwer vorstellbar, dass gerade dieses verloren gegangen ist. Und speziell nachdem die »Schöpfung« in kurzer Zeit zum Welterfolg geworden war, wäre es sowohl Haydns als auch van Swietens moralische Pflicht als Komponist beziehungsweise Textbearbeiter gewesen, nach dem Verfasser der englischen Vorlage konkrete Nachforschungen anzustellen, falls ihnen dieser tatsächlich zum damaligen Zeitpunkt unbekannt gewesen sein sollte.

Es ist eigentlich undenkbar, dass van Swieten als langjähriger Praeses der Wiener Hofbibliothek nichts unternahm, um den Namen des englischen Autors festzustellen, der die literarische Grundlage für eines der größten Werke der klassischen Musikliteratur geschaffen hatte. Ich werde in weiterer Folge dieses Buches versuchen, auf die sich daraus ergebenden Fragen eine plausible Antwort zu finden.

Bald nach Haydns Ableben erschienen die biografischen Notizen über Joseph Haydn von Georg August Griesinger (1810) sowie die »Biografischen Nachrichten von Joseph Haydn« aus demselben Jahr des Malers Albert Christoph Dies. Beide, vor allem der sächsische Legationsrat Georg August Griesinger, waren enge Vertraute Haydns – sodass diese beiden Zeitzeugen und ihre Schilderungen von besonderer Bedeutung sind. Da es hier auf jedes Detail ankommt, werden ihre Darlegungen hier hintereinander zitiert. Ich beginne mit Griesinger: »Die erste Idee zu dem Oratorium ›die Schöpfung‹, gehört einem Engländer, Namens Lidley, und Haydn sollte Lidleys Text für Salomo komponiren. Er sah aber bald, daß er zu diesem Unternehmen die englische Sprache nicht genug verstünde; der Text war auch so lang, daß das Oratorium gegen vier Stunden gedauert haben würde. Haydn nahm indessen den Text mit sich nach Deutschland; er zeigte ihn dem Baron van Swieten, dem kaiserl. Bibliothekar in Wien, und dieser richtete ihn so ein, wie er jetzt ist. Salomo wollte Haydn darüber einen Prozeß machen, Haydn stellte ihm aber vor, daß er nur Lidleys Idee, und nicht seine Worte benützt habe, Lidley war auch schon todt, und so wurde die Sache unterdrückt.«[362]

Haydn über van Swieten, mit dem er längst bekannt war: »Er unterstützte mich zuweilen mit ein paar Dukaten, und schenkte mir auch einen bequemen Reisewagen zur zweyten Reise nach England.«[363] Und weiter heißt es bei Griesinger: »Bei Swieten kamen ehedem der Violinist Starzer und der Lautenist Kohaut öfters zusammen, um Haydnsche Musik aufzuführen, und dort wurden auch abwechslungsweise unter Haydns und Mozarts Direktion Händelsche Kompositionen öfters gegeben.«[364]

Albert Christoph Dies, der in den letzten Lebensjahren Haydns häufigen Umgang mit diesem hatte, schreibt: »Die erste Veranlassung zu diesem Werk gab Salomon in London. Da derselbe in so vielen musikalischen Unternehmungen bis dahin glücklich gewesen war und Haydn nicht wenig zu diesem Glücke beigetragen hatte, so wurde seine Kühnheit zu neuen Unternehmungen immer größer. Salomon faßte den Entschluß, von Haydn ein großes Oratorium schreiben zu lassen und übergab ihm zu dem Endzweck einen schon alten Text in englischer Sprache (von einem gewissen Linley, nach Miltons »Verlorenem Paradies«). Haydn setzte Mißtrauen in seine Kenntnisse in der englischen Sprache, unternahm nichts, und reiste endlich am 15. August 1795 von London ab. Er erinnerte sich erst wieder des englischen Textes, als kurz nach seiner Ankunft in Wien der Freiherr van Swieten zu ihm sagte: ›Haydn, wir möchten doch noch ein Oratorium von Ihnen hören!‹ – Er belehrte den Freiherrn über die Lage der Sache und zeigte ihm den englischen Text. Swieten erbot sich, eine abgekürzte deutsche freie Übersetzung davon zu machen, die er auch, wie sie einmal fertig war, so zu erheben wußte, daß unserm Haydn keine Wahl mehr übrig blieb und er sich ernsthaft vornahm, den deutschen Text zu bearbeiten.«[365]

Es gibt also verschiedene Versionen von drei maßgeblichen Zeitgenossen, die es alle, vor allem natürlich der Textbearbeiter van Swieten, wissen konnten, wer der tatsächliche englische Verfasser der Vorlage zur »Schöpfung« war. Der vom Geschehen noch relativ am weitesten entfernte Dies

[362] Griesinger, Biographische Notizen, S.66
[363] Griesinger, ebenda
[364] Griesinger, ebenda
[365] Zitiert bei Reich, Selbstzeugnisse, S. 239 f.

hat überraschender Weise als einziger der drei Herren den richtigen Namen Linley parat. Griesinger erliegt einem seltsamen Hörfehler, indem er »Lidley« schreibt, obwohl er in Wahrheit natürlich »Linley« gehört haben muss und der Freiherr van Swieten kennt angeblich den Namen überhaupt nicht. Auch hier erbringe ich den Beweis, dass van Swieten ein Lügner ist. Denn der Autor ist offensichtlich nicht unbekannt, sondern das Problem reduziert sich auf die Frage, ob er »Linley« (Dies), »Lidley« (Griesinger) oder »Lidley oder Lindley« (Irmen) geheißen hat. Der richtige Name ist weder Lidley noch Lindley sondern Linley mit Vornamen Thomas. Das werde ich im Folgenden nachzuweisen versuchen.

Übrigens: Dass es Haydnbiografien, auch jüngeren Datums gibt, die immer noch von einem unbekannten englischen Dichter sprechen oder einem, der Lidley oder Lindley geheißen haben mag, gehört zu den unerklärlichen Skurrilitäten in manchen Teilen der Haydnforschung. Auch in der vom ORF am 200. Todestag Joseph Haydns ausgestrahlten Dokumentation erfuhren die Zuseher, dass der englische Librettist unbekannt sei. In der Haydnbiografie von Hans-Josef Irmen ist zu lesen: »Im Namen der Assoziierten Kavaliere, und als deren ›spiritus rector‹ und Sekretär, bestellt van Swieten bei Haydn ein biblisches Oratorium. Der Komponist willigt ein und schlägt ein englisches Libretto vor, ursprünglich für Händel bestimmt, von Salomon in London an Haydn weitergeleitet. Dieses Buch stammt von einem nie nachgewiesenen Librettisten namens Li(n)dley, basiert auf dem biblischen Schöpfungsbericht, stützt sich auf Psalm-Verse und entlehnt Passagen aus Miltons Paradise Lost (1663 abgeschlossen und 1674 in 12 Büchern gedruckt).«[366] Der Autor ist also laut Irmen »nie nachgewiesen« worden. Man ist versucht ironisch hinzu zufügen, dass man diesen gar nicht nachweisen konnte, weil man offensichtlich nicht einmal den Versuch eines ernsthaften Nachweises unternommen hat. Dabei stehen für Irmen immerhin zwei Namen zur Auswahl: Lidley oder Lindley. Beide Versionen sind falsch. Es gibt schwierigere Rätsel als dieses in der Musikgeschichte aufzulösen.

In der Haydnbiografie von Ludwig Finscher, die als eine der bedeutendsten Haydnbiografien gilt, erfährt der Leser nicht einmal, dass der Autor Linley, Lidley oder Lindley geheißen haben könnte und das Informationsangebot fällt daher noch karger aus: »Für den nicht zweifelsfrei zu identifizierenden Verfasser der heute verschollenen Textvorlage

---

[366] Irmen, Haydn, S. 264

der Schöpfung und für deren Bearbeiter van Swieten, der von einem Zeitgenossen als ein ›Patriarch in der Musik‹ geschildert wurde, dessen Geschmack blos für das ›Große und Erhabene‹ sei, war Miltons Epos die Hauptquelle.«[367] »Nicht zweifelsfrei« bedeutet nach allgemeinem Sprachverständnis, dass man eine ziemlich wahrscheinliche Lösung des Problems parat hat oder zumindest eine gewisse Vorstellung über den Autor hat. Dennoch wird diese den Lesern vorenthalten. Georg August Griesinger bringt einen überaus interessanten Aspekt ein, der sich weder in der Schilderung von van Swieten noch in der von Albert Christoph Dies wieder findet. Demnach habe Haydns englischer Konzertveranstalter Salomon Haydn bezüglich der Verwendung des englischen Textes dieses ominösen Autors nach der Bearbeitung durch van Swieten mit einem Prozess gedroht. Haydn soll entgegnet haben, dass er der englischen Vorlage nur die Idee nicht die Worte entnommen habe. Und außerdem war der Autor schon verstorben und die Streitsache löste sich dadurch von selbst. Merkwürdig an der Geschichte ist, dass, wie Griesinger schreibt, Salomon von sich aus an Haydn bezüglich der Vertonung des Textes herangetreten war und ihm auch die englische Vorlage zur Einsichtnahme übergeben hatte. Warum sollte er plötzlich so harsch gegen Haydn vorgehen wollen, indem er sogar mit einem Prozess drohte? Salomon wollte doch selbst, folgt man der Legende, dass Haydn diese englische Textvorlage zur Schöpfung vertone! Das Motiv für eine mögliche Klage Salomons gegen Haydn bleibt gänzlich im Dunkeln. Vor allem ist auch völlig unklar, wann und wo sich das ganze genau abgespielt haben soll. Aber andererseits ist es sehr unwahrscheinlich, dass Griesinger die Drohung Salomons mit einem Prozess im Zusammenhang mit der »Schöpfung« erfunden haben könnte. Er kann diese Mitteilung eigentlich nur von Haydn bekommen haben. An der Sache muss also irgendetwas dran sein. Während seines zweiten Englandaufenthalts kann ein etwaiges Prozessproblem nicht aufgetreten sein, denn da hatte van Swieten die englische Vorlage des Textes noch nicht bearbeitet, weil Haydn, folgt man der Legende, diesen erst nach seiner Rückkehr nach Wien frühestens Anfang September 1795 mit dem Text zwecks Bearbeitung konfrontierte. Andererseits: England ist – man denke an die damaligen Verkehrs- und Kommunikationsmöglichkeiten – sehr weit von Wien und Eisenstadt entfernt. Wie soll der englische Konzertveranstalter

---

[367] Finscher, Haydn, S. 474

Salomon überhaupt davon Wind bekommen haben, dass Haydn an einer
»Schöpfung« (von 1796 bis Anfang 1798) arbeitet, deren deutscher Text
mit der englischen Vorlage identisch sei? Und wie konnte auch nur entfernt von einer Identität der Texte gesprochen werden, wenn es sich bei
der englischen Textvorlage um ein auf diese zu vertonendes Oratorium
in einer Länge von vier Stunden[368] gehandelt hätte? Van Swieten hatte
den englischen Text auf die Hälfte gekürzt. Was mochte Salomon überhaupt dagegen einwenden?

Die Angelegenheit ist also äußerst obskur. Die Rechte für das englische
Libretto der »Schöpfung« besitzt meiner festen Überzeugung nach, Thomas Linley senior, wobei dieser möglicherweise gar nicht der Textdichter
ist. Auf jeden Fall steht so gut wie fest, dass die Urheberschaft und damit
die Rechte an dem Text im Bereich dieser ebenso prominenten wie künst-
lerisch kreativen Familie Linley zu suchen sind. Ja, man hat sogar von einer englischen »Bachfamilie« gesprochen. (Thomas Linley junior kommt
wohl kaum in Frage.) Thomas Linley senior stirbt im November 1795,
daher könnte sich, wie Griesinger schreibt, ein allfälliger Prozess erübrigt
haben. Aber dass van Swieten zu diesem Zeitpunkt schon – ich folge hier
der Legende, die ich allerdings für erlogen halte – die Bearbeitung des
englischen Textes der »Schöpfung« schon abgeschlossen hatte und dass
Salomon sofort von einer angeblich unstatthaften und einklagbaren Übereinstimmung mit der zugrundeliegenden englischen Fassung Kenntnis erhalten hätte, ist doch reichlich schwierig nachzuvollziehen. Viel plausibler
wäre die Erklärung, dass es sich nicht um ein von Salomon beanstandetes
Plagiat van Swietens im Textbereich gehandelt hat, sondern vielmehr um
ein beanstandetes Plagiat im Bereich der Komposition. Dafür würde auch
sprechen, dass Salomon laut Griesinger Haydn als Komponisten und nicht
van Swieten, als Bearbeiter der englischen Textvorlage, mit Klage drohte.
Aber vor der daraus resultierenden kühnen Schlussfolgerung schrecke ich
zumindest vorläufig noch zurück, obwohl ich im Prinzip keine Scheu davor habe, auch gewagte Thesen, wenn sie kreativ und durch Dokumente
fundiert sind, aufzustellen. Doch diese Möglichkeit sei hier wenigstens
angedeutet: Vielleicht hat Haydn die Komposition der »Schöpfung« oder
Teile davon schon auf seiner zweiten Englandreise mitgenommen, um sie
hier zu präsentieren. Der Aufruhr bei dem greisen Thomas Linley, der einen anderen Vertoner seines Librettos als Haydn, nämlich Mozart, kannte

[368] Griesinger, Biographische Notizen, S. 66

und auch die angedrohten gerichtlichen Schritte Salomons wären hier voll verständlich und nachvollziehbar. Denn der Patriarch der berühmten Musikerdynastie Thomas Linley kannte natürlich einen bedeutenden Konzertveranstalter wie Salomon persönlich sehr gut, da sie sozusagen Berufskollegen waren. Salomon könnte im Namen des betagten Thomas Linley senior mit Klageschritten, wahrscheinlich in der ersten Hälfte 1795, gegen den noch in England weilenden Haydn gedroht haben, auch wenn Thomas Linley sich aus Altersgründen bereits aus der Hauptstadt London in den mondänen Badeort Bath zurückgezogen hatte. Linley könnte das Problem »Schöpfung« durchaus mit Salomon kommuniziert haben. Der Autor verstarb jedoch, wie Griesinger berichtet, in der Zwischenzeit und so wurde die Sache nicht weiter gerichtlich verfolgt. Thomas Linley senior stirbt im November 1795. Wenn man das »d« bei Griesinger durch ein »n« ersetzet, hat man die Lösung: Linley, und zwar Thomas Linley der Ältere. Somit würde alles, auch die zeitliche Abfolge – vollkommen zusammenpassen. Aber die Quellen geben dies ob ihrer Dürftigkeit nicht her, daher identifiziere ich mich auch nicht mit dieser These, die für Haydn besonders horribel wäre, zumindest so lange nicht, bis neues Quellenmaterial zu Tage kommt. In diesem Fall hätte Haydn nämlich die »Schöpfung«, von der zumindest ein Teil von Mozart komponiert worden war, bereits auf seiner zweiten Englandreise den Engländern als »sein« Werk zu präsentieren versucht. Thomas Linley habe davon erfahren und einen entsprechenden Wirbel geschlagen, der bis zur Klageandrohung durch Salomon führte. Die Prozessfrage sei durch den Tod von Thomas Linley senior obsolet geworden.

Faktum ist, dass sich Salomon im Jahre 1795 von der Veranstaltung der Haydnkonzerte zurückzog, mit der angeblichen Begründung, dass es schwierig sei angesichts der politischen Lage auf dem europäischen Festland (Französische Revolution) von dort entsprechende Künstler zu engagieren. Könnte dieser Rückzug Salomons etwa mit seiner angeblichen Klagedrohung gegen Haydn im Zusammenhang mit der strittigen Textvorlage zur »Schöpfung« zu tun gehabt haben? Korrekterweise muss man aber hinzufügen, dass es in der Folgezeit durchaus gute Kontakte zwischen Haydn und Salomon gegeben haben dürfte, wie etwa das erwähnte Empfehlungsschreiben Haydns für Joseph Sonnleitner an Salomon vom Mai 1799 zu beweisen scheint.[369] Es braucht aber kaum hin-

---

[369] Bartha, Haydn. Gesammelte Briefe, Nr. 219

zugefügt zu werden, dass selbst im Falle, dass diese Interpretation der im Raum stehenden Klage Salomons völlig falsch wäre, meine Grundthese nicht beeinträchtigt oder gar erschüttert wird. Haydn hätte, wenn diese Deutung der Hintergründe der Klagedrohung Salomons gegen Haydn jedoch richtig sein sollte, irgendwann während seines zweiten Englandaufenthalts mit dem greisen Thomas Linley im Zusammenhang mit der »Schöpfung« zusammentreffen müssen, wie er ja auch während seiner ersten Englandreise mit John Wolcot, dem Dichter der Textvorlage zu »The Storm« zusammengetroffen war. Und tatsächlich wäre ein solches Treffen, mirabile dictu, durchaus möglich gewesen. Linley verbrachte wie erwähnt seinen Lebensabend in Bath. Und tatsächlich unternahm Haydn im Herbst 1794 eine Reise nach Bath,[370] jenem mondänen Badeort im Südwesten Englands. Die umfangreiche Beschreibung dieses Badeortes gehört zu Haydns – relativ – besten Eintragungen in seinen englischen Tagebüchern. Ist etwa Haydn nur deshalb dorthin gereist, um das Problem »Schöpfung« mit Thomas Linley, dem Inhaber der Rechte des Librettos, zu besprechen? Zunächst erscheint es nicht ungewöhnlich, dass Haydn mehr von England sehen wollte als nur die Hauptstadt London und ihre engere Umgebung. Aber andererseits war Bath doch mehr als eine anstrengende Tagesreise mit der Kutsche von London entfernt und Haydns Programm in England ein äußerst dicht gedrängtes. Er dirigierte zahlreiche Konzerte und wurde als hochwillkommener Gast in den höchsten Kreisen bis zum Kronprinzen herumgereicht. Seine Zeit war also knapp bemessen. Dabei hat er laut selbst gefertigter Liste während seiner beiden Englandaufenthalte Werke komponiert, für die er nicht weniger als 768 Bögen[371] benötigte. Damit man sich ein Bild von dieser schier unvorstellbaren Kompositionsleistung machen kann: In »Symphonien« umgerechnet, wären dies rund 30 an der Zahl gewesen! Er müsste demnach etwa alle fünf Wochen ein Werk in durchschnittlicher Symphonielänge komponiert haben. Bei all seinen gesellschaftlichen Verpflichtungen, seinen zahlreichen Konzertterminen, in einem fremden Land, bei seinem eher schlechten Gesundheitszustand. Dabei schrieb Haydn schon 1793 an seine Geliebte Polzelli[372] – also zwischen den beiden Englandreisen –, dass er zukünftig auf grund seines Alters

<hr>

[370] Bartha, Haydn. Gesammelte Briefe, drittes Londoner Notizbuch, Fo. 13.b, S. 539f.
[371] Bartha, Haydn. Gesammelte Briefe, S. 555 f.
[372] Bartha, Haydn. Gesammelte Briefe, Nr. 200, S. 294 f.

und seines nachlassenden Gedächtnisses kaum Einnahmen aus seiner Kompositionstätigkeit zu erwarten habe und dass er daher in Hinkunft allein von seiner Pension von Esterházy leben müsse. Gewiss könnte Haydn bei dieser Schilderung etwas zu dick, was seine Gesundheit betraf, aufgetragen haben. Die Polzelli ging Haydn nämlich ständig um Geld für sich und einen möglicherweise gemeinsamen Sohn an. Dennoch gibt es keinen Grund, diese Selbstbeurteilung Haydns über seinen Gesundheitszustand prinzipiell in Frage zu stellen. Die Kompositionstätigkeit Haydns in England grenzt also ebenfalls an ein Wunder, wie wenige Jahre später jene an der »Schöpfung«. Dies wurde bereits dargelegt.

Im folgenden Abschnitt werde ich versuchen, den endgültigen Nachweis zu erbringen, dass der englische Autor des Textes der »Schöpfung« Thomas Linley senior war – es gibt auch einen Sohn dieses Namens, der in diesem Drama – und um ein solches handelt es sich hier – eine wichtige Rolle spielte. Ich möchte hier noch einmal betonen, dass ich zu diesem Thema über meine intensive Beschäftigung mit der Biografie Mozarts gekommen bin. Für Haydns Leben und Werk begann ich mich erst im Zusammenhang mit meinen Mozartforschungen intensiv zu interessieren, sodass mein Wissensstand über Haydn, ursprünglich natürlich ein entsprechend geringerer als der über Mozart war. Diese persönliche Anmerkung ist wichtig, um die folgende Darlegung für den Leser besser verständlich und beurteilbarer zu machen. Ich hatte also von dem Problem der Musikwissenschaft bezüglich der Schwierigkeit der Eruierung des englischen Autors des Textes der »Schöpfung«, was die Details betrifft, zunächst keine konkrete Vorstellung. Dieses wurde mir erst unter anderem durch die Lektüre der beiden schon erwähnten Haydnbiografien von Ludwig Finscher und Hans-Josef Irmen bewusst. Als ich bei Irmen unter dem Kapitel »Die Schöpfung und die Jahreszeiten« las: »Dieses Buch [der Schöpfung] stammt von einem nie nachgewiesenen Librettisten namens Li(n)dley [...]«[373], kam mir plötzlich die Erinnerung, dass ich einen – zumindest ähnlichen – Namen schon im Zusammenhang mit Mozart gelesen hatte. Sofort griff ich nach einer meiner zahlreichen Mozartbiografien und wurde im Index Nominum sofort fündig. Ein menschliches Wesen namens Thomas Linley kommt tatsächlich in Mozarts Leben vor. Und es ist eine besonders reizende und anmutige Episode, die sich hier im Jahre 1770 in Florenz abspielt.

[373] Irmen, Haydn, S. 264

Das Geigenwunderkind aus England, Thomas Linley, und das Wunderkind aus Salzburg, Wolfgang Amadeus Mozart, lernen sich in Florenz kennen und schließen in kurzer Zeit innige Freundschaft. Über die berührende Begegnung schreibt Leopold Mozart mit Brief vom 21. April 1770 aus Rom an seine Frau in Salzburg:

»Bevor ich schlüsse, muss ich dir eine artige Begebenheit schreiben. In Florenz fanden wir einen jungen Engelländer, welcher ein Schüler des Berühmten Violinisten Nardini ist. dieser knab, welcher wunderschön spielt in des Wolfg: Grösse und alter ist, kam in das Hauß der gelehrten Poetin Sgra Corilla, wo wir uns aus recommandation des Mr: Laugier befanden. diese 2 knaben producierten sich wechselweise den ganzen abend unter beständigen umarmungen. den anderen tag Ließ der kleine Engelländer, ein allerliebster Knab, seine Violin zu uns bringen, und spielte den ganzen nachmittag, der Wolfg. accompagnierte ihm auf der Violin. den tag darauf speisten wir bey Mr: Gavard dem Administratore des Grossherzog: Finanzen, und diese 2 knaben spielten den ganzen nachmittag wechselsweise, nicht als knaben, sonderen als männer! der kleine Tomaso begleitete uns nach Hause, und weinte die bittersten Thrännen, weil wir den tag darauf abreiseten. da er aber vernahm, dass unsere Abreise erst auf den Mittag vestgestellt seye, so kamm er morgens um 9 uhr, und gab dem Wolfg: unter vielen Umarmungen folgende Poesie, die die Sgra Corilla den Abend vorhero ihm noch machen muste, und dann begleitete er unsern Wagen bis zum Stattthore. Ich wünschte, daß du diese Scene gesehen hättest.«[374]

Als ich diesen berührenden Brief las, spürte ich instinktiv, dass ich mich auf einer richtigen Spur befand. Ich musste über den gleichaltrigen Wundervioliinisten aus England und seinen familiären Hintergrund unbedingt noch mehr in Erfahrung bringen. Meine insgeheimen Erwartungen wurden noch übertroffen. Ich war auf die wohl berühmteste Musikerdynastie der damaligen Zeit in England gestoßen, wobei mir sogleich die Lebensdaten von Thomas Linley senior und seinem gleichnamigen Sohn auffielen.

Der Vater wurde am 17. Jänner 1733 geboren und verstarb am

[374] Mozartbriefe, Band I, Brief Nr. 177, S. 338

228

19. November 1795. Er arbeitete als bedeutender Musiker und Bühnenkomponist und spielte zunächst eine wichtige Rolle im Musikleben des mondänsten englischen Badeortes Bath, dessen Ruf landesweit bekannt war. Unter anderem organisierte er auch Oratorienkonzerte. Nach seiner Übersiedelung nach London stieg er zum Leiter des Orchesters des berühmten Theatre Royal Drury Lane auf und gehörte gemeinsam mit seinem Sohn, dem Jugendfreund Mozarts aus gemeinsamen schönen Tagen in Florenz, der kaum dem Jugendalter entwachsen war, zu den führenden Persönlichkeiten im Londoner Musikleben.[375] Seine drei Töchter waren berühmte Sängerinnen, ein Sohn Oboist. Doch der bedeutendste war zweifellos der 1756 geborene Thomas Linley. Nachdem sich die Wege der beiden Knaben in Florenz getrennt hatten, sahen sie sich nicht mehr wieder. Doch ist es so gut wie sicher, dass der Kontakt zwischen den beiden ehemaligen Wunderkindern aufrecht blieb, wie auch Bernhard Paumgartner in seiner Mozartbiografie andeutet.[376] Thomas Linley fiel einem tragischen Schicksal zum Opfer. Am 5. August 1778 starb er im Alter von 22 Jahren bei einem Bootausflug in Grimsthorpe (Lincolnshire), nachdem sich ein plötzlicher Sturm erhoben hatte. Der Sänger Michael Kelly, der während seines Aufenthaltes in Wien bei der Uraufführung des »Figaro« – als Don Basilio – mitgewirkt hatte und der auch öfter im Hause Mozart verkehrt hatte, schrieb in seinen »Reminiscenses« von 1826,[377] dass Mozart den Tod des englischen Freundes tief betrauerte und ihm großes Lob für sein kompositorisches Talent streute. Wenn er länger gelebt hätte, wäre er zu den ganz Großen der Tonkunst aufgestiegen. Daraus lässt sich schließen, dass Mozart zumindest Kostproben des Talents von Thomas Linley in Form von Partituren aus England zugeschickt erhielt. Denn dass er durch Aufführungen von Werken Linleys in Wien zu seinem musikalischen Urteil über den Jugendfreund gekommen sei, ist wohl auszuschließen.

Michael Kelly lebte Mitte der 8oer-Jahre in Wien und es ist anzunehmen, dass seine Erinnerung an Mozarts tiefes Bedauern über den tragischen Tod des Jugendfreundes und an dessen Anerkennung seiner kompositorischen Fähigkeiten aus dieser Zeit seines – Kellys – Wienaufenthaltes stammt. Das Schicksal Linleys muss Mozart also noch Jahre nach dessen

[375] Encyclopaedia Britannica, London 1911
[376] Paumgartner, Mozart, S. 144
[377] Kelly, Michael: Reminiscenses, London 1826, S. 112

Tod in seinem Inneren beschäftigt haben. Gleichzeitig spricht dies dafür, dass Mozarts Kontakt zu dieser bedeutenden englischen Künstlerfamilie auch nach dem Tod des Freundes nicht abgebrochen ist. Woraus man wieder schließen könnte, dass Linley senior ihm das englische Libretto der »Schöpfung« zwecks Vertonung zugesandt haben könnte. Auf jeden Fall wird man das Zitat Grillparzers, dass der Text der »Schöpfung« von van Swieten eigentlich für Mozart geschrieben war, sehr ernst nehmen müssen. Die Linleys führten die Tradition der glanzvollen Aufführungen von Händeloratorien und sonstiger Werke weiter, unter denen der »Messias«, »Acis und Galatea«, die »Caecilienode« und das »Alexanderfest« besonders hervorstachen, also Händelwerke, die bekanntlich Mozart auf Anregung van Swietens bearbeitete. Thomas Linley junior komponierte auch Oratorien wie »The Song of Moses« oder die »Ode of Fairies«, »Aerial Beings and Witches« (Shakespeare-Ode).

Und nun zurück zur Frage nach dem englischen Autor des Buches der »Schöpfung«. Die Vermutung, dass sich dessen Ursprung aus dieser Musikerdynastie ableitet, erscheint mir nicht allzu gewagt zu sein. Nicht Lidley, nicht Lindley sondern Linley ist die richtige Auflösung des Rätsels. Wenn als einziger von den vier Hauptprotagonisten, die dafür in erster Linie in Frage kommen, den wahren Namen des englischen Autors zu kennen – van Swieten, Haydn, Griesinger und Dies – ausgerechnet der relativ am weitesten Abstand habende Dies den einzigen sinnvollen und dazu in einem äußerst naheliegenden Zusammenhang, nämlich dem der bekanntesten Musikerdynastie Englands zur damaligen Zeit, stehenden Namen Linley anführt, dann scheint mir die Richtigkeit des Namens Linley nahezu gewiss. Noch dazu wo die Linleys viele Jahre hindurch im Theatre Royal Drury Lane zahlreiche Oratorien, vor allem von Georg Friedrich Händel, zur Aufführung gebracht hatten. Lidley und Lindley geben keinerlei Sinn, weil diese Namen im Kulturleben Englands nicht vorkommen. Möglicherweise hat es ehrbare Bäcker und Kaufleute dieses Namens im damaligen England gegeben aber keine mit einem künstlerischen Bezug! Wenn Georg August Griesinger einen Namen Lidley erwähnt, so handelt es sich dabei in der für ihn besseren Variante um einen Hörfehler oder er trägt im schlechteren Falle mit Absicht zu diesem Verwirrspiel bei. Überhaupt nicht glaubhaft ist wieder einmal der feine Baron van Swieten, der für die Nachwelt den Anschein zu erwecken versucht, als habe er vom Namen des Autors überhaupt keine Vorstellung. Da der Vater den Sohn, der ebenfalls in Frage käme, um 17 Jahre überlebte, würde ich eher auf Thomas Linley senior tippen, der Mozart das englische Libretto der »Schöpfung« nach Wien zur Vertonung geschickt haben könnte. Warum sollte nur der Sohn und nicht auch der Vater Linley mit Mozart über den Tod seines Sohnes hinaus Kontakt gepflegt haben? Dieser Thomas Linley senior ist natürlich auch »erste Wahl«, was den »Linley« betrifft, über den Haydn und van Swieten an den englischen Text gekommen sein mögen. Da es sich dabei um eine Bearbeitung des Textes von Miltons »Paradise Lost« handelte, könnte es sich durchaus um die textlichen Rechte dieser weit verzweigten englischen Musikerdynastie mit Namen Linley gehandelt haben. Wobei als Textdichter aus dem Bereich der Familie Linley auch Richard D. Sheridan, einer der Schwiegersöhne von Thomas Linley senior, in Frage kommen könnte. Dieser war ein bekannter Librettist und schrieb den Text zu einer Reihe von Oratorien. So verfasste er den Text des damals sehr bekannten Stückes »Duenna«, das Thomas Linley junior 1775 zum größten Teil komponiert hatte. Allerdings erscheint mir diese Variante mit Sheridan nicht besonders wahrscheinlich, sie ist auf jeden Fall auch eine Nebensache. Der »Mozart-Linley« scheint mir um vieles wahrscheinlicher zu sein als der »Haydn-Linley«, um den sich allzu viele lügenhafte Legenden ranken. Mozart könnte sich zwecks Bearbeitung mit dem englischen Text an van Swieten gewandt haben. Und schon denkt man wieder an das Zitat von Grillparzers wohlunterrichteten Zeitgenossen: »Der Text zur Schöpfung war eigentlich von van Swieten für Mozart geschrieben.« Hier würde sich der Kreis schließen.

Merkwürdig mutet in diesem Zusammenhang eine Notiz Haydns in seinem Tagebuch vom September 1794 an.

> »Den 9tn 7bri (Sept.) 1794 reisete ich mit ein Brauthbaar. Der Mann mit Nahmen Lindly (Lindley) 25 Jahre alt organist, seine Frau 18 Jahr sehr gut gewachsen aber beede stockblind. hier gilt das sprichwort nicht die LIEB IST BLIND; Er war arm, Sie brachte Ihm aber ein Heurathgut von 20 tausend Pfund sterling. nun spielt Er nicht mehr die Orgl; [...].«[378]

Aus dieser Tagebuchaufzeichnung sticht naturgemäß der Name »Lindly« oder »Lindley« sofort ins Auge. Es erscheint dem aufmerksamen Beobachter ein schier unglaublicher Zufall zu sein: Haydn trifft auf einer seiner

---

[378] Bartha, Haydn. Gesammelte Briefe, drittes Londoner Notizbuch, Fo. 20a, S. 545

Reisen, die er in England unternimmt, auf dieses junge, nicht vor Liebe sondern wohl tatsächlich blinde, frisch vermählte Ehepaar Lindley.

Natürlich denkt man sofort an die in der Haydnforschung bisher ungelöste Frage nach dem Urheber der englischen Vorlage der »Schöpfung«. Die Ähnlichkeit beziehungsweise Gleichheit mit Namen wie Linley, Lidley, Lindley, wie sie in den Quellen vorkommen (Dies, Griesinger), ist frappierend. Und es stimmt praktisch auch der Zeitpunkt, wo Haydn der Legende nach in England von einem englischen Libretto eines Linley, Lindley oder Lidley Kenntnis erhalten haben soll. Dazu stellt sich die Frage, weshalb die Begegnung mit diesem Paar für Haydn so interessant gewesen sein mag, dass er sie für wert hielt, sie in sein Tagebuch aufzunehmen. Dies lässt sich zunächst nicht völlig klar beantworten. Das Interessante an der Geschichte wird für ihn zweifellos der Umstand gewesen sein, dass die beiden blind waren. Dass sie sehr verliebt auf Haydn wirkten und die Braut »sehr gut gewachsen« war, mag ihm auch gefallen haben, und es mochte ihm bemerkenswert erscheinen, dass sie durch das Heiratsgut von 20 000 Pfund Sterling, das die Braut in die Ehe brachte, finanziell aller Sorgen enthoben waren, sodass der nicht begüterte junge Mann nicht mehr Orgel zu spielen brauchte. Andererseits war es doch nur eine kurze Alltagsbegegnung, bei der man sich offensichtlich persönlich nicht näherkam und die er daher trotz des einen oder anderen auffälligen Details einer Eintragung ins Tagebuch nicht unbedingt für wert halten musste.

Haydns Eintragungen in seine Tagebücher hatten nicht gerade Romanformat. Man vergleiche dazu die dürre Anmerkung von Mozarts Tod: »Mozard starb den 5tn 10bri 1791.«[379] Haydn wird, von dieser Annahme kann man ausgehen, Begegnungen mit zahlreichen Menschen während seiner beiden Englandaufenthalte gehabt haben, von denen er keinerlei Erwähnung macht, obwohl manche für eine Festhaltung im Tagebuch wahrscheinlich interessanter gewesen wären. Und nicht nur deshalb, weil sie der Upper Class angehören mochten. Man erfährt praktisch keine Details über seinen zweifellos häufigen Umgang mit dem Konzertveranstalter Salomon. Dabei müssen die beiden Männer allein schon durch die Tatsache einander nähergekommen sein, dass sie gemeinsam rund 16 Tage in der Kutsche durch das winterliche Europa auf dem Weg nach England, um die Jahreswende von 1790 auf 1791, unterwegs gewesen waren.

<hr>

[379] Bartha, Haydn. Gesammelte Briefe, Fo. 17b, S. 510

Wenn ihm Salomon, so die Legende, die englische Vorlage der »Schöpfung« irgendwann während seines zweiten Englandaufenthalts zur Vertonung übergeben haben sollte, warum hielt Haydn dies nicht in seinem Tagebuch fest? Sollte mit dem »blinden« Brautpaar etwa eine etwaige in der Zukunft eventuell erforderliche Erklärungsmöglichkeit konstruiert werden, wie man an einen Lidley-, Linley-, Lindley-Text oder so ähnlich herangekommen sein könnte, falls die offizielle Version, er habe das Buch von Salomon bekommen, aus irgendeinem Grund nicht halten sollte? Diese Episode wird sich kaum jemals endgültig klären lassen. Merkwürdig bleibt sie allemal, zumal der Name Lindley nicht gerade zu den massenhaft vorkommenden britischen Namen zählt wie Miller, Brown oder Smith ...

Es wurde bereits festgestellt, dass Haydn persönlich für die beachtlichen Druckkosten der »Schöpfung« aufkommen musste, weil Breitkopf & Härtel offensichtlich letztendlich abgewinkt hatten, den Druck zu finanzieren. Und dies, weil sie entweder auf Grund gescheiterter Verhandlungen mit Haydn die Rechte an der »Schöpfung« nicht erwerben konnten oder letztendlich gar nicht wollten, wobei es für letztere Variante keine Quelle gibt. Diese Variante scheint mir dennoch plausibler zu sein, aber keineswegs aus einem mangelnden Interesse seitens des Leipziger Musikverlages an dem Oratorium, sondern wegen der aufgetretenen rechtlichen Probleme (siehe die Ansprüche Konstanze Mozarts!). Van Swieten sprang für den Leipziger Verlag in die Bresche, wie bei Dies nachzulesen ist: »Van Swieten war die Triebfeder, wodurch der hohe Adel oft angespornt ward, sich zu großen Unternehmungen zu vereinigen und Dinge hervorzubringen, die, wenn Swieten nicht gewesen wäre, vielleicht nie zur Wirklichkeit gelangt wären. Die Betriebsamkeit war also Swietens großes Verdienst, welches ihm niemand abstreiten kann. Er äußerte sie vorzüglich diesmal, und durch sie ward eine Vereinigung von zwölf Personen des höchsten Adels bewirkt, die ein Honorarium von 500 Dukaten für Haydns Komposition der ›Schöpfung‹ zusammenschossen. Unter diesen Umständen kam die ›Schöpfung‹ zustande, die am 29. und 30. April 1798 mit unglaublichem Beifall im Fürstlich Schwarzenbergischen Saale aufgeführt wurde. Haydn hatte aller Erwartungen übertroffen.«[380]

[380] Albert Christoph Dies, zitiert aus: Reich, Selbstzeugnisse, S. 240 f.

Es handelte sich dabei um eine Summe von umgerechnet an die 50 000 Euro. Davon könnte für Haydn auch ein gewisser Betrag für die private Finanzierung des Druckes der »Schöpfung« übrig geblieben sein. Der Großteil der Druckkosten wird jedoch durch Subskription hereingekommen sein. Der Verlag Breitkopf & Härtel ist, wie aus den beiden zitierten Briefen von Konstanze Mozart klar hervorgeht, in der ersten Hälfte des Jahres 1799, zunächst am Erwerb der Rechte an der »Schöpfung« interessiert. Wenn von den zwölf Hochadeligen auf Betreiben van Swietens eine Subvention von 500 Dukaten für die »Schöpfung« aufgebracht wurde (was immer die genaue Widmungsabsicht war, fest steht, dass der Betrag für dieses Oratorium aufgewendet wurde), so wird auch hier meine bereits dargelegte These weiter bestätigt, dass es sich in Relation dazu bei den Verhandlungen zwischen Breitkopf & Härtel und Haydn/van Swieten im Jahr 1799 unter Einschaltung der angeblichen »Unterhändlerin« Konstanze Mozart niemals um Gebote von lächerlichen 100 oder gar nur 20 Dukaten für die »Schöpfung«! gehandelt haben kann, sondern dass die Sache sich nur so abgespielt haben kann, wie bereits ausführlich dargelegt wurde: Nämlich dass Konstanze Mozart mit Haydn/van Swieten über die Ablöse des Anteils ihres verstorbenen Gatten an der »Schöpfung« verhandelte. In diesem Falle wären die in dem Brief Konstanzes vom 25. Februar 1799 an Breitkopf & Härtel genannten Summen von 20 beziehungsweise 100 Dukaten nachvollziehbar, noch dazu, wo sie wahrscheinlich nicht genau Bescheid wusste über den tatsächlichen prozentuellen Anteil, den ihr verstorbener Gatte an der »Schöpfung« gehabt hatte. Und ich habe auch eine plausible Erklärung für den seltsamen Umstand, dass bei diesem Geschäft nicht 20 *bis* 100 Dukaten geboten wurden, sondern 20 *oder* 100 Dukaten. Es ließe sich vorstellen, dass Konstanze Mozart zwei »Bote«, um den alten Ausdruck zu gebrauchen, erhalten hatte: 20 Dukaten vom sparsamen Haydn und 100 Dukaten vom großzügigeren van Swieten. Sollte sie eines dieser Gebote annehmen, würden aus ihrer Sicht als Verkäuferin naturgemäß daraus formal »Verkaufsangebote« an Haydn und van Swieten, denen sie aber offensichtlich wegen der Geringfügigkeit dieser Gebote nicht näherzutreten gedenkt. Daher ihre Verwendung einer Form von »anbieten«! Wenn sie sich zu getrennten Gesprächen mit Haydn und van Swieten getroffen hätte, was durchaus denkbar erscheint, wären die beiden so unterschiedlichen Gebote durch Haydn und van Swieten noch plausibler. Möglich wäre freilich auch, dass Breitkopf & Härtel bei der erwähnten

Kontaktaufnahme mit Haydn und van Swieten, welche von Konstanze, wie der Brief vom 25. Februar 1799 zeigt, missbilligt wurde, diese beiden Offerte von 20 beziehungsweise 100 Dukaten für Konstanze entgegengenommen hatten. Und damit kein Missverständnis entsteht: »Mozarts Anteil an der Schöpfung« ist keine Tatsachenfeststellung, sondern nur meine – allerdings begründete – Vermutung. Diese zweite Variante wäre auch eine Erklärung für ihre Verwendung des Konjunktivs. Damit möchte Konstanze wohl gegenüber Breitkopf & Härtel zum Ausdruck bringen, dass sie sich zum Zeitpunkt der Abfassung dieses Briefes vom 25. Februar auf die Ablehnung dieser beiden von van Swieten und Haydn gebotenen Summen zwar noch nicht endgültig festgelegt hat, aber eine Annahme ihrerseits doch äußerst unwahrscheinlich erscheint, weil sie offensichtlich auch das fünfmal höhere Gebot von 100 Dukaten einfach für zu gering hält. Sollte Konstanze tatsächlich als Unterhändlerin von Breitkopf & Härtel in der causa »Schöpfung« eingeschaltet worden sein, was an sich schon schwer nachvollziehbar erscheint, so ist es doch praktisch auszuschließen, dass sie auch noch das Pouvoir der Festsetzung der Kaufsumme von Breitkopf & Härtel eingeräumt bekommen hätte. Wenn man gerade noch zu akzeptieren vermag, dass Konstanze Mozart statt des »richtigen« Verbums »bieten« das »falsche« Verbum »anbieten« verwendet – ein Fehler, den sie, wie bereits festgestellt, nur äußerst selten begeht – so ist doch wenigstens auf den kaum erklärbaren Umstand hinzuweisen, dass sie in ihrer Eigenschaft als »Unterhändlerin« des Leipziger Musikverlagshauses sogar eine von ihr maßgeblich *mitbestimmte* Summe für die »Schöpfung« zu bieten gehabt hätte. Denn dies fiel wohl ausschließlich in die Zuständigkeit des Kaufinteressenten Breitkopf & Härtel. Außerdem war die Mission Konstanzes bezüglich der »Schöpfung« aus ihrer Sicht zumindest vorläufig gescheitert, da Breitkopf & Härtel ohne ihr Wissen inzwischen Kontakt mit Haydn und van Swieten aufgenommen hatten. Und sie bringt ihre erfolglose Bemühung gegenüber dem Verlagshaus deutlich zum Ausdruck (»kann ich nicht dienen«). Warum sollte sie sich also als zumindest vorläufig gescheiterte »Unterhändlerin« noch weitere Gedanken über einen angemessenen von Breitkopf & Härtel künftig zu zahlenden Kaufpreis für die »Schöpfung« machen? Dies alles ist doch nicht nachzuvollziehen!

Eine psychologisch nicht uninteressante Nuance sehe ich darin, dass Konstanze Mozart in dem Brief vom 25. Februar zuerst van Swieten und dann erst Haydn erwähnt, während im nächsten Brief vom 2. März überhaupt nur mehr von einem Baron S. – eben van Swieten – die Rede ist. Ein die näheren Umstände nicht kennender Leser müsste hier den Eindruck gewinnen, dass bei den Verhandlungen über den Erwerb der »Schöpfung« die führende Rolle bei van Swieten lag. Ein überaus seltsames Phänomen, da es sich bei van Swieten ja nicht um den Schöpfer des Oratoriums handelt, sondern bloß um den Bearbeiter der englischen Textvorlage. Der Komponist Haydn tritt hier völlig in den Hintergrund. Im Falle der Richtigkeit meiner Version wäre dieser merkwürdige Umstand der klaren Dominanz van Swietens allerdings sofort geklärt. Weil es dabei um höchste Geheimhaltung geht, wird der konkrete Sachverhalt nebulös umschrieben. Sollte der Brief in unbefugte Hände – etwa die der Zensur – gelangen, so konnte man davon ausgehen, dass diese aus dessen Inhalt nicht klug werden würde, wie dies ja wohl auch auf die Musikwissenschaft der beiden vergangenen Jahrhunderte zutrifft ...

Joseph Sonnleitner und sein Neffe Franz Grillparzer

Grillparzers Gewährsmann, der ihm erzählte, dass der Text zur »Schöpfung« von van Swieten eigentlich für Mozart geschrieben worden sei, dürfte mit einer gewissen Wahrscheinlichkeit sein Onkel Joseph Sonnleitner gewesen sein, welcher von 1766 bis 1835 lebte. Dieser hatte häufigen Umgang mit Mozart gehabt und er dürfte auch mit Konstanze Mozart weit über Mozarts Tod hinaus in Kontakt gestanden sein, wie aus dem bereits zitierten Brief der Schwester Mozarts vom 2. Juli 1819 hervorgeht.[381] Auch verfasste er eine kurze Mozartbiografie bald nach dessen Tod.[382] Sonnleitner gehörte der »Assoziierten Gesellschaft« um van Swieten an und er wurde später Mitbegründer der »Gesellschaft der Musikfreunde«.[383] Er machte sich als Librettist der Oper »Fidelio« von Ludwig van Beethoven einen Namen, wobei er auch andere Opernlibretti verfasste. Desweiteren hinterließ er eine wertvolle Instrumentensammlung und sammelte Volkslieder, wie bei Pohl nachzulesen ist. Von einigem Interesse erscheint hier die Tatsache, dass der Vater Joseph Sonnleitners und Großvater Franz Grillparzers, Christoph Sonnleitner (1734–1786), als Rechtsberater für das Majorat Esterházy in Eisenstadt tätig war. Als enthusiastischer Musikliebhaber, ein für diese Familie typisches Faible, hatte dieser auch als Komponist gewirkt. Bei Bartha liest man den bemerkenswerten Satz: »Einige seiner Sinfonien wurden handschriftlich unter Haydns Namen vertrieben.«[384] Es ließe sich durchaus vorstellen, dass die eine oder andere Symphonie Christoph Sonnleitners als »Haydnsymphonie« in einem der zahlreichen Werkkataloge von Breitkopf & Härtel, die seit Beginn der 60er-Jahre in Leipzig auflagen, enthalten war. Er würde sich damit in die nicht eben kleine Zahl von zeitgenössischen Komponisten einreihen, deren Werke unter dem Namen Joseph Haydn – gewollt oder ungewollt – firmierten. Joseph Sonnleitner schätzte seinen Neffen Franz Grillparzer, was in diesem Zusammenhang ebenfalls erwähnens-

---

[381] Mozartbriefe, Band IV, Nr. 1392, S. 456
[382] Sonnleitner, Joseph Ferdinand: Mozarts Leben, in: Wiener Theater Almanach für das Jahr 1794, S. 94 ff.
[383] Bartha, Haydn. Gesammelte Briefe, Kommentar zu Nr. 219, S. 319
[384] Bartha, Haydn. Gesammelte Briefe, Nr. 14, Kommentar S. 69

wert ist. Wenn man noch ein zeitliches Argument hinzufügt, nämlich dass Grillparzer wohl frühestens ab 1820 oder, noch wahrscheinlicher, in den 30er-Jahren, in denen er innerhalb seiner Tagebücher an seinen ästhetischen Studien schrieb – in diese Zeit fällt auch das Ableben seines Onkels (1735) –, den Inhalt dieses Zitats erfuhr, wonach der Text der »Schöpfung« von van Swieten ursprünglich für Mozart geschrieben worden war, so wird er diese Information über Ereignisse rund um die »Schöpfung«, die Jahrzehnte zurücklagen, wohl eher interfamiliär, etwa von seinem an musikalischen Dingen höchst interessierten Onkel, erhalten haben. Dieser scheint als Quelle geradezu prädestiniert zu sein, denn er hat, wie erwähnt, sowohl Mozart als auch Haydn, ebenso wie schon sein Vater, persönlich gut gekannt. Aber selbst wenn diese Annahme falsch sein sollte, und Grillparzer diese Nachricht nicht von seinem Onkel Joseph Sonnleitner, sondern von einem anderen erhalten haben sollte, wird die Beweisführung aus diesem Grillparzerzitat kaum weniger gewichtig. Feststeht, dass der große österreichische Dichter diese Nachricht von irgendjemand bekommen haben muss, es sei denn, man würde annehmen, er habe sich die ganze Sache nur eingebildet oder geträumt oder bewusst der Nachwelt eine Unwahrheit mitgeteilt. Diesen skurrilen Varianten werde ich hier nicht nähertreten. Dass der Irrtum bei dem »zuverlässigen« Zeitgenossen gelegen haben könnte, ist ebenfalls äußerst unwahrscheinlich, hat er doch die vermeintliche Genesis dieses Oratoriums im Rahmen der von van Swieten veranlassten Orchesterproben zu Teilen der »Schöpfung« offensichtlich hautnah miterlebt. Er war also ein absoluter »Insider«. Wie sollte dieser Gewährsmann ohne konkrete Hinweise auf die Idee gekommen sein, Grillparzer zu berichten, dass das Libretto zur »Schöpfung« von van Swieten ursprünglich für Mozart geschrieben worden sei? So etwas kann man eigentlich nicht erfinden. Bliebe nur als letzte Möglichkeit, dass dieser Zeuge Grillparzer bewusst und böswillig eine Lüge aufgetischt hätte. Logisch betrachtet ist auch diese Variante mehr als unwahrscheinlich. Die genaue zeitliche Datierung dieses wichtigen Zitates ist hier eher von sekundärer Bedeutung. Und dass es sich bei diesem wohlunterrichteten Zeugen Grillparzers um seinen Onkel Joseph Sonnleitner handelte, könnte durch den Haydnbrief vom 18. Mai 1799 an den Musikunternehmer Johann Peter Salomon in London noch weiter bestätigt werden. Dieser Brief handelt praktisch nur (!) von Grillparzers Onkel und beweist, dass Sonnleitner dem Komponisten sehr gut bekannt gewesen sein muss. Hier der Brief im Wortlaut:

Liebster Freund

Überbringer dieses ist Herr von Sonnleithner. ein junger verdienstvoller witziger Mann, dessen Carracteur Sie aus Ihrer tiefen Einsicht bey seiner Erklärung weit besser und genauer als ich es beschreiben kan. bestimmen werden: sein Musicalisches Unternehmen ist eines der Interessantesten, nur beförchte ich, daß Er ohne allgemeine hülfe und beystand es auszuführen nicht im stande seyn wird. Er ersuchte mich Ihm an jemand Redlichen Kentnißvollen Mann in London auszuempfehlen, ich nahme mir daher die freyheit Ihme an Sie liebster freund anzu Reccomendiren.solten Sie Ihme in sein Unternehmen dienen könen, so werden Sie sich bey der welt grosse verdienste machen.«[385]

Der Stil dieses Schreibens wirkt holprig und unbeholfen. Bei Bartha liest man im Kommentar zu diesem Brief, dass Joseph Sonnleitner an einer »Geschichte der Musik in Beispielen«[386] arbeitete und dabei Haydn um Unterstützung in Form eines Empfehlungsschreibens bat. Pohl berichtet sogar von mehreren Empfehlungsschreiben, was auf eine noch engere persönliche Beziehung zwischen Sonnleitner und Haydn hindeuten würde, wenngleich diese nicht gerade friktionsfrei war, wie dem diesbezüglichen Schreiben Georg August Griesingers vom 25. Mai 1799 an Breitkopf & Härtel zu entnehmen ist. Bei Griesinger ist hier zu lesen: »Kürzlich sey ein gewisser Sonnleitner oder (Sonnleiter) von hier abgereist, der ohne Zweifel demnächst nach Leipzig kommen werde und Pränumeration auf eine Geschichte der Musik fordre, worin auch seine Werke [nämlich Haydns] erscheinen sollen. Er [Haydn] halte dieses Unternehmen für eine Beutelschneiderey und sey versichert, daß es nicht zu Stande komme; aus Gefälligkeit gegen einige gute Freunde habe er sich nicht widersetzen wollen [...]«[387] Eine schroffe und abfällig formulierte Ablehnung von Grillparzers Onkel Joseph Sonnleitner. Haydns Skepsis gegenüber dessen Vorhaben sollte sich in der Zukunft bestätigen. Denn eine Musikgeschichte Sonnleitners ging – aufgrund seltsamer Begleitumstände, über die noch zu berichten sein wird – nie in Druck. Man muss sich allerdings fragen, warum sich der große Meister überhaupt

[385] Bartha, Haydn. Gesammelte Briefe, Nr. 219, S. 31
[386] Bartha, Haydn. Gesammelte Briefe, S. 319
[387] Nach Bartha, ebenda

zu diesem Empfehlungsschreiben herabließ, wenn er, völlig entgegen der Intention dieses Briefes an Salomon, von Sonnleitner und seinem Vorhaben einer Musikgeschichte, durch deren Förderung Salomon sich »bei der welt grosse verdienste machen« könnte, in Wirklichkeit überhaupt nichts hielt! Aus einem von Haydn als »verdienstvoll« und »witzig« beschriebenen Mann wird plötzlich eine äußerst zwielichtige Figur. Haydn bezichtigt Joseph Sonnleitner im grotesken Gegensatz zu seinem Empfehlungsschreiben an Salomon im Zusammenhang mit dessen Musikgeschichte der Beutelschneiderei. Der angeblich so sanfte und gütige »Papa Haydn« begeht damit eine schwere Ehrabschneidung. Ja, er wiederholt diese Beschimpfung Sonnleitners sogar noch zwei Jahre später, was beweist, dass diese Beurteilung nicht aus einer augenblicklichen Zornesregung entstanden sein konnte: »Haydn bezeichnet Sonnleithner als ›Filou‹, der den Leuten das Geld aus der Tasche spiele.«[388] Eigentlich ist man über die Diskrepanz von Haydns gegenüber Salomon heuchlerisch geäußertem Wohlwollen für Sonnleitner, gemischt mit einem gehörigen Schuss an Devotion für den englischen Konzertveranstalter, und seiner tatsächlichen schroffen Ablehnung von Grillparzers Onkel einigermaßen schockiert und befremdet. Ein Beutelschneider ist jemand, der die Bänder, mit denen ein Beutel, gefüllt mit Geld, an den Körper gebunden ist, wie es im Mittelalter Usus war, abschneidet, um den Inhalt des Beutels zu stehlen. Ein schwerer Vorwurf gegen den Onkel Grillparzers, der auch mit Beethoven gut bekannt war.

Dazu ein interessantes Detail am Rande: Joseph Sonnleitner stattete am 18. Mai 1799 Haydn in Gumpendorf einen Besuch ab. Dies geht aus der illustren Besucherliste im Haydnhaus hervor, die im Kurzführer »Haydns letzte Jahre« zu finden ist.[389] Dasselbe Datum trägt auch der zitierte Haydnbrief an Salomon. Man kann mit Sicherheit davon ausgehen, dass dieser Brief Gegenstand dieses Besuches Sonnleitners bei Haydn war.

Ich habe in diesem Buch auch an anderer Stelle durch die Darstellung typischer Episoden den Nachweis zu erbringen versucht (etwa Haydns totale und weit übertriebene Herabsetzung anderer Komponisten, wie Giovanni Battista Sammartini und Leopold Hofmann), dass er mindestens

---

388 Griesingers Bericht an Breitkopf & Härtel vom 1. Juli 1801, S. 76
389 Wien Museum/Haydnhaus (Hg.): Joseph Haydn (1732–1809) – Haydns letzte Jahre, Führer durch das Haydnhaus, Wien 2009

240

zwei Gesichter hat, und dass dieses tradierte altbackene Haydnklischee, das man in der Musikwissenschaft unkritisch durch zwei Jahrhunderte vor sich herschiebt, endlich einer wirklichkeitsnäheren Beurteilung Platz machen sollte. Haydns Kritik an Leopold Hofmann, der immerhin Kapellmeister am Stephansdom war, ist ebenso ruppig wie stilistisch misslungen: »3 Lieder sind von Herrn Capellmeister Hofmann (unter uns) elendig componirt; und eben weil der Prahlhans glaubt, den Parnass aleinig gefressen zu haben [sic!], und mich bey einer gewissen großen Weld in allen Fällen zu unterdrücken sucht, hab ich diese nemblichen 3 Lieder um der nemblichen groß sein wollenden Weld den Unterschied zu zeigen, in die Musik gesetzt.«[390] Der »aleinig gefressene Parnass« ist eine besondere Stilblüte, die auch auf einen eher schmerzlichen Bildungsstand des Schreibers hinweist. Von seiner angeblich sprichwörtlichen Bescheidenheit ist dabei nichts zu spüren. Auch hier fällt »Papa Haydn« total aus seiner Rolle. Wer war also dieser relativ junge Mann namens Joseph Sonnleitner, der den großen Haydn offenbar zu etwas nötigen konnte, was gegen dessen innere Überzeugung war? Die Formulierung Griesingers, dass Sonnleitner vom renommierten Musikverlag Breitkopf & Härtel eine »Pränumeration« für seine Musikgeschichte »einfordere«, klingt wie eine Erpressung. Als Mittel für seine angebliche Beutelschneiderei soll laut Haydn die erwähnte Musikgeschichte dienen. Eine solche eignet sich im Normalfall keineswegs für einen Anschlag auf irgendjemandes Geldbeutel. Hatte Sonnleitner etwa ein Druckmittel gegen Haydn und den Leipziger Verlag in der Hand? Und wenn ja, worin mochte dieses bestehen? Gibt Griesinger vielleicht selbst die Antwort in seinem Brief an Breitkopf & Härtel mit der Bemerkung »worin auch seine (nämlich Haydns) Werke erscheinen sollen«? Man wird diese Frage nicht endgültig beantworten können. Sollte man hier nicht wenigstens eine andeutende Vermutung anbringen, dass Sonnleitner gewisse interessante Beobachtungen bezüglich der Entstehung der »Schöpfung«, vielleicht aber auch anderer Werke Haydns, gemacht haben könnte, die diesem, aber auch dem Leipziger Musikverlag, im Falle einer Erwähnung in besagter Musikgeschichte sehr unangenehm hätten werden können? Vielleicht wollte Joseph Sonnleitner in seiner Musikgeschichte auch auf den Umstand zu sprechen kommen, dass manche Kompositionen seines Vaters Christoph Sonnleitner Joseph Haydn als angeblichen Urheber auswiesen

---

[390] Bartha, Haydn. Gesammelte Briefe, Nr. 35, S. 100 f.

und dass dies möglicherweise auch auf andere zeitgenössische Komponisten zutraf.

Bei Finscher ist zu lesen: »Im September [1799] schreibt Joseph Ferdinand Sonnleithner, wiederum in der Leipziger ›Allgemeinen musikalischen Zeitung‹, eine ›Geschichte der Musik in Denkmählern‹ zur Subskription aus. Der Plan zu dieser Denkmälerausgabe stammte von Forkel; das Direktorium bildeten Haydn, Albrechtsberger und Salieri. Die fertig gestochenen Platten für den ersten Band wurden 1805 bei der französischen Besetzung Wiens vernichtet.«[391]

Die Geschichte wird dadurch noch um einiges mysteriöser. Der Leipziger Musikverlag, der offenbar die Einschätzung Sonnleitners durch Haydn und den Verlagsagenten Georg Griesinger als »Filou« und »Beutelschneider« teilte, gab trotzdem der »Forderung« Sonnleitners nach der Ausschreibung einer Subskriptionsliste für sein Musiklexikon in der »AmZ« nach! Und noch grotesker: Haydn bildete gemeinsam mit Albrechtsberger und Salieri auch noch das dafür installierte »Direktorium«. Die Druckplatten für den ersten Band waren spätestens 1805 fertig gestellt. Doch welch Ungemach durch die damals über Wien hereinbrechende Weltgeschichte: Bei der Besetzung Wiens durch die Truppen Napoleons seien die Druckplatten vernichtet worden. Dies halte ich freilich für ausgeschlossen. Bei der Besetzung Wiens im Jahre 1805 fiel nämlich im Gegensatz zur Einnahme im Jahre 1809 kein einziger Schuss. Der Einzug der französischen Truppen erweckte lediglich, wie bei außergewöhnlichen Ereignissen üblich, große Neugierde bei den Wienerinnen und Wienern. Die besagten Druckplatten sind also offensichtlich ohne jede ursächliche Einwirkung der Franzosen in Verstoß geraten. Damit scheint das Projekt Sonnleitners, welches von Haydn nur nach außen hin höchst widerwillig »gefördert« wurde, endgültig im Nichts versandet zu sein. Es scheint hier kaum eine andere Erklärungsmöglichkeit für all diese Ungereimtheiten zu geben, als dass sich Haydn und auch das Leipziger Musikverlagshaus von Joseph Sonnleitner erpressen ließen. Seltsam ist auch die Koinzidenz der Ereignisse: Haydns oben zitierter Brief an Salomon und die Bestellung des späteren sächsischen Legationsrates Georg Griesinger zum Mediator in Sachen »Schöpfung« zwischen Breitkopf & Härtel und Haydn, fielen in den Mai 1799. Ob die causa »Sonnleitner« in irgendeinem kausalen Zusammenhang mit der »Schöpfung« steht, er-

[391] Finscher, Haydn, S. 68

242

scheint durchaus denkbar, ist aber aus der Quellenlage heraus nicht endgültig beweisbar. Dass es namhafte Haydnbiografen gibt (Irmen, Geiringer) die in ihrer Darstellung ohne irgendeine Erwähnung der Person
Joseph Sonnleitners auskommen, ist wohl als Kuriosum zu betrachten.

Eine unbezweifelbare Erkenntnis wird man zumindest aus dieser un-
durchsichtigen »Episode Sonnleitner« gewinnen können: Haydn dürfte
keinerlei Wert darauf gelegt zu haben, in einer Musikgeschichte von diesem vorzukommen. Doch diese Erkenntnis allein wäre nur von margi-
naler Bedeutung.

Haydns Geschäftsbeziehungen zu Breitkopf & Härtel und anderen Verlagen

Die Ursache für den Beginn der Vermittlertätigkeit Griesingers zwischen Breitkopf & Härtel und Joseph Haydn liegt aber ohne irgendeinen Zweifel in der »Schöpfung« begründet. Diese Tatsache ist aus der Quellenlage klar abzulesen. Auch handelt es sich hier bei dieser nicht nur rein geschäftlichen, sondern auch persönlichen Beziehung, die bis an das Lebensende Haydns dauern sollte, um ein gewisses Strickmuster, was die Korrespondenz zwischen den beiden und dem Leipziger Musikalienverlag betrifft: Mit wenigen Ausnahmen, in denen sich Haydn direkt an Breitkopf & Härtel wendet,[392] erfolgt seit 1799 seine Kommunikation mit Leipzig über den Gewährsmann Griesinger. Dieser leitet Haydns Wünsche umgehend an den Leipziger Musikverleger weiter. Ob der Grund hierfür Haydns etwaige Sorge gewesen sein könnte, dass der bedeutendste Musikverlag Deutschlands seine Briefe als wichtige Dokumente für die Nachwelt archivieren würde, lässt sich natürlich keinesfalls nachweisen. Die Haydnforschung hätte sich, wie ich meine, auch längst mit der über Jahrzehnte andauernden Geschäftsbeziehung zu Breitkopf, ab 1796 Breitkopf & Härtel, intensiv beschäftigen müssen. Diese Beziehungen begannen, wie es den klaren Anschein hat, schon einige Jahrzehnte – wohl zu Beginn der 6oer-Jahre – bevor Haydn Georg Griesinger kennenlernte. Es fällt dabei auf, dass der Leipziger Musikalienverlag bis auf ganz wenige Ausnahmen die an ihn gerichteten Briefe Haydns offensichtlich nicht für die Nachwelt aufbewahrte! Bevor Griesinger als Mittelsmann zwischen Breitkopf & Härtel und Haydn im Mai 1799 auf der Bildfläche erscheint, gibt es überhaupt nur drei Briefe Haydns nach Leipzig zu registrieren.[393] Der erste dieser erhaltenen Briefe trägt das überaus späte Datum 5. April 1789, obwohl Haydn zu diesem Zeitpunkt wohl schon mehr als zwei Jahrzehnte intensiven Geschäftskontakt mit Leipzig gepflegt haben muss. Zum Glück hat sich der Inhalt eines Schreibens von Breitkopf vom 10. Jänner 1789 an

---

[392] Siehe Bartha, Haydn. Gesammelte Briefe
[393] Bartha, Haydn. Gesammelte Briefe, Nr. 119, Nr. 212, Nr. 213

Haydn durch einen bei Hase mitgeteilten Auszug wenigstens dem Inhalt nach erhalten.[394] Darin ersucht Breitkopf den Komponisten für eine vom Verlag zusammengestellte Sammlung verschiedener Musikstücke eine Klaviersonate zu komponieren, wofür dieser das Honorar selbst bestimmen könne. Allein diese Nachricht beweist, dass es davor langfristige und überaus enge Geschäftsbeziehungen gegeben haben muss, wenn Haydn den von Breitkopf für die Sonate zu zahlenden Kaufpreis selbst festlegen durfte. Der Handel mit – echten wie unechten – Haydnkompositionen muss für den Leipziger Musikverlag über viele Jahre offensichtlich ein gutes Geschäft gewesen sein. Diese Interpretation scheint trotz eher dürftiger Quellenlage in der Frühzeit kein besonderes Risiko darzustellen: Breitkopf & Härtel machten es hier offensichtlich ebenso, wie es Haydn sein ganzes Leben gehalten hatte, nämlich die diesbezügliche Korrespondenz zu beseitigen. In den Katalogen von Breitkopf & Härtel seit Beginn der 60er-Jahre befanden sich zahlreiche Werke Haydns, darunter auch viele unechte.[395] Der Handel erfolgte in der ersten Zeit vorwiegend über handschriftliche Kopien. Die Aufnahme dieser Werke in die Kataloge von Breitkopf und Härtel setzte also naturgemäß eine entsprechende Korrespondenz zwischen Haydn und dem Leipziger Musikalienverlag über Jahrzehnte voraus.

Die Kommunikation mit Leipzig könnte aber auch bisweilen von dem einen oder anderen Mittelsmann besorgt worden sein, da es Haydn per Dienstvertrag mit Esterházy[396] bis zu dessen Änderung im Jahre 1779[397] verboten war, mit seinen eigenen Werken persönliche Geschäfte zu betreiben. Diese gingen – zumindest in der Theorie – unmittelbar nach ihrer Entstehung in den alleinigen Besitz von Esterházy über. Die Praxis sah wohl etwas anders aus, siehe die erwähnten Werkkataloge in Leipzig.

Da Haydn die gesamte an ihn gerichtete Korrespondenz, wie es scheint beseitigte, fallen natürlich auch die Briefe von Breitkopf & Härtel darunter. Warum sich allerdings bis zum Auftauchen Griesingers als Verbindungsmann im Mai 1799 nur drei Briefe von Haydn aus den Jahrzehnten zuvor in Leipzig erhalten haben, ist also von großer Merkwürdigkeit.

---

[394] Bartha, Haydn. Gesammelte Briefe, Nr. 115, S. 199
[395] Geiringer, Haydn, S. 272
[396] Bartha, Haydn. Gesammelte Briefe, Convention und Verhaltungs-Norma des Vice-Capel-Meisters, Nr. 1, S. 41, Punkt 4
[397] Bartha, Haydn. Gesammelte Briefe, Nr. 22b, S. 83, Neuer Dienstkontrakt Haydns mit dem Fürsten Esterházy vom 1. Januar 1779

Warum archivierte etwa der Leipziger Musikalienverlag eine große Anzahl der Geschäftsbriefe Konstanze Mozarts, mit Ausnahme derer, mit brisant erscheinendem Inhalt, und sogar jene von Maria Anna Mozart, aber nicht die Briefe Joseph Haydns, die aus der Sicht des Verlages naturgemäß als ungleich wichtiger einzustufen waren? Es fällt in diesem Zusammenhang auf, dass sich nicht weniger als 72 Briefe Haydns an Artaria erhalten haben.[398] Hing dies etwa damit zusammen, dass Artaria im Gegensatz zu Breitkopf & Härtel keine oder zumindest ungleich weniger apokryphe Werke Haydns ankaufte und druckte und daher weniger zu verbergen hatte? Auf die mysteriöse »Affäre Breunig« wurde im Kapitel über mögliche Plagiatsfälle bereits hingewiesen. Dabei könnten die Geschäftsbeziehungen zwischen Haydn und Breitkopf & Härtel ungleich länger und intensiver als die Haydns mit Artaria gewesen sein, auch wenn es für die Frühzeit wenig konkrete Quellen darüber gibt. Einige Werke, welche in den erwähnten Werkkatalogen von Breitkopf als authentisch aufgelistet sind, seien hier erwähnt: Das Violinkonzert in C-Dur (Hob. VII a:1), angeführt im Werkkatalog des Leipziger Musikverlages von 1769.[399] Das Violinkonzert in G-Dur (Hob. VII a:4) scheint ebenfalls im Katalog von 1769 auf.[400] Das Klavierkonzert in D-Dur (Hob. XVIII:2) ist in Breitkopfs Werkkatalog von 1767 erwähnt.[401] Das Doppelkonzert für Klavier in F-Dur (Hob. XVIII:6) steht im Katalog von 1766.[402] Ebenso wie das Klavierkonzert in C-Dur (Hob. XVIII:8). Als Komponist käme auch Leopold Hofmann, Kapellmeister von St. Stephan, in Frage.[403] Bei Bartha ist zu lesen, dass zahlreiche Kompositionen Hofmanns, die wegen ihrer selbstverständlichen Leichtigkeit allgemein Gefallen fanden, unter Haydn liefen. Im Katalog von 1767 findet sich auch das Klavierkonzert in G-Dur (Hob. XVIII:9).[404] Das Klavierkonzert in C-Dur (Hob. XVIII:5) scheint im Katalog von 1763 auf. Dieses wurde auch eine Zeit lang wegen des sehr ähnlichen Stils Georg Christoph Wagenseil zugeordnet.[405]

Der Haydnforschung sei hier, was die Beziehungen zwischen Haydn

[398] Bartha, Haydn, Gesammelte Briefe und Aufzeichnungen
[399] Siepman, Jeremy: The Complete Haydn. Booklet, Naxos, S. 197
[400] Siepman, Complete Haydn, S. 198
[401] Siepman, Complete Haydn, S. 199
[402] Siepman, Complete Haydn, S. 200
[403] Siepman, Complete Haydn, S. 208 f.
[404] Siepman, Complete Haydn, S. 207
[405] Siepman, Complete Haydn, S. 208

und Breitkopf & Härtel vor 1799 betrifft, ein bisher nahezu völlig vernachlässigtes neues Kapitel für die Zukunft gewiesen. Aber nicht nur in Leipzig, sondern auch in Paris dürften zahlreiche Briefe Haydns beseitigt worden sein. Außer einer Handvoll ist nämlich nichts erhalten. Es muss aber eine umfangreiche geschäftliche Korrespondenz gegeben haben, wenn man an den Erstdruck zahlreicher Haydnsymphonien in Paris denkt und an die Tatsache, dass in den 80er-Jahren des 18. Jahrhunderts die Aufführung von Haydnsymphonien in manchen Jahren einen fast *monopolartigen* Charakter im Vergleich zur Aufführung von Symphonien anderer Komponisten angenommen hatte.[406] Freilich könnte in Paris auch manches Briefmaterial durch den politischen Umsturz der Französischen Revolution verloren gegangen sein. Es wurde bereits ausführlich darauf hingewiesen, dass nicht alles, was in Paris als »Haydnsymphonien« gedruckt wurde, auch tatsächlich von Haydn stammte.

Weitere Merkwürdigkeiten zur Entstehung von »Schöpfung« und Jahreszeiten« sowie der letzten sechs Londoner Symphonien

Man erfährt auch Seltsames, was die genaue Entstehungszeit der »Schöpfung« betrifft, und es handelt sich dabei um eine scheinbar unantastbare Quelle, nämlich Haydn selbst. In einem Schreiben vom 25. Juni 1799 an einen englischen Freund, bei dem es sich laut Bartha um Christoph Papendiek handeln könnte, hat Haydn Folgendes zu vermelden: »Ich componirte voriges Jahr ein teutsches oratorium, die SCHÖPFUNG genant, welches mit ausserordentlichen u. allgemeinen beyfall aufgenohmen wurde.«[407] Da dieser Brief im Juni 1799 geschrieben wurde, kann das Entstehungsjahr der »Schöpfung« laut Haydn nur das Jahr 1798 gewesen sein, wogegen aber allein schon die Tatsache spricht, dass dieses Oratorium bereits im April 1798 in zwei geschlossenen Konzerten des Wiener Hochadels im Palais Schwarzenberg zum ersten Mal aufgeführt wurde. Dabei wäre die »Schöpfung« wohl schon etwa einen Monat früher zur Aufführung gebracht worden, wenn man nicht die Erholung der Fürstin Schwarzenberg vom Kindbett abgewartet hätte.[408] Haydn kann also im Jahr 1798, wenn überhaupt, nur einen Bruchteil der »Schöpfung« komponiert haben. Dennoch vermeint er in dem zitierten Brief, diese im Jahre 1798 geschaffen zu haben!

[406] Irmen, Haydn, S. 295
[407] Bartha, Haydn. Gesammelte Briefe, Nr. 222, S. 323
[408] Feder, Schöpfung, S. 135

Es gibt einige konkrete Quellen, – siehe beispielsweise Samuel Silverstolpes ausführlich beschriebene Darstellung seines ersten Besuches bei Haydn im Jahre 1797 im »Blauen Säbel« – wonach ein Großteil der »Schöpfung« vor allem im Jahre 1797 entstanden sei. Ein weiterer Besuch Silverstolpes fand im September dieses Jahres in Eisenstadt statt, der ebenfalls die »Schöpfung« zum Thema hatte.[409] Dass Haydn mit der Komposition der »Schöpfung« bereits im Jahre 1796 begonnen haben muss, beweist ein Schreiben von Johann Georg Albrechtsberger an Beethoven, das er am 15. Dezember 1796, einen Tag nachdem ihn Haydn aufgesucht hatte, verfasste. Bei Feder wird daraus zitiert: »Gestern war Haydn bei mir, er trägt sich mit der Idee eines großen Oratoriums, das er die Schöpfung benennen will und hofft bald damit fertig zu seyn. Er improvisierte mir Einiges davon und ich glaube, daß es sehr gut wird.«[410] Haydns Hoffnungen auf eine rasche Vollendung sollten nicht in Erfüllung gehen, denn der ihn am 10. Jänner 1798 erneut besuchende Silverstolpe berichtet, dass ihm Haydn einen Teil der Schöpfung, »der noch in Arbeit sei«, vorgespielt habe. Viel kann damals allerdings nicht mehr »in Arbeit« gewesen sein, da das Oratorium spätestens im März 1798 aufführungsbereit war. Im Übrigen ist es erstaunlich, wie oft Haydn während des Entstehungsprozesses diversen Persönlichkeiten – Silverstolpe, Albrechtsberger und vor allem van Swieten – Teile der »Schöpfung« gleichsam zur »Prüfung« und Beurteilung vorspielte. Selbst ein junger Komponist, erst am Beginn seines Weges zum Ruhm stehend, hätte sich wohl dabei etwas vergeben! Bei einem – auf dem Höhepunkt seines Schaffens stehenden – Haydn mutet dies noch um vieles seltsamer an …

Auch Griesinger setzt den Schwerpunkt der Entstehungszeit der »Schöpfung« in das Jahr 1797.[411] Spielte hier – trotz eines so kurzen zeitlichen Abstandes – wieder einmal das mangelnde Erinnerungsvermögen Haydn einen bösen Streich? Wer sollte eine auch nur einigermaßen zufrieden stellende Erklärung für diese offensichtlich falsche Erinnerung Haydns an die Entstehungszeit der »Schöpfung« außer der meinigen anbieten können? Entweder hat hier Haydn einen seiner berühmten mentalen Aussetzer oder die »Schöpfung« kann nicht von ihm komponiert worden sein!

[409] Feder, ebenda
[410] Feder, ebenda
[411] Feder, Haydn, S. 133

248

Die erste Möglichkeit halte ich für nahezu ausgeschlossen: Haydn, der im Juni 1799 kurz vor der Komposition der »Jahreszeiten« steht, kann zu diesem Zeitpunkt unmöglich »vergessen« haben, dass er die »Schöpfung« nicht in den beiden ersten Monaten des Jahres 1798 komponierte, sondern in den beiden Jahren zuvor. Diese Auffälligkeit findet im wissenschaftlichen Kommentar bei Bartha zu diesem Brief keinerlei Niederschlag, was auch auf die übrige Haydnliteratur zutrifft. Und es gibt für dieses Versagen seines Erinnerungsvermögens eine Parallele bei den »Jahreszeiten«. Ich zitiere den Einleitungssatz des Haydnbriefes vom 20. Mai 1801 an den Freiherrn Max v. Droste Hülshoff, den Onkel der bekannten deutschen Dichterin Annette Droste-Hülshoff: »Der allgemein unverdiente Beyfall meiner Schöpfung begeisterte meinen 69-Jährigen Kopf dergestalt, daß ich es noch wagte, die Jahreszeiten nach Tompson zu bearbeiten!«[412] Um in seiner Diktion zu bleiben: Der Erfolg der »Schöpfung« müsste den »67- beziehungsweise 68-jährigen Kopf« Haydns zur Komposition der »Jahreszeiten« animiert haben, denn diese entstanden vor allem in den Jahren 1799 und 1800. Und um den Schluss logisch zu Ende zu führen: Die Animation Haydns durch den Erfolg der »Schöpfung« kann eigentlich nur kurz vor Entstehungsbeginn der »Jahreszeiten« stattgefunden haben und da »verfügte« Haydn möglicherweise erst über einen »66-jährigen Kopf«. Oder mit anderen Worten, er war damals 66, höchstens aber 67 und nicht 69 Jahre alt. Man wird wohl davon ausgehen dürfen, dass ihm sein Alter im Mai 1801 bewusst gewesen ist und dass er in der Lage war, diese einfache Rechenoperation bezüglich seines tatsächlichen Alters, in welchem er mit der Komposition der »Jahreszeiten« begann, auszuführen! Und wieder lässt sich nur die gleiche Schlussfolgerung wie bei der »Schöpfung« ziehen! Kann ein Mann mit einem derartigen »Erinnerungsvermögen« der tatsächliche Komponist von »Schöpfung« und »Jahreszeiten« sein?

Eine ähnlich unfassbare Erinnerungslücke hat Haydn auch bezüglich der Komposition der Symphonie in Es-Dur, Hob. Nr. 99. Ich zitiere aus dem Vertrag Haydns mit dem Unternehmer Johann Salomon vom 27. Februar 1796: »Ich Endesunterschriebener beckenne und Erkläre, daß Herr Salomon von meinen Sechs letzeren Sinfonien, wovon 3 von Anno 1794. und die lezte 3 von 1795 der Allein besitzer und Eygenthümer auf immer seyn solte, und verspreche bey meiner Ehre gar keinen ande-

412 Bartha, Haydn. Gesammelte Briefe, Nr. 266, S. 365

ren als zu meinen eigenen gebrauch davon zu machen. Josephus Haydn mppria.«[413] Gegenstand dieses Vertrages sind die sechs letzten Londoner Symphonien. Zumindest bei der Datierung dieser Es-Dur-Symphonie ist aber Haydn ein gravierender Fehler unterlaufen, denn diese komponierte er zwischen seinen beiden Englandreisen, laut Bartha, im Jahre 1793 in Wien!

Bei Finscher steht in der Chronik zum Jahre 1794: »Die neuen Symphonien wurden in Salomons Konzerten vom 2. Februar (102), 3. März (101) und 31. März (100) uraufgeführt.«[414] Die Symphonie Nr. 102 nach dem Hobokenverzeichnis wurde allerdings erst ein Jahr später zur Uraufführung gebracht. Hier hat sich Finscher offenbar in der Jahresangabe geirrt. Da Haydn erst Anfang Februar 1794 in London eintraf, kann er wohl schwerlich die Symphonien Hob. Nr. 100 und 101 in den ersten sieben Wochen seines zweiten Englandaufenthaltes komponiert und bereits auch für die Uraufführung geprobt haben! Schließlich stand er in vorgerücktem Alter, erfreute sich keiner völligen Gesundheit, und er wird wohl nach der beschwerlichen Winterreise einige Zeit benötigt haben, sich in die veränderten Lebensumstände in England wiedereinzufinden. Zudem war das erste Konzert bereits für den 10. Februar angesetzt, bei welchem er die aus Wien mitgebrachte Symphonie Nr. 99 in einer erstmaligen Aufführung dirigierte. Diese nahe liegenden Vermutungen wurden bisher in der Haydnliteratur nicht angestellt. An den richtigen Ort sowie an das richtige Entstehungszeit dieser letzten sechs Londoner Symphonien hätte sich doch Haydn im Februar 1796 eigentlich korrekt erinnern müssen! Bei Bartha ist im Kommentar zu diesem Vertrag vom 27. Februar 1796 zu lesen: »Die von Haydn hierzu angegebenen Jahresdaten beziehen sich nicht auf den Zeitpunkt der Komposition, sondern auf die Daten der Erstaufführung.«[415] Diese Interpretation halte ich für falsch, denn sie ist aus Haydns Worten absolut nicht abzulesen. Denn er meint hier gewiss die Entstehungszeit dieser sechs Londoner Symphonien.

In diesem Zusammenhang sei auch eine Stelle aus einem Brief Haydns an seinen Schüler Ignaz Pleyel vom 6. Dezember 1802 zitiert: »[...] nur wünschte ich 10 Jahr meines hohen Alters zurückzulegen, um dir noch

[413] Bartha, Haydn. Gesammelte Briefe, Nr. 209, S. 306
[414] Bartha, Haydn. Gesammelte Briefe, S. 61
[415] Bartha, Haydn. Gesammelte Briefe, S. 306

etwas neues von meiner arbeith mittheillen zu können – vielleicht –
kan es doch noch geschehen. indessen lebe wohl, und liebe deinen alten Haydn [...]«[416] Wenn er *zehn* Jahre jünger wäre, könnte er seinem
Schüler noch ein neues Werk »mitteilen«. Er hat im September *desselben*
Jahres die »Harmoniemesse« abgeschlossen und in den zehn Jahren davor die mit Abstand größten Werke seines Lebens geschaffen ... Auch
zu dieser grotesken Formulierung habe ich in der Literatur nicht den
geringsten Interpretationsversuch gelesen. Von großer Merkwürdigkeit
ist auch die Tatsache, dass es heute weder von der »Schöpfung« noch
von den »Jahreszeiten« Autografe gibt und dass die beiden in der Verwahrung von van Swieten befindlichen Originalpartituren nach dem
Ableben des Barons im März 1803 spurlos verloren gingen. Auf diese
Frage werde ich noch ausführlich zurückkommen, nachdem zuvor ganz
ähnliche Probleme, wie man sie bei der »Schöpfung« vorfindet, auch im
Zusammenhang mit den »Jahreszeiten« abgehandelt wurden.

[416] Bartha, Haydn. Gesammelte Briefe, Nr. 319, S. 415

Die »Jahreszeiten« – verblüffende Parallelen zur »Schöpfung«

Haydn schritt also, wenn man der Legende folgt, nach Vollendung der »Schöpfung« an die Komposition der »Jahreszeiten«. Diese erfolgte in den Jahren von 1799 bis 1801. Wieder war van Swieten der Bearbeiter eines englischen Textes, diesmal von »The Seasons«, der von James Thomson (1700–1749) stammte. Als dritter Sohn eines schottischen Geistlichen geboren, war dieser 1725 nach London gegangen, um dort sein Glück zu versuchen. Im Jahre 1726 erfolgte die Veröffentlichung der ersten Version des Winters. Die gesamte Dichtung erschien erstmals 1730. Es folgte später eine Bearbeitung durch Thomson, in die er seine Kindheitserinnerungen auf dem Lande einfließen ließ. Die deutsche Übersetzung veranlasste Barthold Heinrich Brocke im Jahr 1745.[417] Diese wird van Swieten wohl ebenfalls bei seiner Textbearbeitung verwendet haben. Wann immer er diese vornahm, feststeht, dass diese Vorlage Thomsons keineswegs mehr ganz taufrisch war. Es handelt sich hier um eine erstaunliche und durchaus bemerkenswerte Parallele zur englischen Textvorlage der »Schöpfung« von Thomas Linley. Bekanntlich war deren Vertonung ursprünglich durch Georg Friedrich Händel gedacht. Der zeitliche Abstand zu Mozart wäre aber in beiden Fällen ein geringerer als zu Haydn, wenn auch keinesfalls ein unmittelbarer. Sowohl bei Griesinger als auch bei Dies erfährt man manche Details aus Haydns »Kompositionswerkstatt«, die sich zwar nicht immer durch ein besonders hohes Niveau auszeichnen, die aber andererseits viele Einblicke in Haydns mühselige Alltagsarbeit an den »Jahreszeiten« gewähren, sodass man a priori nicht unbedingt Zweifel an diesen Schilderungen hegen sollte. Der überwältigende Erfolg der »Schöpfung« reizte laut Albert Christoph Dies[418] jene zwölf Personen aus dem Hochadel, die bereits die Aufführung der »Schöpfung« mit 500 Dukaten, wie bereits ausgeführt, gefördert hatten, sich noch einmal zu einer ähnlichen

---

[417] Siehe auch Finscher, Haydn, S. 474 und Geiringer, Haydn, S. 482
[418] Albert Christoph Dies, zitiert aus: Reich, Selbstzeugnisse, S. 252

Aktion zusammenzufinden, um Haydns »Jahreszeiten« zu ermöglichen. Eine seltsam stereotype Parallele zur Förderung der »Schöpfung« durch den Wiener Hochadel. Auch Albert Christoph Dies hatte von dem überaus schlechten Gesundheitszustand, in welchem sich Haydn bereits während der Abfassung der »Schöpfung« befunden hatte, Kenntnis und es war ihm klar, dass sich Haydns Zustand in den Abfassungsjahren der »Jahreszeiten« nicht gebessert haben konnte. Im Gegenteil. Der Haydn-vertraute Albert Christoph Dies nennt es ein »kühnes Unternehmen«, ein solches Werk von »überströmender jugendlicher Kraft« zustandezubringen. Und er schreibt weiter: »So ist es leicht zu glauben, dass er sich dabei, wie er selbst sagte, übernahm.«[419] Albert Christoph Dies schildert in seinen Erinnerungen Haydns beklemmenden Gesundheitszustand bei einem seiner häufigen Besuche (17. August 1806). Dabei fragte er, um Haydn auf andere Gedanken zu bringen: »Wie lange ist's, daß Sie Ihr Fortepiano nicht berührt haben?« Haydn setzte sich darauf an dasselbe und »fing langsam an zu Fantasieren, griff schülerhaft fehl, sah mich dabei an, verbesserte die falschen Griffe und fehlte immer im Verbessern. ›Ach!‹, sagte er nach einer Minute (länger dauerte das Spiel nicht), ›Sie hören selbst, daß es nicht mehr geht! Noch vor acht Jahren war es anders, aber die ›Jahreszeiten‹ haben mir dieses Übel zugezogen. Ich hätte sie nie schreiben sollen! Ich habe mich dabei übernommen.‹«[420]

Eine seltsam anmutende »Begründung« für seine schlechte gesundheitliche Verfassung fünf Jahre nach der Vollendung der »Jahreszeiten«! Dazwischen hatte Haydn auch nicht gerade unbedeutende Werke, wie etwa die Schöpfungs- und die Harmoniemesse – und die erstere noch dazu nach eigener Angabe[421] in der Rekordzeit von etwas mehr als einem Monat komponiert –, was seine Gesundheit, folgt man seiner eigenen Logik, eigentlich ähnlich wie die »Jahreszeiten« belastet haben müsste. Außerdem entstand im Gegensatz zu den »Jahreszeiten« für Haydn noch ein zusätzlicher Stress, weil die Messen zu einem bestimmten Zeitpunkt fertiggestellt sein mussten. (Anlass war der jeweilige Namenstag der Fürstin Maria Josepha Hermenegild im September.) Haydns Schuldzuweisung an die »Jahreszeiten« wird dadurch völlig ad absurdum geführt. Sollte etwa mit dieser seltsamen »Schuldzuweisung« via Albert Chri-

---

[419] Albert Christoph Dies, ebenda
[420] Albert Christoph Dies, zitiert aus: Reich, Selbstzeugnisse, S. 298 f.
[421] Geiringer, Haydn, S. 449

stoph Dies ein letzter »unantastbarer« Beweis der Nachwelt hinterlassen werden, dass es sich beim Schöpfer der »Jahreszeiten« nur um Joseph Haydn handeln könne, da diese sogar an seiner gesundheitlichen Zerrüttung schuld gewesen wären? Das arrogante und Haydn bevormundende Verhalten des eigenwilligen Baron van Swieten, folgt man den Schilderungen von Griesinger und Dies, hatte sich während der Komposition der »Jahreszeiten« im Vergleich zur »Schöpfung« nicht im Geringsten geändert. Van Swieten nahm dabei, wie es den Anschein hat, keinerlei Rücksicht auf den schlechten Gesundheitszustand, in dem sich Haydn befunden haben muss. Dieses Verhalten des Freiherrn wird noch unverständlicher, wenn man sich vor Augen hält, dass Haydns Ruhm nach der »Schöpfung« endgültig in den Musikolymp aufgestiegen war und seine Person bis ans Ende seines Lebens Gegenstand von fast überirdischer Verehrung geworden war. Sieht man von einigen kritischen Bemerkungen seines Schülers Beethoven ab, war van Swieten unter seinen Zeitgenossen wohl der Einzige, der Haydn in den beiden letzten Jahrzehnten seines Lebens mit einiger Respektlosigkeit und Rücksichtslosigkeit begegnete. Gerade er, der als Textbearbeiter und enger Haydnvertraute aus nächster Nähe die Entstehung dieser beiden Wunderwerke der Musikliteratur angeblich hautnah begleitet und miterlebt hatte! Und er hätte im nahezu tagtäglichen Umgang mit dem alten und kranken Haydn sich aus eigener Anschauung wie kein anderer ein Bild davon machen können, welch übermenschliche, vom medizinischen Standpunkt kaum nachvollziehbare, Leistung hier von Haydn erbracht wurde. Psychologisch ist ein solches Verhalten eines – noch dazu hochrangigen – Musikliebhabers nicht nachvollziehbar. Dies alles freilich unter der Voraussetzung, dass sich die Genesis der beiden Oratorien tatsächlich so abgespielt hat, wie die Wissenschaft bis heute annimmt. Van Swieten hätte also noch vor allen anderen Zeitgenossen vor Haydn in Ehrfurcht nahezu auf den Knien liegen müssen, so dies bei einem Menschen überhaupt jemals geboten erscheint. Das Gegenteil war der Fall!

Übrigens: Der Haydn Vertraute Griesinger schrieb dem Freiherrn einige gesalzene Wahrheiten ins Stammbuch: »Die Regeln, nach welchen Werke des Geschmacks zu beurtheilen sind, waren ihm nicht fremd; aber bey seinen eigenen Produkten verfiel er in alle Mängel und Fehler, die er an Anderen strenge getadelt haben würde. Das Beste an seinen Gedichten war nicht das, was er aussprach, sondern was er sich dabei dachte, und es war zu verwundern, in seinen Arbeiten keine von den

Schönheiten zu finden, wodurch sie doch, seiner Absicht und seinem Gefühle gemäß, sich hätten auszeichnen sollen.«[422] Diesem elegant formulierten Urteil ist nicht viel hinzuzufügen. Aber gerechterweise wird man doch anmerken dürfen, dass diese beiden wunderbaren Oratorien »Schöpfung« und »Jahreszeiten« durch die Textbearbeitungen van Swietens kaum in ihrem grandiosen Gesamteindruck beeinträchtigt werden. Und das ist doch auch schon einiges wert.

Van Swietens kompositorische Versuche scheinen jedoch weit unter seinem literarischen Talent gelegen zu sein. Was den Freiherrn also berechtigt haben sollte, zahlreiche Kompositionsvorschläge eines noch dazu gesundheitlich schwer angeschlagenen Haydn sowohl bei dessen Vertonung der »Schöpfung« als auch bei jener der »Jahreszeiten« zurückzuweisen, beziehungsweise gravierende Abänderungswünsche und zahlreiche Kompositionsratschläge – um nicht zu sagen Kompositionsanweisungen – zu geben, bleibt unerklärlich und rätselhaft.

Allerdings scheint der kranke Tondichter im Gegensatz zur »Schöpfung«, wo er laut dem Zeitzeugen Grillparzers die demütigenden Ratschläge van Swietens sogar noch »gern zuließ«, sich jetzt nicht mehr alles von dem arroganten Freiherrn gefallen lassen zu haben. Ja, Haydn soll sogar zum Gegenangriff auf van Swietens Text geschritten sein. So habe er laut Albert Christoph Dies[423] »die vielen malerischen Darstellungen oder Nachäffungen« des Textes für »verdrießlich« gehalten. Ich halte dies für eine völlig unqualifizierte Feststellung, auch wenn diese der Autor selbst getroffen haben mag. Mag man die Kritik am Textbearbeiter van Swieten wegen der »vielen malerischen Darstellungen« noch irgendwie hinnehmen – auch wenn diese sich notwendigerweise aus dem gestellten Thema »Jahreszeiten« ergeben, das naturgemäß nicht mit dem Aktionismus eines Shakespeare'schen Königsdramas aufwarten kann – so kann man Haydns vernichtendes *Selbsturteil* über die zahlreichen »Nachäffungen« der Natur, die sich demnach in den »Jahreszeiten« finden, nur als katastrophal falsch und unberechtigt bezeichnen. Denn damit kann er nicht den Text van Swietens, sondern nur die musikalische Umsetzung gemeint haben. Aus Textstellen wie etwa »Seht die Fische, welch Gewimmel, seht die Bienen, wie sie schwärmen, seht die Vögel, welch Geflatter«, »Dem Gatten ruft die Wachtel schon«, »Im Grase zirpt

---

[422] Griesinger, Biographische Notizen, S. 69f.
[423] Zitiert bei Reich, Selbstzeugnisse, S. 252

die Grille froh« oder »Und aus dem Sumpfe quakt der Frosch« lässt sich wohl kaum eine Tendenz des Textdichters zur Nachäffung ableiten. Naturschilderung ja, Nachäffung nein. Außerdem finden sich ähnliche musikalische »Nachäffungen« in großer Anzahl bereits in der »Schöpfung«. Es sträubt sich einem die Feder, diesen Ausdruck im Zusammenhang mit dieser überhaupt zu verwenden! Es handelt sich in Wahrheit vor allem in den »Jahreszeiten« um eine subtile und zutiefst berührende musikalische Nachzeichnung der Natur. Ebenso wenig ist etwa die Schilderung, wie der Hund auf der Jagd gierig dem Wild nachspürt, als Nachäffung zu bezeichnen. Die musikalische Umsetzung dieser Naturbilder, speziell was die Jagdszene betrifft, kann man nur als grandios bezeichnen. Für Haydn sind es allerdings nur ärgerliche »Nachäffungen«. Wie man bei einer derartigen Verdrießlichkeit und Abneigung gegenüber der gestellten Aufgabe trotzdem so wunderbare Naturbilder in Tönen herbeizaubern kann, wird wohl ein ewiges Rätsel bleiben. Ein Werk wie die »Jahreszeiten« kann eigentlich nur von einem mit der Natur zutiefst verbundenen Menschen geschaffen worden sein. Dieser These wird man wohl schwerlich widersprechen können. Von einer derartigen Verbundenheit Haydns ist aber in den Quellen nicht einmal ein Hauch zu spüren. Es ist nicht ein einziger Satz von und über Haydn überliefert, der darauf hindeutet, dass er für die Wunder der Natur in irgendeiner Weise empfänglich gewesen sei. Dies verwundert den Kenner seiner Briefe und Tagebücher in keinster Weise. In diesen ist nirgends auch nur der Hauch einer inneren Auseinandersetzung und einer tieferen Erfahrung mit der Natur anzutreffen. Ja, es finden sich darin kaum irgendwelche äußerlichen Eindrücke und Wahrnehmungen der Natur.

Mozart hingegen war ein großer Naturliebhaber. Dies ist verbürgt und keine bloße Vermutung. Konstanze berichtet etwa dem sie in ihrem Alterssitz in Salzburg besuchenden englischen Ehepaar Novello, dass ihr erster Gatte ein »großer Blumenliebhaber und Naturfreund«[424] gewesen sei. In der Biografie von Franz Niemetschek ist zu lesen: »Die Schönheit der Natur im Sommer war für sein tieffühlendes Herz ein entzückender Genuß.«[425] Wer hätte solche Sätze jemals über Joseph Haydn gesagt oder auch nur sagen wollen. Ein nicht besonders gehaltvoller Streit entzün-

---

[424] Medici di Marignano/Hughes, Mozart Pilgrimage, S. 80
[425] Niemetschek, Franz: Leben des k. k. Kapellmeisters Wolfgang Amadeus Mozart, Prag 1798, S. 79

dete sich über gegensätzliche Auffassungen bezüglich der Aufnahme von Froschlauten in die Partitur der »Jahreszeiten«, für welche der Baron angeblich heftig plädierte. Haydn sah darin etwas »Niedriges« und suchte es dem »Gehör zu verbergen.«[426] Mit dieser Ablehnung zog er sich den Tadel des Textbearbeiters zu, welcher alsbald ein altes Stück von Gretry zum Vorschein brachte, worin das »Koax!« mit hervorstehendem Prunke gesetzt war.«[427] Darauf scheint der Streit weiter eskaliert zu sein und Haydn beschloss, in einer Art von passivem Widerstand, »sich ferner nicht mehr hudeln zu lassen.« Außerdem drückte er seinen Zorn in einer Notiz auf einem Korrekturbogen des Klavierauszugs aus: »Diese ganze Stelle als eine Imitation eines Frosches ist nicht aus meiner Feder geflossen; es wurde mir aufgedrungen, diesen französischen Quark niederzuschreiben. Mit dem ganzen Orchester verschwindet dieser elende Gedanke gar bald; aber als Klavierauszug kann derselbe nicht bestehen.«[428] Mit dieser Insinuierung, dass ihm die Imitation des Frosches als »französischer Quark« aufgezwungen worden sei und nicht aus seiner »Feder geflossen« sei, könnte Haydn beabsichtigt haben, beim unvoreingenommenen Beobachter im Umkehrschluss den an sich ohnehin selbstverständlichen Eindruck zu erwecken, dass, bis auf das Gequake des Frosches, die ganze übrige Komposition der »Jahreszeiten« von ihm, Haydn, stamme. Eine angestrengte und bemüht wirkende Beweisführung von einer Art, die im Normalfall ohnehin kein Komponist benötigt, wenn er ein neues Werk der Öffentlichkeit vorlegt. Auf jeden Fall aber ist es von einer nicht geringen Peinlichkeit, wenn der große alte Mann, der nach der Komposition der »Schöpfung« auf dem Gipfel jedes nur erdenklichen Ruhmes steht, aus freien Stücken eingesteht, dass ihm von einem Baron van Swieten aufgezwungen worden sei, ein ihm unerträgliches Froschgequake in die »Jahreszeiten« aufzunehmen. Wenigstens beim Klavierauszug hatte sich Haydn gegenüber van Swieten »durchgesetzt« und es gewagt, das Quaken zu eliminieren. Das ganze entbehrt nicht gewisser kabarettreifer Züge … Damit war dieser »essenzielle« Zankapfel zwischen den beiden noch lange nicht beseitigt.

Nachdem diese Notiz durch mehrere Hände gelaufen war, fand sie Eingang in der »Zeitung für die elegante Welt«. Albrecht Christoph Dies

[426] Albert Christoph Dies, zitiert aus: Reich, Selbstzeugnisse, S. 253
[427] Albert Christoph Dies, zitiert aus: Reich, ebenda
[428] Bartha, Haydn. Gesammelte Briefe, Nr. 292, S. 389

schreibt, dass van Swieten gesagt habe: »Dem Haydn will ich die Äußerung, daß ihm das Froschgequak aufgedrungen worden sei, mit Salz und
Pfeffer einreiben!«[429] Mit dieser schier unüberbietbaren Respektlosigkeit
van Swietens gegenüber Haydn drohte offenbar ein unmittelbarer Ab-
sturz dieser seltsamen Beziehung auf Bassena-Niveau. Und man steht
möglicherweise vor einem neuen »Wunder«, nämlich dass in einem solchen Ambiente und bei einem dermaßen schlechten Gesundheitszustand
des Schöpfers ein Werk wie die »Jahreszeiten« entstanden sein kann.

Doch der Streit zwischen Haydn und dem Textbearbeiter van Swieten
scheint während der Entstehung der »Jahreszeiten« zu einem Dauerzu-
stand geworden zu sein. Dem Freiherrn missfiel, laut Albert Christoph
Dies,[430] auch die Arie, in welcher der Landmann hinter dem Pflug ein-
herschreitet (»schon eilet froh der Ackersmann«) und »dabei die Melodie
des Andante der Symphonie mit dem Paukensschlag trällert«. Er plädierte an ihrer Stelle ein »Lied aus einer recht populären Oper zu wählen
und nannte selbst zwei oder drei Opern.«[431] In der jüngst erschienenen
Haydnbiografie von Anton Mayer[432] ist zu lesen, dass sich van Swieten
eine Melodie aus dem damals populären Singspiel »Der Tiroler Wastl«
gewünscht habe! Da in dieser Biografie kaum Quellenangaben zu finden
sind, gibt es auch hier keinerlei Hinweis über die Herkunft dieses angeblichen Ratschlages von van Swieten. Der Kuriosität halber sei hier aber
Mayer zitiert, in der sicheren Annahme, dass er diese Episode nicht frei
erfunden haben kann. Es handelt sich freilich dabei um eine – wenn auch
äußerst skurrile – Nebensächlichkeit. Aber auch der fundiert überlieferte
Ratschlag van Swietens, ein »Lied aus zwei oder drei Opern«, die er
Haydn nannte, einzufügen, wäre schon skurril genug! Eigentlich unfassbar, dass sich derlei bei der Entstehung der »Jahreszeiten« zugetragen
haben konnte. Haydn soll entrüstet reagiert haben: »Ich ändere nichts!
Mein Andante ist so gut und so bekannt als irgend ein Lied aus jenen
Opern.«[433] Er hatte damit gewiss nicht unrecht. Darauf scheint zumindest eine kurze Eiszeit in den Beziehungen ausgebrochen zu sein. Man
sah sich die nächsten zehn bis zwölf Tage nicht. Haydn scheint als Erster
eingelenkt zu haben und er verfügte sich zu van Swieten. Dort erfuhr

---

[429] Albert Christoph Dies, zitiert aus: Reich, Selbstzeugnisse, S. 253
[430] Albert Christoph Dies, zitiert aus: Reich, ebenda
[431] Albert Christoph Dies, zitiert aus: Reich, ebenda
[432] Mayer, Haydn, S. 91
[433] Albert Christoph Dies, zitiert aus: Reich, Selbstzeugnisse, S. 253

258

er eine weitere Demütigung, indem ihn der Baron eine halbe Stunde im Vorzimmer warten ließ. Haydn wollte sich schon verärgert entfernen, als er von dem Herrn Baron gnädig zurückgerufen und endlich vorgelassen wurde. Haydn konnte zunächst »seine Hitze nicht mäßigen« und sagte zu van Swieten: »Sie ließen mich noch zur rechten Zeit zurückrufen. Beinahe hätte ich heute zum letzten Male Ihre Vorzimmer gesehen!«[434]

Doch es gab noch weitere Misslichkeiten: Griesinger schreibt, dass sich Haydn »bitterlich über den unpoetischen Text« der Jahreszeiten beklagt habe und »wie schwer es ihm werde, sich durch das »Heysasa, Hopsasa, es lebe der Wein! Es lebe das Faß, das ihn verwahrt! Es lebe der Krug, woraus er fließt!« und dergleichen mehr in Begeisterung zu versetzen.«[435] Dies lässt sich beim Anhören der »Jahreszeiten« eigentlich überhaupt nicht nachempfinden. Im Gegenteil, die überschäumende Weinszene könnte man zu den packendsten Stellen dieses Oratoriums zählen. Einigermaßen banal fällt Haydns Kritik an jener Stelle des Textes aus, in welcher vom Fleiß die Rede ist: »O Fleiß, o edler Fleiß, von dir kommt alles Heil.« Haydn soll dazu verdrießlich angemerkt haben, dass er »sein ganzes Leben hindurch ein« fleißiger Mann« gewesen sei, »aber dass es ihm nie eingefallen sey, den Fleiß in Noten zu bringen.«[436] Folgt man dieser Argumentation, könnte man keinen wie immer unterlegten Musiktext und schon gar nicht den längeren Text einer Oper oder eines Oratoriums et cetera vertonen, wo es von derlei angeblich unvertonbaren Wörtern naturgemäß nur so wimmelt … Und es sei hier die Frage gestattet: Welches Wort ist überhaupt »in Noten zu bringen«? Und von einer von Haydn angeblich so missbilligten »Nachäffung des Textes« konnte beim abstrakten Thema »Fleiß« schon gar nicht die Rede sein. Von einem tieferen Sinn dieser Kritik Haydns kann wohl nicht gesprochen werden und der Herr Baron möge hier exkulpiert werden. Man kann van Swieten manch schwere und auch berechtigte Vorwürfe machen, aber dass in seinem Jahreszeitentext das Wörtchen Fleiß vorkommt, wird man mit Gewissheit nicht dazu zählen dürfen.

Im Übrigen: Haydns Ärger, einen Hymnus auf den Fleiß komponieren zu müssen, war völlig unbegründet. Dieser gehört, ebenso wie die Weinszene, zu den gelungensten und beeindruckendsten Stellen in den

---

[434] Albert Christoph Dies, zitiert aus: Reich, Selbstzeugnisse, S. 254
[435] Vgl. dazu Griesinger, Haydn, S. 70
[436] Vgl. dazu Griesinger, ebenda

»Jahreszeiten«. Im übrigen ist die »Fleißnummer« die zweitlängste in diesem Oratorium, was den »Ärger« Haydns, dieses Thema vertonen zu müssen, wohl endgültig ad absurdum führt.

Nach dem bisher Dargelegten müsste man mit absoluter Gewissheit annehmen, dass van Swieten bezüglich der Komposition der »Jahreszeiten« keine Ratschläge beziehungsweise Anweisungen gegeben hat, sondern konkrete Abänderungswünsche für diverse Stellen einer bereits fertig vorliegenden Komposition geäußert hat. Beispiele: Van Swietens Wunsch nach Ersetzung der Arie des Landmannes durch eine gängige Arie aus einer anderen Oper oder seine Forderung nach Aufnahme eines lautmalenden Froschgequakes, welches nicht in der ursprünglichen Partitur aufschien, weil es Haydn völlig gegen den Strich ging. Doch stehen diesen offensichtlichen Abänderungswünschen van Swietens auch konkrete Anweisungen gegenüber – wieder als handschriftliche Vermerke in seiner Textbearbeitung – wie er sich gewisse von Haydn angeblich erst zu komponierende Nummern der »Jahreszeiten« vorstelle. So verlangte van Swieten in der Hirten- und Jagdszene reale Hirten – und Jagdsignale, was Haydn prompt befolgte.[437] Auch geht die Idee, alle vier Teile mit einer einstimmenden instrumentalen Einleitung zu beginnen, angeblich auf van Swieten zurück.[438] Außerdem meinte der Baron in seinen Anmerkungen, dass zum Spinnerlied von Gottfried August Bürger, das von ihm in den Text aufgenommen worden war, »eine Melodie, wie sie für alte Volkslieder gewöhnlich sei, gut passen würde«.[439] Auch ohne diese Anregung van Swietens zu kennen, erkennt man sogleich beim Anhören dieser wundervollen Stelle die perfekt umgesetzte Volksliedidee. Es ist für mich allerdings kaum nachvollziehbar, mit welcher geradezu 100-prozentigen Punktgenauigkeit Haydn diesen Ratschlag van Swietens in die Tat umsetzte. Ich bin fest davon überzeugt, dass diese »Anregung« van Swietens ex eventu erfolgte. Das heißt, um es klar zu formulieren, dass van Swieten das komponierte Spinnerlied bereits vorlag. Im Übrigen kann ich mir kaum vorstellen, dass es nicht schon ursprünglich eine instrumentale Einleitung der vier Jahreszeiten, speziell was den Frühlingsbeginn betrifft, gegeben haben sollte. Und dies würde bedeuten, dass das üble Spiel, wie bei der »Schöpfung«, wiederholt wurde, um die Nachwelt über die tatsächliche Entstehung der beiden Oratorien zu täuschen.

437 Finscher, Haydn, S. 481
438 Finscher, ebenda
439 Finscher, Haydn, S. 482

Zunächst müsste man angesichts der Fülle dieser zum Teil grotesken, zum Teil banalen Details, die hier bezüglich der Genesis der »Jahreszeiten« der Nachwelt überliefert sind, zu der schier unerschütterlichen Überzeugung gelangen: Es kann kein wie immer gearteter Zweifel bestehen, dass die »Jahreszeiten« von Joseph Haydn komponiert wurden, mögen auch manche überlieferte Details recht lächerlich und skurril wirken. Etwas weiter gedacht, könnte man aber zu dem genau umgekehrten Schluss kommen: Warum wurden diese unerfreulichen Dinge, die sich angeblich rings um die Entstehung der »Jahreszeiten« in Hülle und Fülle abspielten und deren Mitteilung natürlich von Haydn selbst stammte, der Nachwelt überliefert? Sollte damit gezielt jedem Zweifel an der Urheberschaft Haydns von vornherein der Wind aus den Segeln genommen werden? Diese Frage sollte zumindest gestellt werden: Warum sind von dem übrigen riesigen Werk Haydns so gut wie keine Details erhalten über die näheren Umstände seiner Entstehung? Man denke etwa an die dutzenden Symphonien, wo oft von der Musikwissenschaft nicht einmal das genaue Entstehungsjahr, geschweige denn irgendwelche näheren Umstände ihrer Entstehung angegeben werden können, sondern nicht selten nur ungefähre zeitliche Bestimmungen gemacht werden können. Und dies trotz des Vorhandenseins zweier von Haydn selbst autorisierter Werkverzeichnisse! Von welcher Haydnoper etwa erfährt man irgendetwas Nennenswertes über den Schöpfungsprozess? Nicht einmal von den Londoner Symphonien, die zweifellos zu den größten kompositorischen Leistungen in seinem Werkkatalog zählen, lassen sich irgendwelche Umstände ihres Entstehens in Erfahrung bringen. Dabei hätte sich etwa eine erklärende Eintragung Haydns in sein Londoner Tagebuch geradezu aufgedrängt, warum plötzlich seine beiden letzten Londoner Symphonien (Hob. 103 und Hob. 104) wie reiner Beethoven klingen. Hier brach plötzlich eine neue Tonsprache hervor gleich einem musikalischen »Damaskuserlebnis«, das Haydn doch innerlich aufgewühlt haben müsste. Doch es findet sich kein Wort dazu. Und hier bei den beiden Oratorien plötzlich so eine Flut von Mitteilungen! Dies ist doch zumindest auffällig. Man kann davon ausgehen, dass die Begleitumstände bei der Entstehung vieler anderer Werke für den Komponisten Haydn viel weniger unerfreulich gewesen sein mochten, als jene bei der »Schöpfung« und den »Jahreszeiten«. Und dennoch hat er so gut wie nichts davon der Nachwelt hinterlassen. Warum teilt er all die Peinlichkeiten, welche die Komposition von »Schöpfung« und »Jahreszeiten« umranken, einem

Griesinger und einem Dies mit? Und weshalb war Haydn trotz seines Alters und seiner schlechten Gesundheit plötzlich so mitteilsam zu seiner Umwelt? Dieser Umstand ist psychologisch kaum nachzuvollziehen. Wenn sich aber all das so abgespielt haben sollte, wie Griesinger und Dies es in ihren Erinnerungen berichten, so steht man bei einem auch nur einigermaßen logischen Durchdenken der geschilderten Szenerie vor dem ewigen Rätsel, wie unter solch deprimierenden menschlichen Verhaltensweisen der beiden Protagonisten Haydn und van Swieten und angesichts des äußerst schlechten Gesundheitszustands des Komponisten ein Werk wie die »Jahreszeiten« entstehen konnte. Bei der »Schöpfung« ist es kaum anders.

Nachdem also die Vollendung der »Jahreszeiten« erfolgte, muss man die Feststellung treffen, dass es in der Folgezeit auch bei diesem Oratorium manche Parallelen zur »Schöpfung« gab. Wieder hatten die erwähnten »Zwölf« aus dem hohen Adel durch großzügige finanzielle Zuwendungen, deren Aufbringen in diesen Kreisen kein Problem darstellte, die ersten Aufführungen der »Jahreszeiten« ermöglicht. Und wieder fanden sie im selben Rahmen statt, nämlich im »Schwarzenbergischen Palast«.[440] Diesmal gab es drei Aufführungen und zwar am 24. und am 27. April sowie am 1. Mai 1801. Abweichend von der »Schöpfung« war bei den Generalproben Publikum zugelassen, wobei die einzige Voraussetzung darin bestand, dass die Zuhörer »honett« sein musste. Dass Breitkopf & Härtel ebenfalls wie bei der »Schöpfung« sofort nach diesen Aufführungen Interesse am Erwerb der Rechte an den »Jahreszeiten« bekundeten, war ebenfalls eine Parallele. Nur erwarb der Leipziger Verlag diesmal tatsächlich die Rechte und kam daher auch für die Druckkosten auf. Die größte aller Übereinstimmungen ist freilich die Tatsache, dass man es bei den diesbezüglichen Verhandlungen mit praktisch dem selben Dreiecksverhältnis von handelnden Personen zu tun hat! Verlag Breitkopf & Härtel – vertreten durch Georg Griesinger-Haydn/van Swieten und Konstanze Mozart! Was Konstanze Mozart betrifft, handelt es sich, vorausgesetzt diese meine These stimmt, um eine echte wissenschaftliche Sensation. Die Einbeziehung der Witwe Mozarts in das Verhandlungsgeschehen rund um die »Jahreszeiten« ist noch um ein Stück spektakulärer als ihre Involvierung in die Verhandlungen bezüglich der »Schöpfung«!

[440] Griesinger, Haydn, S. 71

262

Denn diese steht ja durch ihre beiden Briefe an Breitkopf & Härtel vom 25. Februar und 2. März 1799 außer Streit. Die Musikwissenschaft hat bisher nur keinerlei vernünftige Erkenntnisse aus dieser Tatsache gewinnen können. Bei den »Jahreszeiten« kommt in den Quellen der Name Konstanze Mozart überhaupt nicht vor. Die Wissenschaft hat daher keine Ahnung von Konstanzes maßgeblicher Beteiligung an den Verhandlungen über dieses Oratorium.

Die Abwicklung des »Geschäftsfalles ›Jahreszeiten‹«

Ich werde im Folgenden nicht nur den nahezu unantastbaren Beweis für die Mitwirkung Konstanze Mozarts erbringen, sondern auch einen schlüssigen Nachweis vorlegen, wie dieser »Geschäftsfall Jahreszeiten« konkret abgewickelt wurde. Grundlage für die nun folgende Beweisführung sind die drei Haydnbriefe vom 3. Juli, 10. Juli und 21. Juli 1801.[441] Alle diese Briefe hat Haydn in Eisenstadt geschrieben und sie haben als einzigen Adressaten den sich damals in Wien aufhaltenden nachmaligen sächsischen Legationsrat Georg August Griesinger, der, wie bereits erwähnt, seit Mai 1799 die wichtige Verbindung zwischen Haydn und dem Verlag in Leipzig herstellte. In diesen drei genannten Briefen geht es um den Ankauf der Rechte an den »Jahreszeiten« durch Breitkopf & Härtel und es wird bei sorgfältiger und logischer Analyse nicht nur die Beteiligung Konstanze Mozarts aus diesen Schreiben ersichtlich, sondern die noch unendlich wichtigere, sich daraus ableitende Tatsache, dass Mozart zu einem Großteil der Komponist der »Jahreszeiten« sein muss. Die These, dass man aus drei Haydnbriefen, die der Haydnforschung naturgemäß seit langer Zeit bekannt sind, den genauen Hergang der Ereignisse rund um den Verkauf der »Jahreszeiten« ablesen könne, was der etablierten Wissenschaft bisher nicht gelungen ist, klingt zunächst, dies sei hier offen eingeräumt, geradezu grotesk und unvorstellbar. Man muss freilich den richtigen Code kennen, der die Tür zu diesem sensationellen Geheimnis öffnet. Und dieser Code heißt Konstanze Mozart und ihre tatsächliche Rolle beim Verkauf der »Schöpfung« an Breitkopf & Härtel[442] sowie die Veräußerung des Nachlasses ihres verstorbenen Gatten an Johann Anton André in Offenbach vom 8. November 1799.[443] Fehlt diese Voraussetzung, kann man die besagten Briefe Haydns vom Juli 1801 immer wieder lesen, ohne dass man die meisten Hintergründe der darin geschilderten Details in irgendeiner Weise versteht. Dies ist meine Erklärung, weshalb es in der Musikwissenschaft bisher keine ein-

---

[441] Bartha, Haydn. Gesammelte Briefe, Nr. 269, Nr. 270, Nr. 272
[442] Mozartbriefe, Band IV, Nr. 1236 und Nr. 1237
[443] Mozartbriefe, Band IV, Nr. 1262

zige Interpretation der hier von Haydn detailliert geschilderten Vorgänge gibt. Mag man diese Tatsache noch irgendwie verwundert zur Kenntnis nehmen, so kann man ehrlich gesagt keinerlei Verständnis mehr dafür aufbringen, dass die Musikforschung sich nicht einmal dazu bekennt, bisher keinerlei Erklärungsmöglichkeit für die von Haydn in diesen drei Julibriefen ausführlich geschilderten Fakten betreffend den Verkauf der Rechte an den »Jahreszeiten« gefunden zu haben. Diese Fakten bergen eine Reihe von schweren Ungereimtheiten. Hätte man ehrlich auf die bisherige Unlösbarkeit dieses eminent wichtigen Problems in der einschlägigen Literatur hingewiesen, hätten sich – dadurch aufmerksam gemacht – möglicherweise oder sogar wahrscheinlich schon andere Interessierte vor mir damit auseinandergesetzt. Denn es liegt in der Natur des Menschen, außerordentliche Probleme im physischen wie im intellektuellen Bereich zu bewältigen zu versuchen. Und wer würde die Lösung der tatsächlichen Urheberschaft der »Jahreszeiten« nicht als eine besondere Herausforderung, ähnlich wie jene bei der »Schöpfung«, ansehen wollen! Bevor ich diesen Versuch einer Klärung unternehme, seien hier diese Briefe vom Juli 1801 zitiert:

Haydn an Georg August Griesinger, Wien (Eisenstadt den 3. Juli 1801)[444]

> »Wohl gebohrner Insonders hochzuverEhrender Herr!
> An die Solidität und Rechtschaffenheit des Herrn Härtel hab ich nie gezweifelt, zum beweis dessen soll Er auch den vorzug vor allen anderen haben, wenn er in dieses einwilliget, was ich hier anzeige. Erstens um mich von Herrn Andre loszumachen und um seine dringende Unterhändlerin in wienn zu überzeugen, und um keine Zeit zu verlieren, muss H. Härtel, oder Euer Wohlgeboren selbst als Geschäftsträger an mich schreiben, wie daß H. Härtel (nachdem ich für die JAHRESZEITEN 6000 fl. verlangte) mir 5000 fl. als allein Besitzer zahlen wolle, welche Summa Herr Andre nie wird geben können, um so weniger, da ich das Geld von ihm in Baarem gefordert habe, indessen aber bleibt es zwischen uns mit 4500 fl. in Wiener Banco. Zweytens verlange ich nach abgeschlossenem Contract und bey Übergabe der Partitur also gleich zweitausend Gulden und die übrigen 2500 fl. nach der nächsten Ostermess in

444 Bartha, Haydn. Gesammelte Briefe, Nr. 270, S. 368 f.

Zeit von 6 Wochen, hingegen entsage ich ausser zweyen Exemplairen für mich sowohl von der Partitur als Clavierauszug alle übrige vortheile, nur muss H. Härtel sich verbinden, sobald die Partitur abgedruckt ist, 24 Exemplair (welche aber bezahlt werden) für die hiesige Associrten H. Cavaliers entweder an mich oder an H. Baron v. Swieten einzuschücken. NB: aber 8 oder 14 Tag noch vor der ofentlichen Herausgabe: indessen kann H. Härtel nach verflossener dieser Zeit sowohl die Partitur als Clavierauszug zugleich herausgeben. ich werde nicht ermangeln, den anverlangten Clavierauszug durchzusehen, den Nachdruck aber in K.K. Staaten kann ich nicht verhindern, weil die herausgabe in Ausland geschieht, H. Härtel sol aber diesfals unbesorgt seyn, denn unsere H. verleger sind ausser stand gesetzt, so etwas grosses zu unternehmen: ich hoffe demnach, daß H. Härtel mit meinem Antrag zufrieden seyn wird! Nur noch eines muss ich beifügen, wie daß das Manuscript, so wie jenes von der SCHÖPFUNG in händen des Baron v. Swieten zu verbleiben hat, dieweilen beide nach dem todt des H. Baron zum Andencken in die K. K. Bibliotheck samt seiner eigenen schönen Musicalischen Sammlung übertragen wird in dessen hab ich die Abschrift unter meiner Auf- und Durchsicht in meinem Hauß rein und sauber abschreiben lassen, und kostet mich 8ofl, welche aber nicht zu bezahlen sind. in erwartung einer baldigen Andwort bin ich mit grösster hochachtung

Euer Wohlgeborn gehorsamster Diener

Joseph Haydn«

Brief an Georg August Griesinger, Wien (Eisenstadt, den 10. Juli 1801)[445]

»Wohlgebohrner Insonders hochzuverEhrender Herr!
Zwey Stund vorher, als ich Dero werthes schreiben mit der versicherung erhielt, daß Herr Härtel sich entschlossen habe, mir die Viertausend fünfhundert Gulden für die Jahreszeiten zu bezahlen, tratte Herr Hofmeister aus Leipzig in mein Zimmer, und forderte von mir mit einer gewissen Gravität die Partitur derer Jahreszeiten gegen augenblicklicher verlegung des Geldes, wenn ich auch fünf

---

[445] Bartha, Haydn. Gesammelte Briefe, Nr. 272, S. 379

tausent Gulden dafür verlangte; allein ich antwortete Ihm, wie daß ich eben heute ein schreiben von H. Härtel erwarte mit der versicherung, daß H. Härtel mir die anverlangten fünftausend Gulden ohne anstand bezahlen wird; Herr Hofmeister ware noch keine virtel stund aus meinem Zimmer, erhielt ich dero schreiben, welches ich alsdan H. Hofmeister um Ihm zu überweisen selbst vorzeigte, und Ihm zugleich ersuchte, den richtigen verkauf an H. Härtel der Madame N. N. von Offenbach in wienn zu wissen zu machen, damit auch Sie weiters hin keine forderung mehr zu hoffen habe, auf diese Arth entledigte ich mich auf einmahl von zwei Seccaturen. Nun erwarte ich also den Contract, und sobald solcher geschlossen seyn wird, werd ich die Partitur durch meinen Bedienten E. W. gebohrn einhändigen. indess bin ich mit aller hochachtung

Euer Wohl gebohren gehorsamster diener

Jos. Haydn«

Haydn an Georg August Griesinger, Wien (Eisenstadt, den 21. Juli 1801)[446]

»Wohlgebohrner Insonders Hochzu verEhrender Herr!
Dero werthes schreiben samt den eingeschlossenen Contract habe ich den 28tn dieses richtig erhalten, übersende demnach den von mir unterzeichneten Contract, welcher sehr gut abgefaßt ist. Nur kann ich die von mir unterstrichenen Zeilen der öffentlichen Anzeige nicht billigen, weil kein verleger Ursach haben sol zu glauben oder zu Muthmassen, daß ich dieses grosse werck verschleudert, oder aus Noth um eine Kleinigkeit hindangegeben, oder daß ich erst nach und nach einige vortheile daraus ziehen solte, welches Anlas geben könnte, daß unser verständnis wegen den 5 Tausend Gulden, so H. Hofmeister aus Leipzig selbst überlesen, nicht ächt wäre; ich wünschte demnach diesen Articul ganz auszulaßen, und solches dem H. Hartel bey zeiten zu berichten, dan ich will mich bey all die übrige H. verlegers keiner Kritick aussetzen, auch würde es H. Baron v. Swieten niemals für gut befinden, ich wünschte Ihme dissfals um Rath zu fragen. Herr Härtel sol den Praenumerations Preis nicht zu hoch spannen, so wird er von allem Nachstich gesi-

446 Bartha, Haydn. Gesammelte Briefe, Nr. 274, S. 372

chert seyn. die Jahreszeiten sind wegen den 4 Abtheilungen um ein beträchtliches stärker als die Schöpfung; die Chöre sind eben so vollstimmig, indeß bin ich mit aller Hochachtung

Euer Wohlgebohrn gehorsamster diener

Joseph Haydn«

Diese drei Haydnbriefe bedürfen also einer ebenso sorgfältigen wie kreativen Analyse. Wie bereits angedeutet, gibt es, wie ich auch bei meinen Recherchen in der Musikabteilung der Österreichischen Nationalbibliothek feststellen musste, keinerlei detaillierte Interpretationsversuche dieser drei Haydnbriefe in der Musikliteratur! Dies mag unfassbar klingen, aber es ist so. Es sei denn, man versteht darunter die Behandlung unwichtiger Marginalien. Dabei geht es in diesen Schreiben »nur« um Haydns umfangreiche Schilderung des Verlaufs der Verkaufsverhandlungen betreffend die »Jahreszeiten« mit Breitkopf & Härtel im Juli 1801. Ich habe in der Literatur nicht die Spur eines seriösen Versuches gefunden, die Identität dieser mysteriösen »Madame N. N. von Offenbach in wienn« zu lüften, es sei denn, dass Brand in seinem Buch über Haydns Messen vermeint, es handle sich bei dieser mysteriösen Dame um die Gattin des Offenbacher Verlegers André![447] Eine Vermutung, die äußerst unwahrscheinlich ist und für die auch nicht die geringste Begründung oder gar eine Quelle geliefert wird. Da sich die Dame außerdem mit großer Wahrscheinlichkeit in einem zarten Lebensalter befunden haben muss angesichts der Tatsache, dass ihr Gatte damals gerade 26 Jahre alt geworden war und erst vor Kurzem die Geschäftsnachfolge seines Vaters angetreten hatte, ist die Vermutung, dass sie als Unterhändlerin des Offenbacher Verlagshauses die Kaufverhandlungen bezüglich der »Jahreszeiten« in Wien geführt haben könnte, allein schon aus diesen Umständen geradezu grotesk. Brands Werk ist – von schwülstiger Verehrung für Haydn getragen – auch sonst nicht unproblematisch. Der Leser wird schnell auch ohne das Erscheinungsjahr 1941 beachtet zu haben, anhand manch einschlägiger Sentenzen bald merken, von welchem Geist dieses Werk im Allgemeinen angehaucht ist.

Doch zurück zur übrigen Literatur: Keine Spur eines Lösungsansatzes

[447] Brand, Carl Maria: Die Messen von Joseph Haydn, Berliner Studien zur Musikwissenschaft, Würzburg 1941, Finscher S. 539

der Frage, ob der Kaufpreis der »Jahreszeiten« 4500 oder 5000 Gulden
betragen hat. Keine Spur einer wissenschaftlichen Klärung bezüglich der
tatsächlichen Rolle, die jene geheimnisumwitterte »Madame N. N. von
Offenbach in wienn« dabei zu spielen hat. Nicht die Spur eines Lösungsansatzes, warum sich der große Haydn von dieser anonymen »Verlagsunterhändlerin« offenbar ohne Gegenwehr »sekkieren« lässt. Keine Spur eines
Lösungsansatzes betreffend die tatsächliche Rolle, die der Musikverleger
Franz Anton Hoffmeister in der Sache spielt. Keine Spur einer Erklärung,
weshalb Haydn befürchten sollte, manche Musikverleger könnten annehmen,
men, dass er bei einem Kaufpreis von umgerechnet mehr als 100 000 Euro
für die »Jahreszeiten« diese viel zu billig verkauft hätte, nachdem der
Leipziger Verlag im vorangegangenen Jahr gerade einmal kümmerliche
50 Dukaten, nicht einmal 5000 Euro für die Rechte an den »sieben Worten« Haydns auszugeben gewillt war![448] Und selbst dieses niedrige Gebot
erfolgte wohl nur aus Rücksicht auf den Komponisten, denn in Wirklichkeit hatte man in Leipzig wenig Interesse an diesem Werk, welches
Haydn übrigens zu seinen bedeutendsten (!) zählte. Dabei scheint die un-
terschiedliche Wertbemessung durch das Verlagshaus wohl gerechtfertigt
gewesen zu sein. Die Liste ungeklärter Fragen ließe sich noch fortsetzen.
Hier sei der erste Versuch unternommen, alle diese wichtigen Fragen, die
bisher von der Wissenschaft nicht einmal gestellt wurden, schlüssig zu
beantworten. Am Ende dieser Analyse werden zwei Ergebnisse stehen,
neben einigen anderen überaus interessanten Erkenntnissen, die naturgemäß hinter diese zurücktreten müssen: Die geheimnisvolle Unterhändlerin »Madame N. N. von Offenbach in wienn« (Brief vom 10. Juli 1801)
kann nur Konstanze Mozart sein und die daraus resultierende, dieses
Faktum noch weit überragende, Erkenntnis: Die »Jahreszeiten« sind zu
einem Großteil – und dies ist in des Wortes Bedeutung gemeint – von
Wolfgang Amadeus Mozart komponiert worden! Es bedarf keineswegs
einer überirdischen Kombinationsgabe, um in der im zweiten Brief vom
10. Juli 1801 als »Madame N. N. von Offenbach in wienn« bezeichneten Unterhändlerin einzig und allein nur Konstanze Mozart erkennen zu
können! Voraussetzung allerdings ist, dass man die beiden Briefstellen
Konstanze Mozarts vom 25. Februar und 2. März 1799, sowie Haydns
Brief vom 12. Juni 1799, betreffend die »Schöpfung«, zur Kenntnis ge-

---

[448] Bartha, Haydn. Gesammelte Briefe, Nr. 246, S. 348, Original verschollen; Text
nur aus dem Kopierbuch Breitkopf & Härtels bekannt

nommen hat, sowie von der Tatsache weiß, dass Konstanze Mozart den gesamten Nachlass ihres verstorbenen Gatten im November 1799 an den Verlag André in Offenbach verkauft hatte. Und in diesem Wissen hat offensichtlich vor mir noch niemand diese drei Haydnbriefe gelesen. Oder um es noch präziser zu formulieren: Niemand hat im Bewusstsein dieser Umstände diese drei Haydn Briefe vom Juli 1801 gelesen. Und falls diese Vernetzung doch wider Erwarten stattgefunden haben sollte, hätten der Betreffende oder die Betreffende dennoch keinerlei Schlussfolgerungen daraus abgeleitet, wie das Fehlen jeglichen diesbezüglichen Erklärungsversuches in der Literatur hinlänglich beweist.

Da die Unterhändlerin im ersten Brief als *seine*, des Offenbacher Verlegers André, Unterhändlerin bezeichnet wird, hat man schon einen ersten, wenn auch sehr vagen Hinweis auf die Mozartwitwe. Es handelt sich also um eine »Madame N. N. von Offenbach in wienn«, wie sich Haydn im zweiten dieser Julibriefe sehr unbeholfen ausdrückt. Haydn könnte damit gemeint haben, dass diese geheimnisvolle Dame von Offenbach nach Wien gekommen sei, um bezüglich des Erwerbs der Rechte an den »Jahreszeiten« für den Musikalienverlag André in Offenbach zu verhandeln. Kommt, beziehungsweise stammt, die Dame aus Offenbach, kann es sich natürlich nicht um Konstanze Mozart handeln. Die unbeholfene Wendung Haydns »von Offenbach in wienn« kann aber ebenso bedeuten, dass die Dame insofern mit Offenbach etwas zu tun hat, dass sie engen Geschäftskontakt mit dem Offenbacher Verleger André unterhält, ohne dass sie aus Offenbach stammt beziehungsweise von dort nach Wien kommt. Und dies träfe vollinhaltlich auf die Mozartwitwe zu, die, wie erwähnt, im November 1799 den gesamten Nachlass ihres verstorbenen Mannes an den Offenbacher Verleger André verkauft hatte.[449] Diese zweite Interpretationsmöglichkeit des »von Offenbach« scheint ebenso möglich wie die erste, nämlich dass die Dame von Offenbach kommt, beziehungsweise aus Offenbach stammt. Dies würde zum üblichen Sprachduktus Haydns keineswegs im Widerspruch stehen! Haydns Wendung »in wienn« ist jedoch mit einer ungleich größeren Wahrscheinlichkeit so zu verstehen, dass die Dame in Wien lebt als dass damit gemeint sein könnte, dass sie sich bloß zu Vertragsver-

---

449 Mozartbriefe, Band IV, Nr. 1262, Kontrakt Constanze Mozart – Johann Anton André

handlungen wegen der »Jahreszeiten« vorübergehend in Wien aufhält. Ich würde diese zweite Variante nahezu ausschließen. Aber diese stilistische Unebenheit Haydns könnte hier ausnahmsweise sogar Absicht sein. Schließlich soll ja unter allen Umständen vermieden werden, dass ein unbeteiligter Dritter aus diesem Brief die brisante Einschaltung von Frau Mozart erkennen kann. Sie ist auch, ohne Haydns Diktion Gewalt antun zu wollen, insofern »von Offenbach«, weil sie hier offenbar mit dem Offenbacher Verleger Johann Anton André gemeinsam auftritt, um ihre Interessen wahrzunehmen. Madame N. N. scheint also in Wien zu leben. (in wienn). Denn dass sich die geheimnisvolle Dame den ganzen Juli hindurch in Wien nur zwecks Verhandlungen (mit wem eigentlich? Haydn befindet sich doch die gesamte Zeit in Eisenstadt!) bezüglich der »Jahreszeiten« aufhält, wird niemand ernsthaft annehmen können. Dieser Umstand geht aber aus den drei Haydnbriefen vom Juli 1801 deutlich hervor. Die aus Offenbach angereiste Dame hätte sich doch schleunigst nach Eisenstadt begeben müssen, um mit dem dort seinen Dienst bei Esterházy versehenden Joseph Haydn bezüglich der »Jahreszeiten« verhandeln zu können. Davon ist allerdings nichts bekannt. Und wieder ist auf den für die damaligen Zeiten äußerst merkwürdigen Umstand hinzuweisen, dass eine Frau von einem bedeutenden Musikalienverlag, diesmal von André in Offenbach, für solch wichtige geschäftliche Verhandlungen ausersehen worden sei. Man hätte es also neben Konstanze Mozart (nachweislich eingeschaltet in Sachen »Schöpfung« von Breitkopf & Härtel) mit einer weiteren, allerdings namentlich nicht feststellbaren, Dame zu tun (eingeschaltet in Sachen »Jahreszeiten«). Man könnte glauben, dass damals bei den führenden Musikverlagen Deutschlands die Emanzipation der Frauen ausgebrochen sei! Dies ist doch – lassen wir die Ironie beiseite – von äußerster Unwahrscheinlichkeit.

Und schließlich könnte man noch als weiteres Argument hinzufügen, dass es sich um ein ganz ähnliches Dreiecksverhältnis handelt, wie bereits zwei Jahre zuvor bezüglich der »Schöpfung«. In dem Vertrag, den Konstanze Mozart mit André bezüglich des Nachlasses ihres verstorbenen Gatten abgeschlossen hatte, befand sich eine Abmachung, wonach die Rechte auch von zum Zeitpunkt des Vertragsabschlusses noch nicht bekannten Werken Mozarts an Johann Anton André übergehen sollten.[450] Wenn tatsächlich zumindest ein Teil der Komposition der »Jahreszeiten«

---

[450] Mozartbriefe, Band IV, Nr. 1262

von Mozart stammte, ergab sich ein nicht leicht zu lösendes rechtliches Problem: Konnte auch in diesem Fall André aufgrund des Vertrages mit Konstanze Mozart einen Anspruch erheben und wenn ja, in welchem Umfang? Auf jeden Fall sieht man schon die Ausgangsposition, die, dies ist unschwer nachzuvollziehen, zu einer Beiziehung von Konstanze Mozart führen musste und zwar sowohl als Vertreterin für den Verlag in Offenbach als auch vor allem als Vertreterin ihrer eigenen Ansprüche. Denn aus der Tatsache, dass das Werk anscheinend von zwei Komponisten stammte – bei Haydn könnte es sich ähnlich wie bei den »sieben Worten« (die Vokalfassung stammte von Joseph Friberth) auch nur um eine »Bearbeitung« gehandelt haben –, ließen sich eventuell aufgrund der schwierigen Rechtslage auch für Konstanze Mozart trotz der erwähnten Vertragsklausel mit André gewisse finanzielle Ansprüche ableiten. Übrigens schreibt Haydn selbst in dem bereits zitierten Brief vom 20. Mai 1801, dass er die »Jahreszeiten« »bearbeitet«, nicht etwa komponiert habe.

Bevor man den Versuch einer Rekonstruktion der Ereignisse weiter führt, muss als wahrscheinliche condicio sine qua non von der Prämisse ausgegangen werden, dass in dem Zeitraum vom Vertragsabschluss (November 1799) zwischen Konstanze Mozart und dem Verlag André in Offenbach und spätestens Mitte 1801 (die drei Haydnbriefe stammen vom Juli 1801) handfeste Beweise in Form von entsprechendem Notenmaterial oder neuen Zeugen et cetera auftauchten, woraus zumindest eine Teilurheberschaft Mozarts klar hervorging. Denn wäre Konstanze Mozart dieses Beweismittel betreffend die »Jahreszeiten« schon vor dem Vertragsabschluss mit André bekannt gewesen, hätte sie sich wohl auf eine derartige Klausel im Vertrag mit dem Offenbacher Verlag nicht eingelassen. Dem Einwand, weshalb man gerade jetzt derartige Beweismittel fand und nicht schon früher, könnte man entgegnen, dass im Zuge der in Leipzig gerade entstehenden Gesamtausgabe von Mozarts Werken allenthalben eine verstärkte Suche nach unbekannten Kompositionen Mozarts einsetzte.[451] Die Auffindung des Fragments »Der thauende Morgen« könnte diese These unterstreichen. In diesem Zusammenhang sei auch darauf hingewiesen, dass man sich bei Breitkopf & Härtel zu Beginn des Jahres 1800 intensiv für alle eventuell noch im Besitz von

---

[451] Siehe der Brief von Breitkopf & Härtel an Konstanze Mozart vom 15. Mai 1798, Mozartbriefe, Band IV, Nr. 1223, S. 209 ff.

Konstanze Mozart befindlichen Fragmente zu interessieren begann. Dies ist umso erstaunlicher, als die Beziehungen zwischen dem Leipziger Verlag und der Mozartwitwe zu diesem Zeitpunkt sehr kühl gewesen sein müssen, weil Konstanze Mozart sich bezüglich des Verkaufs des Nachlasses für den Konkurrenzverlag in Offenbach entschieden hatte. Man ist überrascht, mit welcher Bereitwilligkeit Konstanze Mozart – siehe ihren Brief vom 1. März 1800 an Breitkopf & Härtel – eine Fülle von Kompositionsfragmenten ihres verstorbenen Gatten zur Verfügung stellt.[452] Der einleitende Satz: »Vielleicht werden sie [die Fragmente] auch einen würdigen Platz in ihrer schönen musikalischen Zeitung einnehmen«, lässt aufhorchen. Könnte Konstanze bei diesem Vorschlag an das ominöse Duett »Der thauende Morgen« und an dessen Abdruck in der »AmZ« gedacht haben, bei dem es sich ebenfalls um ein Fragment gehandelt hatte? Woher sollte Konstanze Mozart sonst annehmen, dass für die »AmZ« auch Fragmente von Interesse sein könnten? Da in dieser Fragmentliste sogar winzige Bruchstücke von nur wenigen Takten enthalten sind, konnte man bei Breitkopf & Härtel zu Recht annehmen, dass jetzt alles »draußen« sei, was irgendwelche unvollendete Werke von Mozart im Besitz der Witwe betraf. Waren dies bereits »Sicherheitsvorkehrungen« des Verlages bezüglich des Erwerbs der Rechte an den »Jahreszeiten« und wollte man kein zweites Debakel wie bei der »Schöpfung« bezüglich des Duetts »Der thauende Morgen« erleben?

In diesem Zusammenhang muss man auch unbedingt anführen, dass der enge Haydnvertraute Fredrik Samuel Silverstolpe bei Konstanze Mozart und Georg Nissen, damals noch Lebensgefährte und späterer zweiter Gatte der Mozartwitwe, zu Beginn des Jahres 1800 zu Gast war[453] und sich bereits im Jahre 1799 bei einem Besuch bei Konstanze Mozart[454] für alle noch in der Wohnung befindlichen musikalischen Fragmente interessierte. Dies ist einem Jahrzehnte später in Schweden von Silverstolpe herausgegebenen Buch zu entnehmen: »In dieser Schatzkammer [...] wurde eine unzählige Menge reiner Entwürfe verwahrt, die nie ihre Vollendung fanden.«[455]

[452] Mozartbriefe, Band IV, Nr. 1288
[453] Mozartbriefe, Band IV, Nr. 1276
[454] Mozartbriefe, Kommentare, Band VI, Kommentare, S. 479
[455] Silverstolpe, Fredrik Samuel: Några Återblickar på rygtets, snillets och konsternas verld, Stockholm 1841

In einer wohl ähnlichen Mission, war, wie erwähnt, der schwedische Diplomat und enge Haydnvertraute in Amorbach kurze Zeit später aufgekreuzt. Dabei hatte er sich vor allem für das hinterlassene Kompositionswerk von Joseph Kraus bei dessen Angehörigen eingehend interessiert. Dass beide Besuche Silverstolpes im Interesse Haydns gelegen sein könnten, ist eine Vermutung, die man wohl schwerlich jemals völlig verifizieren können wird. Doch kann man davon ausgehen, dass der hohe Diplomat Frederik Samuel Silverstolpe nicht ohne triftigen Grund in dieses entlegene Nest im Odenwald gereist sein wird. Auch steht fest, dass Silverstolpe Haydn bereits im Jahre 1797 Werke von Kraus empfahl, für die dieser großes Interesse zeigte.[456]

Doch zurück zu den »Jahreszeiten«: Anhand dieser drei Julibriefe von 1801 können sowohl der Ablauf der Vertragsverhandlungen als auch ihre erfolgreichen Abschlüsse erfreulich detailliert rekonstruiert werden. Zunächst die handelnden Personen beziehungsweise Parteien und ihr damaliger Aufenthalt: Breitkopf & Härtel in Leipzig, André in Offenbach, Konstanze Mozart in Wien, Haydn in Eisenstadt, sowie der zwischen Wien und Eisenstadt pendelnde (?) Beauftragte von Breitkopf & Härtel, Georg August Griesinger, wobei er sich im Juli 1801 vorwiegend in Wien aufgehalten haben muss, da die Briefe Haydns an ihn nach Wien adressiert wurden (3., 10. und 21. Juli). Man müsste noch van Swieten hinzuzählen, der sich damals wohl in Wien aufhielt, der aber, wie es den Anschein hat, im Gegensatz zur causa »Schöpfung« keine direkte Rolle bei den Verhandlungen spielt. Aber offensichtlich musste um seinen endgültiges »Sanktus« zu den getroffenen Vereinbarungen nachgesucht werden. Ein Gewicht, das seltsam anmutet angesichts der Tatsache, dass Gottfried van Swieten nur der Textbearbeiter der englischen Vorlage war. Eine ähnliche Konstellation gibt es bereits bei den »Sieben Worten« und bei der »Schöpfung« festzustellen. Dazu kommt noch als Randfigur der ehemalige Wiener Musikhändler und Komponist Franz Anton Hoffmeister, der inzwischen seine Geschäfte nach Leipzig verlegt hatte und von dort zu Haydn im Juli 1801 nach Eisenstadt angereist war. Trotz dieser Aufzählung handelte es sich de facto um ein Dreiecksverhältnis ähnlich wie bei der »Schöpfung«: Breitkopf & Härtel, Haydn/van Swieten und Konstanze Mozart/André. Einziger Unterschied ist die Beteiligung des Offenbacher Verlegers André an der Seite Konstanze Mozarts. Und ihre Funktionen scheinen ebenfalls

[456] Mörner, Haydniana, S. 26

274

klar abgesteckt: Breitkopf & Härtel wollen mit Hilfe ihres Bevollmächtigten Georg Griesinger die Rechte an den »Jahreszeiten« erwerben, Haydn als Komponist handelt die Bedingungen aus und Konstanze Mozart verhandelt um ihren Anteil am Verkaufserlös, wobei sie sich im Falle eines positiven Abschlusses noch möglicherweise mit André einigen muss, der auf Grund der erwähnten Vertragsklausel gewisse Ansprüche an Konstanze Mozart stellen mochte.

Aus dem ersten Julibrief gewinnt man zunächst den Eindruck, dass André als Kaufinteressent und Konkurrent zu Breitkopf & Härtel auftrat. Haydn nennt sogar die Summe, nämlich 5000 Gulden, die Breitkopf & Härtel in einem Schreiben an ihn als Kaufsumme bestätigen sollen. Ursprünglich hatte Haydn 6000 Gulden für die »Jahreszeiten« gefordert. Er drängt Breitkopf & Härtel offensichtlich zu einem schnellen Abschluss, und da ist es natürlich taktisch sehr günstig, wenn man, sozusagen als Wink mit dem Zaunpfahl, eine Andeutung macht, dass die Konkurrenz aus Offenbach dieselbe Summe biete. Allerdings meldet Haydn seinen Zweifel an, ob André diesen Betrag auch stemmen könne, zumal er die Summe in bar verlangt. Doch scheint hier André nicht als ernsthafter Kaufinteressent aufgetreten zu sein, sondern als jemand, der auf Grund der Vereinbarung, die er im Vertrag mit Konstanze Mozart hatte, durch sein angebliches Mitbieten dazu beitragen wollte, dass Breitkopf & Härtel einen überaus hohen Preis zu zahlen hatten, an welchem der Verleger aus Offenbach gemeinsam mit Konstanze Mozart eventuell partizipieren konnte. Haydn schreibt von einer »dringenden Unterhändlerin« was soviel heißt, dass sie ihm als Unterhändlerin lästig fiel. Eine Unterhändlerin kann aber naturgemäß nicht »lästig« sein, sondern hat normalerweise durch ein ebenso kompetentes wie sympathisches Auftreten zu versuchen, zu einem erfolgreichen Geschäftsabschluss mit dem Geschäftspartner, hier mit einem großen Komponisten, zu gelangen. Könnte man noch, was eher unwahrscheinlich, aber immerhin möglich wäre, das Attribut »dringend« aus dem ersten dieser Haydnbriefe auch dahin interpretieren, dass es der nicht genannten Unterhändlerin ein dringendes Anliegen war, die Rechte an den »Jahreszeiten« von Haydn zu erwerben, so lässt Haydns Formulierung im dritten Brief vom 21. Juli bezüglich dieser Madame N. N. keinen Zweifel mehr offen, dass sie hier nicht als Kaufinteressentin und Verlagsunterhändlerin für die »Jahreszeiten« auftrat. Es handelt sich hier um eine erstaunliche, ja geradezu sensationelle Parallele zur »Schöpfung« im Jahre 1799! Doch davon etwas später. Nicht klug wird man zunächst aus den verschiedenen Beträgen von 4500 beziehungsweise 5000 Gulden, die Haydn in zweiten Brief vom 10. Juli 1801 nennt: »Indessen bleibt es zwischen uns mit 4500 fl. in Wiener Banco.« Die Forschung hat mit diesen beiden Summen, die hier sozusagen gleichzeitig als Kaufpreise genannt werden, bisher nicht das Geringste anzufangen gewusst und hat diese Frage einfach übergangen. Man hätte aber auch hier wenigstens zugeben müssen, dass man keinen Erklärungsansatz seitens der Wissenschaft anzubieten habe. Denn aus Gründen der »Unwichtigkeit« kann man diese Briefstelle Haydns wohl nicht unkommentiert haben lassen. Schließlich geht es dabei um die Klärung der Frage, welche Summe Breitkopf & Härtel tatsächlich für den Erwerb der Rechte an den »Jahreszeiten« bezahlten. Ich glaube, dies schlüssig erklären zu können: Mit dem »zwischen uns« hat Haydn höchst wahrscheinlich Griesinger als Partner gemeint, wobei kaum denkbar ist, dass hier Breitkopf & Härtel als Kontrahenten in Frage kommen. Denn warum sollte Haydn dann eine briefliche Kaufpreisbestätigung von 5000 Gulden – also immerhin ganze 500 Gulden mehr – im selben Brief vom Leipziger Verlag verlangen? Es kann also nur so gewesen sein, dass Haydn mit Griesinger, der ähnlich wie bei der »Schöpfung« als Geschäftsträger von Breitkopf & Härtel fungierte, aber auch gleichzeitig das uneingeschränkte Vertrauen Haydns genoss, bereits eine Vorvereinbarung über 4500 Gulden getroffen hatte und jetzt hoffte, dass Breitkopf & Härtel noch 500 Gulden dazulegen würden. Bei diesem »Vorvertrag« wird, wie wir noch sehen werden, auch Konstanze Mozart maßgeblich ins Spiel kommen. Auffällig ist ferner, dass Haydn diese drei »Julibriefe« an Griesinger nach Wien schreibt. Man hat das Gefühl, dass sich Griesinger in diesem Monat überwiegend –möglicherweise überhaupt nur – in Wien befindet. Als Vermittler in dieser Geschäftssache hätte er sich aber, logisch betrachtet, vor allem in Eisenstadt, dem damaligen Aufenthaltsort Haydns, aufhalten müssen. Davon ist allerdings nichts bekannt. Könnte man daraus den gar nicht besonders gewagten Schluss ableiten, dass der Schwerpunkt von Griesingers Verhandlungen bezüglich der »Jahreszeiten« in Wien war und dass seine Gesprächspartnerin nur die in Wien lebende Konstanze Mozart sein konnte?

Übrigens: Haydn weilte im April und im Mai dieses Jahres in Wien, wie aus seinen Briefen[457] ersichtlich ist, ehe er, wahrscheinlich in der

---

457 Bartha, Haydn. Gesammelte Briefe, Nr. 262–266

zweiten Junihälfte, für die Sommermonate nach Eisenstadt abreiste. Dies lässt sich aus Griesingers Brief vom 1. Juli 1801 an Breitkopf & Härtel ableiten, wo es heißt: »Was werden Sie sagen, daß Sie die 7 Worte mit diesem Posttage nicht bekommen? Sobald sie fertig und abgeschrieben war, wurde sie Bar. Swieten überbracht; dieser verfiel unglücklicherweise in eine Krankheit; Haydn, Sarchi und ich wurden nicht vorgelassen, unterdessen musste Hd. mit seinem Fürsten nach Ungarn, wo er den Sommer wie gewöhnlich zubringt; ich schrieb dem Bar. Swieten, bat mir das Werk aus, erhielt es, und SCHICKTE ES AM 28. JUNI AN HD. NACH EISENSTADT.«[458] Spätestens Ende Juni befand sich Haydn demnach bereits in Eisenstadt. Der zeitliche Korridor, in welchem die geheimnisumwitterte Unterhändlerin aus Offenbach in Wien angekommen sein konnte und dabei unglücklicherweise den bereits in Richtung Eisenstadt aufgebrochenen Haydn »verpasst« haben konnte, ist also ein sehr schmaler. Da Haydn sie in seinem Schreiben vom 3. Juli aus Eisenstadt an Griesinger als eine »dringliche« Person bezeichnet, lässt eigentlich keine andere Interpretation zu, als dass er mit dieser Dame in Wien bereits eine gewisse Erfahrung gemacht haben musste. Warum kam die angebliche Unterhändlerin aus Offenbach nicht zu einer Zeit nach Wien, wo sie bezüglich der Rechte an den »Jahreszeiten« mit Haydn persönlich verhandeln konnte? Und warum machte sich diese Madame N. N. nicht sofort auf den Weg nach Eisenstadt, nachdem sie Haydn in Wien aus Gründen von offensichtlich mangelnder Kommunikation nicht mehr angetroffen hatte? Meine Version dieser Angelegenheit gibt auch darauf eine logische Antwort.

Im zweiten Julibrief geht das Feilschen um den Kaufpreis für die »Jahreszeiten« munter weiter. Diesmal bedient sich Haydn offensichtlich des aus Leipzig angereisten Musikverlegers Franz Anton Hoffmeister, den er als Musikalienverleger von dessen Wiener Zeit her noch gut kennt. Zwei Stunden, nachdem Haydn ein Schreiben Griesingers des Inhaltes erhalten hatte, dass Breitkopf & Härtel bereit seien, 4500 Gulden für die »Jahreszeiten« auszulegen, sei Herr Hoffmeister in sein Zimmer getreten und habe ihm 5000 Gulden bei augenblicklicher Bezahlung geboten. Vermutlich handelte es sich, ähnlich wie bei André, auch hier bei Hoffmeister um kein echtes Angebot. Dieses hätte wohl die finanziellen

---

[458] Griesinger, Haydn, S. 75 f.

Möglichkeiten seines eben in Leipzig neu gegründeten Musikverlages[459] überspannt. Vielmehr deutet vieles darauf hin, dass Hoffmeister bei seinem Besuch in Eisenstadt der Vertrauensmann von Konstanze Mozart war, der den Auftrag hatte, bei Haydn möglichst viel über die Vertragsverhandlungen mit Breitkopf & Härtel und den tatsächlichen Kaufpreis in Erfahrung zu bringen. Unmittelbar nachdem Hoffmeister Haydn verlassen hatte, sei, so Haydn, ein Schreiben eingelangt, in welchem von Breitkopf & Härtel 5000 Gulden geboten worden seien. Seltsamerweise zeigte Haydn Hoffmeister, der sich offenbar noch in der Nähe befand, was eindeutig auf eine Inszenierung des ganzen Ablaufes hindeutet, diesen Brief aus Leipzig, obwohl diesen der Inhalt des Briefes – vor allem was die Kaufsumme betraf – naturgemäß nichts anging. Haydn brauchte Herrn Hoffmeister den von ihm erzielten Kaufpreis für die »Jahreszeiten« nicht mitzuteilen. Hoffmeister hatte als Bewerber um die Rechte an den »Jahreszeiten« keinen Zuschlag von Haydn erhalten und er war offensichtlich aus dem Bieterverfahren ausgeschieden. Haydn ist ihm also keinerlei Rechenschaft schuldig, ihm über irgendein Detail des Vertrages mit Breitkopf & Härtel Auskunft zu geben. Und man muss sich sogleich die Frage stellen, warum er dies trotzdem tut und Hoffmeister den gesamten Vertrag (immerhin inklusive Kaufpreis) zu lesen gibt. Und der wahre Grund wird im nächsten Satz sofort klar: »und Ihm (Hoffmeister) zugleich ersuchte, den richtigen Verkauf an H. Härtel der Madame N. N. von Offenbach in wienn zu wissen zu machen, damit auch Sie weiters hin keine forderung mehr zu hoffen habe.« Bei Landon ist diese Stelle völlig sinnwidrig ins Englische übersetzt, wonach diese geheimnisvolle Dame keine weiteren Gebote für die »Jahreszeiten« abgeben sollte. Wie aus Haydns diesbezüglichem Julibrief ohne jeden Zweifel hervorgeht, war der Zweck der Mission Hoffmeisters in Wien, dass die besagte Dame nach der Mitteilung des erzielten Kaufpreises keine weitere »forderung« an Haydn zu stellen habe. Ein Gebot für den Kauf einer Ware kann natürlich niemals eine »Forderung« auf dieselbe sein! Schon gar nicht, wenn es sich dabei um ein großes Werk der Musikliteratur handelt. Mit dieser falschen Übersetzung verbaut sich Landon jede Möglichkeit, die Identität dieser geheimnisvollen »Unterhändlerin« klären zu können, selbst wenn er dies versucht haben sollte. Dieser Satz und seine richtige Interpretation sind also von größter Wichtigkeit. Hoffmeister soll hier

---

[459] Bartha, Haydn. Gesammelte Briefe, S. 370

278

offensichtlich einen Boten nach Wien abgeben, welcher der »Madame N. N.« den endgültigen Kaufpreis für die »Jahreszeiten« mitteilen soll. Die Mission Hoffmeisters war also letztendlich sowohl im Interesse der Mozartwitwe als auch im Interesse Haydns.

Und wieder stellt sich die gleiche Frage wie bei Hoffmeister. Warum sollte Haydn sich verpflichtet fühlen, dieser geheimnisvollen Unterhändlerin via Hoffmeister den erzielten Kaufpreis mitzuteilen? Diese und der hinter ihr stehende Offenbacher Verlag André hatten ähnlich wie Hoffmeister keinerlei Anrecht, die mit Breitkopf & Härtel vereinbarte Kaufsumme zu erfahren. Und schon gar nicht, wo sie doch Haydn »sekkiert« hatten. Welche »forderungen« sollte diese »Madame N. N.«, wenn sie im Auftrag Andrés tätig war, als angebliche »Unterhändlerin« an den Komponisten der »Jahreszeiten«, »weiters« stellen können? Die einzige Dame, die im Zusammenhang mit den »Jahreszeiten« etwas »fordern« – und sogar »dringlich« – fordern könnte, ist Konstanze Mozart! Und sie fordert ihren Anteil am Verkaufserlös, weil ihr verstorbener Gatte Mitschöpfer an den »Jahreszeiten« war. Haydn ist hier offensichtlich der ständigen – gesteigerten – Forderungen dieser »Madame N. N.« überdrüssig und hofft, dass es mit der Mitteilung des endgültigen Kaufpreises durch Hoffmeister zu einem Ende der offensichtlichen Lizitation von Forderungen dieser »Unterhändlerin« kommen wird. Spätestens an diesem Punkt wird die These völlig unhaltbar, dass es sich bei dieser geheimnisumwitterten Dame um eine echte Unterhändlerin gehandelt haben könnte, welche die Rechte an den »Jahreszeiten« von Haydn für ihren Verlag in Offenbach verhandeln wollte und darauf etwas bieten sollte. Denn in dieser Eigenschaft hätte sie von Joseph Haydn nicht das Geringste zu »fordern«, sondern nur etwas zu erbitten gehabt. Der anschließende Satz Haydns beseitigt den letzten Zweifel, so überhaupt noch einer bestanden haben mag: »auf diese Art entledige ich mich auf einmahl von zwei Seccaturen«. Die »Seccateure« sind die »Madame N. N.« und der Verleger André aus Offenbach! Kein Verlag der Welt wird jemals einen großen Komponisten oder Schriftsteller »sekkieren«, um in der Diktion von Haydn zu bleiben, wenn er von diesem die Rechte für ein großes Kunstwerk erwerben will! Denn in einem solchen Fall würde wohl jedem Verleger beziehungsweise dessen Unterhändlerin von dem betreffenden Künstler sofort die Türe gewiesen werden. Eine solche Annahme ist völlig absurd im Allgemeinen wie auch hier im Besonderen. Ich erkläre hier klipp und klar: Die Madame »von Offenbach in wienn«

ist also ohne jeden Zweifel Konstanze Mozart und sie ist hier genauso
wenig wie bei der »Schöpfung« eine Unterhändlerin für einen Verlag,
sondern sie tritt in beiden Fällen als selbstständige Vertreterin ihrer eigenen Interessen auf, die sich aus der Tatsache ergeben, dass ihr verstorbener Gatte zumindest Teile dieser beiden Oratorien komponiert hat. Sie
erwartet dabei, finanziell entsprechend abgefunden zu werden, ehe die
Rechte an den »Jahreszeiten« an einen Verlag verkauft werden! Dieser
Schluss ist klar, logisch und schlüssig! Und was besonders wichtig ist: Er
ist durch Primärquellen, nämlich durch die zitierten Briefe Haydns logisch abgestützt! Übrigens: Dass Haydn den Musikverleger Hoffmeister
mit der Botschaft des Kaufpreises nach Wien betraut, weist ebenfalls klar
auf die Person von Konstanze Mozart hin. Während Hoffmeister noch
seine Musikalienhandlung in Wien führte, hatte er engen geschäftlichen
Kontakt zu Mozart – auch zu Konstanze – wie die Kreditangelegenheit
vom Oktober 1790 ohne irgendeinen Zweifel belegt. Die Rückzahlung
dieses, damals von Mozart bei einem gewissen Lackenbacher aufgenommenen, Kredits von 2000 Gulden sollte, wie bereits erwähnt, über
ein von Hoffmeister eingerichtetes Konto abgewickelt werden. Mozart
sollte dieses Kreditkonto mittels Kompositionen bedienen, über deren
Wert möglicherweise der Musikalienhändler Hoffmeister, der sich auch
als Komponist betätigte, mitbestimmte. Mozart weilte zur Zeit dieser
Kreditabwicklung bekanntlich in Frankfurt, wo die Feierlichkeiten der
Krönung Leopolds II. zum römisch-deutschen Kaiser stattfanden und
so lag die Hauptlast der Kreditverhandlungen daher bei der in Wien ge-
bliebenen Konstanze. Sie muss dabei mit Hoffmeister über das erwähnte
Rückzahlungskonto für den aufgenommenen Kredit in näheren Kontakt getreten sein. Über diese Kreditgeschichte Ende September 1790
ist man durch die Briefe Mozarts an seine Gattin von seiner Reise nach
Frankfurt relativ gut informiert. Bei Hoffmeister wurden übrigens auch
mehrere Werke Mozarts zum ersten Mal veröffentlicht.[460] Bei Nissen ist
auch der Hinweis zu finden, dass Hoffmeister Mozart dringend ersucht
habe, »populärer« zu komponieren, weil er sonst nichts mehr abdrucken
und bezahlen könne.[461] Es hatte also ein recht dichtes Beziehungsgeflecht
zur Familie Mozart bestanden. Wie käme sonst Hoffmeister dazu, von
Haydn beauftragt zu werden, einer ihm – Hoffmeister – ansonst gewiss

[460] Unter anderem: Solomon, Mozart, S. 291
[461] Nissen, Biographie W. A. Mozarts, S. 627

völlig unbekannten Verlagsunterhändlerin aus Offenbach den Kaufpreis der »Jahreszeiten« in Wien mitzuteilen, welche noch dazu einen Konkurrenzverlag vertrat! Eine solche Annahme wäre doch völlig absurd und abwegig. Und so löst sich denn dieses gar nicht so schwierige Rätsel dieser, wie Haydn formuliert, »Madame N. N. aus Offenbach in wienn«:

1. »Offenbach«: Weil Konstanze Mozart den Nachlass ihres Gatten im November 1799 an André in Offenbach verkauft hatte und weil sie bei den Verhandlungen bezüglich der »Jahreszeiten« möglicherweise gemeinsam mit dem Verlag in Offenbach auftritt.«

2. »In wienn«: Weil Madame Mozart bekanntlich seit rund zwei Jahrzehnten in Wien lebt.

So einfach ist die Geschichte. Man braucht die vorhandenen Puzzlestücke nur richtig und sinnvoll zusammenzufügen. Das Bild ist klar erkennbar, auch wenn manche Teilstücke nicht mehr vorhanden sind. Zum Abschluss: Wenn es sich bei dieser geheimnisvollen Dame »N. N. aus Offenbach in wienn« um eine nicht mit Konstanze Mozart idente Person gehandelt hätte, hätte Haydn doch in den zitierten Julibriefen ihren Namen erwähnen müssen! Er nennt doch auch sonst alle an dieser Geschäftssache beteiligten Personen! Härtel, Griesinger, André, van Swieten und Hoffmeister Warum diese unverständliche Geheimniskrämerei gerade um diese »Madame N. N.«? Handelte es sich dabei um Konstanze Mozart, ist diese Frage sogleich zu hundert Prozent beantwortet! Sie ist die einzig denkbare Person, deren Name unter allen Umständen verschwiegen werden musste, weil im Falle ihrer Nennung eindeutig für jeden Leser dieser Briefe ersichtlich gewesen wäre, dass zumindest ein Teil der »Jahreszeiten« von ihrem verstorbenen Gatten stammen musste. Und es lässt sich als Begründung für die Nichterwähnung ihres Namens auch nicht ihre Unwichtigkeit bei diesen Verhandlungen anführen. Denn sie spielt zweifellos dabei eine bedeutsame – wenn nicht sogar die dominierende (!) – Rolle. Der Brief Haydns vom 10. Juli an Griesinger endet mit der Erwartung, dass er demnächst einen von Breitkopf & Härtel aufgesetzten Vertragsentwurf bezüglich der »Jahreszeiten« zur Unterzeichnung zugesandt erhält. Im Gegenzug soll durch einen Bedienten die Partitur des Oratoriums nach Leipzig übermittelt werden. Eine interessante Facette: Haydn will offenbar unter keinen Umständen die Originalhandschrift der »Jahreszeiten« aus der Hand geben und nach Leipzig senden. Trotz seiner angestammten Sparsamkeit lässt er auf eigene Rechnung eine autorisierte Kopie für Leipzig anfertigen, die ihn immerhin 80 Gulden – etwas unter 2000 Euro – kostet. Breitkopf & Härtel reagieren prompt, wie der letzte dieser drei »Julibriefe« an Griesinger vom 21. Juli 1801 beweist.

Als Marginalie sei hier darauf hingewiesen, dass Haydn in seiner offensichtlichen Zerfahrenheit ein falsches Briefdatum angibt, welches unbeabsichtigt von ihm sogleich im Brieftext korrigiert wird, indem er schreibt, dass er den Vertragstext von Breitkopf & Härtel am 28. Juli erhalten habe.[462] Dieser zeitliche Spielraum zum vorangegangenen Brief würde wesentlich besser passen. Denn es ist nicht zu vergessen: Man lebte damals in der Zeit der Postkutsche und es gab daher entsprechend lange Postwege. Wie dem immer auch sei, fest steht, dass Haydn den unterschriftsreifen Kontrakt über den Agenten Griesinger von Leipzig erhalten hat, welchen er für »sehr gut abgefasst« hält. Nur möchte er, dass die von ihm unterstrichene Vertragspassage gestrichen werde, in der offensichtlich der von Breitkopf & Härtel gebotene Kaufpreis für die »Jahreszeiten« eingesetzt war. Dies ist keine Vermutung, sondern so gut wie eine durch eine seriöse Primärquelle abgestützte Tatsache, auch wenn dieser von Haydn unterstrichene Vertragsteil, wie auch der übrigen Vertragstext, nicht als Primärquelle vorliegt. Man kann diese Briefstelle einfach nicht anders interpretieren.

Und weil diese zur Erhärtung und Spezifizierung meiner These von so außerordentlicher Wichtigkeit ist, sei diese Passage aus dem Brief Haydns an Georg August Griesinger vom 21. Juli 1801 noch einmal wiedergeben:

»Nur kann ich die von mir unterstrichenen Zeilen der öffentlichen Anzeige nicht billigen, weil kein verleger Ursach haben sol zu glauben oder zu Muthmassen, daß ich dieses grosse werck verschleudert, oder aus Noth um eine Kleinigkeit hindangegeben, oder daß ich erst nach und nach einige vortheile daraus ziehen solte, welches Anlas geben könnte, daß unser verständnis wegen den 5 Tausend Gulden, so H. Hofmeister aus Leipzig selbst überlesen, nicht ächt wäre; ich wünschte demnach diesen Articul ganz auszulaßen und solches dem H. Hartel [sic!] bey zeiten zu berichten, dan ich will mich bey all die übrige H. verlegers keiner Kritick aussetzen, auch würde es H. Baron v. Swieten niemals für gut befinden, ich wünschte Ihme dissfals um Rath zu fragen.«[463]

[462] Bartha, Haydn. Gesammelte Briefe, Nr. 274
[463] Bartha, Haydn. Gesammelte Briefe, Nr. 274, S. 372

Die Erkenntnis, die man aus dieser Briefstelle gewinnen muss, ist geradezu sensationell. Denn man erfährt hier sogar mit großer Wahrscheinlichkeit auch die Gewichtung der Anteile an dem Kaufpreis von 5000 Gulden für die Rechte an den »Jahreszeiten« zwischen Haydn und Konstanze Mozart. Ich stelle hier vorweg die Behauptung auf, dass an Konstanze Mozart, mit möglichem Hintergrund André, 4500 Gulden fielen und Haydn sich mit geringen 500 Gulden begnügen musste. Die Abwicklung der Zahlungsmodalitäten erfolgte später natürlich nur über Haydn.[464] Haydn verlangte in seinem Schreiben vom 8. Mai 1802 an Gottfried Christoph Härtel, dass ihm die Restrate von 2500 Gulden für die »Jahreszeiten« noch vor seiner Abreise nach Eisenstadt ausbezahlt werden solle. Konstanze Mozart musste auch bei den Zahlungsmodalitäten aus nachvollziehbaren Gründen völlig aus dem Spiel bleiben! Dies kann daher nicht als Gegenargument gegen meine These herangezogen werden. Der Aufteilungsschlüssel ergibt sich aus dem bereits Geschilderten und ich meine, dass ich dies hier nicht zu wiederholen brauche. Das Einzige, was man noch einräumen könnte, wäre die Möglichkeit, dass im letzten Moment der Aufteilungsschlüssel noch geringfügig zugunsten Haydns verändert worden sei. Ansonsten halte ich an dieser meiner Grundthese unverrückbar fest. Und jetzt verstehen man auch Haydns Sorge, dass seine Reputation, nicht nur in künstlerischer, sondern auch in wirtschaftlicher Hinsicht, darunter leiden könnte, wenn unter den Musikverlegern durch den mit Breitkopf & Härtel abgeschlossenen Vertrag bekannt würde, um welchen Bettel er ein wunderbares Werk wie die »Jahreszeiten« fast verschenkt habe. Haydn schreibt konkret, dass man in der Musikwelt von Verschleuderung und einer finanziellen Notsituation sprechen würde, wenn die Kaufsumme durch den Vertrag bekannt würde. Und vor allem: Was würde Hoffmeister zu all dem sagen, »der unser verständnis [= vertragliche Vereinbarung] wegen den 5 Tausend Gulden, so H. Hofmeister aus Leipzig selbst überlesen [überlesen= gelesen]«. Haydn fürchtet offensichtlich dem Spott preisgegeben zu werden, wenn Herr Hoffmeister in aller Öffentlichkeit erklären sollte, von ihm einen offensichtlich gefälschten Brief von Breitkopf & Härtel mit einer falschen Kaufsumme von 5000 Gulden für die »Jahreszeiten« zur Einsicht erhalten zu haben. Jetzt stellt aber der tatsächlich vereinbarte Kaufpreis von 5000 Gulden, rund einenhalb Millionen ATS (!) in al-

---

[464] Bartha, Haydn. Gesammelte Briefe, Nr. 307, S. 403

ter Währung, geradezu einen Rekordpreis dar, den Breitkopf & Härtel für die »Jahreszeiten« bezahlen. Logische Schlussfolgerung: Der von Breitkopf & Härtel in diesem Vertragsentwurf, den sie an Haydn übermittelten, eingesetzte Kaufpreis kann nur einen Bruchteil dieser 5000 Gulden betragen haben. Es ist wohl dieser 500 Gulden Zuschlag, den Haydn von Breitkopf & Härtel im zweiten Julibrief, wie bereits dargelegt wurde, verlangt.[465] Griesinger hat demnach diesen Vorvertrag von 4500 Gulden in Wirklichkeit mit Konstanze Mozart abgeschlossen, von dem er Haydn im Verlauf des Monats Juli nach Eisenstadt berichtet haben wird. Dies ist auch die natürliche Erklärung für die Tatsache, dass sich Griesinger den ganzen Monat Juli, in dem sich diese Ereignisse abspielen, vorwiegend in Wien und nicht in Eisenstadt bei Haydn zwecks Vertragsverhandlungen aufgehalten hat. Denn Griesinger verhandelte den ganzen Monat Juli mit Konstanze Mozart!

Und die Erklärung für das Verhalten von Breitkopf & Härtel erscheint ebenfalls unschwer nachvollziehbar: Wenn man in den Vertrag mit Haydn, den man ihm von Leipzig nach Eisenstadt zur Unterzeichnung schickte, die volle Kaufsumme von 5000 Gulden eingetragen hätte, dann hätte für Breitkopf & Härtel die immerhin mögliche Gefahr bestanden, dass Haydn auf den durch seine Unterschrift rechtsgültig gewordenen Vertrag gepocht hätte und möglicherweise den gesamten Betrag für sich reklamiert hätte. Und Konstanze Mozart hätte selbstverständlich auf ihrem mit Griesinger abgeschlossenen Vorvertrag bestanden, in dem ein Betrag von 4500 Gulden vereinbart war. Die Sache hätte den Leipziger Verlag also sehr teuer zu stehen kommen können. Daher setzte man in Leipzig, um sicher zu gehen, in dem Haydn übermittelten Vertragsentwurf eine wesentlich geringere Kaufsumme ein, nämlich jene, die für ihn selbst bestimmt war. Der gesamte Kaufpreis betrug jedenfalls 5000 Gulden. Die Schwierigkeit bei diesem komplizierten Vertragsprozedere lag offenbar darin, dass der Name Konstanze Mozart aus verständlichen Gründen unter allen Umständen draußen vor bleiben musste. Ich stelle also nochmals die unwiderlegbare These auf: Wenn in dem Vertragsentwurf von Breitkopf & Härtel ein anderer, nämlich weit geringerer Kaufpreis als die fix vereinbarten 5000 Gulden eingesetzt war, dann hat jemand anders als Haydn den Differenzbetrag kassiert. Soweit die wohl unwiderlegbare These. Diese andere Person ist mit fast ebenso großer

---

[465] Bartha, Haydn. Gesammelte Briefe, Nr. 272, S. 370

Sicherheit Konstanze Mozart! Und es muss ein ungleich niedrigerer Betrag als diese 5000 Gulden von Breitkopf & Härtel in den Vertrag mit Haydn unter »Kaufpreis« eingesetzt worden sein, denn sonst hätte kein im Besitz seiner vollen geistigen Kräfte befindlicher Musikverleger, wie Haydn befürchtet, später vermuten können, dass er die »Jahreszeiten« »verschleudert« habe und er sich daher in einer finanziellen Notsituation befinden müsse. Bei 500 Gulden hätte man tatsächlich von einer »Verschleuderung« der »Jahreszeiten« durch Haydn sprechen können, aber niemals bei einem Betrag von 5000 Gulden. Man möge mir nicht vorwerfen, dass die Interpretation dieser Haydnbriefe zu weitschweifig geraten sei. Es kommt hier auf jede Nuance an und jedes auf den ersten Blick unbedeutende Detail scheint beim Versuch einer Rekonstruktion der Ereignisse von Wichtigkeit zu sein.

Die »graue Eminenz« van Swieten und der Verlust zweier Autografe

Wie weit van Swieten als Textbearbeiter der »Jahreszeiten« auf die hier geschilderten Geschehnisse konkret Einfluss nahm, lässt sich mangels entsprechender Quellenhinweise im Detail nicht nachvollziehen. Dass Haydn aber in allen entscheidenden Fragen die Zustimmung des Barons einholen musste, geht klar aus dem letzten der »Julibriefe« Haydns hervor: »[...] auch würde es H. Baron v. Swieten niemals für gut befinden, ich wünschte Ihme dissfals um Rath zu fragen.«[466] Haydn spielt darauf an, dass van Swieten es missbilligen würde, wenn im Vertrag zwischen ihm und Breitkopf & Härtel bezüglich der »Jahreszeiten« der genaue Kaufpreis angegeben würde, der zu gewissen Vermutungen von Musikverlegern über Haydns finanzielle Lage führen könnte. Van Swieten ist also, wie es scheint, in allen wichtigen Fragen die graue Eminenz im Hintergrund. Doch fast noch interessanter ist Haydns Erwähnung van Swietens im ersten Julibrief vom 3. Juli 1801. Hier heißt es: »Nur noch eines muss ich beifügen, wie daß das Manuscript, so wie jenes von der Schöpfung in händen des Baron v. Swieten zu verbleiben hat, dieweilen beide nach dem todt des H. Baron zum Andencken in die K. K. Bibliothek samt seiner eigenen schönen Musicalischen Sammlung übertragen wird.«[467] Die sich hier ergebenden Fragen, für die sich die Forschung bisher wenig oder überhaupt nicht interessierte, liegen auf der Hand: Haydn verfügt hier, dass sowohl das Autograf von der »Schöpfung« als auch das von den »Jahreszeiten« bei van Swieten zu verbleiben hätten und nach dessen Tod gemeinsam mit der wertvollen Sammlung von Musikalien – van Swieten besaß vor allem eine reichhaltige Sammlung an Werken von Bach und Händel[468] – in die K.K. Bibliothek übergeführt werden sollten. Dieser Wunsch Haydns sollte nicht in Erfüllung gehen.

[466] Bartha, Haydn. Gesammelte Briefe, Nr. 274, S. 372
[467] Bartha, Haydn. Gesammelte Briefe, Nr. 270, S. 369
[468] Bernhardt, Reinhold: Aus der Umwelt der Wiener Klassiker. Freiherr Gottfried van Swieten (1734–1803), in: Der Bär. Jahrbuch von Breitkopf & Härtel auf das Jahr 1929–1930, Band VI/9), S. 74–164

Die Musikaliensammlung van Swietens wurde im Jahre 1804 versteigert[469] und die Autografe von »Schöpfung« und »Jahreszeiten« blieben für immer wie vom Erdboden verschluckt. Man liest darüber Interessantes in dem Artikel von Günter Thomas in den Haydnstudien mit dem Titel »Griesingers Briefe über Haydn«: »In diesem sowie in den beiden folgenden Briefen vom 10., 20. April und vom 7. Mai [1801] war noch von Mozarts Händelbearbeitungen die Rede.«[470] Bernhardt bemerkt dazu: »Die Originalpartituren lagen in Swietens Bücherschränken, deren Inhalt Haydn als Kenner auf 10000 Gulden schätzte. Der Bibliotheksgehilfe C.L. Röllig fertigte ein Verzeichnis an, das der Kaiserin übergeben wurde.«[471] In diesem Verzeichnis waren wohl auch die Originalmanuskripte von »Schöpfung« und »Jahreszeiten« enthalten.

Der Vorgang erscheint äußerst ungewöhnlich. Warum sollten, noch dazu auf ausdrücklichen Wunsch Haydns, die beiden Autografe der Partituren von van Swieten aufbewahrt werden, der nicht einmal der Verfasser der Vorlagen von »Schöpfung« und »Jahreszeiten« ist, sondern lediglich deren Bearbeiter? Van Swieten drängt sich, was die beiden Oratorien betrifft, immer wieder in den Vordergrund, als ob es sich dabei um »seine« und nicht Haydns Werke handle.

Dazu passt eine interessante Stelle bei Feder: »Gelegentlich scheint Swieten seinen Anteil übertrieben zu haben; jedenfalls berichtet am 28.II.1799 Zinzendorf, der dem Baron kritisch gegenüberstand, er habe bei der Fürstin Schwarzenberg Swieten getroffen, und dieser« sprach von seiner Musik der Schöpfung.«[472] Eine ungewöhnliche Selbstbeurteilung von jemandem, der nur eine Textbearbeitung vorgenommen hatte! Es hatte in den Beziehungen zwischen Haydn und van Swieten während der Entstehung von »Schöpfung« und »Jahreszeiten« mehr als einmal heftig, wie gesehen, gekriselt, sodass keineswegs immer von einer harmonischen Beziehung zwischen den beiden gesprochen werden kann. Und obwohl sich van Swieten mehrmals den Zorn Haydns bis zum drohenden Abbruch der Beziehungen zugezogen hatte, darf er auf dessen Wunsch die wertvollen Autografe, sozusagen als »Belohnung« für seine in den Jahren der Entstehung der beiden großen Oratorien gegenüber Haydn an den Tag gelegte Überheblichkeit und Bevormundung, in Verwahrung

[469] Feder, Schöpfung, S. 136
[470] Thomas, Griesingers Briefe über Haydn, S. 94
[471] Bernhardt, Aus der Umwelt der Wiener Klassiker und Thomas, ebend
[472] Feder, Schöpfung, S. 134

nehmen! Wer soll das psychologisch nachvollziehen können? Hat nicht im Normalfall bei allen Vokalwerken der Komponist und nicht der Librettist und schon gar nicht der Textbearbeiter die primäre Verfügung über das Autograf der Partitur? Eigentlich hätten Breitkopf & Härtel ein Anrecht auf die Verwahrung dieser Dokumente gehabt, wobei die rechtliche Situation bei den »Jahreszeiten«, an welchen die Rechte von dem Leipziger Musikverlag im Juli 1801 erworben worden waren, klarer war als jene bezüglich der »Schöpfung«. Denn letztere hatte Haydn bekanntlich im Eigenverlag herausgebracht. Die Druckstöcke derselben wurden erst einige Jahre später nach dem Tod van Swietens, der sich einem Verkauf bis zuletzt energisch widersetzt hatte, von Haydn an Breitkopf & Härtel veräußert. Dass Breitkopf & Härtel offensichtlich weder Interesse bekundeten, in die beiden Autografe Einsicht zu nehmen noch diese in dauernde Verwahrung zu nehmen, halte ich für äußerst seltsam. Wusste man am Ende in Leipzig, dass es gar keine Originalmanuskripte von Haydn gab und war dies der Grund, warum man diese nicht für sich reklamierte? Dieser Verdacht gegen Breitkopf & Härtel ist keineswegs abwegig, wenn man bedenkt, wie viele apokryphe Werke Haydns in den Jahrzehnten davor auf den Verkaufslisten des Verlagshauses gestanden waren. Van Swieten wäre also als »Verwahrer« der Originalhandschriften unter den geschilderten Umständen kaum in Frage gekommen. Und es handelt sich dabei um die Höhepunkte im Schaffen Joseph Haydns. Auch sind es nicht Werke, die erst viele Jahre nach ihrer Erstaufführung eine entsprechende Würdigung in der Musikwelt erfuhren, sondern auf Anhieb einen geradezu euphorischen Jubel auslösten. Warum behält Haydn diese wichtigen Dokumente seines Schaffens, die auch wichtige Erinnerungsstücke sind, nicht bei sich, Dokumente, von denen er natürlich weiß, dass sie auch für die Nachwelt von größter Bedeutung sein werden? Warum bewahrt er in seinem Haus in Gumpendorf nur eine im Nachlass vorgefundene Kopie der »Schöpfung« auf? Warum trifft er in diesem Brief vom 3. Juli 1801 nicht die Verfügung, dass wenigstens nach dem Tod van Swietens die beiden Autografe von ihm selbst in Verwahrung genommen werden? Und vor allem: Warum trifft er keine intensiven Vorkehrungen, diese Handschriften, die seltsamer Weise nach dem Tod van Swietens im März 1803 im Zuge der Erbschaftsabwicklung spurlos verschwunden sind, wieder aufzufinden? Wenn er selbst aufgrund seines schlechten Gesundheitszustandes dazu nicht mehr in der Lage war, warum teilte er diesen Verlust, von dem er doch Kenntnis gehabt haben musste, nicht dem Kreis seiner zahllosen Wiener Verehrer mit, damit sich wenigstens diese sogleich auf die Suche nach diesen kostbaren Autografen begeben konnten? Und das plötzliche Verschwinden dieser Manuskripte müsste doch in der Musikstadt Wien, die Haydn damals zu Füßen lag wie keinem anderen Komponisten, Tagesgespräch gewesen sein ähnlich wie der Verlust der Saliera im Kunsthistorischen Museum in unseren Tagen! Offenbar wussten aber nur ein paar Eingeweihte vom Verschwinden dieser unendlich wertvollen Musikdokumente! Wurde dieses etwa topsecret gehalten? Man muss dies annehmen, da keine diesbezüglichen Nachrichten in irgendwelchen zeitgenössischen Quellen vorzufinden sind. Nicht einmal in der »Wiener Zeitung« ist darüber irgendetwas zu lesen. Eine Fülle von Fragen tut sich hier auf, die zu meiner großen Verwunderung in der Musikwissenschaft nicht einmal gestellt, geschweige denn zu beantworten versucht wurden.

Des weiteren scheint ein Verbum, welches Haydn in seinem Brief vom 3. Juli 1801 verwendet, von großer Wichtigkeit zu sein: Er schreibt, dass die Manuskripte der »Schöpfung« und der »Jahreszeiten« »in händen des Baron v. Swieten zu verbleiben haben«. Ist mit diesem Verbum »verbleiben« nicht schon die Klärung einer wichtigen Tatsache gegeben? Heißt das nicht, dass die Originalpartituren von »Schöpfung« und »Jahreszeiten« sich schon längst in der Sammlung van Swietens befanden? Möglicherweise schon lange vorher, ehe der Legende nach die beiden Oratorien von Haydn zwischen 1796 und 1801 komponiert wurden? Am 3. Juli 1801 teilt Haydn diese Verfügung bezüglich der Autografe dem Leipziger Verlag mit. Dieser hat aber diese Autografe nie zwecks Drucklegung in Händen gehabt. Dazu sei wieder aus dem Haydnbrief vom 3. Juli 1801 zitiert: »[…] indessen habe ich die Abschrift unter meiner Auf- und Durchsicht in meinem Hauß rein und sauber abschreiben lassen, und kostet mich 80 fl., welche aber nicht zu bezahlen sind.«[473] Die Rede ist von der Abschrift der »Jahreszeiten«.

Auf welches »Original« der »Jahreszeiten« stützte sich der Kopist, und wies dieses Original die Handschrift Haydns auf? Warum begnügte sich der Leipziger Verlag mit der Vorlage einer Abschrift, ohne zu verlangen, auch in das Autograf Einsicht nehmen zu können? Und dies, obwohl man einen sehr hohen Preis für den Erwerb der Rechte an den »Jahreszeiten« gezahlt hatte! Man vertraute in Leipzig offenbar der Au-

---

[473] Bartha, Haydn. Gesammelte Briefe, Nr. 270, S. 369

thentizität dieser von Haydn übersandten Kopie. Man wird das Gefühl nicht los, dass es sich bei diesem »Haydnautograf« der »Jahreszeiten« um ein Phantom gehandelt hat, das niemand außer Haydn und dem Kopisten Johann Elßler sowie van Swieten zu Gesicht bekommen hat. Und dieser treueste aller denkbaren Diener Haydns wurde offenbar weder zu Lebzeiten Haydns noch nach dessen Tod zu dieser wichtigen Sache befragt. Man hat es hier offensichtlich wieder mit diesem typischen »Wiensyndrom« zu tun, das in einem noch viel größeren Ausmaß bereits bei Mozart schmerzlich aufgetreten ist. Elßler besaß, möglicherweise neben anderen Autografen, die Manuskripte von den Symphonien Hob.101, 102 und 104.[474] Diese Symphonien zählen zweifellos zu den bedeutendsten Werken Haydns, auch wenn er mancherlei Erinnerungslücke bezüglich deren Entstehung hatte, wie vorhin festgestellt wurde. Im Jahre 1818 versuchte sein ehemaliger Kammerdiener diese Manuskripte aufgrund finanzieller Schwierigkeiten möglichst günstig zu verkaufen. Weshalb kam auch damals niemand auf die Idee, Johann Elßler nach dem verschwundenen Autograf der »Jahreszeiten« zu befragen? Und ganz ähnlich verhält es sich mit der »Schöpfung«. Zur Erinnerung: Das untere Angebot, welches die »Unterhändlerin« Konstanze Mozart 1799 im Auftrag von Breitkopf & Härtel angeblich für die »Schöpfung« laut wissenschaftlichem Kommentar in den von Bärenreiter herausgegebenen Mozartbriefen festzusetzen überlegte, waren 20 Dukaten (das sind 90 Gulden)! Nur 10 Gulden weniger musste Haydn allein für die Kopie der Partitur der »Jahreszeiten« zwei Jahre später bezahlen. Man sieht also, wie absurd die bisher geführte wissenschaftliche Diskussion um den Erwerb der Rechte an der »Schöpfung« ist, wenn sie überhaupt jemals geführt wurde, denn es stimmt die Zahlenrelation überhaupt nicht. Und welche Parallelität der Zufälle: Auch bezüglich der »Schöpfung« gibt es keinen Zeugen, der ein Autograf von Haydn oder von welcher Hand auch immer zu Gesicht bekommen hätte! Außer Skizzen ist nichts erhalten. Wenn Haydn für die Bewahrung der zahlreichen Skizzen aus der »Schöpfung« für die Nachwelt sorgte, wieso kümmerte er sich, wie es den klaren Anschein hat, überhaupt nicht um die Bewahrung der unendlich wichtigeren Originalpartitur der »Schöpfung«? Welcher Haydn-

---

[474] Schmieder, W.: Joseph Haydns Kopist und Bediensteter schreibt einen Brief. Unveröffentlichtes aus einem alten Geschäftsarchiv, in: Allgemeine Musikzeitung, 64. Jahrgang, Berlin/Leipzig/Köln/München 1937, S. 427 und siehe auch Günter, Griesingers Briefe über Haydn

forscher hat vor mir versucht, irgendeine plausible oder überhaupt eine Antwort darauf zu finden?

Übrigens: Wie kamen diese Skizzen von der »Schöpfung« in den Besitz der Hofbibliothek? Über Haydns oder van Swietens Nachlass? Über die erstere Möglichkeit ist mir nichts bekannt. Bliebe also nur, dass sich diese Skizzen ebenfalls wie das Autograf in der Verwahrung van Swietens befanden. Die Frage, weshalb nur die Skizzen, nicht aber das Autograf den Weg in die Hofbibliothek fanden, ist mit dem herkömmlichen Ansatz der Wissenschaft wohl nicht zu beantworten. Dabei war es durchaus nicht Haydns Gewohnheit, Erinnerungsstücke aller Art gering zuschätzen und diese nicht dauernd oder zumindest für längere Zeit sorgsam aufzubewahren. Im Gegenteil! So stattete der Berliner Komponist Johann Friedrich Reichardt im November 1808 Haydn in dessen Haus in Gumpendorf einen Besuch ab. Dazu liest man bei Albert Christoph Dies: »Dann zeigte er [Haydn] mir noch eine große Anzahl goldener Medaillen von der Petersburger musikalischen Gesellschaft, von dem Pariser Konzert, für welches er mehrere Symphonien eigens komponiert hat, und von vielen anderen; auch einen ganz herrlichen Ring vom russischen Kaiser, Diplome vom Pariser Nationalinstitut, vom Wiener Bürgerrecht und viele andere dergleichen Dinge. – Der gute Alte schien recht froh darin zurückzuleben.«[475] Vor allem der letzte Satz ist aufschlussreich. Beim Anblick dieser für ihn so wichtigen Dinge lebte also die Erinnerung an zahlreiche Ehrungen und Auszeichnungen wieder auf. Nur: Wenn er sich eine Vielzahl von Diplomen und Ähnlichem sorgsam bis an sein Lebensende aufbewahrte, warum war ihm ausgerechnet die Erhaltung der Originalpartituren von »Schöpfung« und »Jahreszeiten«, die ihn endgültig zu Weltruhm geführt hatten, so völlig gleichgültig? Warum ließ er sich zahlreiche Kanons an den Wänden seines Schlafzimmers in Gumpendorf einrahmen, obwohl deren Wert ein unvergleichlich geringerer als der der großen Oratorien war?

Ja, warum kümmerte er sich nicht einmal energisch darum nachzuforschen, ob seine handschriftlichen Partituren der beiden Oratorien überhaupt noch existierten? Ich habe einen einzigen, wenn auch keineswegs überzeugenden Hinweis auf eine gewisse Aktivität Haydns in diese Richtung bei Feder gefunden, der unter dem Kapitel »Werkgeschichte« schreibt: »Leider starb Swieten (am 29.III.1803) ohne ein Testament zu

---

475 Albert Christoph Dies, zitiert aus: Reich, Selbstzeugnisse, S. 324

hinterlassen, und da er unverheiratet war, traten sein Bruder und sein Schwager das Erbe an. Haydn schickte vergeblich seinen Schüler Sigismund Neukomm, um nach beiden Manuskripten zu fragen, die noch kurz zuvor in der Schublade von Swietens Schreibtisch gesehen worden waren. Sie gelangten daher nicht in die am 11.V.1804 abgehaltene Versteigerung von Swietens musikalischem Nachlaß und sind bis heute verschollen.«[476] Wer war diese Person, welche angeblich kurz nach van Swietens Ableben die beiden Autografe »in der Schublade von Swietens Schreibtisch« gesehen hatte, und warum wurde diese Auskunftsperson nicht nach den genauen Umständen dieser Beobachtung befragt? Es kann sich dabei eigentlich nur um Karl Röllig, van Swietens langjährigen Kammerdiener, gehandelt haben. Es könnte aber auch eine bewusste Fehlmeldung des ergebenen Haydnschülers Sigismund Neukomm der Fall gewesen sein. Es sollte mit dieser »Meldung« Neukomms der Nachwelt möglicherweise vermittelt werden, dass sich das Verschwinden dieser beiden Autografen im Bereich von van Swieten zugetragen habe und dass Haydn dafür keinerlei Verantwortung trage. Übrigens war dieser Sigismund Neukomm bereits beim Tod Mozarts unangenehm aufgefallen, als er als damals 13-Jähriger am Sterbebett Mozarts geweilt haben wollte[477] und ihm dabei an dem Leichnam Mozarts nicht das Geringste aufgefallen sein soll, obwohl der Körper schwere Schwellungen aufwies und ein überaus übler Geruch im Sterbezimmer zu verspüren war.[478] Es handelte sich dabei zweifellos um eine dreiste Lüge, da kein näheres Verhältnis Neukomms zur Familie Mozart nachzuweisen ist, das eine Anwesenheit des damals 13-Jährigen im Sterbezimmer des Komponisten auch nur einigermaßen plausibel machen würde.

Nach dem Tod van Swietens wird die Wohnung eines der wichtigsten Staatsbeamten und Diplomaten der vergangenen Jahrzehnte natürlich behördlich versiegelt worden sein und ein Nachlasskatalog erstellt worden sein. Angesichts der Stellung, die der Baron eingenommen hatte, wird die betreffende Amtshandlung gewiss eine besonders sorgfältige und penible gewesen sein wird. Wie sollten dabei Autografen verlorengehen können, die kurz vor oder nach dem Ableben des Barons noch gesichtet worden waren und die zu den bedeutendsten der Musikliteratur

---

[476] Feder, Schöpfung, S. 136
[477] Siehe auch Paumgartner, Mozart, S. 525 f.
[478] Quelle: Fragment eines in Italienisch abgefassten Schreibens des älteren Mozartsohnes, Karl Thomas, aus dessen Nachlass von 1858

zählten? Aber seltsamer Weise existieren, wie bereits festgestellt wurde, Skizzen zur »Schöpfung«, die offenbar den Schaffensprozess nachvollziehbar machen sollen und auch der handschriftliche Text der »Schöpfung« in der Bearbeitung durch van Swieten inklusive seiner peniblen Ratschläge an den Komponisten hat sich der Nachwelt erhalten – aber leider halt kein Autograf des Gesamtwerkes. Dieses freilich wäre das bei Weitem wichtigste Dokument gewesen und es hätte sich eigentlich erhalten müssen. Ist die Wahrscheinlichkeit eines zufälligen unglücklichen Verlustes schon als eher gering einzustufen, so wird man, nach dem gleichzeitigen Verlust auch des Autografs der »Jahreszeiten« die Wahrscheinlichkeit desselben als nahezu gegen Null gehend ansehen müssen.

Höchst seltsam finde ich auch die Tatsache, dass ein Mann wie van Swieten kein Testament hinterlassen haben sollte. In einem solchen hätte sich zweifellos eine Verfügung des Barons über diese kostbaren Autografen befunden. Es bleibt also nur eine Erklärung: Die Manuskripte der beiden Oratorien wurden bewusst beseitigt. Und was gäbe es hier für eine andere plausible Begründung, als dass die Spuren zur wahren Entstehungsgeschichte dieser beiden Oratorien verwischt werden sollten! Aus Unachtsamkeit der beiden Erben des Nachlasses van Swietens – dessen Bruder und dessen Schwager – können diese unendlich wertvollen Manuskripte nicht verloren gegangen sein, selbst für den unwahrscheinlichen Fall, dass die beiden Erben des Barons keinerlei Kunstinteresse gehabt haben sollten. Auch dass im Sterbehaus van Swietens in der Wiener Renngasse eine große Unordnung geherrscht haben könnte, aus der gegebenenfalls ein Abhandenkommen von solch wichtigen Dokumenten erklärt werden könnte, ist mehr als unwahrscheinlich. Schließlich handelte es sich bei dem Verstorbenen um einen Mann, der in Wien nicht nur berühmt und als arbiter musicae gefürchtet gewesen war, sondern auch zu den höchsten Beamten des Staates gezählt hatte, dem Ordnung naturgemäß immer etwas bedeutet hatte.

In diesem Zusammenhang könnte auch van Swietens »Hausfaktotum«, Karl Röllig, der übrigens in keinem Namensverzeichnis der Haydnbiografien vorkommt, eine gewisse Bedeutung zukommen. Denn dieser besorgte seit 1791 nicht nur als Kammerdiener den luxuriösen Haushalt van Swietens in der Renngasse, sondern er war für van Swieten offensichtlich wesentlich mehr. Röllig war Komponist und Glasharmonika-Virtuose und er war – ebenfalls seit 1791 – von van Swieten als Bibliothekar an der von ihm geleiteten Hofbibliothek angestellt. Wenn Köppen schreibt, dass Röllig »ein intimer Vertrauter«[479] van Swietens gewesen sei, so ist dem wohl voll und ganz zuzustimmen. Ein *gleichzeitiges* Abhandenkommen der Autografen von »Schöpfung« und »Jahreszeiten« ist bei einem solchen »Kammerdiener«, der, wie bereits festgestellt wurde, ein Verzeichnis der überaus wertvollen Musikaliensammlung van Swietens erstellt hatte, noch um vieles unwahrscheinlicher. Ein Diebstahl ist ebenfalls nahezu auszuschließen. Dafür wären etwa ein Erpresser oder ein pathologischer Musikliebhaber in Frage gekommen. Es braucht nicht weiter ausgeführt zu werden: Von einem Erpressungsdelikt ist natürlich nichts bekannt, und ein etwaiger Musik- und Haydnenthusiast hätte die beiden Autografe irgendwann einmal gewiss zurückgegeben, keineswegs aber für immer beseitigt! Sonst bliebe nur die Möglichkeit, dass jemand in einem Anfall von Sinnesverwirrung die beiden Autografe vernichtet haben könnte. Ebenfalls eine nicht gerade wahrscheinliche Variante! Wenn die beiden Originalmanuskripte der »Schöpfung« und der »Jahreszeiten« jedoch teilweise oder womöglich zur Gänze eine andere Handschrift als die Haydns aufgewiesen haben sollten, wäre das Rätsel des Verschwindens dieser Manuskripte gelöst, für das es sonst keine sinnhafte Lösung gibt.

In diesem Zusammenhang ist darauf hinzuweisen, dass sich beispielsweise vom Oratorium »Die vier letzten Dinge« von Joseph Eybler (1810 komponiert und von der »Tonkünstlersozietät« aufgeführt), sehr wohl ein Autograf erhalten hat: »Wie bereits die Autografe Partitur der Vier letzten Dinge in ihrem äußeren Erscheinungsbild bekundet – einem Prachtband in Folioformat mit von eingeklebtem, von Eybler persönlich geschriebenen Textheft – war das Werk von vornherein dazu bestimmt, die Bedürfnisse nach prunkvoller Repräsentation zu befriedigen.«[480] Dabei war diesem Werk keineswegs ein Erfolg beschieden und es geriet bald in völlige Vergessenheit. Hanslick hält es letztlich für ein »langweiliges Werk« und findet, dass der Wechselgesang von Seligen und Verdammten »geradezu ins Komische gerät.«[481] Man hat hier fast das Gefühl, dass Eybler einen demonstrativen Akt mit diesem »Prachtband in Folio« zum Nichtvorhandensein der Autografen von »Schöpfung« und »Jahreszeiten« setzen wollte. Und die Erhaltung des Autografs dieses Eyblerora-

[479] Köppen, Mozarts Tod, S. 244

[480] Blanken, Christine: Franz Schuberts »Lazarus« und das Wiener Oratorium zu Beginn des 19. Jahrhunderts, Stuttgart 2002, S. 62

[481] Hanslick, Eduard: Geschichte des Concertwesens in Wien, Wien 1869, S. 198

toriums war keineswegs die Ausnahme. Nicht zuletzt ist es, ähnlich wie bei der »Schöpfung«, Haydns schlechter Gesundheitszustand, der sich bei der Komposition der »Jahreszeiten« nicht verbessert, sondern mit großer Wahrscheinlichkeit nur noch verschlechtert haben wird, der es einem, der sich in die Materie vertieft hat, so schwer macht zu glauben, dass Haydn der (alleinige) Urheber der beiden Oratorien sein soll.

Von Wichtigkeit scheint mir dabei auch Haydns Schreiben an den Komponisten und Mitarbeiter der »AmZ« in Leipzig, August Eberhard Müller, vom 11. Dezember 1801 zu sein. Es geht in diesem Brief um eine Klavierfassung der »Jahreszeiten«, die Müller für Haydn vorgenommen hatte. Der Brief im Wortlaut:

> »Wohl gebohrner Insonders hochzu verEhrender Herr!
>
> Ich bewundere abermahl Ihr Talent und den grossen fleiß, welchen Sie sich bishero über ein so schweres werck zu unternehmen gegeben haben: es ist alles leicht und fasslich übersezt, besonders die lezte fuge! Nur bitte ich, wenn es anderst möglich, meine eingesandte Abänderungen beyzubehalten; übrigens überlasse ich mich gänzlich auf Ihre Kenntniß und selbst verbesserung nach Ihrer tiefen einsicht, allenfals Sie etwan noch einige kleine fehler treffen solten; ich bin zu alt und zu schwach, als daß ich ein so grosses werck So genau untersuchen solte. die Herrn Recensenten solten dahero etwas Nachsicht haben. NICHTS IST VOLLKOMEN IN DIESER WELT.SED HOC INTER NOS: NB. da daß ungewitter in 2tn theil wegen den geschwinden Tempo unmöglich So, wie es gesezt, kan gespielt werden, so wäre meine Meinung auf folgende arth: damit der Sänger desto sicherer Intonier- als- wie Sie aus beygelegten Blat ersehen werden. meine heutige Schwäche erlaubt mir nicht ein mehreres zu schreiben: in hofnung bald wider etwas zu hören und zu sehen bin ich mit vorzüglichster hochachtung Dero ganz ergebenster diener Joseph Haydn mppria.«[482]

Haydn ist mit Müllers Klavierfassung der »Jahreszeiten« vollkommen einverstanden und baut auf dessen Kompetenz. Beinahe unterwürfig bittet er ihn, die von ihm eingesandten Abänderungswünsche zu berücksichtigen, was eigentlich eine Selbstverständlichkeit darstellt, um die er als

<hr>

[482] Bartha, Haydn. Gesammelte Briefe, Nr. 292, S. 388

gefeierter Schöpfer des Werkes nicht demütig zu bitten braucht. Er hat auch nichts dagegen, wenn Müller aufgrund seiner »tiefen Einsicht« gewisse Verbesserungen (!) vornehmen sollte und bittet ihn zugleich, falls er »noch einige kleine fehler treffen« sollte, diese zu korrigieren! Und dann folgt die Begründung: »Ich bin zu alt und zu schwach als daß ich ein so grosses werck So genau untersuchen solte.« Man muss sich die konkrete Situation für diese groteske Bemerkung Haydns vor Augen halten: Am Anfang des Jahres 1801 hat er, so die Legende, die »Jahreszeiten« vollendet und er ist am Ende desselben! Jahres, wie er selbst schreibt, nicht einmal mehr in der Lage, den von Müller verfassten Klavierauszug einer auch nur einigermaßen genauen Prüfung und Untersuchung auf etwaige Fehler zu unterziehen. Eine weitere Groteske: Das Tempo des Unwetters ist im Klavierauszug, wie Haydn meint, für den »Sänger« (sic!) in einem zu »geschwinden Tempo« gesetzt, sodass er befürchtet, es könnten sich daraus Intonierungsprobleme ergeben. Es ist doch anzunehmen, dass Herr Müller in seinem Klavierauszug keine Eigenmächtigkeit beging und das von Haydn in der Partitur der »Jahreszeiten« vorgegebene Tempo im Klavierauszug unverändert ließ. Und außerdem wird das Unwetter durch einen Chor zum Ausdruck gebracht! Man kann doch angesichts solcher skurriler Fakten wahrlich nicht von einer bösen Unterstellung sprechen, wenn einem bei der Lektüre dieses Haydnbriefes zumindest der Gedanke kommen mag, Haydn könne hier nicht über sein eigenes – vor kurzem vollendetes – Oratorium die »Jahreszeiten« geschrieben haben.

Wie schlecht sein tatsächlicher Gesundheitszustand war, beweist endgültig seine Schlussbemerkung, dass seine »heutige Schwäche« ihm nicht erlaube, einen längeren Brief an Müller zu richten! Abschließend sei zu van Swieten vermerkt, dass die wohl Jahrzehnte anhaltende Beziehung des unvermählten Baron zu Haydn, die man trotz vieler Zwiespältigkeiten und mancher akuter Krisen als zumindest ebenso »intim« bezeichnen könnte wie jene zu seinem Hausfaktotum Karl Röllig, in der Haydnliteratur keine ihrer Bedeutung entsprechende Aufmerksamkeit gefunden hat. Wie es den klaren Anschein hat, hat van Swieten zweifellos auch »intime« Kenntnisse über das seltsame Zustandekommen mancher Haydnwerke besessen. Mag man es hier bei diesen Andeutungen bewenden lassen. Übrigens: In den diversen Ausstellungen des Haydnjahres 2009 fristete van Swieten – völlig unverständlich – ein geradezu kümmerliches Schattendasein.

Die Verluste der Autografe von »Schöpfung« und »Jahreszeiten« sind

keineswegs Einzelfälle, sie sind aber gewiss die spektakulärsten und unerklärlichsten. Wie hoch der Anteil der Originalmanuskripte am heute
als echt geltenden Gesamtwerk Haydns ist, darin üben sich die meisten
Haydnbiografen in auffallender Zurückhaltung. Geiringer vermerkt
in der erweiterten Ausgabe seiner Haydnbiografie (Erscheinungsjahr
1986)[483], dass »die Anzahl der Eigenschriften »betrüblich klein« sei und
dies trotz »nicht unbeträchtlicher Zahl«. In der ersten Ausgabe von 1959
ist noch von einer konkreten Anzahl von »200 Eigenschriften« die Rede.[484] Wenn man von etwa einem Drittel des Gesamtwerkes ausgeht, wird
man, denke ich, keineswegs nach unten übertrieben haben. Von etwa
einem Drittel an Autografen sprach auch der Leiter des Kölner Joseph
Haydn-Instituts, Armin Raab, anlässlich seines Vortrages im Rahmen
des Haydnjahres 2009 in Eisenstadt. Ist dieses Fehlen von Autografen
wirklich nur auf unglückliche Umstände und Zufälle zurückzuführen?
Und wanderten die in den Jahrzehnten seines Dienstes bei Esterházy geschaffenen Werke nicht laut Dienstvertrag automatisch – als Autografe,
nicht als Kopien – in das Musikarchiv der Majoratsherrschaft? Trotzdem gibt es nur so wenige Autografe! Welcher Haydnforscher hat sich
jemals mit diesem Problem umfassend auseinandergesetzt?

Fragen über Fragen, auf die sich keine schlüssigen Antworten geben
lassen, es sei denn, man versucht endlich, die ausgetretenen Pfade zu
verlassen und mit einem völlig neuen, wenngleich eher schmerzhaften
Ansatz, an die Dinge heranzugehen. Denn die Findung der Wahrheit hat
in der Wissenschaft absoluten Vorrang und die Wahrheit ist immer zu
ertragen!

[483] Geiringer, Haydn, S. 273
[484] Geiringer, Karl: Joseph Haydn, Mainz 1959, S. 169

Van Swieten und Mozarts Händelbearbeitungen

Doch meine Beweisführung ist damit immer noch nicht zu Ende. Es gibt, man wagt es kaum auszusprechen, zu den geschilderten Ereignissen um den Verkauf der Rechte an der »Schöpfung« und an den »Jahreszeiten« noch eine weitere Parallele. Und wieder sind es die von der Forschung offensichtlich vernachlässigten Briefe der Konstanze Mozart, die eine wahre Fundgrube für elementare neue Erkenntnisse sind. Erneut hat man es mit einer Trias von Briefen, ähnlich wie bei den »Jahreszeiten«, zu tun. Nur ist hier die Verfasserin Konstanze Mozart. Die Rede ist von ihren Briefen an Breitkopf & Härtel vom 17. Februar, vom 13. März und 29. April 1802. Auch das Grundmuster ist uns mittlerweile bekannt. Wieder geht es dabei um ein uns bereits bekanntes Dreiecksverhältnis. Die handelnden Personen sind: Baron van Swieten, Konstanze Mozart und Gottfried Christoph Härtel, als alleiniger Vertreter des Leipziger Musikverlages. Diesmal muss man sich Gott sei Dank nicht etwa den Kopf über die Identität einer »Madame N. N.« zerbrechen und auch nicht darüber, ob Konstanze Mozart, was die »Schöpfung« betrifft, kauft oder verkauft! Die Funktionen der involvierten Personen sind diesmal klar definiert: Breitkopf & Härtel sind in der Vermittlungsrolle, van Swieten möchte mit Hilfe des Leipziger Verlages etwas »kaufen« und die Witwe Mozarts soll dieses »Etwas« verkaufen, wobei es sich naturgemäß nur um Kompositionen ihres verstorbenen Mannes handeln kann. Haydn kommt in dieser Geschichte nicht vor und es geht daher auch nicht um eine seiner Kompositionen; daher ist die Durchschaubarkeit der ganzen Angelegenheit naturgemäß etwas leichter. Die einzige »Unbekannte« im Sinne einer mathematischen Gleichung ist: Welches Werk Mozarts soll hier gekauft beziehungsweise verkauft werden? Dazu seien wieder die diesbezüglichen Briefpassagen ähnlich der causa »Jahreszeiten« angeführt:

Im Brief vom 17. Februar 1802 an Breitkopf & Härtel heißt es:

>»[...] als ich Ihren brief vom 21. Januar erhielt, war mir der Gegenstand desselben, in so ferne er Ihre Verhandlung mit Sr Excellenz, dem herrn Geheimenrath Freyherrn von Swieten betrift, ganz

fremde. blos aus dem mir so natürlichen Antheil an Allem, was den Namen meines sel. Mannes betrift, habe ich seitdem Erkundigung eingezogen, und bey dieser Gelegenheit einen neuen beweis der gütigen Gesinnungen des hern barons für mich erfahren. Ich sage, blos aus dem natürlichen Antheil- denn meine Verpflichtungen gegen H. Andre machen mir es unmöglich, mit Ihnen oder Jemanden ausser ihm mich über irgend eine Composition meines sel. Mannes einzulassen. worin ich Ihnen sonst dienen kann, werde ich es immer gerne thun.«[485]

Brief vom 13. März 1802 an Breitkopf & Härtel:

>In Antwort auf Ihren Brief vom 22. febr. habe ich die Ehre nochmals zu erwiedern, daß ich wiewohl alles das, was Sie anführen, vollkommen wahr seyn mag, durch meine Vorstellung von meinen Pflichten gegen Andre und mich selbst durchaus abgehalten werde, mich über Ihren gutgemeinten Vorschlag auszulassen: ich habe Ihnen zu danken, dass Sie Sich die Mühe geben mich zu etwas zu überreden, was mein Nuzen ist. Ich wäre also in dem Falle einen nicht unbeträchtlichen Vortheil verlieren zu können, den mir der gütige Baron v. Swieten zuwenden wollte. Übrigens kann es Sie befremden, daß ich Gründen, die ich nicht tadle, nicht nachgebe, aber Sie werden mir es nicht übel nehmen.«[486]

Brief vom 29. April 1802 an Breitkopf & Härtel:[487]

>Nicht wahr, ich irrte mich in meinem letzten Schreiben nicht? Nicht wahr, Sie sind nicht über meine abschlägige Antwort, mich wegen der händelschen Sachen auszulassen, unwillig? Mit dem Wunsche, Ihnen ferner nüzlich seyn zu können, habe ich die Ehre z u seyn, meine Herren, Ihre ergebenste Dienerinn Constance Mozart.«

Die Ausgangssituation beim ersten Brief, die auch im folgenden vom 13. März bestätigt wird, ist klar: Der Freiherr van Swieten hatte sich, wie der Verlag Breitkopf & Härtel hier Konstanze Mozart mitteilt, an Härtel

[485] Mozartbriefe, Band IV, Nr. 1342
[486] Mozartbriefe, Band IV, Nr. 1344
[487] Mozartbriefe, Band VI, Kommentare zu Nr. 1348a

– Breitkopf war damals bereits verstorben – gewandt, damit dieser bei
der Mozart Witwe vorstellig werde, Werke ihres verstorbenen Mannes –
mag man es einmal recht allgemein nennen – »zur Verfügung zustellen«.
Dass es sich dabei um ein »krummes Ding« handeln muss, erfährt man
nach und nach aus diesen drei Schreiben Konstanze Mozarts. Klar ist
bereits: Die Briefe des Leipziger Musikverlages an Konstanze Mozart
sind, aus welchen Gründen auch immer, verloren gegangen. Aus diesen
wäre natürlich der Sachverhalt im Detail abzulesen gewesen. Der Inhalt
dieser erwähnten Gespräche zwischen Härtel und van Swieten wird von
Konstanze Mozart nicht erläutert, lässt sich aber nach der Lektüre aller
drei Briefe relativ leicht rekonstruieren. Den »Gegenstand« dieser »Verhandlungen« zwischen van Swieten und Breitkopf & Härtel findet die
Mozartwitwe »fremde«, will heißen, sie ist »befremdet« und mehr oder
minder schockiert über ein offensichtlich unsittliches Angebot, das ihr
der feine Herr Baron unter Vermittlung des Verlages in Leipzig macht.
Der mediokre Komponist Gottfried van Swieten – er hat eine Reihe von
in der Versenkung verschwundenen Symphonien und auch anderes komponiert – macht hier offenbar den Versuch, mit Kompositionen Mozarts
in die Musikgeschichte einzugehen. Möglicherweise ist der Baron durch
die unguten Affären rund um die »Schöpfung« und die »Jahreszeiten«
erst auf den »Geschmack« gekommen, es mit ähnlichen Winkelzügen zu
versuchen. Und zwar diesmal zum eigenen Ruhm. Der mäßig begabte
Komponist van Swieten mag neidisch auf den ungeheuren Ruhm des mit
ihm so eng verbundenen Komponisten Joseph Haydn geblickt haben und
sich dabei gedacht haben: Warum nur er? Warum nicht auch ich! Ja, es
wäre sogar denkbar, dass van Swieten selbst, in einem Anfall von Neid
auf Haydns durch die beiden großen Oratorien schier ins Unermessliche
gestiegenen Ruhm, Konstanze die Entdeckung machte, dass ihr seliger
Gatte auch an den »Jahreszeiten« maßgeblich mitgewirkt hatte. Psychologisch wäre ein solcher Vorgang durchaus nachvollziehbar, noch dazu
wo van Swieten den trotz seiner eigenen Karriere berühmteren und weit
bedeutenderen Joseph Haydn bis an sein Lebensende nachweislich be-
vormundete und dominierte. Mit diesem subtilen psychologischen Problem hat sich die Haydnforschung bisher überhaupt nicht befasst. Eine
plausible Erklärung dieses seltsamen Phänomens wäre allerdings in der
in meinem Buch ausgebreiteten Theorie zu finden. Dass Konstanze über
van Swieten nur als ihren großen Gönner spricht, könnte ebenfalls in
diese Richtung weisen.

Wie auch immer, der Freiherr van Swieten mochte sich im Jahre 1802 gute Chancen ausrechnen, dass Konstanze Mozart auf sein Ansinnen, sich mit einem Werk Mozarts schmücken zu wollen, genauso bereitwillig eingehen werde, wie sie es – allerdings in anderem Zusammenhang – im Falle der »Schöpfung« und »Jahreszeiten« getan hatte. Doch diesmal ist es für Konstanze Mozart von Anfang an feststehend: Diesmal wird sie, der Bedeutung ihres Namens endlich gerecht werdend, »standhaft« bleiben und sich auf keinen miesen Handel mehr einlassen. Schließlich hat sie mit ihrer Charakterlosigkeit schon genug Geld verdient. Sollen wir ihr hier glauben, wenn sie schreibt, dass ihr »der natürliche Anteil den sie an allem nehme, was »den Namen ihres sel. Mannes betrift«, teurer sei als ein noch so üppig in Aussicht gestelltes Geldgeschenk des famosen Barons? Man hat bereits in so viele menschliche Abgründe geblickt, dass man sich daran klammern will, dass es eine aufrichtige Emotion Konstanzes für ihren toten Gatten ist, die hier aus ihren Worten spricht. Erleichtert wird ihr dieses anständige Verhalten allerdings durch ihre vertragliche Bindung an André in Offenbach, wonach alle Rechte an Mozartwerken, auch an solchen, die noch in Zukunft auftauchen würden, allein beim Verlag in Offenbach lägen. Diese »Verpflichtungen machen es ihr unmöglich« wie sie schreibt, sich mit irgendjemandem bezüglich einer Komposition ihres verstorbenen Gatten »einzulassen«. Weder mit Härtel noch mit van Swieten. Der Sinn des von ihr gebrauchten Verbums »einlassen« ist klar. Ich lasse mich auf etwas ein, im Sinne von: ich riskiere eine persönliche Gefährdung oder ich lasse mich etwa auf eine unredliche oder gar kriminelle Handlung ein. Gut möglich, dass der Verleger André, nach den Erfahrungen mit den »Jahreszeiten« ein Jahr zuvor, mit Konstanze ein ernstes Wort gesprochen haben mag und ihr unmissverständlich erklärt hatte, dass sich ein »Fall Jahreszeiten« nicht mehr wiederholen dürfe.

In ihrem Brief vom 13. März erfährt man ein paar weitere Einzelheiten, die eine Rekonstruktion dieser ungustiösen Angelegenheit erleichtern. Härtel hatte sich von der ersten klaren Absage Konstanze Mozarts offensichtlich nicht beeindrucken lassen und in dem Schreiben vom 22. Februar 1802 an Konstanze dieses unredliche Angebot van Swietens wiederholt. Offenbar waren in Härtels zweitem Brief einige »Argumente« verpackt, die die Witwe umstimmen sollten. »Wiewohl alles das, was Sie anführen, vollkommen wahr sein mag«, bleibt sie in ihrem Antwortschreiben dabei, dass sie von diesem Angebot aus den bereits im ersten Brief genannten Gründen keinen Gebrauch machen wird. Was hier Härtel »angeführt« haben mag, und was Konstanze für »vollkommen wahr« halten mochte, darüber lassen sich nur Vermutungen anstellen. Im Extremfall könnte der Verleger versucht haben, Konstanze davon zu überzeugen, dass der »Komponist« und Händelkenner van Swieten den Großteil der Händelbearbeitungen, um die es hier geht, wie gleich zu sehen sein wird, vorgenommen habe, und dass Mozart ihm nur dabei geholfen habe, das Ganze in eine entsprechende Form zu bringen. Immerhin bestand eine gewisse Möglichkeit, dass die Witwe dies glauben würde, denn es wurde bereits festgestellt, dass in diesem exklusiven Kreis der »Assoziierten Gesellschaft« um van Swieten, der sich allsonntäglich in der Hofbibliothek zur Pflege alter Musik vor allem in den 8oer-Jahren des vergangenen Jahrhunderts zusammengefunden hatte, auch Kompositionen, vor allem aber Bearbeitungen von Händelwerken, geschaffen wurden.[488] Und die in diesem Kreis entstandenen Kompositionen verblieben bei van Swieten, der sie in Auftrag gegeben hatte, und wurden von ihm aufbewahrt. Darunter befanden sich, wie bereits festgestellt, auch die beiden Originalhandschriften von »Schöpfung« und »Jahreszeiten«. Die spannende Frage aber ist, *wann* diese in die Aufbewahrung durch van Swieten gelangten. Wahrscheinlich hat er seinerzeit für diese Händelbearbeitungen Mozarts auch mehr oder weniger großzügig bezahlt. Und es handelt sich, wie bereits angedeutet, offensichtlich bei dieser in den drei Konstanze Mozart Briefen aufgeworfenen Frage um die vier Händelbearbeitungen Mozarts: »Messias«, »Acis und Galathea«, »Caecilienode« und »Alexanderfest«. Möglicherweise ging es dabei auch nur um einen Teil dieser vier Bearbeitungen.

Man muss in diesem Zusammenhang die wichtige Feststellung treffen: Es gibt kein Jahr, in welchem Mozart so wenig komponierte, wie im vorletzten Jahr seines Lebens. Außer zwei Quartetten, einem Quintett und zwei Händelbearbeitungen, welche letzteren in einem einzigen Monat erfolgten, findet sich kein nennenswertes Werk auf Mozarts Schaffensliste. Man vergleiche damit die ungeheure Produktivität Mozarts in seinem Todesjahr, in dem er noch in den letzten Monaten seines Lebens zwei große Opern wie die »Zauberflöte« und »La Clemenca di Tito«, das Klarinettenkonzert für Stadler, die »Freimaurerkantate« sowie das »Requiem« schuf. Dies ist umso unverständlicher, als gerade das Jahr

---

[488] Etwa Solomon, Mozart, S. 414 und Paumgartner, Mozart, S. 308

1790 ein finanziell sehr schwieriges Jahr war, wie auch manche seiner ominösen Bettelbriefe an Johann Michael Puchberg beweisen. Mozart konnte es sich sozusagen gar nicht leisten, zu dieser Zeit wenig bis gar nichts zu komponieren. Dies ist auch schon anderen Mozartforschern aufgefallen, ohne dass jemand eine wirklich plausible Erklärung dafür gefunden hätte. Dass ein Wolfgang Amadeus Mozart in seiner Rastlosigkeit monatelang nichts, wie es 1790 der Fall war, komponiert haben sollte, wie aus dem Werkverzeichnis ersichtlich ist, ist schier unvorstellbar. Die ihn seelisch belastende Krankheit seiner Gattin kann wohl keine ausreichende Begründung sein. Sollte Mozart jedoch in diesem Zeitraum, es käme zusätzlich auch das Jahr 1789 in Frage, an der »Schöpfung« und an den »Jahreszeiten« gearbeitet haben, wäre dieses Rätsel mit einem Schlag gelöst. Es wäre auch sehr naheliegend, dass er nach seinen vier Händelbearbeitungen, bei denen er sehr behutsam vorgegangen war, an die selbständige Komposition von Oratorien geschritten ist, da ihn diese Musikgattung in seiner Bewunderung für Händel offensichtlich besonders faszinierte. Und dass er dabei von dem Händelverehrer van Swieten voll unterstützt und möglicherweise auch angeregt wurde. Ein Schlüssel zur Verifizierung meiner These könnte in Mozarts Brief an Johann Michael Puchberg von Ende März oder Anfang April 1790 liegen. Mozart schreibt: »Als ich letzthin von Ihnen nach Hause kam, fand ich beyliegendes Billet von B. Swieten. Sie werden so wie ich daraus sehen, daß ich nunmehro mehr Hoffnung habe als allzeit.– Nun stehe ich vor der Pforte meines Glückes – verliere es auf ewig, wenn ich diesmal nicht Gebrauch davon machen kann. Meine gegenwärtigen Umständen sind aber – daß ich, bey all meinen angenehmen Aussichten, ohne der Hülfe eines biederen Freundes, meine Hoffnung zu meinem ferneren Glücke ganz für verlohren geben muss.«[489] Mozart ist ob des Inhalts dieses Schreibens von van Swieten geradezu euphorisch. In der gesamten Mozartliteratur wurden bisher offensichtlich keinerlei Überlegungen angestellt, womit hier van Swieten Mozart in einen wahren Hoffnungs- und Freudentaumel versetzen konnte. Es kann sich dabei eigentlich nur um einen großen und überaus lukrativen Kompositionsauftrag gehandelt haben. Und mit großer Wahrscheinlichkeit wird der Auftraggeber und der Verfasser des Billets dieselbe Person – van Swieten – gewesen sein. Und mit fast ebenso großer Wahrscheinlichkeit handelte es sich um den Wunsch nach Ora-

---

[489] Mozartbriefe, Band IV, Nr. 1120

torien im Sinne Händels durch den leidenschaftlichen Händelverehrer van Swieten. Wer würde bei dieser Argumentationskette nicht an die »Schöpfung« und an die »Jahreszeiten« denken? Doch sollte man sofort in einem sorgfältigen Abwägen eines Für und Wider dagegen halten, dass Mozart im Juli dieses Jahres bekanntlich die beiden Händelbearbeitungen »Alexanderfest« und »Caecilienode« vornahm. Dass van Swieten in diesem Billet an Mozart einen diesbezüglichen Kompositionsauftrag gab, erscheint möglich. Aber andererseits hatte Mozart für van Swieten in den Jahren davor bereits Händels »Messias« und »Acis und Galathea« bearbeitet. Durch ein solches Offert, das von Mozart im darauffolgenden Sommer in wenigen Wochen ausgeführt wurde, wäre er wohl schwerlich in eine solche Hochstimmung zu versetzen gewesen, wie in seinem Brief nachgelesen werden kann: »dass ich nunmehro mehr Hoffnung habe als allzeit«, »nun stehe ich vor der Pforte meines Glückes« et cetera. Denn das Geschäft seines Lebens hat Mozart gewiss weder mit dem »Alexanderfest« noch mit der »Caecilienode« gemacht. Und dies muss ihm selbstverständlich bereits beim Erhalt dieses Billets bewusst gewesen sein. Es müsste sich also – logisch betrachtet – um ein Angebot von einer völlig anderen Dimension durch van Swieten gehandelt haben.

Aus der Tatsache, dass diese Händelbearbeitungen in seinem Werkverzeichnis vermerkt sind, nicht aber die »Schöpfung« und die »Jahreszeiten«, müsste man schließen, dass Mozart diese Oratorien nicht vollendete oder auch, dass er sie überhaupt nicht komponierte. Letzteres anzumerken gebietet die Redlichkeit. Es bestünde freilich auch eine gewisse Möglichkeit, dass Mozart in seinen damaligen existentiellen Geldnöten diese beiden Werke sozusagen total unter Abtretung sämtlicher Rechte – selbst der Kenntnis seiner Urheberschaft in der Nachwelt – an van Swieten veräußerte. In diesem Fall wäre die Nichtverzeichnung in Mozarts Werkkatalog erklärbar. Übrigens hatte van Swieten, wie im Fall der »Schöpfung« und der »Jahreszeiten«, die deutsche Textgrundlage für die vier genannten Händelbearbeitungen geschaffen. Eine erstaunliche Parallele, die der Musikforschung noch nicht als bemerkenswertes Faktum aufgefallen zu sein scheint.[490]

In Nissens Mozartbiografie findet sich eine Stelle, durch die meine These starke Unterstützung findet: »Unter den älteren Componisten schätzte er [Mozart] ganz besonders einige Italiener, die man längst ver-

---

[490] Braunbehrens, Mozart in Wien, S. 341

gessen hat; am allerhöchsten aber Händeln. Die vorzüglichsten Werke dieses in einigen Fächern noch nie übertroffenen Meisters hatte er so inne, als wenn er lebenslang Director der Londner Akademie zur Aufrechterhaltung der alten Musik gewesen wär. Händel, sagte er oft, weiss am Besten unter uns Allen, was grossen Effect macht; wo er es will schlägt er ein, wie ein Donnerwetter. Diese Liebe zu Händel ging so weit, dass er Vieles, was er aber nicht bekannt gemacht hat, in seiner Manier schrieb. Er schätzte und liebte nicht allein Händels Chöre, sondern auch viele seiner Arien und Solo's.«[491]

Die beiden letzten Sätze halte ich für geradezu sensationell, geht doch aus diesen klar hervor, dass Mozart Vieles im Stile Händels schrieb und dass er dies »nicht bekannt machte«! Und weil Mozart, wie Nissen schreibt, besonders Händels »Chöre, seine Arien und Solo's« liebte, kann man mit einiger Sicherheit davon ausgehen, dass es sich dabei nicht nur um instrumentale Werke sondern auch um Vokalwerke Mozarts, also Oratorien im Sinne Händels, handeln mochte.

Dass Mozart im Vergleich zu Haydn ungleich tiefer in den Geist und das Werk Händels eingedrungen sein mochte, scheint mir keine besonders gewagte These zu sein, noch dazu wo er sich durch seine vier Händelbearbeitungen die vertiefende Grundlage geschaffen hatte (oder geschaffen haben könnte), eigene Oratorien im Stile seines großen Vorbildes zu komponieren. Übrigens: Man hätte sich eine ähnliche Großzügigkeit, wie sie van Swieten bei seinem Angebot betreffend die vier Händelbearbeitungen Mozarts gegenüber Konstanze zeigte, auch bei dessen Tod gewünscht, als es um die Bestreitung der Begräbniskosten von armseligen 8 Gulden ging. Selbst dieser Betrag war van Swieten offensichtlich zuviel gewesen, weil diese Kosten von der kärglichen Barschaft von 60 Gulden bestritten wurden, die sich im Nachlass Mozarts vorfand.

Dabei war van Swieten der erste, der noch in der Nacht im Sterbehaus eingetroffen war und er hatte alle Vorkehrungen für Mozarts Begräbnis, wenn man dieses überhaupt als solches bezeichnen will, veranlasst.[492] Dies wäre eigentlich Aufgabe der Angehörigen Mozarts gewesen. Schließlich wohnten zum damaligen Zeitpunkt die drei Schwestern Konstanzes samt ihren Ehegatten in Wien. Auch Mozarts Schwiegermutter Caecilia Weber lebte damals noch in Wien. Nur an den Kosten wollte

[491] Nissen, Biographie W. A. Mozarts, S. 661
[492] Solomon, Mozart, S. 480

sich der Herr Baron partout nicht beteiligen. Seine Einmischung in familiäre Angelegenheiten wird dadurch noch peinlicher. Ob man je eine Erklärung für ein derart abstruses Verhalten finden wird? Doch dies weicht vom gestellten Thema etwas ab.

Das abstoßende Gerangel um die »Händelwerke« Mozarts könnte endgültig beweisen, dass ich mit meiner Theorie richtig liege. Will die Forschung (die Bezeichnung als »Forschung« ist eigentlich weit übertrieben), die sich außer in der Ausgabe der Mozartbriefe bei Bärenreiter (und auch da nur marginal) damit kaum beschäftigt hat, bei den Verhandlungen über den Verkauf der »Schöpfung« noch an der These festhalten, dass Konstanze Mozart als Unterhändlerin und »Käuferin« auftritt, so wird diese These durch die causa »Händelbearbeitungen«, die nach einem ähnlichen Grundschema abläuft, endgültig und unwiderlegbar ad absurdum geführt. Hier geht es eindeutig um einen Verkauf von Kompositionen Mozarts. Bei den Händelbearbeitungen scheitert dieser Verkauf; aber dies tut hier nichts zur Sache, es geht hier nur um die Sichtbarmachung des Grundschemas. Und es geht immer um die konkrete Funktion der Konstanze Mozart als Käuferin oder Verkäuferin – sie ist natürlich immer nur »Verkäuferin« – bei diesen unerquicklichen Vorgängen. Und der Zweck dieser Ankäufe von Mozartwerken ist offenbar, dass sich diese jemand aneignen will zum eigenen Ruhm. Und es behaupte niemand, dass ein solcher Versuch van Swietens von vornherein als absurd anzusehen gewesen sei, weil niemand von seinen Zeitgenossen ihm die Komposition der »händelschen Sachen«, die ja bloß Bearbeitungen Mozarts darstellten, zugetraut hätte. Wenn ein völliger Dilettant, wie der Graf Walsegg, die Frechheit besaß, bei der vermeintlichen Uraufführung des Mozartrequiems im Neukloster von Wiener Neustadt am 14. Dezember 1793 – die tatsächliche Uraufführung fand bekanntlich schon im Jänner 1793 im Wiener Jahnsaal statt – seinen Namen unter das Requiem zu setzen und sich damit als dessen Schöpfer auszugeben[493], dann kann man auch annehmen, dass der immerhin »begabtere«, wenn auch keineswegs hochbegabte Komponist und weithin bekannte Händelkenner van Swieten eine Usurpierung der Mozart'schen Händelbearbeitungen noch viel eher als ein Graf Walsegg jene des »Requiems« wagen konnte.

In causa drei wurde die niederträchtige Vorgangsweise sowohl van

---

[493] Paumgartner, Mozart, S. 435

Swietens als auch des Leipziger Verlages Breitkopf & Härtel, ohne dass irgendein Zweifel bestehen bleiben könnte, festgemacht. Dies ist von besonderer Wichtigkeit. Denn damit ist der eindeutige Beweis erbracht, zu welch moralisch verkommenen Handlungen gewisse Personen und Institutionen fähig waren. Damit wird jeglichem Einwand weitgehend der Wind aus den Segeln genommen, dass sich solch abstruse Dinge nie und nimmer bezüglich »Schöpfung« und »Jahreszeiten« abgespielt haben können und dass Schlussfolgerungen dieser Art Ergebnis einer allzu üppig wuchernden Fantasie des Autors und damit völlig absurd seien.

Übrigens sei am Rande noch eine skurrile Fehlleistung im Zusammenhang mit diesen drei Konstanze Briefen erwähnt. Während die beiden ersten Briefe vom 22. Februar und 13. März ordnungsgemäß im Band IV: Briefe und Aufzeichnungen 1787–1857, bei Bärenreiter abgedruckt sind, findet sich der dritte Brief vom 29. April 1802 völlig unerklärlich im Band VI, in welchem sich die wissenschaftlichen Kommentare zu den in den anderen Bänden abgedruckten Briefen befinden. Aus welchem Grund sich dieses wichtige Schreiben der Mozartwitwe, in dem das Geheimnis um die Händelbearbeitungen praktisch gelüftet wird, in den Kommentarband verirrt hat, wird wohl ein Rätsel bleiben. Ich glaube kaum, dass jemand vor mir angesichts eines derartigen, mir unverständlichen Lapsus dieser bei Bärenreiter erschienenen Ausgabe der Mozartbriefe auf den äußerst wichtigen Zusammenhang dieser drei Briefe gestoßen ist und schon gar nicht die richtige Rekonstruktion des geschilderten Vorganges zu leisten imstande war. Aber nach diesem kritischen Einwand muss der Fairness halber sofort auf das gewaltige Verdienst der Veröffentlichung des gesamten von Wilhelm Bauer und Otto Erich Deutsch gesammelten Briefmaterials bei Bärenreiter hingewiesen werden, alle im Zusammenhang mit Mozart stehenden Briefe – darunter auch die Briefe von Konstanze Mozart nach seinem Tod – akribisch und philologisch einwandfrei veröffentlicht zu haben.

Beseitigung unhaltbarer Klischees und die Notwendigkeit eines Tabubruches

Eines der Ziele der vorliegenden Arbeit war es auch, gewisse versteinerte Klischees, die einer kritischen und rationalen Beurteilung nicht standhalten, beseitigen zu helfen oder sie zumindest entscheidend aufzuweichen, ehe sie reif für die endgültige Entsorgung als Sondermüll sind. Etwa das Klischee vom künstlerischen und damit einhergehenden totalen wirtschaftlichen Abstieg Mozarts in der Zeit vor seinem Tod, das letztendlich als »wissenschaftliche« Erklärung strapaziert wurde und immer noch wird, weshalb der Leichnam nur in einem anonymen Massengrab habe verscharrt werden können. Als sozusagen letzte Untermauerung dieser lichtvollen Theorie wird dann noch in geradezu schamloser Weise die Begräbnisverordnung Josephs II. angeführt, wobei auf die mildernden Novellen dieser Verordnung in der Folgezeit geflissentlich »vergessen« wird. Dass etwa Christoph Willibald Gluck unter großer Anteilnahme der Bevölkerung zu Grabe getragen wurde und sein Grab sehr wohl durch einen Grabstein bezeichnet war, findet dabei als – unwiderlegbares – Gegenargument keine Erwähnung. Dabei starb Gluck bereits 1787, wo also die skurrilen Begräbnisverordnungen Josefs II. sozusagen noch in voller Blüte und Geltung gewesen sein mochten.[494] Als Mozart starb, war Joseph II. bekanntlich schon fast zwei Jahre tot. Sein Nachfolger Leopold II. war bezüglich der Begräbnisordnung weit weniger rigoros. Folgt man der reinen Theorie dieser »Mozartforscher«, dann hätten die damals lebenden Wiener im »Normalfall« keinerlei Kenntnis gehabt, wo ihre engsten Angehörigen bei Nacht und Nebel begraben worden waren. Bereits Ludwig Köppen hat auf diese Absurdität mit wacher Logik hingewiesen. Ich habe dies bereits an anderer Stelle erörtert. Aber selbst wenn diese aberwitzige Theorie richtig sein sollte, hätte sie nie und nimmer auch auf einen Wolfgang Amadeus Mozart! zutreffen können und dürfen. Absurd! Stellvertretend für viele, die auf dieser

[494] Solomon, Mozart, S. 484

Ebene argumentieren, sei hier ein Carl Bär[495] genannt, der das Faktum
des Armenbegräbnisses und die anonyme Grablegung der Leiche des
größten Tondichters aller Zeiten offensichtlich für die natürlichste Sache
der Welt hält.[496]

Übrigens: Der künstlerische und wirtschaftliche »Abstieg« Mozarts
bestand etwa darin, dass er in den letzten Monaten seines Lebens unter
anderem zwei große Opern wie die »Zauberflöte« und »La Clemenca di
Tito« komponierte und er im Jahr seines Todes ein Einkommen bezogen haben musste, das zu den höchsten seiner künstlerischen Laufbahn
überhaupt gezählt haben muss, selbst wenn man die Einkünfte nicht bis
auf den letzten Gulden nachrechnen kann.[497] Allein im Oktober 1791
wurde die »Zauberflöte« nicht weniger als 24 Mal aufgeführt, am 23.
November 1792 kündigte Schikaneder bereits die *100.* Vorstellung an.[498]
Mozart war also in Wien keineswegs in der Versenkung verschwunden,
wie manche Mozartwissenschaftler uns aus welchen Gründen auch immer weiszumachen versuchen. Auch die Krönungsoper »La Clemenca di
Tito«, die in Prag anlässlich der Krönung Leopolds II. zum böhmischen
König uraufgeführt wurde, war keineswegs ein Misserfolg. Von einem
solchen könnte man nicht einmal durch die eher zurückhaltende Aufnahme durch die kaiserliche Familie und das adelige Publikum bei der
Uraufführung sprechen. Und selbst wenn es sich dabei um einen Misserfolg gehandelt haben sollte, wurde Mozart diese Krönungsoper, die ja
eine Auftragsoper war, natürlich entsprechend vergütet. Bei den Prager
Musikbegeisterten kam jedoch auch diese Oper, vor allem bei den letzten Aufführungen, sehr gut an.[499]

Oder jenes Klischee vom einzig verbliebenen Freund und Gönner
Michael Puchberg, welches ich energisch zu hinterfragen unternommen habe. Klischees – namentlich die völlig falschen – müssen durch
eine ebenso sorgfältig kreative wie vor allem auch redliche wissenschaftliche Forschung beseitigt werden. Sie dürfen nicht unkritisch
von Generation zu Generation tradiert werden. Im Gegensatz zu edlen
Weinen werden sie dadurch nicht besser. Es gibt neben schalen und un-

[495] Bär, Carl: Mozart. Krankheit, Tod, Begräbnis. Schriftenreihe der Internationalen
Stiftung Mozarteum, Band I, Salzburg 1966
[496] Siehe auch: Braunbehrens, Mozart in Wien, S. 441 f.
[497] Braunbehrens, ebenda und: Solomon, Mozart, S. 512
[498] Mozartbriefe, Band VI, Kommentare, S. 421
[499] Mozartbriefe, Band IV, Nr. 1193

zutreffenden Klischees aber auch Tabus, die gebrochen werden müssen. Einen großen Komponisten der Musikgeschichte offen als Plagiator zu bezeichnen – und dies keineswegs aus Sensationsgier – und sein bisher von der Wissenschaft geradezu grotesk idealisiertes Persönlichkeitsbild in nicht wenigen Bereichen geradezu ins Gegenteil verkehrt zu haben, zu diesen Tabubrüchen bekenne ich mich am Ende dieses Buches noch einmal ausdrücklich. Und diese Überzeugung spricht hier jemand aus, der gesellschaftlichen Tabubrüchen speziell auch im Bereich der Kunst mit einer gewissen Skepsis gegenübersteht. Speziell was den heutigen Theaterbetrieb betrifft, hat man nicht selten das Gefühl, dass der Tabubruch als künstlerischer Wert an sich angesehen wird und dass man das Prinzip Werktreue, so schwierig sich im Einzelfall deren Definition auch gestalten mag, als anachronistischen Irrweg der Vergangenheit, mit einem gehörigen Schuss an Präpotenz und Ignoranz abtut. Es scheint sich jedoch – im völligen Gegensatz zu dieser Entwicklung – bei der Beurteilung von Leben und Werk großer Künstler der Vergangenheit oft um einen letzten anachronistischen Hort schier unantastbarer Tabus zu handeln, die auch heute noch als unerschütterlich und sakrosankt zu gelten haben. Es ist selbstverständlich die Pflicht einer seriösen Musikwissenschaft, auch das Fehlverhalten und die eventuellen dunklen Seiten im Leben berühmter Künstler früherer Epochen zu erforschen und, falls erforderlich, auch neue korrigierte Biografien nach dem neuesten Stand der Quellenlage und deren korrekter Interpretation zu erarbeiten. Einzige Maxime kann dabei nur das Streben nach Wahrheit sein. Noch grotesker wird dieses Phänomen allerdings, wenn es sich bei dieser Tabuisierung um zeitgenössische Künstler handelt. Diese müssten von einer die Kunstszene aufmerksam verfolgenden und nicht vielfach fremdbestimmten Öffentlichkeit und natürlich vor allem auch von den Medien permanent auf den Prüfstand gestellt werden, ob deren Status aufgrund ihrer jüngsten künstlerischen Hervorbringungen noch – und überhaupt (!) – gerechtfertigt sei. Und ich spreche hier von konstruktiver nicht destruktiv zersetzender Kritik. Es soll hier überhaupt keiner allgemeinen »Denkmalzertrümmerung« das Wort geredet werden. Im Falle Haydns scheint es sich eher um einen grotesken Einzelfall zu handeln. Bei der Lektüre der nahezu ausschließlich lobsprühenden und alle negativen Facetten einer schillernden Persönlichkeit völlig aussparenden Haydnliteratur fühlt man sich an die biedermeierliche Devotion des tiefsten 19. Jahrhunderts erinnert. Ebenso eindrucksvolle wie traurige Beweise für diese meine Behauptung sind die zum Haydnjahr 2008 erschienenen Bücher von Anton Mayer[500] und Peter Wehle[501]. Diese unselige Tradition scheint also zumindest in naher Zukunft keineswegs abzureißen. Hildesheimer glaubt in seiner Mozartbiografie mit seinem »Mozartbild eine Art von Tabubruch begangen zu haben.« »Tabubrüche«, wie sie Hildesheimer etwa bezüglich Mozarts Verhältnis zu Salzburg und Wien begeht, sind wie reinigende Gewitter, welche nach lähmender Dürre endlich erfrischende Abkühlung und Belebung der Sinne mit sich bringen. Das bis zum heutigen Tag anhaltende gestörte Verhältnis Wiens zu Mozart und die Tatsache, dass Mozart die spießige Enge seiner Geburtsstadt Salzburg nachweislich gehasst hat, auf diese »Tabubrüche« hinzuweisen, ist Hildesheimer bleibend als großes Verdienst anzuschreiben. Er spricht hier nur die reine Wahrheit aus. Mögen auch spießige Kulturpatrioten und eine florierende, mit Mozart als unbezahlbarem Aushängeschild werbende Tourismuswirtschaft dabei noch so aufheulen.

Es ist hier noch einmal festzustellen: Was wäre dies für ein ungeheuer wichtiges Thema für das Mozartjahr 2006 gewesen, die ungeschminkte und umfassende wissenschaftliche Aufarbeitung des Problems dieser Unbeziehung, deren Untersuchung man in Wien nun schon seit mehr als 200 Jahren versäumt hat. Und diese selbstkritische Analyse hätte eigentlich ganz im Sinne einer linksprogressiv angehauchten Kulturpolitik sein müssen. Als leidenschaftlicher Mozartverehrer von Kindesbeinen an würde ich Hildesheimers Mozartbild in manchen, darunter auch wichtigen Problembereichen nicht oder nur teilweise zustimmen wollen. Aber jemand, der wie Hildesheimer von Mozarts alles überstrahlenden Einzigartigkeit persönlich so völlig überzeugt war, wie nicht nur der Schlusssatz seiner Biografie eindrucksvoll beweist, darf und soll sogar manch Unsagbares und niemals zuvor Gehörtes über Mozart von sich geben. Ja, es war sogar seine Verpflichtung dies zu tun, da er ehrlich davon überzeugt war. Eine wichtige Voraussetzung dafür allerdings ist, dass diese neuen Erkenntnisse und Einsichten sich auch auf entsprechende Primärquellen stützen. Was aber trotzdem nicht wie ein Naturgesetz bedeutet, dass man sich bei spärlicher Quellenlage nicht gelegentlich – vor allem wenn es sich um Probleme von größter Wichtigkeit handelt – auch

---

[500] Mayer, Anton: Joseph Haydn. Das Genie und seine Zeit, Wien 2008
[501] Wehle, Peter: Haydn, Haydn über alles, Wien 2008

auf kreative und plausible Schlüsse und Mutmaßungen verlegen darf.
Diese sind gewiss hilfreicher als auf Lösungsansätze in wichtigen Fragen von vornherein zu verzichten, wie es in der Mozart-, aber auch in
der Haydnforschung nicht selten der Fall ist. Hildesheimers um Rechtfertigung ansuchender Appell an die Leser im Vorwort seiner Biografie
ist also für mich nicht von vorneherein nachvollziehbar. Er musste sich
eigentlich nicht unbedingt wegen seines neuen »Mozartbildes« rechtfer-
tigen. Letztendlich schreibt jeder Autor eines wissenschaftlichen oder
auch literarischen Werkes dieses in eigener Verantwortung und um der
Sache willen und letztendlich, wie ich meine, auch für sich selbst und
nicht um der Erwartungshaltung der Öffentlichkeit oder der Leserschaft
zu genügen. Aber weil Hildesheimer diesen Appell so eindrucksvoll formulierte, und der »Appellbedarf« meines Buches angesichts der hier begangenen schweren »Tabubrüche« noch ungleich größer als bei Hildesheimer zu sein scheint, sei er hier, am Ende meines Buches, zitiert: »Ich
begebe mich also bewusst in Abhängigkeit vom Leser, nicht nur in seinem Vorstellungsvermögen, sondern auch in seinem Vorstellungswillen.
Denn natürlicherweise hört die Macht der Überzeugungskraft dort auf,
wo auf der anderen Seite der eherne Wille zum Unverständnis herrscht,
das heißt: die automatische Abwehrreaktion vor einer dargebotenen Erkenntnis, bevor diese vom Willen eines potentiellen Empfängers geprüft
ist. Gehen wir den Ursachen einer solchen rezeptiven Versagung nach,
so können wir ihr nur dort Gültigkeit zuerkennen, wo ihr Träger sich
mit derselben Materie befaßt hat, aber darin zu einem anderen Resultat
gelangt ist. Wir erkennen sie aber nicht an, wo sie als Reaktion dessen
erscheint, der sich eben an ein anderes oder gegenteiliges Bild gewöhnt
hat, an das er so fixiert ist, dass er sich nun nicht mehr davon trennen
kann oder will, und daher jede Korrektur der alten, als schön erkannten,
Lösung zurückweist. Es gilt demnach für den Leser nicht nur die Wahr-
haftigkeit dieses Versuches zu prüfen, sondern auch seinen eigenen Willen, ein vorgefaßtes Bild abzustreifen.«[502]
Mutatis mutandis stehe ich hier vor dem gleichen Problem. Wenn beim
Leser »ein eherner Wille zum Unverständnis herrscht« und wenn er auf
ein Persönlichkeitsbild (in meinem Fall von Joseph Haydn) so »fixiert
ist, dass er sich nun nicht mehr davon trennen kann oder will«, dann
wird der oder die Betreffende keinerlei neuen Erkenntnisse aus dem vor-

---

[502] Hildesheimer, Mozart, S. 15

liegenden Buch ziehen können. Hildesheimers Retuschen an Mozarts
Erscheinungsbild, mögen sie auch noch so gravierend erscheinen, sind
jedoch im Vergleich zu den geradezu umstürzlerischen Veränderungen,
wie ich sie hier am wohltradierten und wohlgehüteten »Papa Haydn«-
Bild vorgenommen habe, eher ein laues Lüftchen. Wobei mit diesem
Vergleich Hildesheimers Biografie keineswegs irgendetwas an Qualität
abgesprochen werden soll. Denn den Begriffen Lüftchen und Sturm liegt
naturgemäß keinerlei Werturteil zugrunde, sondern es handelt sich dabei um meteorologische Phänomene. Ein Appell dieser oder ähnlicher
Art erschiene also für mich, als Autor dieses Buches, angesichts der Brisanz der hier entwickelten Grundthesen, zunächst weit eher angebracht,
so ein solches Ansprechen der Leser, der etablierten Wissenschaft und
darüber hinaus einer kulturinteressierten Öffentlichkeit überhaupt als
notwendig zu erachten ist. Doch absolute Priorität hat bei all diesen
Überlegungen, wie ich auch schon an anderer Stelle ausgeführt habe,
dass dabei der Wahrheit möglichst nahe gekommen wird. Und dass ich
der objektiven Wahrheit zumindest in manchen Bereichen wahrscheinlich weit näher gekommen bin als die etablierte Musikwissenschaft, davon bin ich zumindest subjektiv zutiefst überzeugt. Ob dieses Elaborat,
das auf gründlichem Primärquellenstudium beruht, worauf ich als Historiker großen Wert lege, beim Publikum »ankommt«, ob es von Fach-
kreisen und den Medien in der Luft zerrissen oder ignoriert wird, ist mir
gewiss nicht unwichtig, aber doch eher zweitrangig. Aber von einem bin
ich überzeugt: Man wird nach Erscheinen dieses Buches die darin ent-
haltenen Thesen nicht, sollte es man versuchen, auf ewig totschweigen
können und ich bin ebenso überzeugt, dass damit ein längst notwendiger
und erfrischender Anstoß zu neuer unkonventioneller Forschung – zumindest für die mittlere Zukunft – gegeben wurde.

Aber eine abschließende Bemerkung in eigener Sache erlaube ich mir
hier anzubringen: Der Gedanke an eine eventuell Geld bringende Sen-
sationsmache lag mir bei der Abfassung dieses Werkes absolut fern und
es gab von meiner Seite auch keinerlei ökonomisches Schielen auf das
Haydngedenkjahr 2009 und möglicherweise damit verbundene bessere
Vermarktungsmöglichkeiten. Ich begann mich aus einem persönlichen
Anlass heraus seit mehreren Jahren für Mozarts Biografie, dessen Musik ich zuvor nur grenzenlos verehrt hatte, wissenschaftlich intensiv zu
interessieren. Ein Höhepunkt dieser Bestrebungen fiel in dieses ziemlich
unsäglich begangene Mozartjahr 2006. Ich bin also über Mozart und

vor allem über die Lektüre der Briefe Konstanze Mozarts zum Thema dieses Buches gekommen: Der Hauptprotagonist ist hier natürlich Joseph Haydn, auch wenn Mozart naturgemäß ebenfalls eine zentrale Rolle dabei spielt. Dieses Buch war praktisch zu Beginn des Haydnjahres 2009 schon im Wesentlichen abgeschlossen und ich habe die Veröffentlichung bewusst hinausgezögert, damit man mir keine Spekulation mit dem Haydnjahr vorwerfen kann. Dadurch fand ich auch Zeit, ständig zu feilen und Veränderungen und Korrekturen vorzunehmen. Nach einem Jubiläumsjahr, von dem man annimmt, dass zumindest auf mittlere Sicht über den Jahresregenten alles gesagt und geschrieben wurde und in welchem sich auch ein gewisser, psychologisch verständlicher, Sättigungseffekt einzustellen pflegt, ist wohl der ungünstigste Zeitpunkt, ein Buch wie dieses erscheinen zu lassen. Ich habe dieses Risiko bewusst in Kauf genommen. Auch könnte ich mir durchaus vorstellen, etwaige Einnahmen aus diesem Buch einem Fonds für Not leidende junge Künstler oder für andere soziale Zwecke zu widmen. Doch dies erscheint mir zum gegenwärtigen Zeitpunkt ebenso vage wie sekundär. Einmal in die Welt gesetzt, wird man auf Dauer an dieser »Bombe zwischen zwei Buchdeckeln« (diese eindrucksvolle Metapher stammt bekanntlich nicht von mir) nicht vorübergehen können, zumal sie nicht dilettierend, sondern mit dem fachkundig verwendeten Instrumentarium des Historikers zustande gekommen ist. Ob sich alle prominenten Haydnforscher dieses Instrumentariums immer kompetent und korrekt zu bedienen wussten, wage ich aufgrund meiner gemachten Erfahrungen ernsthaft und ohne jede Überheblichkeit zu bezweifeln. Übrigens: Man kann sich heute auch in der Öffentlichkeit artikulieren, ohne dass man entsprechende Medien hinter sich weiß.

Natürlich ist es ein legitimes Interesse von Autoren, zumal von brisanten wissenschaftlichen Büchern wie etwa dem hier vorliegenden, eine breitere Öffentlichkeit zu erreichen. Es galt hier, bisher wohlbehütete »Wissensstände« zu hinterfragen und vielleicht sogar entscheidende Vorarbeit dazu zu leisten, damit manche von ihnen aufgebrochen und zum Einsturz gebracht werden. Dass dieses Werk frei vom »Stallgeruch« der etablierten Musikwissenschaft entstanden ist, aber allen Erfordernissen einer seriösen Geschichtswissenschaft (genaues Studium von Primärquellen) entspricht, mögen manche Musikwissenschafter als Nachteil andere aber, ich hoffe allmählich die Mehrzahl, neben vielen anderen wichtigen Aspekten, als entscheidenden Vorteil empfinden. Man könnte dieses »frei vom Stallgeruch« der etablierten Musikforschung auch etwas provokanter als »frei von Scheuklappen« interpretieren. Die Glorie Mozarts wurde in keiner Phase angetastet. Im Gegenteil! Dass ich ein von Mozart in jeder Phase meines Lebens Durchdrungener bin und natürlich auch immer bleiben werde, konnte der Leser meinem Buch unschwer entnehmen. Und ebenso, dass es mir als Historiker gelegentlich schwer fiel, die dabei in mir aufsteigende Emotionalität zu zügeln. Ich bin also a priori kein exaltierter Denkmalzertrümmerer. Wie ich denn bis vor wenigen Jahren in meiner Wissenschaftsgläubigkeit, die heute freilich aufgrund meiner gemachten Erfahrungen manche Risse bekommen hat, ein Verehrer von »Papa Haydn« und nicht nur seiner Werke gewesen bin. Am Denkmal Haydn wurden hingegen aus neuer persönlicher Erkenntnis, die aus der fundierten Beschäftigung mit der einschlägigen Materie und vor allem aus einem umfangreichen Studium der Primärquellen allerdings erst allmählich erwuchs, letztendlich revolutionäre Veränderungen vorgenommen, die von der geballten Phalanx der etablierten Musikforschung mit einer gewissen Vorhersehbarkeit als unerhört und völlig unakzeptabel zurückgewiesen werden dürften. Die Begehung des Haydnjahres in seiner völlig unkritischen Jubelstimmung bedeutete für mich angesichts meines Wissensstandes fast einen Schock. Beim Besuch der zahlreichen Haydnausstellungen, vor allem der beiden im Schloss Esterházy in Eisenstadt, wähnte ich mich wie in einem falschen Film. Bei einer sich entwickelnden kritischen Diskussion wird es aber nur auf Fakten, die mit entsprechenden Primärquellen abgesichert sind, und nicht auf das Gewicht »unantastbarer« Kapazitäten der Musikwissenschaft sowie unlautere Polemik ankommen, worunter ich aber keineswegs – mitunter auch scharf formulierte – Gegenkritik verstehe. Dies ist die einzige Form der Auseinandersetzung, die ich gewillt bin anzunehmen. Dass mir beim Anhören von Haydns Musik fortan immer gewisse Gedanken durch den Kopf schießen werden, die dem ungestörten Genuss früherer Zeiten fern waren, ist die große Hypothek, die ich mit diesem Wagnis eingegangen bin. Man sollte darüber alles andere als glücklich sein. Die Genugtuung darüber, etwas revolutionär Neues von großer Tragweite entdeckt zu haben, kann in diesem Fall niemals eine ungetrübte sein. Am Ende sei das Motto dieses Buches verkündet, welches alle anderen Interessen und Überlegungen hintan stellte: Denkmäler müssen gestürzt werden, wenn sie den Blick auf die Wahrheit verstellen.

Danksagung

Mit großer Dankbarkeit und Liebe widme ich dieses Buch zum siebzigsten Geburtstag meiner Frau, die mit Interesse und aufrichtigem Engagement meine langjährigen Bemühungen um die Auffindung, Sichtung und Auswertung der Mozart und Haydn betreffenden Quellen, sowie die abschließende Abfassung des Textes verfolgt und begleitet hat.

Mein besonderer Dank gilt hier zwei Persönlichkeiten: Eine nahezu enthusiastische Zustimmung erfuhr ich während meiner Arbeit durch den hochangesehenen Leiter des Wiener Lehrer-a cappella-Chores, Herrn Prof. Günter Knotzinger. Die Aufführung der »Jahreszeiten« unter seiner musikalischen Leitung im Großen Saal des Wiener Musikvereins am 28. November 2010 wird mir in unvergesslicher Erinnerung bleiben.

Der exzellente Grillparzer-Forscher Dr. Franz Forster, der auch ein überaus profunder Kenner der Musikszene des 18. Jahrhunderts ist, machte mich bei unserem oftmaligen Gedankenaustausch auf das ungemein wichtige Zitat des großen österreichischen Dichters betreffend die Entstehung des Textes zur »Schöpfung« von Gottfried van Swieten aufmerksam. Dass dieses Zitat aus den ästhetischen Studien Grillparzers der Haydnforschung zwar bekannt ist, dieses aber in der Forschung keinerlei Interpretation erfuhr, kann man nur als schweren wissenschaftlichen Lapsus bezeichnen.

Anschließend möchte ich meinen herzlichen Dank all jenen aussprechen, die mir im Verlauf der letzten Jahre ihr wohlwollendes Interesse bekundeten und mich bestärkten, meine Arbeit zu einem guten Ende zu führen.

Quellen- und Literaturverzeichnis

ANONYMUS: Rezension der Wiener Uraufführung der »Jahreszeiten« von Joseph Haydn, in: »Allgemeine musikalische Zeitung« 3, Leipzig 1800/1801, Sp. 577

AMT DER BURGENLÄNDISCHEN LANDESREGIERUNG (HG.): Die Fürsten Esterházy. Magnaten, Diplomaten & Mäzene. Katalog der Ausstellung der Republik Österreich, des Landes Burgenland und der Freistadt Eisenstadt, (= Burgenländische Forschungen, Sdbd. XVI), Eisenstadt 1995

ANGERMÜLLER, RUDOLPH: Mozart's Operas, New York 1988

ANGERMÜLLER, RUDOLPH (HG.): Wolfgang Amadeus Mozart. Leben und Werk, DVD-ROM, Berlin 2006

BÄR, CARL: Mozart. Krankheit, Tod, Begräbnis, Schriftenreihe der Internationalen Stiftung Mozarteum, Salzburg 1972

BARTHA, DÉNES (HG.): Joseph Haydn. Gesammelte Briefe und Aufzeichnungen, Kassel 1965

BAUMGÄRTNER, PAULA: Gottfried van Swieten als Textdichter von Haydns Oratorien, Wien 1930

BERNHARDT, REINHOLD: Aus der Umwelt der Wiener Klassiker: Freiherr Gottfried van Swieten, in: Der Bär, Jahrbuch von Breitkopf & Härtel auf das Jahr 1930, Leipzig 1930, S. 74–164

BEYLE, MARIE-HENRY: Vie de Haydn, 1814

BIBA, OTTO: Musikautographe von W. A. Mozart im Archiv der Gesellschaft der Musikfreunde in Wien, in: Collectanea Mozartiana, Tutzing 1988, S. 193–200

BIBA, OTTO: Par Monsieur François Comte de Walsegg, in: Mitteilungen der Internationalen Stiftung Mozarteum 29, 1981, S. 34–50

BRAND, CARL MARIA: Die Messen von Joseph Haydn, Würzburg 1941

BRAUNEIS, WALTHER: Mozarts Begräbnis, in: Ausstellungskatalog »Zaubertöne – Mozart in Wien 1781 bis 1791, Wien 1991, S. 542–547

BRAUNEIS, WALTHER: Mozarts Nachruhm, Wiener Geschichtsblätter, 47. Jahrgang, Wien 1992, S. 2

BROSCHE, GÜNTER: Die Originalhandschriften Wolfgang Amadeus Mozarts in der Österrreichischen Nationalbibliothek, in: Cordula Roleff (Hg.): Collectanea Mozartiana, herausgegeben zum 75-jährigen Bestehen der Mozartgemeinde Wien, Tutzing 1988

CARPANI, GUISEPPE: Le Haydine. Ovvero. Lettere sulla vita e le opere del celebre maestro Giuseppe Haydn, Mailand 1812

CHAILLEY, JACQUES: The Magic Flute: Masonic Opera, übersetzt von Herbert Weinstock, New York 1971

CHAUDENAY, ROLAND DE: Les plagiaires. Le nouveau dictionaire

CZEIKE, FELIX: Das grosse Groner-Wien-Lexikon, Wien 1974

DALCHOW, JOHANNES/DUDA, GUNTHER/KERNER, DIETER: Mozarts Tod: 1791–1971. Zur 180. Wiederkehr seines gewaltsamen Endes am 5. Dez. 1971, Pähl 1971

DALCHOW, JOHANNES: W. A. Mozarts Krankheiten, Teil 1: *1756–1763*, Bergisch Gladbach 1955

DEUTSCH, OTTO ERICH: Mozarts Werkverzeichnis 1784–1791, Beilage in: Wolfgang Amadeus Mozart Verzeichnis aller meiner Werke und Leopold Mozarts Verzeichnis der Jugendwerke W. A. Mozarts, Wien und Wiesbaden 1956

DEUTSCH, OTTO ERICH: Die Legende von Mozarts Vergiftung, Mozart-Jahrbuch. Jahrbuch der Akademie für Mozart-Forschung der Internationalen Stiftung Mozarteum Salzburg, Salzburg 1964

DEUTSCH, OTTO ERICH: Mozart und die Wiener Logen: zur Geschichte seiner Freimaurer-Kompositionen, Wien 1932

DEUTSCH, OTTO ERICH (HG.): Mozart – Dokumente seines Lebens, Kassel 1961

DEUTSCH, OTTO ERICH: Mozart's Catalogue of His Works 1784–1791, New York 1956

DREHER, SABINE: Main-Echo – Bote vom Unteren Main, Nr.149, Aschaffenburg 2006

EHRENREICH, EKKEHARD: JOHANN MATTHIAS VON PUCHBERG, EINE LEBENSBESCHREIBUNG, IN: MITTEILUNGEN DES Kremser Stadtarchivs, Krems an der Donau 1961

EISEN, CLIFF/SEIFFERT, WOLF-DIETER (HG.): Mozarts Streichquintette. Beiträge zum musikalischen Satz, zum Gattungskontext und zu Quellenfragen, Stuttgart 1994

ELIADE, MIRCEA: Joseph Haydn als Mensch und Musiker, in: J. Haydn und seine Zeit, 43, 1972

FEDER, GEORG: Haydns Opern in ihrer Zeit und heute, Eisenstadt 1992

FEDER, GEORG: Haydns Streichquartette, München 1988

FEDER, GEORG: Joseph Haydn. Die Schöpfung, Kassel 1999

FEDER, GEORG: Joseph Haydn. Tradition und Rezeption. Bericht über die Jahrestagung der Gesellschaft für Musikforschung, Köln 1982

FRAMERY, NICOLAS-ÉTIENNE DE: Notices sur Joseph Haydn, Paris 1810

GÄRTNER, HEINZ: Mozarts Requiem und die Geschäfte der Constanze M., München/Wien 1986

GEIRINGER, KARL: Joseph Haydn. Der schöpferische Werdegang eines Meisters der Klassik. Eine Biographie, Mainz 1959, ²1986

GEIRINGER, KARL: Haydn's Sketches for The Creation, in: Musical Quarterly, Vol. 18, Oxford 1932, S. 299

GERLACH, SONJA: Johann Tost. Geiger und Großhandlungsgremialist, Haydnstudien, Band VII, Heft 3–4, Köln 1998, S. 349 ff.

GERLACH, SONJA: Joseph Haydns Sinfonien bis 1774, Studien zur Chronologie, HS VII, H. 1–2, München 1996

GORDON, PHILIP: Critic of Music

GRIESINGER, GEORG AUGUST: Biographische Notizen über Joseph Haydn, Reprint der Ausgabe Leipzig 1810, Leipzig 1984

GRILLPARZER, FRANZ: Aesthetische Studien 1836–1838, Wien

GRIM, WILLIAM E.: Haydn's Sturm und Drang Symphonies: Form and Meaning, Lewiston 1990

GUGITZ, GUSTAV: Mozartiana. Gesammelte Aufsätze, Wien 1963

GUGITZ, GUSTAV: Mozarts Finanzen und Freund Puchberg: Ein Beitrag zur Mozart-Biografie, in: Österreichische Musikzeitschrift 7, Wien 1952, S. 216–222

GYROWETZ, ADALBERT: Biographie, Wien 1848

HABERKAMP, GERTRAUT: Die Erstdrucke der Werke von Wolfgang Amadeus Mozart, 2 Bände, Tutzing 1986

HANSLICK, EDUARD: Geschichte des Concertwesens in Wien, Wien 1869

HARICH, J.: Das Haydn-Orchester im Jahre 1780, The Haydn Yearbook I, 1962

HARRISON, BERNHARD: Haydn: The »Paris« Symphonies. Cambridge 1998

HASLMAYR, HARALD: Joseph Haydn: sein Werk – sein Leben, Wien 1999

HILDESHEIMER, WOLFGANG: Mozart, Frankfurt am Main 1977

HITZIG, WILHELM: Die Briefe Franz Xaver Niemetscheks und der Marianne Mozart an Breitkopf & Härtel, in: Der Bär. Jahrbuch von Breitkopf & Härtel auf das Jahr 1928, Leipzig 1928

HUGHES, ROSEMARY: Haydn. String Quartetts, London 1966

HUMMEL, WALTER (Hg.): Nannerl Mozarts Tagebuchblätter. Mit Eintragungen ihres Bruders Wolfgang Amadeus Mozart, Salzburg/Stuttgart 1958

HUMMEL, WALTER: W. A, Mozarts Söhne, Kassel/Basel 1956

HURWITZ, JOACHIM: Joseph Haydn and the Freemasons, in: Haydn-Yearbook, 1985, S. 5

HUSS, MANFRED: Joseph Haydn. Klassiker zwischen Barock und Biedermeier, Eisenstadt 1984

INTERNATIONALEN STIFTUNG MOZARTEUM, SALZBURG (Hg.): Mozart. Briefe und Aufzeichnungen in 7 Bänden, Gesichtet und erläutert von Wilhelm A. Bauer und Otto Erich Deutsch. Auf Grund deren Vorarbeiten erläutert und durch ein Register erschlossen von Joseph Heinz Eibl, Kassel 1962–1975

IRMEN, HANS-JOSEF: Joseph Haydn. Leben und Werk, Köln/Weimar/Wien 2007

JAHN OTTO: W. A. Mozart, 4 Bände, Leipzig 1856, ²1867

KALLY, I.: Das Westungarische Gebiet zur Zeit Haydns, in: Joseph Haydn in seiner Zeit, Ausstellungskatalog, Eisenstadt 1982

KELLY, MICHAEL: Reminiscenses, London 1826

KINDERFREUND, CARL JOSEF: Das Fürstenhaus Esterházy von Galantha, Wien 1860

KÖCHEL, LUDWIG VON: Chronologisch-thematisches Verzeichnis sämtlicher Tonwerke Wolfgang Amade Mozarts, Wiesbaden ⁶1964, S. 915–937

KÖHLER, KARL-HEINZ: Die Erwerbung der Mozart-Autografe der Berliner Staatsbibliothek – ein Beitrag zur Geschichte des Nachlasses, Mozart-Jahrbuch 1962/63, S. 55–67

KÖPPEN, LUDWIG: Mozarts Tod. Ein Rätsel wird gelöst, Köln 2004

KRETSCHMER, HELMUT: Mozarts Spuren in Wien, Wien 2006

KRONES, HARTMUT: Annotationen zum Sturm und Drang bei Joseph Haydn, in: Sturm und Drang in Literatur und Musik, Michaelsteiner Konferenzbericht 65, Michaelstein/Blankenburg 2004

LANDON, HOWARD CHANDLER ROBBINS: The Creation and the Seasons: The Complete Authentic Sources for the Word-Books, Cardiff 1985

LANDON, HOWARD CHANDLER ROBBINS: 1791. Mozarts letztes Jahr, München 1987

LANDON, HOWARD CHANDLER ROBBINS: Mozart. Die Wiener Jahre 1781–1791, München 1990

LANDON, HOWARD CHANDLER ROBBINS: Haydn. Chronicle and Works, I–V, Bloomington/London 1980

LANGE, JOSEPH: Biographie, Wien 1808

LARSEN, JENS, PETER: Das Symphonische Gesamtwerk Joseph Haydns, Hamburg 1971

LARSEN, JENS PETER: Haydn und Mozart, Österreichische Musikzeitschrift 14, Wien 1959, S. 216ff.

LEONHART, DOROTHEA: Mozart. Eine Biographie, Zürich 2008

LINK, DOROTHEA: The National Court Theatre in Mozarts Vienna. Sources and Documents 1783–1792, Oxford 1998

MacINTYRE, BRUCE C.: Haydn: The Creation, New York 1998

MARSHALL, ROBERT L.: Mozart's Unfinished. Some Lessons of the Fragments, Mozart-Jahrbuch. Jahrbuch der Akademie für Mozart-Forschung der Internationalen Stiftung Mozarteum Salzburg, Band 2, Salzburg 1991, S. 910–921

MAUTHE, URSULA: Mozarts »Pamina«: Anna Gottlieb, Augsburg 1986

MAYR, J. S.: Breve notizie storiche della vita e delle opere di Gius. Haydn, Bergamo 1809

MAYR, ANTON: Joseph Haydn. Das Genie und seine Zeit, Wien 2008

MEDICI DI MARIGNANO, NERINA/HUGHES, ROSEMARY (Hg.): A Mozart Pilgrimage. Being the Travel Diaries of Vincent & Mary Novello in the Year 1829, London 1955

MITTEILUNGEN DES Stadtarchivs Zwettl, April 2006

MITTENZWEI, INGRID: Zwischen Gestern und Morgen. Wiens frühe Bourgeoisie an der Wende vom 18. zum 19. Jahrhundert, Wien/Köln/Weimar/Böhlau 1998

MÖRNER, CARL-GUSTAV STELLAN: Johan Wikmanson und die Brüder Silverstolpe, Stockholm 1952

MÖRNER, CARL-GUSTAV STELLAN: Haydniana aus Schweden um 1800, Haydn-Studien, Band II, Heft 1, Köln 1969, S. 25

NETTL, PAUL: Mozart und die königliche Kunst: Die freimaurerische Grundlage der »Zauberflöte«, Berlin 1932, übersetzt und erweitert als »Mozart and Masonry«, New York 1957

NIEMETSCHEK, FRANZ XAVER: Leben des k. k. Kapellmeisters Wolfgang Amadeus Mozart nach Originalquellen beschrieben, Prag 1798, ²1808

NISSEN, GEORG NIKOLAUS VON: Biographie W. A. Mozarts, mit einem Vorwort von Johannes Heinrich Feuerstein, Leipzig 1828; Nachdruck mit einem Vorwort von Rudolph Angermüller, Hildesheim 1984

NOHL, LUDWIG (Hg.): Mozart nach den Schilderungen seiner Zeitgenossen, Leipzig 1880

NOHL, LUDWIG: Mozart, Leipzig 1863, rev. Aufl. 1877

NOWAK, LEOPOLD: Joseph Haydn. Leben, Bedeutung und Werk, Wien 1959

NOWAK, LEOPOLD: Die Wiener Mozart-Autographen, Österreichische Musikzeitschrift 11, Wien 1956

Oulibicheff, Alexandre: Nouvelle Biographie de Mozart, 3 Bände, Moskau 1843

Paumgartner, Bernhard: Mozart, Berlin 1927, rev. Aufl. 1993

Plath, Wolfgang: Mozart-Schriften. Ausgewählte Aufsätze, Schriftenreihe der Internationalen Stiftung Mozarteum Salzburg, Band 9, hrsg. von Marianne Danckwardt, Kassel 1991

Pohl, Carl Ferdinand: Joseph Haydn, Band 1, Leipzig 1875, Band 2, Leipzig 1882; Band 3 (vollendet von H. Botstiber), Leipzig 1927

Prinz, G.: Todtenfeier für W. A. Mozart (Sohn), in: »Allgemeine musikalische Zeitung«, 17. September 1844, S. 430

Radant, Else (Hg.): Die Tagebücher von Joseph Carl Rosenbaum 1770–1829, in: Haydn-Jahrbuch V, Wien 1963, S. 148f.

Rehm, Wolfgang: Abstract: Mozarts Nachlaß und die Andrés. Dokumente zur Verteilung und Verlosung von 1854, in: Jubiläumsfestschrift aus Anlass 225 Jahre Musikverlag Johann André, hrsg. von Ute-Margrit André und Hans-Jörg André, Offenbach am Main 1999

Reissmann, August: Franz Joseph Haydn. Sein Leben und seine Werke, Berlin 1879

Riedel-Martiny, Anke: Das Verhältnis von Text und Musik in Haydns Oratorien, in: Haydn-Studien, Band I, Heft 4, Köln 1967

Riedel, Friedrich Wilhelm: Die Libretto-Sammlung im Benediktiner Stift Göttweig, in: Fontes artis musicae XIII, Kassel 1966

Riedel, Friedrich Wilhelm: ... das Himmlische lebt in seinen Tönen: Joseph Martin Kraus, ein Meister der Klassik, Mannheim 1992

Rieger, Eva: Nannnerl Mozart. Leben einer Künstlerin im 18. Jahrhundert, Frankfurt am Main 1990

Ries, Ferdinand: Biographische Notizen über Ludwig van Beethoven, 1838/1845, Leipzig 1987

Riesbeck, Johann Kaspar: Beschreibung des Hochfürstlichen Schlosses Esterház im Königreich Ungarn, Pressburg 1784

Rochlitz, Johann Friedrich: Verbürgte Anekdoten aus Wolfgang Amadeus Mozarts Leben. Ein Beitrag zur richtigen Kenntnis dieses Mannes, als Mensch und Künstler, in: »Allgemeine musikalische Zeitung« 1–3, Leipzig, 10. Oktober 1798 bis 27. Mai 1801

Roos, Harke de: Mozart und seine Kaiser, Berlin 2005

Roth, Ernst: Eine Wallfahrt zu Mozart. Die Reisetagebücher von Vincent und Mary Novello aus dem Jahre 1829, Bonn 1959

Saner, Guido P.: Mozart Wien. ... ein Mann aus dem Moos ..., Wien 2007

Schenk, Erich: Wolfgang Amadeus Mozart: Eine Biographie, Wien 1955, rev. 1975

Schering, A.: Bemerkungen zu Joseph Haydns Programmsinfonien, in: Jahrbuch der Musikbibliothek Peters 46, Leipzig 1939, S. 9

Schiedermair, Ludwig (Hg.): Die Briefe W. A. Mozarts und seiner Familie, 5 Bände, München/Leipzig 1914

Schiedermair, Ludwig: Mozart. Sein Leben und seine Werke, München 1922, ²1948

SCHLAG, G.: Die Familie Esterházy im 18. und 19. Jahrhundert, in: Joseph Haydn in seiner Zeit, Ausstellungskatalog, Eisenstadt 1982

SCHLAGER, KARL-HEINZ (HG.): Wolfgang Amadeus Mozart: Verzeichnis von Erst- und Früh-Drucken bis etwa 1800, 2 Bände, Kassel 1978

SCHLOSSER, JOHANN ALOYS: W. A. Mozarts Biographie, Prag 1828

SCHMID, ERNST FRITZ: Mozart und Haydn, in: Paul Henry Lang (Hg.): The Creative World of Mozart, New York 1963

SCHMIDT, ERNST FRITZ: Joseph Haydn und C. P. E. Bach, in: »Zeitschrift für Musikwissenschaft« 14, Heft 6, 1932, S. 299

SCHMIEDER, W.: Joseph Haydns Kopist schreibt einen Brief. Unveröffentlichtes aus einem alten Geschäftsarchiv, in: »Allgemeine Musikzeitung«, 64. Jahrgang, Berlin/Leipzig/Köln 1937

SCHNEIDER, GABRIELE: Johann Michael Puchberg. Aufstieg und Fall von Mozarts Freund und Bruder, Wiener Geschichtsblätter, 55. Jahrgang, Wien 2000

SCHREIBER, KARL FRIEDRICH: Biographie über den Odenwalder Komponisten Joseph Martin Kraus, Buchen 1928

SCHROEDER, DAVID P.: Haydn and the Enlightement: the late symphonies and their audience, Oxford 1990

SCHURIG, ARTHUR,(HG.): Konstanze Mozarts Briefe. Aufzeichnungen. Dokumente, Dresden 1922

SCHWERIN, ERNA: LEOPOLD MOZART. PROFILE OF A PERSONALITY, NEW YORK 1987

SCHWERIN, ERNA: Constanze Mozart. Woman and Wife of a Genius, New York 1981

SCHWERIN, ERNA: Maria Anna »Nannerl« Mozart. A Profile of Mozart's Sister, Friends of Mozarts Newsletter, Nr. 19, New York 1985

SEEGER, HORST (HG.): Biographische Nachrichten von Joseph Haydn, nach mündl. Erzählungen desselben entworfen und hrsg. von Albert Christoph Dies, Berlin 1976

SIEGERT, CHRISTINE: Joseph Haydns Bearbeitungen für das Fürstliche Opernhaus in Eszterháza, in: Bearbeitungspraxis in der Oper des späten 18. Jahrhunderts. Bericht über die Internationale wissenschaftliche Tagung vom 18. bis 20. Februar 2005 in Würzburg, hrsg. v. Ulrich Konrad in Verbindung mit Armin Raab und Christine Siegert (= Würzburger musikhistorische Beiträge 27), Tutzing 2007, S. 55–79.

SILVERSTOLPE, FREDRIK SAMUEL: Några Återblickar på rygtets, snillets och konsternas verld, Stockholm 1841

SONNLEITHNER, JOSEPH: Mozarts Leben, in: Wiener Theater Almanach für 1794

STEINBECK, WOLFRAM: Die Konzertform bei Haydn, Tutzing 1997

STEPTOE, ANDREW: Mozart – Da Ponte Operas: The Cultural and Musical Background to Le Nozze Di Figaro, Don Giovanni, and Cosi Fan Tutte, Oxford 1988

STERN, MARTIN: Haydns »Schöpfung«. Geist und Herkunft des van Swietenschen Librettos. Ein Beitrag zum Thema Säkularisation im Zeitalter der Aufklärung, in: Haydnstudien, Band I, Heft 3, Köln 1966, S. 121

TANK, ULRICH: STUDIEN ZUR ESTERHÁZYISCHEN HOFMUSIK VON ETWA 1620 BIS 1790, REGENSBURG 1981

TANK, ULRICH: Die Dokumente der Esterházyschen Archive zur fürstlichen Hofkapelle in der Zeit von 1761 bis 1770, Haydn-Studien, Band IV, Hefte 3-4 Köln 1980

TEWINKEL, CHRISTIANE: »Im Tresor. Wie ein Stück Weltkulturerbe nach Berlin kam«, in: »Tagespiegel«, Berlin, 28. Januar 2006

THOMAS, GÜNTER: Griesingers Briefe über Haydn. Aus seiner Korrespondenz mit Breitkopf & Härtel, in: Haydn-Studien, Band I, Heft 2, Köln 1966

TYSON, ALAN: Mozart: Studies of the Autograf Scores, Cambridge/Mass. 1986

ULM, RENATE (HG.): Haydns Londoner Symphonien. Entstehung – Deutung – Wirkung, Kassel 2007

UNVERRICHT, HUBERT: Joseph Haydns »Die Sieben Worte Christi am Kreuze« in der Bearbeitung des Passauer Hofkapellmeisters Joseph Friebert, in: Kirchenmusikalisches Jahrbuch 65, Paderborn 1982, S. 83–94.

VALENTIN, ERICH LEOPOLD: Mozart. Porträt einer Persönlichkeit, München 1987

WAGNER, GUY: Bruder Mozart: Freimaurer in Wien des 18. Jahrhunderts, Wien/München/Berlin 1996

WALTER, HORST: Gottfried van Swietens handschriftliche Textbücher zu »Schöpfung« und »Jahreszeiten«, in: Haydn-Studien, Band I, Heft 4, Köln 1965/1967, S. 241–277

WALTER, MICHAEL: Haydns Sinfonien: ein musikalischer Werkführer, München 2007

WEBER, TH. T.: Verborgene Königliche Kunst in und um Joseph Haydns »Schöpfung«, in: »Quatuor Coronati Jahrbuch für Freimaurerforschung« 42, Bayreuth 2005, S. 171

WEBSTER, JAMES: Prospects for Haydn Biography after Landon, in: Musical Quarterly, Vol. LXVIII, Issue 4, Oxford 1982'

WEINMANN, ALEXANDER: Verlagsverzeichnis Tranquillo Mollo mit und ohne Co., Wien 1964

WEINMANN, ALEXANDER: Verzeichnis der Musikalien des Verlages Johann Traeg in Wien 1794–1818, in: Studien zur Musikwissenschaft (StMw), Beihefte der Denkmäler der Tonkunst in Österreich, Band 23, Graz 1974

WOLFF, CHRISTOPH (HG.): The String Quartets of Haydn, Mozart and Beethoven, Cambridge/Mass. 1980

WOLFF, CHRISTOPH: Mozarts Requiem. Geschichte, Musik, Dokumente, Partitur des Fragments, München 1991

WURZBACH, CONSTANTIN VON: Mozart-Buch, Wien 1869

ZECHMEISTER, GUSTAV: Die Wiener Theater nächst der Burg und nächst dem Kärntnerthor von 1747 bis 1776, in: Theatergeschichte Österreichs, Band III, Heft 2, Wien 1971

ZEMAN, HERBERT: Von irdischer Glückseligkeit: Gottfried van Swietens Jahreszeiten-Libretto eine Utopie vom natürlichen Leben des Menschen, in: die Vier Jahreszeiten im 18. Jahrhundert, Beiträge zur Geschichte der Literatur und Kunst des 18. Jahrhunderts, Band 10, Heidelberg 1986